WALTER SCOTT.

LA PRISONNIÈRE D'ÉDIMBOURG

ILLUSTRÉE

PAR JANET-LANGE.

TRADUCTION DE LA BÉDOLLIÈRE.

PRIX : 1 FRANC 30 CENTIMES.

PARIS,
PUBLIÉ PAR GUSTAVE BARBA, LIBRAIRE-ÉDITEUR,
RUE DE SEINE, 31.

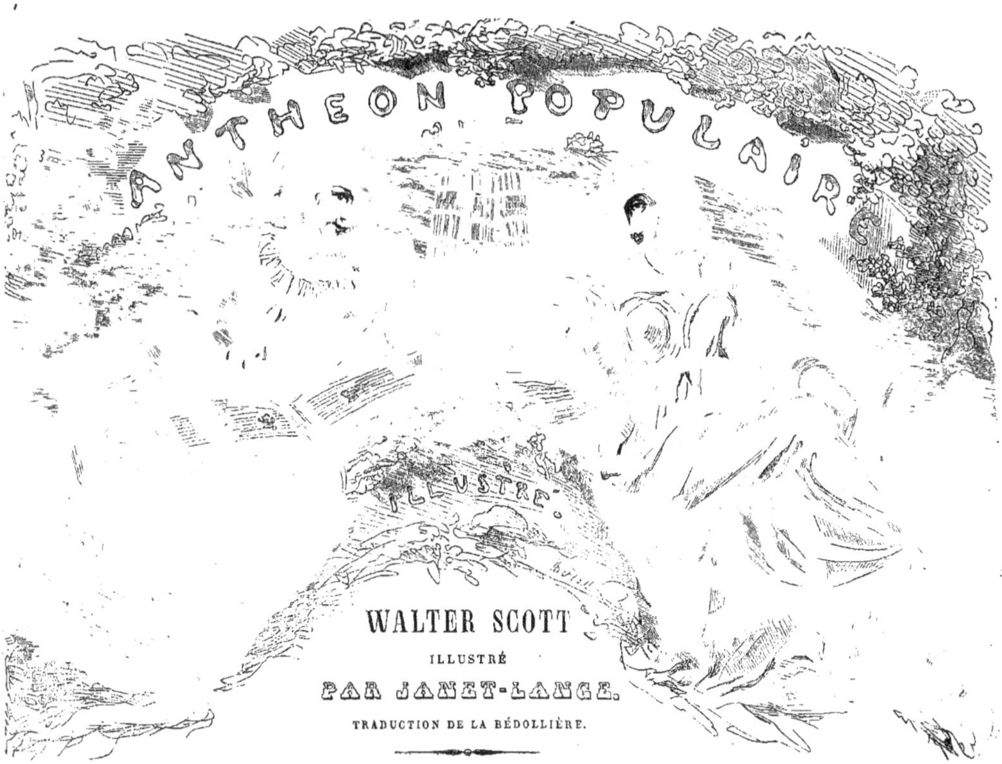

WALTER SCOTT
ILLUSTRÉ
PAR JANET-LANGE
TRADUCTION DE LA BÉDOLLIÈRE.

GUSTAVE BARBA, ÉDITEUR.   BEST ET HOTELIN, GRAVEURS.

LA PRISONNIÈRE D'ÉDIMBOURG.

CHAPITRE I.

L'Angleterre avait autrefois le gibet de Tyburn : on y menait, en grande pompe, le long de ce que l'on appelle aujourd'hui la route d'Oxford, ceux que la justice avait voués à la mort. A Édimbourg, le même sacrifice expiatoire s'offrait dans une rue large comme une place, bordée de hautes maisons, et qui s'appelait le marché aux Herbes. Le lieu était assez bien choisi; il pouvait contenir une foule considérable, telle qu'il s'en rassemble pour assister à ces scènes de deuil et de mort. Les maisons d'où l'on pouvait apercevoir la place d'exécution, même dans des temps assez reculés, n'étaient pas habitées par des familles de distinction : les gens qui demeuraient dans le quartier étaient de ceux dont les nerfs ou les opinions ne pouvaient être désagréablement affectés par le spectacle qu'on leur donnait de temps en temps. L'extérieur de ces maisons est d'assez chétive apparence; cependant l'ensemble de la rue, appuyée vers le sud à l'énorme rocher sur lequel est bâti le château fort, présente un aspect imposant, abritée comme elle est par les vieux remparts et les tours crénelées de la forteresse. Il n'y a guère que trente ans que l'on a cessé d'y exécuter les criminels condamnés à mort. Quand le jour fatal était arrivé, on élevait dès le matin un énorme gibet à l'extrémité est du marché aux Herbes. Cette potence, entourée d'un grand échafaudage, s'élevait très-haut; on y montait par deux échelles dont une servait au bourreau, l'autre au condamné. Comme tous les préparatifs étaient faits avant le jour, on eût dit que c'était une œuvre enfantée par quelque démon pendant les ténèbres; et je me rappelle encore l'effroi avec lequel, en allant à l'école, mes camarades et moi nous regardions, en allongeant le pas, tout ce menaçant appareil de mort. Quand la nuit était venue, la potence disparaissait; elle était reportée sans bruit dans l'une des caves pratiquées sous le palais du parlement ou aux cours de justice.

On ne pend plus dans le marché aux Herbes, mais on pend toujours à la porte de la prison de Newgate. Il est difficile de dire ce que

— Cours, Effie, sauve-toi, au nom de tout ce que tu as de plus cher !

l'on a pu gagner à ce changement. Il est vrai que l'agonie mentale du condamné dure moins longtemps; il ne marche plus, couvert de son linceul, entre deux ecclésiastiques, à travers une grande partie de la ville, semblable à un cadavre qui serait sorti du tombeau; mais comme le but de tout châtiment doit être d'empêcher le crime, on peut douter si, en diminuant l'effet produit sur le public, on n'a pas réduit d'autant l'importance de la leçon que l'on veut donner, et qui seule peut justifier l'infliction de la peine capitale.

On avait élevé la potence dans la rue dont nous venons de parler, de très-bonne heure, le 7 septembre 1736, et à mesure que le jour se faisait, toute la place s'emplissait de groupes dont les traits et les yeux, à la vue de l'échafaud, indiquaient un sentiment de plaisir et de vengeance que l'on rencontre rarement en de telles occasions. Le peuple, qui, après tout, est d'assez bonne nature, oublie presque toujours les crimes qu'on a commis pour ne penser qu'à son supplice. Mais le malheureux qui devait souffrir ce jour-là avait été reconnu coupable d'un crime de nature à éveiller et à irriter tous les instincts féroces de la multitude.

C'est une histoire bien connue, et cependant nous devons en rappeler les points principaux, pour mieux faire comprendre ce qui va suivre. Si l'on trouve la narration un peu longue, elle paraîtra du moins intéressante même à ceux qui connaissaient déjà le dénoûment. Dans tous les cas, il est nécessaire d'entrer dans quelques détails, pour jeter une certaine clarté sur les événements que nous allons raconter.

Nulle classe de la société ne regarde le contrebandier comme un grand criminel, et cependant la contrebande sape dans sa base les gouvernements même les plus légitimes, car elle tarit la source de leurs revenus; elle est inique envers les commerçants honnêtes, et elle détruit toute idée de justice dans l'esprit de ceux qui s'y adonnent. On peut même dire que dans les contrées où l'on peut faire la fraude avec profit, c'est l'élite de la population, ce sont les hommes les plus forts, les plus hardis, les plus adroits, qui, presque toujours avec l'approbation tacite de leurs riches voisins, se livrent à cette dangereuse occupation. Pendant les règnes de Georges Ier et de Georges II, tout Écossais était contrebandier : le peuple, qui auparavant n'avait jamais payé d'impôts, regardait les taxes comme d'odieuses entraves mises à sa liberté, et toutes les fois qu'il le pouvait, il les éludait sans scrupule.

Borné au nord et au sud par deux bras de mer, à l'est par l'Océan, le comté de Fife, avec son nombre infini de petits ports, était devenu célèbre par son commerce de contrebande. Un grand nombre de ses marins avaient passé leur jeunesse parmi les flibustiers et les boucaniers; ils y avaient appris à ne reculer devant aucun danger. Un boulanger du village de Pathhead, nommé André Wilson, était particulièrement signalé aux employés de la douane. Doué d'une grande force musculaire, d'un courage à toute épreuve et d'une adresse peu commune, il connaissait tous les recoins de la côte, et n'hésitait jamais à se charger des entreprises les plus difficiles. Souvent il avait déjoué les embuscades et éludé la poursuite des gens du roi; mais il devint enfin l'objet de leur unique attention, et se trouva un jour entièrement ruiné par les grosses amendes auxquelles il fut à diverses reprises condamné. Exaspéré, et se regardant comme volé, il se crut avoir le droit d'agir de représailles, comme s'il eût été pillé par l'ennemi. Celui qui cherche à faire le mal en trouve bientôt l'occasion.

Wilson apprit un jour que le receveur des douanes de Kirkaldy, en tournée, était arrivé à Pittenweem, et avait une somme considérable d'argent. Il se dit que cette somme serait loin de le rembourser de la valeur de toutes les marchandises qu'on lui avait confisquées, et il n'hésita pas à prendre un à-compte en dédommagement de ses pertes quand le receveur royal et le trésor public lui en offraient l'occasion.

Il s'associa un certain Robertson et deux autres jeunes gens qui l'avaient parfois aidé dans ses opérations; ils comprirent tous facilement comme lui qu'il ne s'agissait que d'obtenir le remboursement d'une dette. Le receveur fut espionné par l'un d'eux, et tous ensemble ils forcèrent la porte de la maison dans laquelle il logeait. Wilson et deux de ses complices entrèrent dans la chambre du receveur, et Robertson, le quatrième, se tint à la porte armé d'un coutelas. Le receveur, à peine couvert de sa chemise, s'échappa par la croisée, et laissa ses assaillants s'emparer en toute liberté d'environ deux cents livres sterling appartenant au trésor. Plusieurs personnes passèrent dans la rue pendant que nos fraudeurs commettaient ce vol audacieux; mais Robertson leur disant que le bruit qu'ils entendaient provenait d'une querelle survenue entre le receveur et ses hôtes, les bons habitants de Pittenweem ne se crurent nullement obligés de donner aide et protection au collecteur impopulaire d'une taxe détestée. Ils firent comme le Lévite de la parabole, ils passèrent leur chemin. Mais enfin l'alarme fut donnée, des soldats furent envoyés à la poursuite des voleurs, on recouvra le trésor de la douane; on se saisit de Wilson et de Robertson, qui furent jugés et condamnés à mort.

Il ne manqua pas de gens qui crurent que la justice aurait dû épargner leur sang à cause des fausses idées qu'ils s'étaient formées tous deux de la nature de leur crime. D'autres pensèrent que la hardiesse du vol méritait un châtiment exemplaire : cette opinion fut celle du gouvernement. Quand il fut certain que la sentence serait mise à exécution, des limes, des scies et autres instruments de ce genre leur furent envoyés secrètement par quelques amis dévoués. Ils réussirent à scier une des grilles de leur croisée, et auraient pu s'échapper si Wilson n'eût été d'un caractère aussi entêté que hardi. Son camarade Robertson, qui était mince et fluet, proposa de passer le premier à travers l'ouverture assez étroite qu'ils avaient faite, promettant d'aider de dehors à l'élargir pour permettre à Wilson de le suivre. Wilson persista à vouloir passer le premier, il était gros et gras, et non-seulement il ne put passer entre les barreaux, mais il se démena de telle sorte, qu'il resta sans pouvoir avancer ni reculer. On le trouva le corps à moitié sorti, et à partir de ce moment les plus grandes précautions furent prises pour empêcher toute autre tentative d'évasion.

Robertson n'adressa pas un mot de reproches à son compagnon, dont l'entêtement avait fait avorter leur projet de fuite; mais Wilson ne pouvait oublier qu'il avait d'abord entraîné son ami au crime pour lequel ils étaient condamnés, et qu'au moment où il aurait pu réchapper il l'avait empêché de recouvrer sa liberté; il s'accusait donc deux fois de sa mort. Les hommes de la trempe de Wilson sont souvent capables de prendre et d'exécuter de généreuses résolutions; toutes ses pensées n'eurent plus qu'un but, sauver Robertson à tout prix. L'idée à laquelle il s'arrêta, et la manière dont il l'accomplit, sont des plus extraordinaires.

Il y a tout auprès de la prison d'Édimbourg une des trois églises de la paroisse de Saint-Giles, appelée, à raison de son voisinage, l'église de la prison. Quand des prisonniers étaient condamnés à mort, leurs geôliers avaient coutume de les amener à cette église le dimanche qui précédait leur exécution pour assister au service divin. On voulait faire une heureuse impression sur leur cœur en leur permettant d'élever vers le Seigneur leurs dernières pensées et les derniers accents de leur voix en commun avec l'assemblée des fidèles, qui ne pouvaient manquer de prier pour eux, au moment où, condamnés par la justice humaine, ils allaient paraître devant le seul juge infaillible. On cessa d'observer cette pieuse coutume après l'incident dont nous allons donner les détails.

Wilson et Robertson étaient dans le banc réservé aux condamnés, gardés l'un et l'autre par deux soldats de la garde urbaine : le prédicateur qui avait occupé la chaire venait d'achever un sermon plein de saintes exhortations principalement adressées aux deux malheureux contrebandiers : il leur avait dit que la prochaine assemblée dont ils feraient partie serait celle des justes ou des réprouvés; qu'au lieu des psaumes que l'on venait de chanter, ils entendraient, avant que deux jours se fussent écoulés, les hosannah des séraphins ou les lamentations éternelles des damnés; qu'ils avaient à choisir l'une ou l'autre destinée et se préparer pour le moment suprême. Ils ne devaient pas désespérer, avait-il ajouté, à cause du peu de temps qui leur restait, ils devaient plutôt se réjouir de ce que seuls, parmi toute cette foule qui s'était agenouillée et avait prié avec eux, ils connaissaient le moment exact où ils devaient paraître devant leur juge. — Ainsi donc, dit le bon vieillard dont la voix tremblait d'émotion, sachez être fiers du temps qui vous est accordé; rappelez-vous que vous pouvez encore assurer votre salut par la grâce de Celui devant qui le temps et l'espace ne sont rien.

On vit des pleurs couler sur les joues de Robertson, mais Wilson sembla n'avoir pas compris, ou être fortement préoccupé de pensées toutes différentes. Son maintien, au reste, était si conforme à celui d'un homme dans la terrible position où il se trouvait, qu'il n'excita ni surprise ni soupçon.

L'office s'acheva comme d'usage; l'assemblée se séparait, quelques curieux seulement restaient en arrière pour jeter un dernier coup d'œil sur les deux condamnés, qui se levèrent avec leurs gardiens comme pour se retirer aussitôt que le passage serait plus libre. On entendit un léger murmure de compassion courir à travers la foule, car on admettait généralement qu'il y avait des circonstances atténuantes en leur faveur.

Tout à coup Wilson, qui, nous l'avons dit, possédait une grande force musculaire, saisit un soldat de chaque main, et criant en même temps à son camarade : Sauve-toi, George, sauve-toi! se jeta sur un troisième en mordant à belles dents le col de son habit.

Robertson demeura immobile d'étonnement et comme incapable de profiter de l'occasion pendant une seconde; mais le même cri étant répété par plusieurs spectateurs qui se trouvèrent à leur insu tout disposés à faciliter son évasion, le prisonnier repoussa le soldat qui le tenait, et s'élançant en dehors du banc, se faufila dans les rangs de la foule, où personne n'essaya d'arrêter un pauvre diable destiné à la potence. Une fois hors de l'église, il trouva bientôt un ami pour le cacher.

La généreuse audace que Wilson avait montrée pour sauver son complice accrut considérablement la compassion que ses aventures avaient excitée. Quand les préjugés populaires ne sont pas en jeu, l'opinion publique épouse volontiers la cause pour laquelle on fait preuve de courage et de dévouement. On admira l'intrépidité de Wilson et on applaudit à l'évasion de Robertson. Le peuple même commença bientôt à dire que Wilson serait délivré au moment de l'exécution soit par une émeute des citoyens, soit par ses anciens associés, ou bien qu'il saurait se tirer d'affaire lui-même, tant il était fort et courageux. Ce bruit prit assez de consistance pour que les magistrats pensassent qu'il était de leur devoir de prendre des mesures en conséquence. La majeure partie de la garde urbaine fut convoquée et envoyée sur la place des exécutions sous les ordres du capitaine Porteous, qui devint malheureusement célèbre par suite des terribles événements de ce jour et des suivants. Mais il est nécessaire que nous disions quelque chose de cet homme et de sa troupe : le sujet est assez important pour que nous lui consacrions un autre chapitre.

CHAPITRE II.

Fils d'un citoyen d'Édimbourg, qui s'était efforcé de le faire entrer dans la corporation des tailleurs à laquelle il appartenait, le capitaine Jean Porteous a laissé un nom célèbre dans l'histoire de sa ville natale. Son caractère insoumis et aventureux le fit s'engager dans la troupe levée pour le compte des Pays-Bas, et appelée hollando-écossaise. Il y apprit la discipline militaire ; et quand il revint à Édimbourg, les magistrats le chargèrent, dans l'année 1715, d'organiser la garde urbaine, dont il fut bientôt nommé capitaine. Les seules recommandations qu'il pût avoir étaient ses habitudes militaires, l'énergie dont il faisait preuve et sa vigilance sans égale, car il était fils dénaturé, mauvais mari, et menait une vie très-dissipée. Il se rendit cependant utile pour maintenir la tranquillité de la ville, et il devint la terreur des émeutiers.

La troupe qu'il avait sous ses ordres comptait environ cent vingt soldats formant trois compagnies régulièrement armées, habillées et enregimentées. On choisissait pour ce corps des vétérans que l'on pouvait employer à quelque métier manuel le temps qu'ils n'employaient pas au service. C'était eux qui devaient maintenir l'ordre, apaiser les émeutes et empêcher les vols ; c'était une police armée à laquelle on avait recours toutes les fois que l'on pouvait craindre le tumulte. Le pauvre Ferguson, qui tant de fois eut maille à partir avec ces gardiens de l'ordre public, et qui les chanta si souvent qu'on peut l'appeler leur poëte lauréat, donne ce prudent conseil à ses lecteurs :

O mes amis, à ces noirs vétérans
La nuit toujours il faut prendre bien garde ;
Car je ne sais ailleurs tels chenapans
Autorisés à porter la cocarde.

La plupart de ces vétérans étaient en effet des montagnards à demi civilisés qui n'entendaient pas facilement raillerie, et ne supportaient patiemment ni les injures que leur adressait la populace, ni les tours que leur jouaient les étudiants. Ils étaient, au contraire, aigris par le mépris qu'on leur témoignait, par les avanies qu'on leur infligeait chaque fois que l'occasion s'en présentait, et le poëte que nous venons de citer avait raison de leur demander un peu plus de modération :

Soldats ! au nom de votre propre honneur
Et du pays qui vous donna naissance,
Modérez donc votre vaillante ardeur !
Un peu de patience !
A bas la poudre ! à bas le plomb fondu
Et le sang répandu !

Toutes les fois qu'il se présentait une occasion de trouble ou de licence, la populace d'Édimbourg aimait à en venir aux mains avec les vétérans. Plusieurs de mes lecteurs se rappelleront facilement combien ces échauffourées étaient fréquentes dans leur enfance ; mais c'est à peine s'il reste aujourd'hui un seul individu ayant fait partie du corps vénérable des vétérans. La disparition graduelle de ces gardes urbains peut être comparée à celle des cent chevaliers du roi Léar. Les décrets émis de temps à autre par nos magistrats sont comme ceux de Gonerill et de Regan, ils ont réduit incessamment cette respectable garde en se disant : « Est-il nécessaire qu'il y en ait vingt-cinq ?... dix ?... cinq ?... » On pourrait presque dire aujourd'hui : « Est-il nécessaire qu'il y en ait un ? » On peut encore voir un ou deux passer comme des revenants : ce sont des montagnards à barbe blanche et à cheveux blancs, qui portent de vieilles cicatrices et sont courbés sous le poids des années. Ils ont un tricorne bordé de galon blanc au lieu de galon d'argent ; leur habit, leur gilet et le reste sont couleur de brique foncée, et ils tiennent à leur tremblante main une arme hors d'usage, une hache du Lochaber : c'est le fer d'une hache emmanchée d'une longue hampe et armé d'un fort crochet. C'est ainsi que l'ombre du passé glisse, m'a-t-on dit, autour de la statue de Charles le Second près du Parlement, comme si l'image du vieux Stuart devait abriter les derniers restes de votre passé. On croit parfois en voir deux ou trois autres se tenir près de la porte du corps de garde qui leur fut donné dans le Luckenbooth quand on abattit leur ancienne caserne de la rue Haute. Mais c'est à peine s'il restera assez de documents pour éclairer leur histoire et expliquer les caricatures de Kay, tant il est difficile de faire passer des manuscrits à la postérité ! On oubliera la vieille garde urbaine d'Édimbourg et son vaillant caporal, Jean Dhu, l'homme au visage féroce, qui tantôt faisait rire et tantôt faisait trembler les turbulents externes de la haute école.

Alors que l'on vivait dans la crainte perpétuelle des complots jacobites, les magistrats s'efforçaient de maintenir l'effectif de ce corps sur un pied respectable ; cette habitude se perdit à mesure qu'on s'éloigna des époques révolutionnaires. Autrefois on les haïssait, on finit par les mépriser.

Le capitaine Jean Porteous cherchait à maintenir l'honneur et l'importance de la troupe qu'il commandait. Wilson avait commis un affront impardonnable en facilitant l'évasion de son compagnon, et il était indispensable de venger cette insulte. Le capitaine s'expliquait à ce sujet avec une grande vivacité, et son indignation débordait quand on lui parlait des bruits qui couraient sur la probabilité d'une émeute qui empêcherait l'exécution du fraudeur. Il laissa échapper certaines menaces dont on se souvint quelque temps après. Si l'énergie et la promptitude de décision qui distinguaient Porteous justifiaient le choix que l'on en avait fait pour le mettre à la tête de la garde, sa violence et son impatience le rendaient tout à fait impropre à commander une troupe toujours en contact avec une population urbaine. C'était un homme sans principes ; tout homme du peuple était, à ses yeux, un ennemi qu'il était parfaitement légal et naturel de combattre : aussi le peuple cherchait-il toutes les occasions de le vexer lui et sa troupe. Les magistrats lui confièrent le soin de veiller à l'exécution de Wilson, parce qu'ils le regardaient comme le plus actif et le plus dévoué de leurs officiers. Il avait ordre de placer une garde de quatre-vingts hommes autour de l'échafaud et de la potence, c'était toute la force disponible pour le moment.

Son orgueil fut vivement blessé de quelques autres précautions que prirent les magistrats. Partie d'un régiment d'infanterie régulière eut ordre de prendre position dans la principale rue de la ville, dans le but d'intimider ceux qui pouvaient être disposés à faire naître une émeute. Tout étrange que cela peut nous paraître aujourd'hui, il est certain que le commandant de la garde urbaine éprouva une violente indignation de l'insulte faite à sa troupe par le déploiement des grenadiers gallois dans la Grande-Rue : il faut se rappeler que les tambours de sa compagnie avaient seuls le droit de battre dans les limites de la cité. Sa rancune et sa colère à l'endroit des citoyens s'accrurent de tout le dépit qu'il ressentit de ne pouvoir montrer aux magistrats combien il était vexé de ce surcroît de précautions. Ce fut sur le malheureux et à ceux qui le plaignaient qu'il résolut de se venger. Son émotion et sa colère concentrées étaient telles qu'on les lisait naturellement sur son visage, et tous ceux qui le virent auprès de l'échafaud purent remarquer combien ses traits étaient altérés.

Il était, en général, assez bien de sa personne : d'une stature ordinaire, fortement constitué, il avait une tournure militaire et un air de douceur qui contrastait fortement avec sa brusquerie bien connue. Il avait le teint brûlé, la peau parsemée de marques de petite vérole, et les yeux plutôt sans expression que hardis ou brillants. Mais au matin dont nous parlons, il semblait être en proie à la plus vive agitation. Ses pas étaient saccadés, sa voix creuse et enrouée, sa figure pâle, ses prunelles dilatées ; ses ordres étaient embarrassés et inintelligibles ; il paraissait être dans un tel état de confusion que beaucoup se dirent dans la foule qu'il était *fey*, qu'une telle expression écossaise désigne ceux qui semblent entraînés par une invisible destinée vers quelque catastrophe inévitable.

Si l'indignation que sa conduite inspira universellement n'a pas exagéré ses torts, il se comporta ce jour-là d'une manière diabolique. Quand le malheureux Wilson lui fut remis par le geôlier, Porteous, avant de le conduire à la place où devait se faire l'exécution, ne se contenta pas de prendre à son égard toutes les précautions ordinaires, il lui fit mettre les menottes. Le caractère intrépide du condamné, sa force musculaire, et les craintes que l'on avait d'une rescousse, justifiaient peut-être ce surcroît de précaution. Mais les menottes dont on se servit s'étant trouvées trop petites pour le poignet d'un homme aussi athlétique que Wilson, Porteous, employant toute sa force à les fermer, déchira la chair et la peau du condamné. Wilson se plaignait de cette torture *in extremis*, disant que la douleur qu'il éprouvait dérangeait le cours des pieuses méditations que devait faire un homme dans sa situation.

— Qu'importe ! répondit Porteous, votre douleur et vos méditations vont bientôt être finies !

— Vous êtes bien cruel, reparit le prisonnier. Vous ne savez pas dans combien peu de temps vous aurez vous-même à demander cette faveur que vous me refusez. Que Dieu vous pardonne !

Le peuple se rappela longtemps et répéta souvent ces paroles prophétiques ; mais tout d'abord, à mesure qu'elles furent connues, elles accrurent considérablement la compassion que l'on ressentait pour Wilson, et l'indignation que la conduite journalière du capitaine des gardes excitait contre lui.

Quand tous les préparatifs furent achevés et que l'escorte eut amené Wilson à l'échafaud du marché aux herbes, on ne vit aucune apparence d'émeute ni de tentative de trouble pour faciliter son évasion. La foule semblait être plus fortement impressionnée que d'habitude : on pouvait apercevoir çà et là quelques visages où se peignaient le regret, l'indignation et le désir de la vengeance; c'était comme aux jours où les anciens puritains venaient honorer par leur présence la mort de leurs frères en religion que l'on avait exécutés à la même place. Il n'y eut pas la moindre violence. Wilson lui-même sembla vouloir hâter le moment qui le séparait de l'éternité. Aussitôt que les dernières prières mortuaires furent achevées, il se mit tranquillement dans les mains du bourreau... et la sentence reçut son entière exécution.

Il y avait assez longtemps qu'il était suspendu pour que toute étincelle de vie eût complétement disparu, quand il s'éleva tout à coup une rumeur parmi la foule. On jeta des pierres à Porteous et à sa troupe, on en blessa quelques-uns, et la multitude commença à pousser en avant, et à jeter des cris, des juremenls et des exécrations. Un jeune homme, qui portait un chapeau de marin rabattu sur ses yeux, s'élança sur l'échafaud et coupa la corde au bout de laquelle Wilson était suspendu; d'autres s'approchèrent pour emporter le corps, soit qu'ils voulussent l'inhumer religieusement ou essayer de le rappeler à la vie. Cette sorte d'insurrection contre son autorité fit monter la colère de Porteous à son dernier paroxysme; il oublia que la sentence dont il avait eu mission d'assurer l'exécution ayant reçu son plein et entier effet, le seul devoir qui lui restait à accomplir était de faire rentrer sa troupe et de se garder de toute collision avec la multitude. S'élançant sur l'échafaud, il prit un fusil des mains d'un des soldats, commanda de faire feu, et, comme le déclarèrent sur serment plusieurs témoins, donna fatalement l'exemple en étendant un homme roide mort. Six ou sept des soldats obéirent au commandement ou suivirent son exemple : six ou sept personnes furent tuées, et un assez grand nombre furent blessées.

La garde se retira ensuite vers sa caserne de la rue Haute. L'acte de violence qui venait de se passer avait moins intimidé qu'exaspéré la foule. On suivit les soldats en vociférant après eux et leur jetant des volées de pierres. Comme la foule semblait s'approcher davantage, les soldats des derniers rangs firent volte-face et de nouveau firent feu sur la troupe désarmée. Il y eut encore là des morts à déplorer. On ne sut jamais exactement si Porteous avait commandé cette seconde boucherie; cependant tout l'odieux des événements de ce jour fatal retomba nécessairement sur lui seul. Arrivé à la caserne, il fit rentrer ses soldats et alla faire son rapport aux magistrats.

Il semblerait que Porteous commençait déjà à douter du droit qu'il s'était arrogé de commander le feu : la réception que lui firent les magistrats ne fut pas de nature à le rassurer beaucoup sur ce point. Il nia donc avoir donné l'ordre de faire feu, il nia avoir tiré lui-même; il produisit même le fusil qu'il avait porté à l'exécution, et, après vérification, ce fusil fut reconnu chargé. On l'avait vu mettre trois cartouches dans sa cartouchière avant de quitter la prison le matin : il en restait encore deux. On introduisit un mouchoir blanc dans le canon du fusil, il en fut retiré sans aucune tache de poudre.

Ses accusateurs répondaient à cela que Porteous ne s'était pas servi de son fusil, mais s'était emparé de celui d'un des soldats. Parmi les morts et les blessés il s'en trouvait d'un rang assez distingué, parce que quelques soldats, qui par humanité avaient tiré par-dessus la tête des spectateurs, avaient tué ou blessé, à une certaine distance, plusieurs personnes qui s'étaient mises aux fenêtres.

L'indignation était si violente qu'universelle, et le capitaine Porteous fut traduit devant la cour du haut justicier avant qu'elle eût pu s'apaiser.

La cause fut longuement débattue : il fut difficile au jury de faire la part de la vérité et celle de l'erreur. Les témoins les plus respectables affirmaient avoir vu l'accusé commander le feu et tirer lui-même sur la foule. Il y en eut qui jurèrent avoir vu le feu de la lumière et la fumée sortant du canon au moment où un homme tombait mort; d'autres, qui s'étaient trouvés en position de tout voir, n'avaient pas vu Porteous tirer et ne l'avaient pas entendu donner l'ordre de faire feu : ils prétendaient, au contraire, que le premier coup de fusil avait été tiré par un soldat qui se tenait près du capitaine. Son avocat basa une partie de sa défense sur l'attitude hostile de la foule. Quelques témoins disaient avoir vu une véritable émeute; d'autres affirmaient que le bruit et les cris n'avaient pas dépassé la mesure ordinaire du tumulte qui suit toujours les exécutions capitales. Le verdict des jurés montra quelle indécision ces divers témoignages avaient jetée dans leur esprit. Il était reconnu, déclarèrent-ils, que Jean Porteous avait tiré un coup de fusil sur la foule, qu'il avait donné ordre à ses soldats de faire feu, et avait occasionné la mort de plusieurs personnes; mais ils ajoutèrent que l'accusé et ses soldats avaient été insultés et blessés par les pierres que leur jetait la populace.

D'après ce verdict, le haut justicier condamna le capitaine Porteous à mort; le malheureux devait être pendu, au lieu ordinaire des exécutions, le mercredi 8 septembre 1736, et, aux termes de la loi sur l'homicide volontaire, tous ses biens étaient en outre confisqués au profit du roi.

CHAPITRE III.

Toute grande que fût la place où l'on élevait ordinairement le gibet, elle était trop petite le jour fixé pour l'exécution de Porteous. Toutes les croisées qui s'ouvraient sur le marché aux Herbes, toutes celles qui avaient vue sur les rues que devait suivre le cortège étaient remplies de spectateurs. La hauteur extraordinaire des maisons, leurs antiques ornements, dont quelques-uns indiquaient les anciens propriétaires, car la plupart avaient appartenu aux templiers ou aux chevaliers de Saint-Jean, donnaient un étrange aspect à tout le quartier. Toute l'étendue du marché aux Herbes ressemblait à un lac neigeâtre ou à une mer de têtes humaines, au milieu de laquelle s'élevait la terrible potence, à laquelle pendait la corde fatale. L'usage que nous faisons de telles ou telles choses leur imprime un certain intérêt : ainsi deux montants de bois, une traverse et un nœud coulant, qui, pris séparément, semblent les choses les plus simples, deviennent, en certaines occasions, des objets solennellement horribles et terrifiants.

C'est à peine si l'on entendait un mot s'élever de toute la foule rassemblée autour de l'échafaud. On eût dit que la certitude de la vengeance avait satisfait le désir que l'on en avait éprouvé : la populace elle-même, plus profondément émue que d'habitude, se tenait muette et tranquille, attendant en silence, mais sans regret, la mort qu'elle regardait comme le triomphe de sa vengeance. Ils baissaient tant le malheureux condamné, qu'ils dédaignaient de montrer leur exaltation et leur joie. L'étranger qui n'aurait pas connu tous les détails de l'affaire aurait pu supposer que le silence qui régnait partout résultait de la pitié et du chagrin que la multitude ressentait; mais un coup d'œil donné aux physionomies l'aurait bientôt détrompé. Les lèvres pressées, les sourcils froncés, les yeux au regard sévère disaient, plus que des paroles, comment tout ce monde s'attendait à voir la haine satisfaite et sa vengeance accomplie. Peut-être la vue du condamné aurait-elle modifié quelque peu les sentiments de la populace à son égard; peut-être aurait-elle pardonné, au suprême moment, à l'homme qu'elle avait tant haï. Mais il était dit que leurs idées de retaliation ne seraient pas soumises à cette épreuve.

L'heure à laquelle le condamné aurait dû paraître était passée depuis plusieurs minutes, et cependant il ne paraissait pas encore.

— Est-ce que l'on penserait à éluder la sentence? se dirent les spectateurs entre eux.

La réponse fut partout la même, prompte et décisive :
— Ils n'oseraient pas!

Mais, à mesure que le temps s'avançait, on commença à discuter, à douter de ceci et de cela. Porteous avait été le commandant favori des magistrats, qui souvent ont besoin d'hommes possédant une énergie supérieure à la leur. On fit la remarque que dans l'acte d'accusation on l'avait désigné comme l'homme sur lequel comptaient principalement les magistrats à l'heure du danger. On prétendait que l'autorité pouvait attribuer à un excès de zèle l'imprudence de sa conduite lors de l'exécution de Wilson, que l'autorité n'était guère portée à blâmer ceux de ses agents qui ne péchaient que par un trop grand zèle. Tout cela, disait-on, pouvait décider les magistrats à représenter l'affaire sous le jour le plus favorable, et il ne manquait pas en haut lieu de gens qui écouteraient volontiers des suggestions de cette nature.

Il fut un temps où la populace d'Edimbourg, alors qu'elle était excitée, était la plus violente de toute l'Europe; elle s'était plusieurs fois soulevée contre le gouvernement et avait, en quelques occasions assez récentes, triomphé momentanément des autorités. La foule savait donc qu'elle n'était guère en faveur auprès du gouvernement. Si en haut lieu on n'approuvait pas complétement la violence dont avait usé le capitaine Porteous, il était probable que le souvenir que son exécution rendrait bien difficile la situation de tout officier obligé plus tard d'agir contre une foule en ébullition.

Tout gouvernement d'ailleurs justifie volontiers tout ce qui tend à faire rester force à la loi; et si les parents et amis des morts et des blessés appelaient cet événement une horrible boucherie, on en parlait en tout autres termes dans le cabinet de Saint-James. On disait là que le capitaine Porteous avait agi comme délégué légal des autorités constituées de la cité; qu'il avait été attaqué par la populace, que plusieurs de ses hommes avaient été blessés, et qu'en repoussant la force par la force, il s'était simplement défendu dans la limite de son droit.

A toutes ces raisons, dont on ne pouvait nier la puissance, et qui faisaient craindre aux spectateurs la possibilité d'un pardon, se joignait la plus impressionnable de la populace en ajoutait une autre qui s'adaptait merveilleusement à leurs idées d'envie et de haine. Pour accroître encore le désir de vengeance que l'on nourrissait contre Porteous, on répétait de tous côtés que, tandis qu'il s'acharnait à réprimer violemment les plus légers excès du pauvre, il se montrait toujours de composition facile pour ignorer les actes les plus licencieux de la jeune aristocratie urbaine et campagnarde, les abritait même parfois sous son autorité quand ils commettaient certaines peccadilles qu'il était de son devoir d'empêcher. Ce bruit auquel se mêlaient beaucoup d'exagérations, fit une profonde impression sur l'esprit de la foule, et comme plusieurs personnes de haut rang avaient signé un recours en grâce en faveur du condamné on disait que cette pétition ne provenait pas tant de la conviction qu'ils avaient de son innocence que de la crainte qu'ils ressentaient de perdre un surveillant commode de leurs débauches. Il est inutile de faire ressortir combien ce soupçon accrut la haine qui s'attachait à l'infortuné capitaine et la peur que l'on eut de le voir échapper à la vengeance de la loi.

Pendant que toutes ces discussions se tenaient sur la place, l'attente, jusqu'alors digne et silencieuse du peuple, se changea en un murmure sourd et profond, comme celui qui sort de l'Océan avant que la tempête fasse résonner toutes ses voix. L'immense multitude s'ébranla çà et là sans que l'on pût discerner aucune cause visible de ces mouvements unanimes. C'était comme ce soulèvement des mers que les marins aperçoivent aux approches des tempêtes. Les magistrats annoncèrent enfin la nouvelle qu'ils avaient hésité longtemps à publier. Elle se répandit dans la foule avec la rapidité de l'éclair. Ils avaient reçu du secrétaire d'État, contre-signé par Sa Grâce le duc de Newcastle, un ordre de la reine Caroline, régente du royaume en l'absence de Georges II, alors sur le continent, leur intimant de surseoir à l'exécution de la sentence de mort prononcée contre Jean Porteous, capitaine de la garde urbaine d'Édimbourg, détenu dans la prison de cette ville. L'exécution, si elle avait lieu, ne devait prendre place que six semaines plus tard.

La multitude, dont l'impatience et le dépit ne connaissaient plus de bornes, fit entendre un cri d'indignation et de colère, semblable à celui du tigre qui vient de se voir enlever par son gardien la curée qu'il allait dévorer. Ce cri sembla annoncer une explosion immédiate de la fureur du peuple. C'était ce qu'avaient redouté les magistrats, et ils avaient pris toutes leurs mesures pour réprimer ce mouvement. D'autres cris cependant ne suivirent pas le premier, et le tumulte qu'il indiquait parut s'apaiser. On eût dit que la foule était honteuse d'avoir exprimé son dépit, et au lieu d'exclamations de colère, on n'entendit plus que les sourds murmures d'une multitude, qui se communiquait de groupe en groupe les impressions qu'elle ressentait.

Cependant on ne se dispersait pas, on regardait vaguement l'appareil du supplice, et on rappelait les droits du malheureux Wilson à un pardon tout semblable : on redisait toutes les circonstances de sa mort, sa générosité envers son complice, et les raisons qui lui avaient fait commettre le crime pour lequel il avait été condamné. Oui, disait-on, il était brave, résolu, généreux, et on l'a pendu pour avoir volé un sac d'or qu'il avait quelques raisons de croire le sien; et cet infâme satellite, qui a massacré une vingtaine de ses concitoyens à l'occasion d'un petit tumulte, comme on en voit toujours en pareille occasion, est sauvé de la potence par l'intervention du pouvoir royal. Le souffrirons-nous ? Nos pères l'auraient-ils souffert ? Est-ce que nous ne sommes plus des Écossais, des bourgeois d'Édimbourg ?

Dans l'espoir d'accélérer la dispersion de la foule, l'autorité donna ordre d'enlever l'échafaud et tout l'appareil des exécutions. Le but que les magistrats recherchaient fut atteint, car la foule ne fut pas plutôt abattue, et chargée sur le chariot qui devait l'emporter, que la populace, jetant un nouveau cri de rage et de dépit, s'en alla de côté et d'autre à ses occupations ordinaires. Les croisées commencèrent aussi à se fermer, et les bourgeois les plus respectables s'arrêtèrent par groupes çà et là, comme pour attendre que la rue fût moins encombrée. Les discussions qu'ils soutenaient entre eux étaient bien semblables à celles élevées au sein de la foule : contrairement à ce que nous enseigne l'expérience, bourgeois et populace étaient animés des mêmes sentiments. Il est vrai de dire que les balles des soldats de Porteous avaient fait plus de victimes parmi les bons marchands de la cité que dans les rangs de ceux qui d'ordinaire avaient maille à partir avec la police, nous avons dit que plusieurs personnes avaient été tuées aux croisées; et les bourgeois, fiers et jaloux de leurs droits comme citoyens d'Édimbourg, étaient exaspérés outre mesure au sursis accordé à Porteous, qu'ils accusaient d'avoir massacré leurs voisins et amis.

On remarqua, au moment même, et ce fut rappelé plus tard, que, pendant que la multitude se dispersait, certains individus couraient de groupe en groupe, restant à peine un instant à la même place, mais causant tout bas à ceux qui paraissaient les plus irrités contre le gouvernement; ils avaient la tournure de gens du dehors; et on supposa que c'étaient d'anciens amis et associés de Wilson, qui, plus que tous les autres, étaient exaspérés contre Porteous; s'ils cherchaient à exciter un tumulte ou une émeute, leurs efforts n'obtinrent tout d'abord aucun résultat. La populace et les bourgeois les plus sensés s'en allèrent tranquillement chacun de leur côté; on n'aurait pu deviner ce qu'ils pensaient qu'à la manière dont leurs sourcils étaient chargés de rides, et en saisissant au passage les sourdes imprécations que de temps en temps ils laissaient échapper. Nous saurons mieux le fond de leur pensée en écoutant la conversation d'un des groupes nombreux qui gravissaient lentement la montée du West-Bow pour regagner leurs maisons du marché aux Toiles.

— Une drôle de chose, cela, madame Howden, dit le vieux Pierre Plumdamas à sa voisine la femme du commissaire-priseur en lui offrant le bras pour l'aider à monter la rue, une drôle de chose de voir les grandes gens de Londres pardonner à un vagabond comme ce Porteous, en dépit des lois et des saintes Écritures !

— Et dire que nous sommes tous allés là pour rien ! dit madame Howden en soupirant de regret. Moi qui m'étais procuré une si bonne place à une croisée à vingt-cinq pas de l'échafaud : j'aurais pu entendre tout ce que le ministre aurait dit. Payer vingt-quatre sous pour ma place, et tout cela pour ne rien voir !

— Je suis d'avis, dit M. Plumdamas, que ce pardon-là n'aurait guère été légal sous les vieilles lois écossaises, dans le temps que le royaume était un royaume.

— Je ne suis pas forte sur la loi, répliqua madame Howden, mais je sais bien que quand nous avions un roi, un chancelier et un parlement à nous, nous pouvions toujours leur casser leurs vitres s'ils n'étaient pas bons enfants. Mais trouvez-moi donc quelqu'un dont les bras aillent jusqu'à Londres !

— A bas Londres et tout ce qui nous en est venu ! dit mademoiselle Grizel Damahoy, une ancienne couturière, ils nous ont pris notre parlement, et ils ont ruiné notre commerce. Nos gens du monde prétendent aujourd'hui qu'on ne peut pas coudre des manchettes en Écosse ni mettre de la dentelle à un jabot !

— C'est vrai, ce que vous dites là, mam'selle Damahoy, s'écria Plumdamas, et j'en connais qui ont fait venir de Londres des raisins par douzaines de livres à la fois ! Et puis voilà qu'ils nous ont envoyé une armée de gabelous et de rats de cave qui sont toujours à vos trousses, de sorte qu'on ne peut plus seulement pas apporter un barillet d'eau-de-vie de Leith au marché aux Toiles sans courir risque d'être dépouillé de la chose que l'on a achetée et payée ! Ah ! je ne peux pas dire que Wilson ait eu raison de prendre ce qui ne lui appartenait pas ; mais s'il ne prit réellement que ce qu'on lui avait pris, il y a une terrible différence entre lui et cet autre qu'ils viennent de gracier !

— Si vous voulez connaître la loi, dit madame Howden, voici M. Saddletree qui vous l'expliquera aussi bien que ceux qui siégent dans les tribunaux.

La personne dont elle parlait était un grave et solennel vieillard, habillé de brun, la tête coiffée d'une magnifique perruque : il offrit galamment son bras à mademoiselle Grizel Damahoy aussitôt qu'il eut rejoint notre groupe.

M. Bartholin Saddletree avait une boutique, à l'enseigne du Poulain d'or, très-bien achalandée, où il vendait des selles, des brides, et tout ce qui a trait à l'enharnachement d'un cheval. Sa vocation, cependant, l'appelait invinciblement à l'étude de la chicane, aussi fréquentait-il souvent, au grand détriment de ses affaires, les cours où se débattaient les points les plus épineux de la loi ; mais sa femme, une digne et active personne, le remplaçait assez bien auprès des pratiques, qu'elle savait cajoler, et des ouvriers, qu'elle grondait avec succès. La bonne dame laissait volontiers son mari suivre son inclination, et accumuler des trésors de science légale ; mais elle voulait, en revanche, être entièrement maîtresse des affaires domestiques et commerciales, dont il lui abandonnait la conduite.

Bartholin Saddletree se croyait éloquent parce qu'il parlait assez facilement et ennuyait ses amis de ses longues explications. On se disait que s'il s'établissait la loi au dehors, la femme la faisait au dedans.

Bartholin Saddletree croyait trop à son importance pour accepter tranquillement cette ingénieuse imputation, aussi il avait grand soin de se tenir à l'égard de sa femme dans une haute sphère de réserve et de dignité. Les dehors d'autorité qu'il affectait importaient peu à madame Saddletree s'il n'essayait pas de vouloir exercer le pouvoir en réalité : la rébellion ne tardait pas à s'asseoir à leur foyer. Mais il était rare que Bartholin la poussât à de telles extrémités ; il aimait, comme le roi Jacques, à parler de son autorité, et il ne s'inquiétait guère autrement. Du reste, il était parfaitement, et satisfaisant son inclination favorite.

Pendant le temps que nous avons employé à donner au lecteur tout ce détail intime, Saddletree expliquait le point en point la loi d'Écosse applicable à Porteous, et il arriva à cette conclusion, que Porteous avait commandé le feu cinq minutes plus tôt avant que l'on eût coupé la corde qui suspendait Wilson, il aurait été *versans in licito*, c'est-à-dire que l'ordre eût été légal, et il n'aurait pu être puni que *propter excessum*, ou pour manque de prudence, la peine alors pouvant être réduite à une *pœna ordinaria*.

— Prudence ! répéta madame Howden, qui ne comprit pas parfaitement la subtile distinction, dites-moi donc quand vous avez vu Jean Porteous avoir de la prudence, de la modération, ou simplement de la politesse ? Il me revient que quand son père...

— Mais, madame Howden... interrompit Saddletree.

— Il me revient à moi, s'écria mademoiselle Damahoy, que quand sa mère...

— Mam'selle Damahoy... s'écria Saddletree se tournant vers elle.

— Je me rappelle, moi, dit Plumdamas, que quand sa femme...

— Monsieur Plumdamas, madame Howden, mam'selle Damahoy, répéta le sellier orateur, remarquez la distinction, comme dit maître

Cronmyloof, remarquez, vous dis-je, la distinction! Voici : le corps du criminel ayant été descendu, l'œuvre était accomplie, Porteous n'avait plus aucun mandat légal. Il était venu pour surveiller et protéger une exécution ; elle avait eu lieu, il n'était plus qu'un *cuivis ex populo!*
— *Quivis!... quivis!* Je vous demande pardon, monsieur Saddletree, dit en accentuant fortement la première syllabe du mot qu'il répétait M. Butler, suppléant du maître d'école d'une paroisse voisine d'Édimbourg, qui s'approchait au moment où le sellier prononçait ce mauvais latin.
— A quoi bon m'interrompre, monsieur Butler?... Enchanté de vous voir cependant... Je répète les paroles de maître Cronmyloof, et il disait *cuivis*.
— Si maître Cronmyloof se fût servi du datif pour le nominatif, je lui aurais donné de la férule, monsieur Saddletree, et il n'y a pas un de mes élèves qui eût refusé le fouet pour un solécisme de cette force.
— Mon Dieu, monsieur Butler, je parle latin comme un homme de loi, et non pas comme un maître d'école, répliqua le bourrelier.
— Vous le parlez à peine comme un écolier, lui répondit le pédagogue.
— Tout cela n'importe guère, dit Bartholin Saddletree ; tout ce que je voulais dire, c'est que Porteous est devenu passible d'une *pœna extra ordinem* ou d'une peine capitale ; ce qui veut dire, en bon écossais, la potence ; et cela parce qu'il a pas commandé le feu pendant qu'il était en exercice d'autorité, mais parce que l'affaire a eu lieu après la descente du corps, alors que l'exécution était parachevée, et qu'il était déchargé de la mission qu'on lui avait imposée.
— Croyez-vous donc, monsieur Saddletree, demanda Plumdamas que la position de Jean Porteous aurait été meilleure, s'il avait donné ordre de tirer avant qu'on lui jetât des pierres?
— Sans aucun doute, voisin Plumdamas, répondit Bartholin triomphant, il représentait alors en fait et en droit l'autorité ; il y avait commencement d'exécution, la loi suivait son cours, le fait n'était pas accompli. Mais quand Wilson fut descendu, tout était fini, son pouvoir cessait *instanter*, il n'avait plus qu'à s'en aller avec sa troupe aussi vite que si des recors le poursuivaient. Voilà la loi ; c'est ainsi que, moi présent, je la fais et je la dis au lord Vincovincentem.
— Vincovincentem? Est-ce un lord du parlement ou un lord de la magistrature? demanda madame Howden.
— Un lord de justice... un lord de magistrature. Ils sont trop ennuyeux vos lords du parlement : ils me fatiguent et me tourmentent avec un tas de questions rapport à leurs selles, à leurs sangles et à leurs étriers, ce que cela coûtera, quand ce sera prêt... de vraies oies... ils peuvent s'adresser à ma femme.
— Oh! monsieur Saddletree, votre femme, répliqua madame Howden indignée du ton de mépris dont le sellier avait parlé de sa moitié, votre femme aurait pu faire honneur au meilleur lord du pays, quoique vous en fassiez peu de cas ! Quand elle et moi nous étions de petites fillettes, bien certainement que nous ne pensions pas à nous contenter, moi, de mon pauvre vieux David Howden; elle, d'un sellier comme vous, monsieur Saddletree.
Pendant que Saddletree cherchait une réponse à cette attaque directe sur son importance présumée, mademoiselle Damahoy lui dit :
— Vous devriez ne pas oublier, monsieur Saddletree, que les lords du parlement, dans le bon vieux temps, avant l'union, avaient de belles cavalcades à l'ouverture des chambres. Tout le fermage de plus d'une bonne métairie a souvent passé en sellerie, en broderies, en galons et dentelles, qui faisaient la prospérité de gens comme vous et moi.
— Et puis il y avait des dîners, avec des fruits confits au sucre et à l'eau-de-vie, des raisins de toute sorte, dit Plumdamas. C'est alors que l'Ecosse était l'Ecosse.
— Je m'en vais vous dire ce que c'est, voisins, dit madame Howden, je ne croirai jamais plus que l'Ecosse soit l'Ecosse aussi longtemps que nos bons Ecossais avaleront sans mot dire un affront comme celui-là. Il ne faut pas penser seulement au sang répandu, il y a encore celui qu'ils auraient pu répandre pour crier vengeance. Il y avait là la fillette de ma fille, la petite Eppie Daiddle, ma Benjamine, vous savez, mam'selle Grizel, qui avait fait l'école buissonnière, et qui font tous les enfants, monsieur Butler...
— Parce que leurs parents ne se servent pas des verges assez souvent, répliqua M. Butler.
— Elle s'était glissée jusqu'au pied de l'échafaud pour voir la pendaison : c'est bien naturel dans un enfant. Et pourquoi n'aurait-elle pas été tuée aussi bien que les autres? Qu'est-ce que nous serions devenus alors, je vous le demande ? Je voudrais bien savoir si la reine Karline (si vraiment on l'appelle Karline) aimerait à voir un de ses enfants tué roide mort?
— Si ce que vous en dites est vrai, répondit le maître d'école, Sa Majesté n'en serait peut-être pas aussi chagrine que vous le pensez.
— C'est possible, continua madame Howden, mais je m'en vais vous dire ce que je pense de tout cela : si je vivais un homme, voyez-vous, je le ferais payer à Jean Porteous, coûte que coûte, et tous les Karles et les Karlines d'Angleterre en diraient ce qu'ils voudraient.

— Quand je n'aurais que mes ongles pour abattre la prison, ajouta mademoiselle Grizel, j'en aurais le cœur net.
— Vous pouvez avoir raison, mesdames, repartit Butler, mais vous feriez bien de ne pas l'exprimer si hautement.
— L'exprimer! s'écrièrent les deux dames à la fois, on ne parlera que de cela depuis le poids public jusqu'à la porte de l'eau jusqu'à ce que justice soit faite.
Ce fut sur cette prophétique observation que l'on se sépara : les deux dames retournèrent chez elles ; Plumdamas et ses deux amis allèrent dîner dans une taverne du marché aux Herbes, où ils avaient coutume de prendre, vers le milieu de la journée, un verre d'eau-de-vie, qu'ils appelaient leur *méridien*. Plumdamas se rendit ensuite à son magasin d'épicerie, et le maître d'école, qui avait besoin d'un bout de vieille bride pour l'usage de sa classe, accompagna Saddletree. Chemin faisant, l'un cherchait à expliquer la loi criminelle d'Écosse, l'autre les règles de la syntaxe, mais ni l'un ni l'autre n'écoutaient au juste ce qu'ils se disaient.

CHAPITRE IV.

— Nous avons eu aujourd'hui Jack Driver le voiturier qui venait chercher ses sangles neuves, dit madame Saddletree à son mari au moment où il passait le seuil de la maison : ce n'était pas, qu'on le sache bien, dans le but de le consulter sur ses affaires, mais pour lui rappeler le détail de tout ce qu'elle avait fait durant son absence.
— Bien, répondit laconiquement Bartholin.
— Et le seigneur de Girdingburst a envoyé son laquais; il est même venu lui-même, l'honnête et galant jeune homme, pour savoir si la selle à broderie qu'il a commandée sera bientôt prête, car il en aura besoin pour les courses de Kelso.
— Bien, bien, répliqua son mari toujours sur le même ton.
— Et puis, Sa Seigneurie le comte de Blazonburg, lord Flash et Flame, vous fait savoir que les clefs de ses harnais, les armoiries, qu'on lui a fait pour ses six juments flamandes, n'ont pas été envoyés comme on lui avait promis.
— Bien, bien, c'est bien, c'est bien, ma bonne femme, dit le sellier ; si Sa Seigneurie est tout à fait hors de lui, nous le ferons interdire. C'est très-bien, très-bien.
— Il est heureux que vous trouviez tout cela bien, monsieur Saddletree, répondit sa femme un peu vexée de voir avec quelle insouciance il accueillait sa longue récapitulation, mais il y en a beaucoup qui auraient pu ne pas aimer à venir dans une boutique comme la vôtre et ne trouver personne qu'une femme pour leur répondre ; car tous vos gars ont disparu aussitôt que vous avez eu le dos tourné, il a fallu que ces messieurs aillent voir aussi la pendaison de Porteous. Ainsi, comme vous n'étiez pas à la maison...
— C'est bon, c'est bon, madame Saddletree, interrompit son mari d'un air solennel, ne me fatiguez pas les oreilles de toutes ces affaires. Il était nécessaire que je fusse ailleurs, *non omnia*, comme dit M. Cronmyloof quand des huissiers l'appellent en même temps, *non omnia possumus... pessimus... pessimis*; je sais que notre latin des tribunaux ne va pas aux oreilles de M. Butler, mais cela signifie que personne, pas même le lord président lui-même, ne peut faire deux choses à la fois.
— Parfaitement vrai, monsieur Saddletree, répliqua son industrieuse moitié en souriant ironiquement, et sans doute il est convenable de laisser votre femme s'occuper des selles et des brides des jeunes gentilshommes pour aller voir un homme qui ne vous a jamais fait de mal pendu au bout d'un licou.
Madame Saddletree, dit le sellier à qui le *méridien* prêtait, sans aucun doute, une certaine élévation, madame Saddletree, il est temps que cela finisse ; cessez de vous mêler d'affaires que vous ne comprenez pas. Croyez-vous que j'étais né pour couper, coudre et vernir du cuir tanné? Quand je vois des hommes comme Duncan Forbes, et tels autres qu'on appelle Arniston, des hommes qui n'en savent pas plus long que moi, je mes compères ne me trompent pas, et qui sont devenus présidents de cour et avocats du roi, et pourquoi? Tandis que si la justice régnait, comme au temps du brave Wallace...
— Je ne sais pas ce que nous aurions eu au temps du brave Wallace, s'écria madame Saddletree, à moins que, comme on me l'a dit, on ne se battît dans ce temps-là avec des canons de cuir... et encore s'il nous en avait acheté, il y a tout à parier qu'il aurait oublié de les payer! Et quant à ce que vous savez, Bartholin, vos compères sont plus fins que moi s'ils en ont découvert quelque chose.
— Je vous dis, madame, répliqua le sellier tout courroucé, que vous n'entendez rien à tout cela. Au temps de sir William Wallace, il n'y avait personne de cloué à un métier si bas que celui de sellier, car tous les harnais dont ils se servaient leur venaient tout faits de Hollande.
— Eh bien ! dit le pédagogue, qui, comme tous ses confrères, aimait quelque peu à plaisanter, si cela était comme vous le dites, monsieur Saddletree, je crois bien que les changements survenus sont pour le mieux. Maintenant nous ne faisons nos harnais, nous n'importons des Pays-Bas que nos hommes de loi.

— Ce n'est que trop vrai, monsieur Butler, répondit Bartholin en soupirant; si j'avais eu le bonheur, ou plutôt si mon père avait eu le bon sens de m'envoyer à Leyde ou à Utrecht pour y étudier les Substituts et le Pandex.

— Vous voulez dire les Institutes, les Institutes de Justinien, monsieur Saddletree, observa le maître d'école.

— Institutes et Substituts sont synonymes, monsieur Butler, on se sert de l'un et de l'autre dans tous les documents légaux, comme vous pouvez vous en assurer en étudiant le Praticien de Balfour, ou celui de Dallas de Saint-Martin. Dieu merci, je comprends toutes ces choses assez bien; mais, je le confesse, j'aurais dû aller faire mes études dans les Pays-Bas.

— Cependant, ne le regrettez pas, monsieur Saddletree, répliqua Butler, cela ne vous aurait peut-être pas beaucoup servi, notre bar d'Écosse est un bar aristocrate. Leur métal est de la vraie secte du bronze de Corinthe, et *non cuivis contigit adire Corinthum*, n'est-ce pas, monsieur Saddletree?

— Ah! monsieur Butler, s'écria Bartholin, qui, comme on peut le supposer, ne comprit pas la plaisanterie et s'arrêta au son des mots, oh! monsieur Butler, il n'y a qu'un moment il me fallait dire *quivis*, et je vous ai entendu tout à l'heure, moi-même, dire *cuivis*, aussi vrai que je le eusse entendu à la cour.

— Attendez un peu, monsieur Saddletree, et je vais vous expliquer la différence en trois mots...

Le pédagogue n'était pas moins pédant que le sellier; seulement il avait infiniment plus de science et un peu plus d'esprit.

— Attendez un peu, répéta-t-il : vous m'accordez que le cas nominatif est celui par lequel on nomme ou on désigne une personne ou une chose, c'est ce que l'on peut appeler le cas primaire, tous les autres étant formés de lui par des nuances savantes par des modifications de la terminaison et par des prépositions dans nos jargons modernes, vous m'accordez cela, n'est-ce pas, monsieur Saddletree?

— Je ne sais pas trop... c'est *ad avisandum*, vous savez, personne ne devrait se hâter d'admettre quoi que ce soit en fait ou en loi, dit Saddletree cherchant à se donner l'air d'un homme qui sait toute l'importance de ce qu'il affirme.

— Et le cas datif... continua Butler.

— Je sais ce que c'est qu'un tuteur datif, interrompit le sellier.

— Le cas datif, par lequel une chose est donnée ou indiquée comme appartenant à une personne ou à une chose. Vous ne le nierez certainement pas.

— Eh!... je ne suis pas bien certain de vous le concéder, répondit Saddletree.

— Comment, diable! alors, définissez-vous le datif et le nominatif? demanda le maître d'école entraîné par un mouvement d'impatience.

— Je vous dirai cela une autre fois, monsieur Butler, repartit Saddletree d'un air quelque peu mystérieux, il me faut un jour pour bien étudier les termes de votre exposé et y répondre, et puis je vous ferai acquiescer, ou vous rétorquerez mon argument comme vous l'entendrez.

— Allons, allons, monsieur Saddletree, dit sa femme, nous n'avons pas besoin d'exposés ni d'arguments ici. Que ceux que l'on paye pour ces sortes de choses en vendent s'ils le veulent, tout cela ne nous va, voyez-vous, comme une selle sur le dos d'une vache.

— Ah! s'écria le pédagogue, *optat ephippia bos piger*, il n'y a rien de neuf sous le soleil. Mais le coup était porté tout de même, madame Saddletree.

— Vous feriez bien mieux, monsieur Saddletree, continua son industrieuse moitié, puisque vous avez la loi au bout de vos doigts, de voir ce que vous pourriez faire pour la pauvre Effie Deans, cette malheureuse enfant qui est là-bas dans la prison, mourant de froid, de faim et peut-être de chagrin. C'était une fillette à notre service, monsieur Butler, aussi innocente, la pauvre enfant, qu'elle était utile dans la boutique. Quand M. Saddletree sortait, et vous savez qu'il est rarement à la maison quand on plaide quelque part, la pauvre Effie m'aidait à remuer les ballots de cuir tanné, à ranger la marchandise et à répondre aux gens. Et vrai, elle savait toujours leur dire quelque chose d'agréable; elle était si honnête, et il n'y avait pas une plus jolie fille dans tout Édimbourg! J'ai vu des gens qui étaient impatients et déraisonnables, elle les accommodait mieux que moi. Je ne suis plus aussi jeune que j'ai été, monsieur Butler, et je ne suis plus aussi facile que j'étais. Quand j'ai trop de monde après moi, demandant l'un une chose, l'autre une autre, je n'ai qu'une langue : il faut parler vite si l'on veut faire son ouvrage. Aussi je regrette bien les jours Effie.

— *De die in diem*, ajouta Saddletree.

— Je crois, dit Butler après un moment d'hésitation, je crois me rappeler l'avoir vue ici, une petite fille à l'air modeste, des cheveux blonds...

— Oui, oui, c'est bien là la pauvre Effie, dit la maîtresse. Comment elle a perdu la tête, ou bien a-t-elle commis ce méchant crime, c'est ce que Dieu sait, mais elle a succombé à de fortes tentations! et j'en ferais presque le serment sur ma Bible, elle n'avait pas la tête à elle au moment.

Butler parut très-agité; il allait çà et là dans la boutique, et montrait autant de trouble et de confusion qu'on pouvait en attendre d'un homme aussi rigide.

— Est-ce que ce n'est pas la fille de David Deans, qui avait loué le parc de Saint-Léonard? elle doit avoir une sœur.

— Hélas! oui, elle en a une, la pauvre Jenny Deans, qui a dix ans de plus qu'elle. Elle était ici il n'y a qu'un moment, qui se désolait par rapport à sa sœur. Mais qu'est-ce que je pouvais lui dire? Je lui ai conseillé de revenir quand M. Saddletree serait rentré. Ce n'est pas que j'aie pensé que M. Saddletree pût lui dire grand'chose, mais cela pourra toujours lui faire avoir un peu de patience : il est toujours temps de se chagriner quand vient le chagrin.

— Vous vous trompez cependant, dit le sellier tout indigné, j'aurais pu lui donner toute satisfaction. J'aurais pu lui prouver que sa sœur était justiciable du statut seize cent quatre-vingt-dix, chapitre premier, pour la suppression de l'infanticide, de la grossesse furtive, de la non-déclaration de la naissance de l'enfant.

— J'espère, s'écria Butler, j'espère, ô mon Dieu! qu'elle pourra se disculper!

— Et moi aussi, monsieur Butler, répondit madame Saddletree, j'en aurais répondu comme de ma propre fille; mais, par malheur, j'ai été souffrante pendant tout l'été, je n'ai pu quitter ma chambre que pendant quinze jours. Et, quant à M. Saddletree, s'il demeurait chez une sage-femme, il ne se douterait jamais pourquoi tant de femmes y viendraient. C'est donc à peine si j'ai pu le voir; autrement j'aurais bientôt su de quoi il retournait, je vous le garantis. Mais nous croyons tous que sa sœur pourra dire quelque chose pour la sauver.

— On ne parlait que de cela au palais, dit le sellier, avant que cette affaire de Porteous vînt tourner toutes les têtes. C'est une superbe cause d'infanticide présumé! il n'y en a pas eu un pareil à la cour depuis Luckie Smith, qui fut pendue dans l'année seize cent soixante-dix-neuf.

— Mais, qu'est-ce que vous avez, monsieur Butler, s'écria la bonne madame Saddletree, vous êtes pâle comme un linceul, voulez-vous boire quelque chose?

— Oh! non, non, merci, dit avec effort le malheureux Butler, je suis venu à pied de Dumfries, et il fait lourd aujourd'hui.

— Asseyez-vous, lui dit madame Saddletree lui posant doucement la main sur l'épaule, reposez-vous, vous vous faites du mal en marchant comme cela. Eh bien! aurons-nous le plaisir de vous voir à la tête de l'école, monsieur Butler?

— Oui... non... je ne sais pas, répondit le pédagogue d'un air distrait.

Mais madame Saddletree revint à sa question, autant par curiosité que par intérêt pour ce jeune homme.

— Vous savez pas si vous aurez l'école, oui ou non, après y avoir enseigné pendant tout l'été?

— Non, madame Saddletree, je ne l'aurai pas, répondit Butler devenu plus tranquille. Le seigneur de Noirauxos a un fils illégitime, élevé pour l'Église, que le synode n'a pas voulu consacrer; alors....

— Ah! vous n'avez pas besoin de m'en dire davantage; s'il y a un seigneur qui ait un pauvre parent ou un bâtard à placer, en voilà bien assez. Alors vous êtes revenu à Libberton, où vous attendez que la mort crée une vacance. Ah! c'est que M. Whackbairn, tout faible qu'il est, peut vivre aussi longtemps que vous!

— C'est vrai, répliqua Butler en soupirant, et je ne sais vraiment pas si je désire autre chose.

— Il est bien ennuyeux d'être dans une situation comme celle-là, continua la bonne dame; vous qui avez le droit de songer à mieux que cela, j'admire comment vous supportez ces misères aussi tranquillement.

— *Quos diligit castigat*, répliqua Butler; tout païen qu'il était, Sénèque savait trouver du bon dans l'affliction. Les païens ont eu leur philosophie et les juifs leur révélation, madame Saddletree, et on souffrait la même chose dans leur temps. Les chrétiens ont été mieux partagés, et cependant....

Il s'arrêta et soupira.

— Je vous comprends, monsieur Butler, dit madame Saddletree jetant un coup d'œil vers son mari, il y a des moments où l'on perd toute patience malgré la Bible ou l'Évangile.... Vous ne pensez pas partir quand vous êtes si souffrant : restez, et mangez un morceau avec nous.

M. Saddletree ferma le Praticien de Balfour, dont il faisait son étude favorite, pour renouveler l'invitation faite par sa femme. Mais le maître d'école persista dans son refus et les quitta presque aussitôt.

— Il y a quelque chose là-dessous, dit madame Saddletree en le regardant monter la rue. Pourquoi donc M. Butler prend-il un si grand intérêt au malheur d'Effie Deans? Je n'ai jamais entendu dire qu'ils étaient de connaissance : il est vrai qu'ils étaient voisins quand David Deans était à la propriété du seigneur de Dumbiedikes. M. Butler devait connaître son père, ou quelqu'un des siens. Levez-vous donc, monsieur Saddletree, vous vous êtes assis sur la couverture que je piquais. Ah! voilà le petit Willie l'apprenti. Dis donc, petit diable de court-partout que tu es, qui t'a permis d'aller voir pendre les gens, comme aimerais-tu qu'on aille à ta pendaison; ce qui ne manquera pas d'arriver, si tu ne t'amendes? Eh bien! qu'est-ce que tu fais là tout ébahi et tout sot, comme si des mots brisaient des os? Va dans le magasin et ne recommence pas : tu diras à Peggy de te donner une assiette de soupe; car tu as le ventre aussi creux que les yeux, je parierais. Il n'a ni père ni mère, monsieur Saddletree, et on aimerait à lui venir en aide, c'est un devoir de chrétien.

— C'est bien vrai, ma bonne femme, répondit le sellier, nous sommes pour lui *in loco parentis* jusqu'à sa majorité, et j'ai parfois pensé à demander au tribunal une commission de répondant *loco tutoris*, puisqu'il n'y a pas de tuteur subrogé, et personne pour défendre ses droits : mais j'ai craint que les frais de la procédure ne fussent pas *in rem versam*, car je ne crois pas que Willie ait aucuns effets qui requièrent une tutelle.

Le capitaine John Porteous.

En achevant cette sentence magistrale, il toussa deux ou trois fois comme un homme qui vient d'expliquer la loi d'une manière irréfragable.

— Des effets! s'écria madame Saddletree, quels effets voulez-vous qu'ait le pauvre enfant? il était en haillons quand sa mère est morte; et la blouse bleue qu'Effie lui a faite avec un de mes vieux mantelets est le seul vêtement passable qu'il ait jamais eu. Pauvre Effie! voyons, pouvez-vous réellement me dire, avec toute votre loi, monsieur Saddletree, si on peut la condamner, quand on ne peut pas même prouver qu'il y a eu un enfant?

— Mais! dit le sellier heureux de voir enfin sa femme lui demander son opinion sur une question de jurisprudence. Mais! il y a deux sortes de *murdrum* ou *murdragium*, ou ce que vous appelez meurtre, *populariter et vulgariter*. Je veux dire qu'il y en a de plusieurs sortes; il y a votre *murthrum per vigilias et insidias* et votre *murthrum sous confiance*.

— Quant à cela, je sais bien, reprit sa moitié, elle est sous confiance que l'aristocratie vient à bout de nous tuer nous autres marchands; c'est cela qui nous fait fermer nos magasins : mais cela n'a rien de commun avec l'affaire d'Effie.

— L'affaire d'Effie, *alias* Euphémie Deans, répondit Saddletree, est un cas de meurtre présumé, c'est-à-dire un meurtre imaginé et arrangé par la loi, étant déduit de certaines *indicia* ou causes de soupçon.

— Ainsi donc, dit sa femme, si la pauvre Effie n'a pas avoué qu'un, elle sera pendue, que l'enfant soit mort-né, ou qu'il soit encore en vie ou ce moment?

— Certainement, repartit Saddletree, aux termes d'un statut royal pour la prévention de l'horrible crime d'accoucher en secret. Ce crime est bien défini par la loi, parce que ce genre de meurtre est de pure invention légale.

— Alors si la loi invente des meurtres, c'est la loi qu'on devrait pendre : ou plutôt si on pendait un homme de loi au lieu et place, le pays ne s'en trouverait pas plus mal.

Mais, le dîner se trouva prêt, il fallut interrompre la conversation, qui menaçait, au reste, de ne pas continuer sur un pied aussi favorable à la science et à ses adeptes que M. Saddletree l'avait tout d'abord espéré.

CHAPITRE V.

Au sortir du magasin du Poulain doré, Butler alla chercher un de ses amis, homme de loi, pour le consulter sur certaines circonstances de l'affaire de la jeune fille dont il a été parlé dans le chapitre précédent. Butler, comme le lecteur l'a déjà probablement supposé, avait de puissantes raisons de s'intéresser à son sort. La personne qu'il cherchait était absente, ainsi que les deux ou trois autres connaissances auxquelles il espérait pouvoir communiquer tout l'intérêt qu'il prenait au sort de la jeune fille. Mais tout le monde, pour le moment, avait en tête l'affaire de Porteous, et discutait ardemment les mesures de l'administration. L'ardeur de la discussion avait excité une soif universelle, et la moitié des avocats, des avoués, des huissiers et de leurs clercs avaient porté le débat dans la salle de quelque taverne favorite. Un profond mathématicien de l'époque calcula que l'on but à cette occasion une quantité de bière à quatre sous qui aurait été suffisante pour faire flotter un vaisseau de ligne.

Butler passa son temps à parcourir les rues jusqu'à la tombée de la nuit, décidé à aller visiter cette pauvre jeune fille quand il aurait moins de chances d'être vu : il avait quelques raisons d'éviter les remarques de madame Saddletree, dont la boutique ne s'ouvrait pas très-loin de la porte de la prison mais sur le côté opposé et un peu plus haut. Il passa donc sous l'étroit passage couvert situé au coin nord-ouest de la place du Parlement.

Il fut bientôt devant le portail gothique de la vieille prison, qui, comme on le sait, s'élève au centre de la rue Haute, et se trouve au bout d'un immense corps de bâtiment appelé le Luckenbooths, que nos aïeux, pour quelque raison incompréhensible, avaient planté au beau milieu de la principale rue de la ville, ne laissant qu'une ruelle étroite vers le nord, et du côté sud que regarde la prison un passage étroit et tortu, qui se glisse entre les murailles sombres et menaçantes de la Tolbooth, les maisons qui y sont contiguës et les murs et les contre-forts de la vieille cathédrale.

Butler arriva au moment où un des geôliers, vieillard à longs cheveux blancs, aux traits maigres et accentués, fermait la porte extérieure de la prison. Il lui demanda poliment s'il pourrait être admis à visiter Effie Deans, qui était accusée d'infanticide. Le geôlier le regarda d'un air d'intérêt, et, touchant son chapeau en signe de respect pour l'habit noir de Butler et sa tournure cléricale, il lui répondit :

— Il est impossible d'admettre personne maintenant.

— Vous fermez probablement plus tôt que d'habitude à cause de l'affaire du capitaine Porteous? dit Butler.

Le geôlier, mystérieux comme un fonctionnaire important, se contenta de lui faire un signe de tête, et, retirant l'énorme clef qui pouvait avoir deux pieds de long, il rabattit la plaque d'acier qui couvrait le trou de la serrure et l'ouvrait à secret. Absorbé dans ses réflexions, Butler resta près de la porte jusqu'à ce qu'elle fut fermée ; et regardant à sa montre, il remonta rapidement la rue en murmurant en lui-même :

Porta adversa, ingens, solidoque adamante columna
Vis ut nulla virum, non ipsi exscindere ferro
Cœlicolæ valeant. Stat ferrea turris ad auras... etc.

Ayant de nouveau employé inutilement une demi-heure à chercher l'homme de loi, son ami et son conseil, il crut qu'il était temps de quitter la ville et de retourner à la maison, située dans un petit village à deux milles et demi au sud d'Édimbourg. A cette époque, la capitale était entourée d'un mur élevé avec des créneaux et des tours qui de place en place faisaient saillie. On entrait dans la ville par des portes que l'on fermait régulièrement toutes les nuits. On pouvait toujours entrer ou sortir au moyen d'une petite gratification aux gardiens, qui avaient la clef d'une petite poterne s'ouvrant à côté; mais il importait à un homme aussi pauvre que Butler d'économiser cette légère dépense. Craignant donc que l'heure de fermer les portes ne fût arrivée, il se dirigea rapidement vers celle dont il était le moins éloigné quoique cela allongeât sa route pour se rendre chez lui. Son chemin le plus court était par la porte de Bristo, mais celle de l'ouest était plus rapprochée du marché aux Herbes. Ce fut donc de ce côté qu'il se dirigea. Il arriva à temps pour passer sans difficulté et entra dans le faubourg de Portsburgh, qu'habitaient principalement de pauvres ouvriers et de très-petits marchands. Il ne put guère aller plus loin.

Il venait à peine de quitter la porte de la ville, quand il entendit le son du tambour et, à sa grande surprise, rencontra un grand nombre de personnes qui occupaient toute la largeur de la rue et la remplissaient sur une longue étendue; marchant tous ensemble au son du tambour, qui battait la générale. Avant qu'il eût pu se décider à

fair d'un côté ou de l'autre, la foule, qui s'était évidemment rassemblée dans un but illégal, arriva tout près de lui et l'arrêta.
— Êtes-vous prêtre? dit un homme.
Butler répondit qu'il était dans les ordres, mais qu'il n'avait pas été reçu ministre.
— C'est M. Butler de Libberton, s'écria une voix du milieu de la foule. Il fera l'affaire aussi bien que personne.
— Il faut venir avec nous, monsieur! reprit celui qui avait parlé tout d'abord.
Son air était civil, mais ses paroles étaient péremptoires.
— Pourquoi faire, messieurs? demanda Butler. Je demeure loin de la ville, les routes ne sont pas sûres la nuit; vous me causeriez le plus grand tort en m'arrêtant.

Butler arriva au moment où l'un des geôliers fermait la porte extérieure de la prison.

— On vous reconduira chez vous en sûreté; personne n'osera vous toucher, mais il faut venir avec nous.
— Mais, encore une fois, pourquoi faire, messieurs? reprit Butler. J'espère que vous aurez la bonté de me l'expliquer?
— Vous le saurez en temps utile, venez! de gré ou de force, il faut nous accompagner; et ayez soin de ne regarder ni à droite ni à gauche, de ne pas prendre garde à la figure de personne et de regarder tout ce que vous allez voir comme un rêve.
— Je voudrais que ce fût un rêve dont je pourrais m'éveiller, dit tout bas Butler. Mais, n'ayant aucun moyen de s'opposer à la violence dont on le menaçait, il fut forcé de se tourner et de marcher en tête des émeutiers, supporté de chaque côté par l'un d'eux.
Pendant cette explication, les insurgés s'étaient rendus maîtres de la porte de l'ouest en surprenant les gardes et s'emparant des clefs. Fermant les grandes portes, ils les verrouillèrent avec soin et ordonnèrent à celui qui avait soin de la poterne de la barrer sans plus pouvoir la fermer. Cet homme, terrifié par une attaque aussi inattendue, put accomplir sa tâche de tous les jours, et abandonna la porte sans pouvoir la fermer. Les émeutiers, qui semblaient avoir prévu le cas, demandèrent des torches, et, au moyen de longs clous qu'ils avaient apportés, clouèrent fortement la poterne à son linteau.
Pendant que cette prise de possession avait lieu, Butler ne put s'empêcher de faire quelques observations sur les individus qui semblaient être les chefs de cette troupe extraordinaire. La lueur blafarde des torches, qui éclairait leur visage, et le laissait dans l'obscurité, lui donna occasion de tout voir sans être remarqué. La plupart de ceux qui étaient les plus actifs portaient des vestes de matelots, des pantalons et des bonnets de mer; d'autres avaient d'immenses redingotes et des chapeaux à larges bords. A en juger par la taille, il y avait plusieurs femmes; mais leur grosse et rude voix, leur démarche d'homme, leurs larges épaules ne permettaient pas d'accepter le déguisement. La troupe marchait comme si tout eût été bien

concerté d'avance: ils correspondaient au moyen de signaux et s'interpellaient par des noms de guerre. Butler entendit le de Wildfire, auquel répondait une amazone gigantesque.
Les émeutiers laissèrent quelques hommes pour garder la porte de l'ouest, et ordonnèrent aux gardiens, sous peine de la vie, de rester dans leur corps de garde et de ne pas essayer de toute la nuit de reprendre possession de la porte. Suivant alors rapidement la longue rue appelée le Cowgate, ils reçurent de nombreux renforts de la populace de la Cité qui, de toutes parts, venaient se joindre au bruit de leur tambour. Quand ils arrivèrent à la porte de Cowgate, ils s'en emparèrent aussi facilement que de la première, la fermèrent et laissèrent quelques-uns des leurs pour la garder. On remarqua plus tard, comme une preuve frappante de leur prudence et de leur précaution, que les hommes laissés à ces portes ne se tinrent pas immobiles à leur poste, mais allaient çà et là pour éviter d'être reconnus, et ne s'approchaient que pour être certains que l'on n'essayait pas de rétablir la circulation.
La foule, dont le nombre ne dépassait pas d'abord une centaine, comprenait maintenant quelques mille hommes, qui recevaient des renforts à tout moment. Ils se séparèrent pour monter plus rapidement les diverses ruelles qui mènent de Cowgate à la rue Haute, et, battant encore le rappel, ils invitaient tous les vrais Écossais à se joindre à eux, et remplirent bientôt la principale rue de la Cité.
La porte du Netherbow, qui coupe la rue Haute vers sa fin et sépare la Cité de la ville, pourrait être appelée le Temple Bar d'Édimbourg. Il était de la plus haute importance pour les émeutiers de s'emparer de ce passage, parce qu'il y avait alors dans le Canongate un régiment d'infanterie qui aurait pu se rendre maître de la Cité en entrant par cette porte et faire avorter complètement leur dessein. Ils se saisirent donc de cette porte avec autant de facilité que des autres, et laissèrent une garde proportionnée à l'importance du poste.

Butler put voir un cadavre balancé au-dessus des têtes pressées de la populace.

Leur première idée fut ensuite de désarmer la garde urbaine et de se procurer des armes, car la plupart n'avaient encore que des bâtons. Le corps de garde était un corps de logis long, affaissé et de mauvais goût, que l'on aurait pu comparer à un immense limaçon noir qui se traînait le long de la rue Haute et salissait sa belle esplanade. On s'était si peu attendu à cette formidable insurrection, qu'il n'y avait au corps de garde que le sergent et les hommes qui s'y trouvaient habituellement. Ces malheureux n'avaient même ni poudre ni balles, et, voyant de quel côté roulait la tempête, ils ne se mirent guère en mesure de s'exposer à de mauvais traitements en essayant, par une résistance inutile, d'arrêter une foule nombreuse et exaspérée.

Un des gardes faisait sentinelle, qui, pour l'honneur du corps, présenta son fusil et ordonna aux émeutiers de passer au large. La jeune amazone dont Butler avait observé l'agile activité s'élança sur le soldat, saisit son mousquet, et, après une lutte bientôt achevée, le lui arracha des mains et le jeta sur le pavé. Un ou deux autres gardes, qui sortirent pour porter secours à leur camarade, furent désarmés de la même manière, et la foule s'empara, sans autre difficulté, des armes et du corps de garde et mit les sentinelles à la porte. Aucun outrage, aucun mauvais traitement ne furent faits aux soldats de la garde urbaine, quoiqu'ils eussent été la cause de la tuerie que cette émeute voulait venger. On eût dit que, pour être satisfaite, la colère du peuple ne voulait pas moins que la tête de celui qu'ils regardaient comme la cause et l'origine de leurs griefs.

La première chose que firent les émeutiers en s'emparant du corps de garde fut de crever les tambours, avec lesquels on aurait pu donner l'alarme à la garnison du château. Ce fut aussi pour cette raison qu'ils firent taire le leur, qui était battu par un jeune homme, fils du tambour de Portsburgh, qu'ils avaient forcé de se mettre à leurs ordres. On distribua parmi les plus hardis les fusils, les baïonnettes, les pertuisanes, les hallebardes et les haches du Lochaber que l'on trouva dans le corps de garde. Aucun cri n'était venu jusqu'alors indiquer le but de ce mouvement; mais tous les préliminaires étant accomplis, un cri terrible s'éleva de : — Porteous! Porteous! à la prison! à la prison!

Ils étaient tout près d'atteindre l'objet de leur haine altérée de vengeance, et cependant ils continuèrent à s'avancer avec la même prudence qu'auparavant. Un corps d'insurgés fut porté vis-à-vis le Luckenbooths, et occupa la rue pour empêcher tout accès du côté de l'est; le passage ouvrant vers l'ouest fut gardé de la même manière, si bien que la Tolbooth ou prison fut complétement isolée et que ceux qui entreprirent de l'attaquer n'eurent à craindre aucune interruption.

Cependant les magistrats avaient pris l'alarme, et s'étaient assemblés dans une taverne pour concerter les moyens de faire cesser l'émeute. On s'adressa aux syndics des divers métiers, mais ils déclarèrent que leur autorité serait méconnue par leurs subordonnés s'il s'agissait de sauver un homme aussi haï que Porteous. M. Lindsay, qui représentait la Cité au parlement, entreprit de porter un message verbal du lord prévôt au colonel Moyle, qui commandait le régiment caserné dans le Canongate, lui ordonnant de forcer la porte de le Netherbow, et d'entrer dans la Cité pour apaiser le tumulte. Mais M. Lindsay refusa de se charger d'un ordre écrit qui aurait pu lui coûter la vie si la foule enragée l'eût découvert. Le colonel Moyle, ne recevant pas d'ordre signé, et ayant sous les yeux l'exemple de Porteous, qui prouvait toute la sévérité du jury à l'égard des militaires qui osaient agir sur leur propre responsabilité, refusa de courir le risque qui résultait de l'exécution de l'ordre verbal du prévôt.

On envoya plus d'un messager vers le château pour inviter le commandant à faire descendre ses troupes, à tirer quelques coups de canon, ou même quelques obus, parmi la foule, pour nettoyer les rues. Mais les patrouilles et les gardes des émeutiers firent si bien leur devoir, qu'aucun de ces messagers ne put arriver jusqu'au château. On les renvoyait sans leur faire de mal, mais en leur recommandant sérieusement de ne pas se charger de nouveau d'une pareille mission.

Les insurgés eurent aussi grand soin d'empêcher les plus riches bourgeois, ou ceux dont on pouvait craindre plus tard les indiscrétions ou les remarques, de paraître dans la rue. Tout individu habillé comme un monsieur était bientôt arrêté et poliment requis de retourner d'où il venait. Plus d'une chaise à porteurs fut arrêtée par des hommes qui affirmaient qu'il y avait un grand tumulte dans la rue, et qu'il était beaucoup plus prudent de rebrousser chemin; ils offraient leur escorte pour garantir la sûreté de tous ceux qui montraient quelque effroi.

Pendant que les patrouilles parcouraient ainsi les rues, et que les gardes de l'est et de l'ouest veillaient aux approches de la Cité, les plus hardis insurgés frappaient à la porte de la prison et insistaient pour être admis. Personne ne répondit, car le portier extérieur s'était prudemment enfui avec les clefs au commencement de l'émeute. Les émeutiers attaquèrent aussitôt la porte avec des marteaux, des pinces de fer, des socs de charrue apportés exprès, et avec lesquels ils perdirent beaucoup de temps. La porte était faite de doubles planches de chêne, avec barres et contre-forts, et couverte de clous à large tête; il semblait difficile que les émeutiers pussent venir à bout de la forcer. Ils semblaient cependant décidés à entrer. Ils se remplaçaient tour à tour. Ils ne pouvaient travailler que très-peu d'entre eux à la fois, mais tour à tour ils se retiraient, fatigués de leurs violents efforts, et sans avoir obtenu beaucoup de succès.

Butler avait été amené tout près de la porte, si près, en un mot, qu'il fut assourdi par le bruit incessant des lourds marteaux contre les bandes de fer qui couvraient la porte. Il commença donc à espérer que la populace se fatiguerait, ou qu'il arriverait des secours qui la disperseraient. Il y eut un moment où cela parut probable.

Les magistrats, ayant rassemblé leurs officiers et quelques citoyens qui voulaient bien risquer leur vie pour rétablir la tranquillité, sortirent de la taverne où ils avaient tenu séance, et approchèrent la scène du danger. Leurs officiers marchaient devant eux, avec des flambeaux et des torches, tandis qu'un héraut se tenait prêt à lire la loi martiale, si cela était nécessaire. Ils dispersèrent aisément les patrouilles et les vedettes des insurgés; mais quand ils arrivèrent à la ligne établie pour intercepter la rue vis-à-vis le Luckenbooths, ils furent reçus par une volée incessante de pierres, et quand ils s'approchèrent davantage, la populace leur présenta la pointe de ses baïonnettes, de ses piques et de ses haches du Lochaber. Un de leurs officiers, homme fort et résolu, s'avança vers un émeutier et s'empara de son fusil; mais, personne ne le secondant, il fut aussitôt jeté par terre et désarmé à son tour. Il se crut heureux qu'on lui permît de se relever et de se sauver sans autre mauvais traitement. Les magistrats essayèrent en vain de se faire écouter et obéir; ils n'avaient aucun moyen de faire respecter leur autorité, ils furent donc forcés d'abandonner la rue aux insurgés et de se retirer en grande hâte sous une grêle de pierres, que l'on leur lançait de toutes parts.

Cependant les lourds marteaux retentissaient toujours sur la porte de la Tolbooth, et produisaient des échos assez bruyants pour être entendus de la garnison du château. Le bruit courut parmi les insurgés que les troupes allaient s'avancer pour les disperser s'ils ne réussissaient sans perte de temps; on disait même que, pour quitter la forteresse, la garnison pouvait les chasser tous de la rue en jetant au milieu d'eux une bombe ou deux.

Ils travaillaient donc avec ardeur à forcer la porte de la prison; mais telle était sa force, qu'elle résistait à tous leurs coups. Enfin une voix s'écria : « Mettez-y le feu! » Les émeutiers demandèrent aussitôt tous ensemble des combustibles, et leur requête fut exécutée au même instant : on leur apporta deux ou trois barils de goudron, une lueur rougeâtre s'étendit bientôt le long de la porte, et une longue colonne de fumée et de flamme s'allongea sur les tours antiques et les étroites croisées à doubles barreaux de fer. Le feu éclaira bientôt les traits féroces et les gestes sauvages des émeutiers qui encombraient la place, et les pâles figures des citoyens inquiets, qui, derrière leurs vitraux à losanges de plomb, regardaient cette scène terrible. On jeta dans le feu tout ce que l'on put trouver pour l'activer. Les flammes s'élevaient et brillaient d'un nouvel éclat, quand un cri de triomphe vint annoncer que la porte avait pris feu. On laissa le foyer s'éteindre, mais il se passa longtemps avant que les insurgés pussent passer, dans leur vive impatience, à travers les ruines fumantes. De nombreuses et rouges étincelles s'élevaient sous les pas de ceux qui se pressaient sur les cendres rougies, et menaçaient de porter l'incendie plus loin. Mais il était évident que dans un instant les émeutiers seraient maîtres de leur victime, et pourraient lui infliger telles tortures qu'ils voudraient.

CHAPITRE VI.

Le malheureux qui était cause de cette insurrection avait été délivré de la crainte d'une exécution publique le matin même, et sa joie était d'autant plus grande qu'il avait quelque raison de douter si le gouvernement voudrait intervenir en sa faveur après qu'il avait été légalement déclaré par le jury coupable d'un crime aussi impopulaire.

Il était donc affranchi de toute crainte, il se réjouissait et pensait que, comme dit l'Écriture en pareille occasion, l'amertume de la mort était passée. Quelques-uns de ses amis, cependant, qui avaient observé l'attitude et les regards du peuple quand son pardon fut annoncé, étaient d'une opinion différente. Ils craignaient que le silence et l'aspect colère de la foule n'indiquassent un désir irrésistible de vengeance soudaine et signalée. Ils conseillèrent à Porteous de ne pas perdre de temps et de demander aux autorités à être transféré sous escorte au château pour y rester en toute sûreté jusqu'à ce que son sort fût définitivement réglé.

Mais, accoutumé par la nature de ses fonctions à dominer la populace, Porteous ne pouvait la croire capable de penser à s'emparer d'une prison aussi forte et aussi facilement défendue. Méprisant donc cet avis, qui aurait pu le sauver, il passa l'après-dînée de ce jour mémorable en régalant quelques amis qui étaient venus le visiter; le geôlier en chef permit même à quelques-uns d'entre eux de rester à souper avec lui, contrairement aux règlements de la prison.

Ce fut donc à une heure d'allégresse où ce malheureux, gorgé de viandes et de vin, plein de confiance et de joie, entendit les premiers cris des émeutiers. Le geôlier intima à la hâte aux étrangers de sortir immédiatement de la prison, et lui apprit qu'une foule furieuse et déterminée s'était emparée des portes de la Cité et du corps de garde.

Porteous cependant aurait encore pu échapper à la fureur du peuple, contre laquelle il n'avait pas d'abri, s'il eût été seulement dirigé avec ses amis. Il est probable que le geôlier aurait permis son évasion, ou que dans le trouble de cette alarme il aurait passé inaperçu. Mais Porteous et ses amis manquèrent de présence d'esprit, et aucun d'entre eux ne pensa à le faire échapper. On s'éloigna à l'envi d'un lieu qui semblait offrir du danger, et le malheureux Porteous, paralysé d'effroi à cette nouvelle péripétie, resta dans sa chambre à attendre la venue des émeutiers. Quand le bruit des marteaux cessa de retentir à la porte, il eut un moment d'espoir. Il pensa que les troupes entraient dans la Cité, soit des faubourgs, soit du château, et que les insurgés étaient intimidés et dispersés; mais le reflet des flammes rougeâtres qui, à travers les barreaux de sa croisée, jetait une teinte sanglante dans tous les coins de sa chambre, montra bientôt que la populace, décidée à s'ouvrir un passage, avait adopté d'autres moyens plus sûrs et plus terribles.

La lueur qui se répandit à longs rayons dans l'appartement du malheureux prisonnier lui suggéra l'idée de se cacher et d'échapper à la fureur du peuple. Il ne trouva d'autre moyen que de courir à la cheminée, et de s'y cramponner, au risque d'étouffer; mais il ne put s'élever très-haut, son ascension fut arrêtée par une de ces grilles de fer que l'on met à toutes les issues des lieux d'emprisonnement. Il put cependant se tenir aux barreaux qui l'empêchaient de monter, et il les saisit avec la ténacité nerveuse d'un homme qui trouve sous sa main une dernière chance de salut. La lueur sanglante qui était venue éclairer son appartement se ternit peu à peu et disparut. Les cris résonnaient en dedans des murs, dans l'escalier étroit et tortueux, construit à l'épaisseur d'une des tours, et qui conduisait aux étages supérieurs de la prison. Les hourras des émeutiers trouvèrent un écho sauvage et terrible dans le cri des bandits emprisonnés, qui espéraient être mis en liberté au milieu de cette confusion, et accueillaient la foule comme des libérateurs. Ce furent eux qui indiquèrent la cellule de Porteous. Les insurgés eurent bientôt raison des serrures et des verrous, et le malheureux put entendre de sa cachette ses ennemis jurant et blasphémant en fouillant tous les coins de sa chambre.

Mais il ne pouvait guère espérer échapper à une recherche aussi active; il fut arraché à son lieu de refuge avec une violence qui semblait annoncer l'intention de le tuer sur place. Plus d'une pointe d'épée le menaça; mais un des émeutiers, celui qui, nous l'avons dit, était déguisé en femme, intervint d'un ton d'autorité :

— Êtes-vous fous, s'écria-t-il, ou voudriez-vous exécuter un acte de justice comme si c'était un crime et une cruauté? Le sacrifice perdra tout son mérite si nous ne l'offrons pas à l'autel. Il faut qu'il meure où meurent les assassins, au gibet public. Il faut qu'il meure là où il a fait mourir tant d'innocents !

Cette proposition fut vivement applaudie, et l'on cria de tous côtés : À la potence ! l'assassin, à la potence ! au marché aux Herbes !

— Que personne ne lui fasse de mal, reprit celui qui était intervenu. Laissons-lui faire sa paix avec Dieu, si c'est possible : ne tuons pas son âme et son corps.

— Il n'a pas permis aux autres de se préparer, dirent ensemble plusieurs voix, il faut le traiter comme il a traité les autres.

Mais l'opinion de l'amazone s'accordait mieux avec le caractère du plus grand nombre : c'était l'entêtement plutôt que l'impétuosité, la décision plutôt que la cruauté, et le désir de mettre une apparence de justice et de modération sur leur cruelle vengeance.

Le prisonnier fut remis à la garde d'une troupe choisie, qui eut ordre de le laisser donner son argent et ce qu'il pouvait à qui il voudrait. Un prisonnier retenu pour dettes reçut les dernières volontés du malheureux, qui put faire tous les arrangements que nécessitait sa fin prochaine.

Les criminels et tous les prisonniers qui voulurent sortir de prison purent alors reprendre leur liberté, non parce que cela entrait dans le plan des insurgés, mais parce que cela résulta nécessairement de l'invasion de la prison. Ils disparurent bientôt en criant de joie, au milieu des ruelles et des passages, pour retourner aux réceptacles habituels du vice et de l'infamie, où ils se cachaient ordinairement.

Excepté deux ou trois détenus pour dettes, qui ne virent aucun avantage à s'échapper, deux personnes seulement, l'une, un homme d'environ cinquante ans, l'autre, une jeune fille de dix-huit ans, restèrent dans leurs cellules. Ils étaient dans la grande salle de la prison, d'où tous les autres prisonniers s'étaient échappés. Un de leurs compagnons d'infortune cria à l'homme, en s'enfuyant, d'un ton d'amitié :

— Joue des jambes, Ratcliffe, les chemins sont ouverts.

— C'est possible, Willie, dit Ratcliffe tranquillement, mais l'idée m'est venue de quitter le métier et de commencer à être honnête homme.

— Alors reste et sois pendu, comme vieux poltron ! dit l'autre en s'échappant.

La personne, qui, nous l'avons dit, était déguisée en femme, et semblait l'un des insurgés les plus actifs, s'approcha de la jeune fille au même instant, et lui dit à l'oreille :

— Cours, Effie, cours !

Elle tourna vers lui un regard mêlé de crainte, d'affection et de reproches, étrangement indicatif de peur et de surprise. Il répéta de nouveau :

— Cours, Effie, sauve-toi, au nom de tout ce que tu as de plus cher !

Elle le regarda de nouveau sans pouvoir répondre. Puis on entendit un grand bruit, et le nom de Madge Wildfire fut répété du bas des escaliers.

— Je viens, je viens ! dit la personne qui répondait à ce nom, disant ensuite à la jeune femme : Au nom de Dieu, pour l'amour de vous, pour l'amour de moi, sauve-toi, ou ils te tueront !

Il sortit à la hâte de la salle.

La jeune fille regarda un instant du côté où il était disparu, et murmura tout bas :

— Il vaut mieux mourir que vivre déshonorée !

Elle laissa tomber sa tête sur sa main, et resta, immobile comme une statue, étrangère à tout ce qui se passait autour d'elle.

Le tumulte avait lieu en dedans de la prison. La populace avait fait sortir la victime, et allait la conduire au lieu d'exécution qu'ils avaient choisi pour le mettre à mort. Leur chef, que l'on reconnaissait au nom de Madge Wildfire, avait été rappelé par quelques-uns de ses compagnons impatients pour qu'il reprît sa place à la tête de la procession.

— Je vous donnerai cinq cents livres, dit le malheureux Porteous saisissant convulsivement la main de Wildfire, cinq cents livres si vous me sauvez la vie.

L'autre lui répondit du même ton, et lui rendant sa pression convulsive :

— Cinq cents livres d'or fin ne pourraient vous sauver !... Rappelez-vous Wilson.

Ils cessèrent de parler; mais bientôt Wildfire reprit d'un ton plus tranquille :

— Faites votre paix avec le ciel... Où est le prêtre?

Butler, qui avait été retenu, malgré sa frayeur et son anxiété, auprès de la porte de la prison, fut amené auprès du prisonnier, et reçut ordre de le préparer à une mort immédiate. Il répondit en suppliant les émeutiers de bien penser à ce qu'ils faisaient.

— Vous n'êtes ni juges ni jurés, leur dit-il; ni les lois humaines ni les lois divines ne vous autorisent à prendre la vie d'un homme, quelque coupable qu'il puisse être. Si un magistrat commet un meurtre en faisant exécuter un criminel autrement qu'au lieu, au temps et de la manière que prescrit la sentence du juge, que faites-vous, vous qui n'avez d'autre mission que celle que vous vous êtes attribuée? Au nom de Celui qui est toute pitié, ayez pitié de ce malheureux; ne rougissez pas vos mains dans son sang, ne commettez pas un crime pareil à celui que vous voulez punir !

— Assez de sermons comme cela, nous ne sommes pas ici à la chapelle ! dit un des émeutiers.

— Si vous en dites encore plus long, dit un autre, nous pourrions bien vous pendre auprès de lui.

— Silence ! dit Wildfire, ne faites aucun mal à ce brave homme; il fait son devoir, je ne l'en aime que mieux.

S'adressant alors à Butler :

— Voyons, monsieur, nous vous avons écouté patiemment, et comprenez bien notre réponse : vous auriez plutôt fait de convaincre les barres et les verrous de la prison que de nous faire changer d'idée. Le sang demande du sang. Nous avons juré, en faisant les serments les plus terribles, que Porteous mourrait comme il le mérite si bien. Ainsi donc ne perdez plus votre temps à nous prêcher, mais préparez-le à la mort autant que le permettra le peu de temps qui lui reste.

Le malheureux prisonnier, vêtu d'une robe de chambre et des pantoufles qu'on lui avait données pour replacer les souliers et l'habit dont il s'était défait pour faciliter sa fuite, fut alors saisi par deux insurgés, qui lui portèrent ensemble les mains pour faire ce que l'on appelle le coussin du roi. Butler fut invité de nouveau à marcher à côté de lui et à lui rendre le service le plus pénible et le dernier de tous.

Porteous avait d'abord adressé d'ardentes supplications à ses gardes, mais quand il vit qu'on n'y faisait pas la moindre attention il puisa dans ses habitudes militaires et dans l'énergie de son caractère assez de force pour regarder son sort avec calme et courage.

— Êtes-vous préparé à cette terrible fin? dit Butler d'une voix tremblante d'émotion. Oh! pensez à Celui devant qui le temps et l'espace ne sont rien, et pour qui les minutes sont comme toute une existence, et une existence entière comme une minute !

— Je crois que je comprends ce que vous voudriez dire, répondit Butler; je suis soldat, et s'ils veulent me tuer avant le temps, que mes péchés retombent sur leurs têtes aussi bien que mon sang !

— Qui donc a dit, répliqua la voix sévère de Wildfire, qui donc a dit à Wilson, ici même, quand il ne pouvait prier, tant ses fers lui faisaient mal, que ses souffrances ne seraient pas longues? Ainsi prenez pour vous vos propres consolations. Et si vous ne pouvez pas profiter des exhortations de ce brave homme, ne blâmez pas ceux qui vous montrent plus de pitié que vous n'en avez eu.

Le cortège s'avançait rapidement et d'un pas décidé. On avait allumé un grand nombre de torches, car les acteurs de cette scène semblaient vouloir en montrer tous les détails. Les principaux chefs se tenaient auprès du prisonnier, dont on voyait les traits pâles et sévères à la lueur blafarde que projetaient des fanaux ambulants. Ceux des insurgés qui avaient des épées, des fusils ou des haches marchaient de chaque côté et formaient deux lignes de gardes. Les croisées des maisons le long desquelles on passait s'emplissaient de curieux que le bruit avait arrachés au sommeil ; quelques-uns jetaient à la multitude des paroles d'encouragement, mais en général les bourgeois, effrayés de l'étrangeté et de l'audace de cette insurrection, regardaient sans mot dire et tremblants d'étonnement. Personne n'essaya la moindre opposition.

Les insurgés, de leur côté, conservèrent, tout le temps que dura cette émeute, le même air de confiance et de sécurité raisonnée qu'ils avaient affecté dès le commencement. Une des pantoufles du prisonnier étant tombée, ils s'arrêtèrent pour la chercher, et la remirent à son pied. Ils pensèrent, en descendant le Bow, au moment où ils approchaient du lieu fatal, qu'il était indispensable de se procurer une corde. L'échoppe d'un cordier était sur leur passage : elle fut enfoncée, et le lendemain le marchand trouva sur son comptoir une pièce d'or qu'ils avaient laissée en payement. Ils voulaient montrer que leur seul but était de venger la loi sur la personne du condamné.

Ils arrivèrent enfin au lieu où les criminels étaient ordinairement exécutés, où il avait commis le crime qu'ils lui reprochaient, et où ils voulaient le faire souffrir. Quelques insurgés essayèrent de retirer la pierre qui couvrait le trou dans lequel on plantait la potence ; d'autres cherchèrent à élever un gibet temporaire, car on annonça que l'on ne pourrait obtenir immédiatement l'instrument ordinaire des supplices. Butler saisit ce moment pour adresser encore quelques paroles à la multitude en faveur du prisonnier.

— Au nom de Dieu ! s'écria-t-il, souvenez-vous qu'en immolant ce malheureux, vous détruisez un être fait à l'image du Créateur ! Misérable et coupable comme il est, il a sa part des promesses de l'Écriture, et vous ne pouvez le mettre à mort dans son impénitence sans effacer son nom du livre de la vie ! Ne tuez pas l'âme et le corps, donnez-lui le temps de se repentir !

— Quel temps a-t-il donné à ceux qu'il a tués ici même ? dit une voix des plus rauques. Les lois divines et humaines l'ont condamné à mourir.

— Mais, mes amis, reprit généreusement Butler, qui vous a faits ses juges ?

— Nous ne sommes pas ses juges, répliqua la même voix ; il a été jugé et condamné suivant la loi. Nous sommes ceux que le ciel et notre juste colère ont appelés à exécuter le jugement, puisque un gouvernement corrompu protège le meurtrier.

— Je ne suis pas le meurtrier, dit enfin le malheureux Porteous ; ce dont vous m'accusez, je l'ai fait pour ma propre défense et dans l'exercice légal de mon droit.

— Finissons-en, finissons-en ! cria-t-on de tous côtés. Pourquoi perdre du temps à faire une potence ? cette enseigne de teinturier est assez bonne pour l'assassin.

La mort du malheureux fut hâtée sans pitié comme sans remords. Un mouvement de la foule éloigna Butler de l'infortuné et lui épargna la vue de ses dernières souffrances. Ceux qui jusqu'alors l'avaient gardé lui rendaient sa liberté, et il s'enfuit du lieu fatal sans trop savoir de quel côté il se dirigeait. Un cri terrible de triomphe lui apprit que la vengeance de la multitude était satisfaite. Arrivé au bout d'une longue rue appelée le Cowgate, il se retourna, pour jeter un dernier coup d'œil derrière lui, et, à la lueur rougeâtre et incertaine des torches, il put voir un cadavre balancé au-dessus des têtes pressées de la populace, et quelques hommes qui cherchaient à le frapper de leurs lances ou de leurs haches du Lochaber. Ce spectacle effrayant acheva de le remplir de terreur et le fit accélérer son pas.

La rue dont il suivait la direction mène aux portes de la Cité qui regardent l'orient. Il ne s'arrêta pas avant de les atteindre, mais elles étaient encore fermées. Il lui fallut attendre près d'une heure, qu'il passa dans une angoisse inexprimable. Se décidant enfin à appeler les gardes, que la terreur dominait encore, mais auxquels on avait rendu toute leur liberté, il les pria d'ouvrir la porte. Les gardes hésitaient ; Butler leur dit son nom et sa profession.

— C'est un ministre, dit un des gardes, je l'ai entendu prêcher au trou de Haddo.

— Il a été à un beau sermon ce soir, dit un autre ; mais il est peut-être plus prudent de ne rien dire.

Ouvrant alors le guichet de la grande porte, les gardes laissèrent sortir Butler, qui s'éloigna rapidement d'Édimbourg. Sa première idée avait été de retourner directement chez lui, mais d'autres craintes vinrent l'assaillir, et il décidèrent à rester jusqu'au jour dans le voisinage de la ville. Il voyait passer divers groupes d'hommes qui parlaient d'un air mystérieux, marchaient avec rapidité, et dont les allures suspectes lui firent supposer qu'ils avaient pris part à la sanglante émeute de la nuit.

Les insurgés séparés et dispersés aussi soudainement qu'ils s'étaient assemblés ; quand leur soif de vengeance fut satisfaite, ils se dirigèrent de divers côtés, jetant dans les rues les armes qu'ils avaient prises pour assurer l'exécution entière de leur complot. Quand le jour reparut, il ne restait dans le marché aux Herbes que le cadavre de Porteous, qui pendait encore à l'enseigne du teinturier, et la plupart des armes dont les émeutiers s'étaient emparés au corps de garde.

Les magistrats de la ville reprirent leurs fonctions, les troupes reçurent ordre d'entrer dans la Cité, et l'on commença une enquête sévère sur les événements de la nuit. Mais tout avait été conduit avec tant de prudence et de secret, que l'on ne vint mettre sur la voie des auteurs ou des acteurs de cette audacieuse entreprise. On envoya un exprès porter à Londres la nouvelle de cette affaire : le conseil de régence la reçut avec la plus profonde indignation, et la reine Caroline, qui y voyait le mépris de son autorité, fut irritée au dernier degré.

Pendant quelque temps on ne parla que des châtiments réservés non-seulement aux hardis conspirateurs, mais aux magistrats qui n'avaient pas su empêcher cette tragédie, et à la ville où elle s'était passée. La tradition rapporte même que, dans l'excès de sa colère, la reine dit au célèbre Jean, duc d'Argyle, que plutôt que de laisser une pareille insulte impunie, elle ferait une garenne de l'Écosse.

— Dans ce cas, madame, répondit le noble patriote en faisant un profond salut, je prendrai congé de Votre Majesté, et j'irai dans mon pays mettre ma meute sur pied.

La reine comprit la réponse ; et comme presque toute la noblesse d'Écosse était animée des mêmes sentiments, la colère royale s'apaisa peu à peu, on pensa à des mesures plus modérées, dont nous aurons occasion de parler plus loin.

CHAPITRE VII.

S'il me fallait choisir un endroit d'où l'on pût voir dans toute sa magnificence le soleil à son lever ou à son coucher, je monterais ce sentier tortueux qui mène au haut des rochers semi-circulaires que l'on appelle Salisbury-Crags, et qui s'élèvent comme un rempart gigantesque au sud-est d'Édimbourg. Du sommet de ces immenses rochers la vue s'étend sur une ville de mille maisons sont entassées, et à laquelle l'imagination peut prêter la forme d'un énorme dragon : ici s'étend un bras de mer avec ses rochers, ses îles, ses rivages tortueux et sa ceinture de montagnes ; là une belle et fertile campagne coupée de collines, de vallons et de rochers, bornée à l'horizon par les monts Pentland. En montant ce sentier qui contourne les sinuosités des rochers, le paysage change à chaque instant et présente toutes les variétés d'aspects qui peuvent plaire à l'œil ou à l'imagination. Quand ce magnifique panorama, plein de grandeur, de simplicité et de majesté, est éclairé des riches teintes que projettent les rayons lumineux du matin ou du soir, on dirait d'un pays enchanté. C'était le soir j'aimais à me retirer, quand la lecture d'un auteur favori ou l'étude d'une question nouvelle me faisait rechercher la solitude.

Ce fut de ce sentier féerique que Butler vit l'aurore se lever quand la nuit qui vit la mort de Porteous se fut retirée. Il eût pu retourner chez lui par une route beaucoup plus courte, mais il avait besoin de rappeler le calme dans son âme et de passer le temps jusqu'à ce que l'heure fût venue à laquelle il pouvait rentrer chez lui sans exciter ni trouble ni surprise.

Nous le laisserons quelques instants, se tenant les bras croisés, admirant la marche ascensionnelle du soleil dans les cieux, et parfois réfléchissant tantôt à l'horrible catastrophe dont il avait été témoin, et tantôt à ce qu'il avait appris chez le bourrelier touchant Effie Deans, l'infortunée servante de la prudente madame Saddletree. Il nous faut raconter ce qu'était Butler, et comment son sort était lié à celui de la jeune fille.

Quoiqu'il fût né en Écosse, Reuben Butler était d'origine anglaise. Son grand-père avait fait partie de l'armée du général Monk, et avait été l'un des dragons à pied qui avaient formé l'avant-garde du corps qui monta à l'assaut de Dundee en 1651. Étienne Butler, qu'à cause de ses profondes connaissances des saintes Écritures, on appelait Étienne l'Évangile ou Butler la Bible, était un strict indépendant, et comprenait de la manière la plus littérale la promesse qu'il trouvait dans les livres sacrés que les saints posséderaient la terre. Jusqu'alors cette promesse ne lui avait guère donné sa part que de bons horions, il crut donc sage et prudent de saisir l'occasion que lui offrait la prise d'assaut et le pillage d'une ville de commerce pour s'approprier tout autant que possible les bonnes choses de ce monde. Il paraît qu'il réussit assez bien, car après cet événement sa position de fortune parut s'être quelque peu améliorée.

La troupe dont il faisait partie avait pris ses quartiers au village de Dalkeith ; c'était les gardes du corps de Monk, qui, en sa qualité de général en chef de la république, résidait dans le château du même nom. Quand Monk commença son mouvement sur l'Angleterre, mouvement dont le résultat fut la restauration de la monarchie, il épura ses troupes, particulièrement les régiments attachés à sa personne, afin de n'avoir autour de lui que des hommes qui lui fussent dévoués. Étienne l'Évangile fut un de ceux qu'il jugea prudent d'éliminer. On supposa qu'il ne se sentait pas appelé à prendre part à une expédition qui pouvait mettre fin au règne des saints militaires, et sa conscience ne lui permettait pas de marcher avec ceux qui pouvaient être amenés à reconnaître les droits de Charles Stuart, le fils du « dernier homme, » comme ils appelaient familièrement et irrévérencieusement Charles Ier dans leurs conversations ordinaires aussi bien que dans leurs sermons et leurs prédications d'apparat. Il n'était guère prudent cependant de rayer des hommes comme Étienne

Butler des rôles, on lui conseilla donc simplement d'une manière amicale de donner son cheval et ses accoutrements à un des vieux troupiers de Middleton, dont la conscience avait une élasticité toute militaire, et qui n'avait d'autre opinion que celle de son colonel et de son capitaine payeur. Ce conseil était accompagné d'une somme assez ronde provenant d'anciens arriérés. Étienne eut assez de sagesse mondaine pour accepter la proposition, et ce fut de l'œil le plus indifférent qu'il vit son vieux régiment partir pour Coldstreams, en marche pour l'Angleterre, dans le but d'établir sur de nouvelles bases le gouvernement vermoulu des saints.

La bourse de l'ex-troupier était assez bien remplie pour lui permettre d'acheter une chaumière et deux ou trois champs à environ un mille de Dalkeith, et l'on connaît encore sous le nom de Bershabée. Ce fut là qu'Étienne planta sa tente avec une jeune compagne du même village de Dalkeith, qui aimait assez l'aisance et la bonne chère de ce côté-ci de la tombe pour s'accoutumer aux rudes manières, au caractère sévère et aux traits fortement accentués du vieil enthousiaste. Étienne ne survécut pas longtemps à l'avénement « des mauvais jours et des mauvaises paroles » dont Milton se plaint d'un ton si triste. Sa jeune veuve resta avec un petit garçon de trois ans, dont la tranquillité, l'air comiquement sévère, et même la manière sentencieuse de s'exprimer, auraient suffisamment vengé l'honneur de la veuve de Bershabée si l'on eût pensé à contester la filiation légitime de l'héritier de Butler la Bible.

La famille de Butler ne s'était pas imbue de ses principes, et parmi ses voisins il n'avait pu faire aucun prosélyte. La secte des indépendants ne faisait que végéter en Ecosse, où tant d'autres genres de fanaticisme prospéraient à merveille. Cependant on ne les avait pas oubliés, et un laird du voisinage, qui faisait sonner bien haut la loyauté de ses principes aux époques les plus difficiles, jugea à propos d'accumuler une longue suite d'accusations contre le défunt Étienne. Les principes religieux du vieux troupier figuraient au premier chef, et devaient réellement avoir paru une monstrueuse énormité à un individu qui, s'il n'en était pas privé tout à fait, n'en possédait qu'un extrait des plus minimes.

La pauvre veuve de Butler eut donc à payer diverses amendes pour ne s'être pas conformée aux us et coutumes de l'Église établie; la persécution l'atteignit sous toutes les formes pécuniaires, elle fut enfin forcée de se défaire de Bershabée, qui devint la propriété du laird. Le nouveau propriétaire eut assez de modération cependant pour permettre à la veuve de prendre à loyer la chaumière de son mari, et de cultiver, moyennant une rente raisonnable, quelques champs du voisinage. Le jeune Benjamin cependant croissait en âge et devint un homme; après quoi, cédant à ce sentiment qui porte les hommes à se marier, même quand il ne peut qu'en résulter de la misère, il prit une femme qui bientôt lui présenta un fils que l'on appela Reuben.

Le laird de Dumbiedikes avait ressenti quelques remords d'avoir autant persécuté la veuve, et lui avait montré une certaine modération dans ses conditions de fermage; mais un grand et fort gaillard comme Benjamin commença à prendre soin de la récolte, Dumbiedikes crut qu'une aussi belle paire d'épaules pouvait porter un fardeau plus lourd.

Le fils de la veuve, qui parlait peu et pensait encore moins, mais qui était attaché à Bershabée avec autant de ténacité que le légume tient à la terre où il a été planté, ne fit aucune observation au laird, et n'essaya pas de s'affranchir de ce nouveau joug; il se mit à travailler jour et nuit pour répondre aux nouvelles exigences de son maître, tomba malade, et mourut au bout de quelques mois. Sa femme ne lui survécut pas longtemps; et comme s'il eût été écrit que des orphelins devaient perpétuer cette famille, Reuben Butler resta vers l'an 1704 ou 1705 aux soins de sa grand'mère, la veuve du vieux soldat de Monk, comme son père avant lui.

Un autre fermier du même laird se trouvait dans des circonstances tout aussi déplorables. C'était un presbytérien de vieille roche, qui, bien que haï par le laird à cause de ses principes politiques et religieux, se maintenait dans la ferme qu'il occupait, en ayant soin de bien payer ses fermages. Mais les désastreuses années (1700 et 1701) qui amenèrent une famine dont on s'est souvenu longtemps en Ecosse causèrent la ruine du vieux paysan whig. Les assignations, citations, jugements et saisies tombèrent c'est aussi dru que les balles de plomb des tories avaient sifflé aux oreilles des cameroniens à Pentland, au pont de Bothwell, à Air-Moss. Il résista vaillamment et combattit avec courage; mais le bon David Deans fut complétement mis en déroute, et se rendit à merci à son rapace propriétaire à peu près à l'époque de la mort de Benjamin Butler. Chacun prédisait déjà ce qui allait arriver; cependant une circonstance inattendue vint faire cesser les prophéties de ruine et de misère.

Au jour du terme, alors que leur éjection devait avoir lieu, quand tous leurs voisins étaient prêts à s'apitoyer sur leur sort, mais que pas un n'eût essayé de les aider, on envoya chercher en toute hâte pour le laird de Dumbiedikes le ministre de la paroisse et un médecin d'Édimbourg. Ce message surprit le ministre et le médecin, car le laird ne cessait de plaisanter sur l'inutilité de leurs services toutes les fois qu'il avait bu un coup de trop, ce qui lui arrivait une fois au moins par jour. Le médecin de l'âme et le médecin du corps arrivèrent presque en même temps dans la cour du vieux manoir. Quand, saisis d'une surprise mutuelle, ils se furent regardés un moment, ils se dirent en même temps que Dumbiedikes devait être bien malade, puisqu'il les envoyait chercher tous les deux. Avant qu'ils pussent être introduits dans l'appartement du laird, Nichil Novit, procurateur fiscal de la cour du shérif, vint leur tenir compagnie. Ce fut ce dernier qui entra le premier dans la chambre du malade, où le médecin et le curé furent bientôt appelés.

Dumbiedikes avait été porté dans la grande chambre d'apparat, dont on n'usait que pour se marier et pour mourir. Outre M. Novit, il y avait auprès de lui son fils et héritier, grand garçon de quatorze à quinze ans de la tournure la plus gauche, et la gouvernante, grosse et brave femme de quarante à cinquante ans, qui avait gardé les clefs et conduit la maison depuis la mort de lady Dumbiedikes. Ce fut en se tournant vers eux tous que le malade s'exprima comme suit sur ses affaires temporelles et spirituelles, qui s'enchevêtraient d'une manière inextricable dans une tête qui n'avait jamais été des plus fortes :

— Ah! mes bons voisins, me voilà presque aussi malade qu'en quatre-vingt-neuf, quand les collégiens s'ameutèrent contre moi! Ils se trompaient... ils me prenaient pour un papiste... mais il n'y a jamais eu un os de papiste chez moi. Ministre, Jean, fais attention à cela... c'est une dette qu'il nous faut tous payer, et voici Nichil Novit qui te dira que je n'ai jamais été pressé de payer mes dettes... Monsieur Novit, n'oubliez pas de faire recevoir la rente que l'on me doit sur la terre du comte; si je paye aux uns ce que je leur dois, les autres doivent me payer ce qu'ils me doivent : cela rend les choses égales... Jean, quand tu n'auras rien à faire, tu peux toujours planter un bout d'arbre : cela pousse, Jean, quand on dort. C'est ce que mon père me disait il y a quarante ans, mais je n'ai jamais eu le temps d'y penser... Jean, ne bois jamais d'eau-de-vie le matin, cela détruit l'estomac : si tu veux un coup du matin, prends de l'*aqua mirabilis*, Jenny en fait d'excellente. Docteur, mon haleine s'en va comme celle du ménétrier qui a soufflé dans sa cornemuse pendant vingt-quatre heures. Jenny, mets l'oreiller sous ma tête, mais c'est inutile! Jean, mon curé, si vous pouviez débiter une sorte de prière, peut-être que cela me ferait du bien, et m'empêcherait de penser à de drôles de choses... Voyons, dites-nous quelque chose...

— On ne récite pas une prière comme une ballade, répondit l'honnête ministre; si vous voulez que votre âme soit rachetée de la perdition, il faut me dire en quel état se trouve votre esprit.

— Vous devriez le savoir sans que je vous le dise, répondit le moribond. Pourquoi vous ai-je payé depuis l'année quatre-vingt-neuf? Et je ne peux pas avoir un bout de prière pour mon argent, la seule fois que j'en aie demandé de ma vie! Laissez-moi, avec votre whiguerie, si c'est là tout ce que vous pouvez faire, le vieux curé Kiltstoup m'aurait déjà lu la moitié du livre de prières. Allez-vous-en! Docteur, voyons si vous pouvez faire quelque chose pour moi.

Le docteur, qui s'était informé auprès de la gouvernante des symptômes de la maladie, lui avoua que tout son art ne pourrait prolonger sa vie de plusieurs heures.

— Alors que le diable vous emporte vous et Jean la Messe! s'écria le laird en fureur. N'êtes-vous venus ici que pour me dire que vous ne pouviez me donner aucun remède? Mettez-les à la porte, Jenny, mettez-les dehors! Et Jean, ma malédiction sur toi et ma malédiction de Cromwell t'accable si tu leur donnes salaires ou présents, ou seulement une paire de gants noirs!

Le docteur et le prêtre se retirèrent en toute hâte de l'appartement, et le laird se laissa aller à un violent accès de colère.

— Jenny, s'écria-t-il, apporte-moi la bouteille d'eau-de-vie, chienne! Je veux mourir comme j'ai vécu, je n'ai pas besoin d'eux. Mais il y a une chose, ajouta-t-il en changeant de ton de voix, il y a une terrible chose qui me tient au cœur, et peut-être qu'un verre d'eau-de-vie va me laver cela. Les Deans de Woodend! Je les ai poursuivis dans les mauvaises années, et maintenant il faut qu'ils déguerpissent!... ils mourront de faim! Et Bershabée! Et la veuve du vieux troupier avec son petit, ils mourront de faim, ils mourront de faim!... Regarde un peu, Jean, et vois quelle nuit il fait!

— Il tombe de la neige, père! répondit Jean après avoir ouvert la croisée et regardé tranquillement dehors.

— Ils périront dans la neige! dit le malheureux moribond, ils mourront de froid!... Mais j'aurai assez chaud si ce que l'on dit est vrai!

Cette dernière observation fut faite à voix basse et d'un ton qui fit trembler l'avocat. Il essaya pour la première fois de sa vie de donner des consolations religieuses et recommanda au laird, pour tranquilliser sa conscience, de réparer le tort qu'il avait fait à ces deux malheureuses familles, c'est ce que la loi appelait, dit-il, *restitutio in integrum*. Mais Mammon avait autant de puissance que le remords, et essayait à faire taire ce dernier.

— Je ne peux pas le faire, répondit-il d'une voix désespérée, cela me tuerait, je ne peux le faire! Comment pouvez-vous me faire de rendre de l'argent quand vous savez combien j'en ai besoin? Comment puis-je rendre Bershabée quand cela se trouve si bien dans mes terres? La nature a voulu que Dumbiedikes et Bershabée appartinssent à un seul! Nichil! cela me tuerait, de le rendre!

— Mais, puisque de toutes manières il faut que vous mouriez, dit M. Novit, peut-être que vous mourriez plus facilement... Essayez. Je vais vous écrire cela en une minute.

— N'en parlez plus, monsieur, répliqua Dumbiedikes, ou je vous jette le pot à la tête. Mais, Jean, mon garçon, tu vois comme j'ai à souffrir sur mon lit de mort, sois plein de bonté pour ces pauvres diables les Deans et les Butler, sois plein de bonté pour eux, Jean. Ne laisse pas le monde t'enfoncer, Jean, et garde bien ton argent! Et, quoi que tu fasses, ne vends Bershabée à aucun prix. Laisse les pauvres diables rester là à une rente modérée, qu'ils aient un morceau de pain et un peu de soupe : peut-être que cela fera du bien à ton père là où il va, mon garçon!

Après avoir donné toute cette série de recommandations contradictoires, le laird se sentit beaucoup plus à l'aise, et but coup sur coup trois verres d'eau-de-vie : peu après il expira en essayant de chanter la vieille ballade : « Le diable emporte notre curé! »

Sa mort occasionna un grand changement dans la position des malheureux fermiers. Jean Dumbie de Dumbiedikes était assez avare et égoïste, mais il n'avait pas l'esprit actif et entreprenant de son père : son tuteur crut aussi comme lui qu'il devait respecter les dernières instructions de son père.

Les fermiers ne furent donc pas jetés dehors au milieu des champs couverts de neige; on leur donna même de quoi se procurer du petit lait et quelques fèves.

La chaumière que les Deans habitaient, et que l'on appelait Woodend, n'était pas très-éloignée de Bershabée. Les deux familles ne s'étaient guère visitées précédemment. Deans était un vieil Écossais plein de préjugés contre les gens du midi et tout ce qui leur appartenait. Puis c'était un presbytérien rigide, qui ne comprenait pas d'autre ligne que la sienne, et avait horreur des indépendants et de tous ceux qui leur étaient alliés.

Cependant la situation dans laquelle Deans se trouvait et la position de la veuve Butler offraient tant de points de ressemblance, que, malgré tous les préjugés nationaux et religieux, il survint entre les deux familles une sorte d'intimité. Elles avaient couru un même danger, qui pour toutes deux avait existé en même temps.

Quand Deans connut mieux les Butler, quelques-uns de ses préjugés disparurent. Il reconnut que madame Butler n'avait pas une opinion très-décidée en faveur du système des indépendants, et, de plus, qu'elle n'était pas Anglaise. Il pouvait donc très-bien arriver que, toute veuve qu'elle était d'un caporal fanatique des dragons de Cromwell, elle eût un petit-fils qui ne fût ni schismatique ni antinational, deux choses que Deans redoutait autant que le papisme ou l'infidélité. Puis le bon David Deans, qui avait ses faiblesses, vit que la veuve Butler était pleine de respect pour lui, écoutait ses conseils, et ne défendait pas avec grande ardeur les doctrines de son défunt mari.

L'intimité des familles de Bershabée et de Woodend eut bientôt pour conséquence une intimité encore plus grande entre Reuben Butler, que le lecteur connaît déjà, et Jenny Deans, la seule enfant que le bon David Deans eût eue de sa première femme, cette chrétienne extraordinaire, disait-il, dont le nom était savoureux pour tous ceux qui connaissaient les vertus singulières, chrétienne Menzies de Hochmagirdle. Il nous reste à raconter les commencements et les conséquences de cette intimité.

CHAPITRE VIII.

Pendant que la veuve Butler et le vieux David Deans se débattaient contre la pauvreté, sur les terres dures et stériles de Dumbiedikes, où le sort les avait jetés, il fut facile de reconnaître bientôt que David remporterait la victoire, tandis que son alliée succomberait à la peine. Madame Butler n'avait guère passé la force de l'âge : madame Butler était une femme depuis longtemps sur le retour. Il y avait cependant certaines compensations : Reuben croissait en âge et devait bientôt être en état de seconder sa grand'mère; Jenny Deans était une fille qui ne pouvait qu'ajouter aux embarras de la position de son père. Mais le bon David Deans avait élevé et accoutumé sa fille, depuis qu'elle pouvait marcher, à s'employer à quelque occupation convenable à son âge et à ses forces. Les leçons et les exemples de son père la rendirent, même dans son enfance, d'un caractère grave, sérieux et plein de fermeté. Elle était d'une forte santé, qui, l'affranchissant de toute faiblesse nerveuse, lui donnait de la fermeté, de la simplicité et de la décision dans le caractère.

Reuben, au contraire, était d'une faible constitution, et, quoiqu'on ne pût pas l'accuser de timidité, il était inquiet, plein de doutes et d'appréhensions. Sa mère, morte jeune, d'une maladie de poitrine, lui avait légué un tempérament maladif. Il était pâle, fluet, faible et quelque peu estropié par suite d'un accident d'enfance. Puis il était gâté par sa grand'mère : cela lui donnait une certaine défiance de lui-même, mêlée d'une certaine inclination à se croire très-important, comme il arrive souvent aux enfants pour lesquels on a trop d'indulgence.

Cependant les deux enfants étaient heureux d'être ensemble, autant par goût que par habitude. Ils gardaient ensemble les quelques moutons et les deux ou trois vaches que leurs parents envoyaient chercher des pâturages plutôt que paître sur les bruyères de Dumbiedikes. Souvent on pouvait les voir assis l'un près de l'autre sous un buisson, la tête couverte d'un seul plaid, pendant que la campagne était encore rembrunie par l'ombre du nuage sombre d'où était tombée la pluie qui les avait forcés de chercher un abri. Souvent, quand ils allaient ensemble à l'école, c'était la petite fille qui encourageait le petit garçon quand il fallait traverser un ruisseau, passer auprès d'un chien, ou de tout autre animal. Mais quand, assis sur les bancs de l'école, ils étudiaient leur leçon, Reuben montrait une intelligence plus développée que celle de Jenny Deans. Reuben était toujours le premier de la petite école de son village; son caractère était si facile que ses petits compagnons avaient pour lui plus d'admiration que d'envie, quoiqu'il fût décidément le favori du maître. Les petites filles, particulièrement, lui montraient beaucoup d'amitié et cherchaient toutes à rendre service au petit garçon maladif et supérieur à ses camarades. On s'attachait aisément à Reuben, et l'on ne tardait pas à se sentir plein de sympathie pour lui.

Cependant, Reuben ne chercha pas à profiter de ces avantages : à mesure que l'enthousiaste approbation de son maître lui donnait quelque espoir de succès dans l'avenir, et éveillait son ambition, il s'attachait de plus en plus à Jenny Deans. Mais chaque pas qu'il faisait sur le chemin du savoir le rendait de moins en moins capable de s'occuper à la ferme de sa grand'mère.

Pendant qu'il étudiait le *Pons asinorum* d'Euclide, il aurait laissé tout animal vagabond ravager un grand champ de pois appartenant au laird! et les efforts de Jenny et de son petit chien Denticfoot empêchaient seuls de grands malheurs, et une sévère punition. Chaque nouveau pas qu'il faisait dans ses études était marqué d'une semblable mésaventure. Il étudia les Géorgiques de Virgile avec tant d'ardeur qu'il finit par ne plus pouvoir distinguer l'avoine de l'orge, et il rendit Bershabée presque inculte à force de vouloir suivre les méthodes indiquées par Columelle et Caton le Censeur.

Ces erreurs causaient un profond chagrin à sa grand'mère et ébranlaient la bonne opinion que son voisin David Deans avait commencé à concevoir de Reuben.

— Je ne vois pas que vous puissiez rien faire de ce pauvre garçon, ma bonne dame Butler, disait le vieux David, à moins que vous n'en fassiez un ministre. Et, vraiment, il n'y a jamais eu plus de besoin de bons ministres que dans ces jours de froideur, quand les cœurs des hommes se sont endurcis comme des pierres meulières. Il est clair que votre pauvre garçon ne sera jamais bon à rien : il n'est bon qu'à mettre dans la chaire. Je ferai en sorte de l'y faire admettre dans l'espoir qu'il marchera dans la bonne voie et qu'il ne s'en détournera pas pour se vautrer, comme une truie, dans la boue des hérésies et des factions, mais qu'il aura les ailes d'une colombe, quoiqu'il sorte d'une mauvaise souche.

La pauvre veuve ne répondit rien à ces violentes insinuations contre les principes de son mari, et se hâtant de retirer Butler de son école, l'encouragea à étudier les mathématiques et la théologie, les seules sciences physiques et éthiques que l'on enseignait alors.

Les deux jeunes compagnons d'étude, de travail et de jeux, se séparèrent avec plus de regret que n'en ressentent ordinairement des enfants de leur âge. Mais ils étaient jeunes, leur espoir était grand, et ils se séparèrent en se promettant de se retrouver dans des temps plus favorables.

Pendant que Reuben Butler acquérait à l'université de Saint-André le savoir qu'il devait posséder comme prêtre, et qu'il s'encourageait à supporter toutes les privations inévitables dans sa situation, sa grand'mère devenait chaque jour moins capable de conduire sa petite ferme, et se vit enfin obligée de la remettre au nouveau laird de Dumbiedikes. Ce grand homme n'était pas un juif inexorable et ne la vola pas plus que de raison en réglant ses comptes, et il lui permit même de demeurer dans la maison qu'elle avait occupée avec son mari aussi longtemps qu'elle le pourrait; seulement il déclara qu'il ne payerait pas un sou de réparations, sa bienveillance se bornant à laisser faire passivement.

Cependant la grande expérience de David Deans, sa constance dans le travail et d'autres circonstances d'une nature tout à fait accidentelle lui firent regagner sa position dans le monde : il devint riche, passa pour plus riche encore et pensa sérieusement à garder et à accroître son avoir. Ses connaissances en agriculture lui donnèrent la faveur du laird, qui n'aimait pas le monde, ni les plaisirs de la campagne, et passait souvent son temps à la chaumière de Woodend.

C'était un homme de peu d'idées et de peu de paroles. Il restait souvent une demi-heure la tête couverte d'un des vieux chapeaux de son père, une pipe vide à la bouche, suivant des yeux Jenny Deans, ou la fille, comme il l'appelait, qui s'occupait des travaux de la maison. Quand son père avait épuisé tous ses sujets ordinaires de conversation, le bétail, les charrues et les herses, il commençait alors de longues discussions de controverse que le laird écoutait avec la plus grande patience, mais de l'air d'un homme qui n'en comprenait pas le premier mot. Le vieux Deans, il est vrai, affirmait avec ardeur que « Dumbiedikes n'était pas un de ces frivoles gentilshommes qui portaient des dentelles à leur cou et une épée derrière eux, et qui aimaient mieux courir à cheval en enfer que d'aller au ciel à pied. Il n'était pas comme défunt son père recherchant la société des profanes, aimant à boire, fréquentant les maisons de perdition où l'on jouait, où l'on dansait, où l'on faisait de la musique. Il respectait le jour du sabbat, ne jurait pas en parlant et laissait toute liberté à ses gens. Il aimait trop le monde et les biens de ce monde, mais il y avait quelque chose de bon en lui malgré cela. »

L'attention continue que le laird donnait aux allées et venues de Jenny n'avait pas échappé aux observations d'un homme aussi sensé que le vieux Deans. Mais la personne sur laquelle cette découverte fit la plus profonde impression fut la femme que David s'était donnée dix ans après la mort de la mère de Jenny. Les voisins du bon David Deans avaient prétendu que celle-ci avait laissé entraîner à cette seconde union presque contre son gré : car, en général, il n'approuvait guère le mariage, qu'il regardait comme une des malheureuses nécessités de notre présent état social. Ses actes cependant contredisaient ses principes sur ce point, car il s'était deux fois, nous le répétons, engagé dans les liens dangereux d'une union mondaine.

Rébecca, sa seconde femme, ne regardait pas le mariage avec autant de sainte répulsion, et, comme son imagination était toujours occupée à inventer des mariages entre ses voisins, elle ne manqua pas de se flatter de la possibilité de voir sa belle-fille Jenny épouser Dumbiedikes. Quand elle énonçait de pareilles suppositions, le bon David se contentait de lever les épaules et de sourire; puis, prenant son bonnet, il sortait de la chaumière pour cacher certain air de satisfaction que cet espoir répandait malgré lui sur ses traits, ordinairement sévères.

Mes lecteurs les plus jeunes demanderont assez naturellement si Jenny était digne de cette muette admiration de Dumbiedikes, et, pour être vrai, nous sommes forcé de répondre que sa beauté n'était pas des plus remarquables.

Elle était petite, un peu trop grosse, ses yeux étaient d'un gris bleuâtre, ses cheveux châtains; sa figure, exprimant toujours la bonne humeur, était brunie par le soleil, et on lui trouvait un air de sérénité indicible que lui donnaient une conscience tranquille, une grande bonté naturelle, un caractère content et l'accomplissement régulier de tous ses devoirs. Il est donc facile de supposer que l'apparence ou les manières de notre héroïne n'étaient pas de nature à inspirer la terreur, et cependant, soit timidité naturelle, soit indécision de caractère ou ignorance de ses sentiments, le laird de Dumbiedikes, ouvert du vieux chapeau à trois cornes de son père et la pipe vide à la bouche, venait jouir de la vue de Jenny, jour après jour, semaine après semaine et mois après mois, sans se prononcer sur l'accomplissement des prophéties de la belle-mère.

L'impatience commença à gagner la bonne dame quand, après quelques années de mariage, elle présenta au bon David une seconde fille, que l'on appela Euphémie, et, par corruption, Effie. La naissance de cet enfant accrut encore l'impatience de Rébecca, qui, en prudente mère, se disait que la femme du laird de Dumbiedikes n'aurait pas besoin d'argent, et que sa petite Effie hériterait naturellement de tout ce que le bon David avait amassé. D'autres belles-mères ont eu recours à des moyens moins dignes d'approbation pour assurer l'avenir de leurs enfants; mais Rébecca, nous devons lui rendre cette justice, ne chercha à procurer des avantages à Effie qu'en facilitant le mariage de sa sœur aînée. Elle essaya donc tout ce que son ingénuité de femme lui inspira pour décider le laird à se déclarer. Elle eut le regret de voir qu'elle effrayait le poisson qu'elle voulait amorcer. Elle se hasarda une fois à plaisanter Dumbiedikes sur la nécessité où il se trouvait de mettre sa femme à la tête de sa maison. L'effet de cette insinuation fut terrible, car, pendant quinze jours, ni le chapeau à trois cornes, ni la pipe vide, ni le spirituel propriétaire de ces deux objets ne reparurent à Woodend. Rébecca se résigna donc à laisser le laird avancer à sa guise. L'expérience lui avait appris, disait-elle, qu'il était impossible de faire marcher un âne plus vite qu'il ne voulait.

Reuben cependant continuait ses études à l'université. Pour subvenir à ses dépenses, il enseignait aux plus jeunes élèves ce qu'il savait déjà, et gagnait assez pour couvrir ses frais, en même temps qu'il se gravait plus profondément dans l'esprit les éléments de ce qu'il avait appris. Il gagnait même assez pour pouvoir envoyer quelques secours en argent à sa grand-mère, et bientôt il obtint de l'assemblée du clergé un diplôme qui le reconnaissait comme ministre de l'Évangile. Cependant, n'ayant été nommé à aucune cure, il fut obligé de revenir habiter Bershabée pendant plusieurs mois, n'ayant d'autres moyens d'existence que ce qu'il put obtenir pour les leçons qu'il donnait dans deux ou trois familles du voisinage.

Après son retour, sa première visite fut pour Woodend, où Jenny le reçut avec la plus chaleureuse cordialité, car certains souvenirs ne s'étaient jamais effacés de son cœur; l'accueil que lui fit Rébecca fut plein de franche hospitalité, et le vieux Deans lui pressa la main d'un air qui lui était particulier.

Le bon David honorait hautement le clergé comme institution, mais tous les ministres n'avaient pas un droit égal à son respect. Un peu jaloux peut-être de voir son jeune ami élevé à la dignité de prédicant, il commença immédiatement une discussion, sur différents points de controverse, pour tâcher de découvrir s'il n'était pas tombé dans quelques-unes des erreurs ou des défections du temps. Butler était non-seulement un strict presbytérien, mais il voulait éviter de chagriner son vieil ami en disputant sur des points de peu d'importance : il pouvait donc espérer sortir de cette épreuve aussi pur que l'or le plus fin. Cependant le résultat des investigations du vieux fermier ne fut pas aussi favorable qu'on aurait pu le supposer. La vieille Judith Butler, qui s'était traînée ce soir-là jusqu'à Woodend, pour être témoin de l'accueil que ses voisins feraient à son fils, et voir ce qu'ils penseraient de la haute position qu'il avait acquise, fut quelque peu vexée d'entendre son vieil ami David s'exprimer avec une froideur à laquelle elle était loin de s'attendre. Il resta d'abord en silence et comme fâché de ce qu'il avait appris. Judith, voulant savoir au juste ce qu'il pensait, lui dit : — J'aurais cru, voisin Deans, que vous auriez été heureux de voir Reuben de retour parmi nous, le pauvre garçon !

— Je suis heureux, madame Butler ! répondit laconiquement le voisin.

— Depuis qu'il a perdu son grand-père et son père, béni soit Celui qui donne et qui prend ! je ne connais personne qui ait été pour lui comme un père, si ce n'est vous, voisin Deans.

— Dieu seul est le père de l'orphelin, dit David touchant son bonnet et levant les yeux au ciel. Rendez grâce à Celui qui les donne, et non pas à un agent indigne.

— Ah ! bien, puisque vous le voulez comme ça, sans doute vous avez raison; mais il va envoyer une mesure de farine à Bershabée quand il n'y en avait guère plus de deux à Woodend, et je vous ai vu...

— Bonne femme, dit David en l'interrompant, ce sont là des histoires qu'on ne répète pas; elles ne font que nous remplir de vanité. J'ai entendu le bienheureux Alexandre Peden déclarer que la mort et le témoignage de nos saints martyrs n'étaient pas comme une goutte de sang ou d'encre en comparaison de ce que nous devions faire pour remplir nos devoirs. Que peut-on donc dire de ce qu'un pauvre malheureux comme moi peut faire ?

— Sans doute vous avez raison, voisin Deans, reprit Judith, mais je suis sûre, malgré tout, que vous êtes content de revoir mon garçon : le plus difficile fait est, il a un air de santé qui réjouit mes pauvres yeux, et il porte un respectable habit noir comme le ministre, et...

— Je suis heureux de le revoir et en bonne santé, dit David d'un ton qui semblait vouloir couper court à la conversation. Mais il n'est guère facile de faire renoncer une femme à une idée.

— Et puis, continua-t-elle, il peut monter dans une chaire ! pensez donc à cela, voisin Deans, mon propre fils ! et tout le monde sera là à l'écouter, comme s'il était le pape de Rome !

— Le quoi ? le qui ? s'écria Deans d'un ton plus sévère que d'habitude aussitôt que ces derniers mots eurent frappé son oreille.

— Eh ! que le ciel me préserve ! dit la pauvre femme : j'avais oublié combien vous détestez le pape; c'est comme mon pauvre défunt Étienne Butler. Bien des fois je l'ai entendu témoigner contre le pape et contre le baptême des enfants, et le reste.

— Femme ! s'écria de nouveau David, parlez de ce que vous comprenez, ou taisez-vous. Je dis que l'indépendance est une hérésie abominable, que l'anabaptisme est une erreur déplorable, dont on devrait purger la terre avec les feux spirituels et l'épée du temporel !...

— Eh bien ! eh bien ! voisin, je ne veux pas vous contredire là-dessus, répondit Judith. Je sais que vous avez raison quand vous parlez de semailles et de fauchaison, de moisson et de tout cela; pourquoi n'auriez-vous pas raison sur les choses d'église ? Mais, pour en revenir à mon garçon Reuben...

— Reuben Butler, ma bonne femme, dit David solennellement, est un garçon auquel je désire autant de bien que s'il était mon propre fils; mais je crains bien qu'il n'y ait quelques traverses dans son chemin. Je crains que ses talents ne le rendent trop mondain. Il est trop savant, je pense autant à la forme de la substance; les vêtements de noce doivent être ornés de broderies et de dentelles, ou bien ils ne seront pas assez beaux pour lui. Il me paraît quelque peu fier de son savoir, qui lui permet de donner à ses doctrines un air d'enjolivement. Mais, ajouta-t-il en voyant combien il causait de chagrin à sa vieille voisine, le malheur peut lui faire du bien; cela peut lui retirer un peu de cet orgueil qui l'enfle, comme la vache qui a mangé du trèfle ira boire et deviendra un phare éclatant. J'espère donc que l'affliction viendra bientôt vous trouver, et qu'il la ressentira prochainement.

La pauvre veuve fut obligée de se retirer sans pouvoir obtenir autre chose de son voisin, dont elle ne pouvait comprendre les prédictions, quoiqu'elles lui imprimassent une vague appréhension sur l'avenir de son petit-fils. Dans sa discussion avec le vieux fermier, Butler avait montré beaucoup plus de science qu'il n'était nécessaire, et David Deans, qui était accoutumé à briller au premier rang dans les discussions théologiques, se sentit humilié de l'apparente supériorité du jeune homme. Mais Jenny, au contraire, avait admiré l'étendue des connaissances de Reuben, peut-être parce qu'elle se sentait à une immense distance d'un savoir aussi profond.

Le voisinage des deux familles leur donnait de fréquentes occasions de se voir, et leur intimité se rétablit sur une base mieux adaptée à leur âge. Ils convinrent enfin un jour que leur union aurait lieu aussitôt que Butler aurait obtenu une position d'une nature ou d'une autre.

Mais c'était assez difficile : plus d'un projet fut conçu pour être aussitôt abandonné. Les joues arrondies de Jenny perdirent la première fraîcheur de la jeunesse, le front de Reuben prit toute la gravité de l'homme fait, et cependant ils étaient aussi éloignés que

Le laird de Dumbiedikes et Jenny Deans.

jamais de l'époque qu'ils avaient fixée. Heureusement que leur passion n'était ni ardente ni enthousiaste, et que le sentiment du devoir les porta l'un et l'autre à attendre patiemment qu'ils pussent enfin s'unir sous le même toit.

Cependant le temps amena divers changements dans les deux familles : la veuve d'Étienne Butler alla rejoindre son mari et son fils; Rébecca, la prudente épouse de David Deans, fut aussi appelée à un autre monde. Le lendemain qui suivit la mort de Rébecca, Reuben Butler alla offrir quelques consolations à son vieil ami et bienfaiteur. Il eut là un exemple frappant de l'antagonisme de l'affection naturelle et du stoïcisme religieux que le pauvre David se croyait obligé d'affecter chaque fois qu'il éprouvait des événements heureux ou malheureux.

Quand il arriva à la chaumière, Jenny, les yeux gonflés de pleurs, lui montra du doigt le petit jardin où, dit-elle, mon pauvre père s'est tenu depuis son malheur.

Butler entra dans le jardin et s'avança lentement vers le bon David, qui semblait plongé dans la plus grande affliction. Le vieillard leva les yeux d'un air sévère, comme s'il eût été offensé de cette interruption; mais quand il vit le jeune homme s'arrêter incertain s'il devait avancer ou se retirer, il se leva et, s'approchant de lui d'un air plein de tranquillité et même de dignité, il lui dit :

— Jeune homme, ne chagrine pas ton cœur si le juste meurt et si les bons sont frappés; car, on peut le dire, ils échappent aux maux à venir. Malheur à moi si je versais une larme pour l'épouse de mon cœur, quand je devrais répandre des rivières de pleurs sur cette église affligée, insultée comme elle est par ceux qui cherchent les pompes du monde, et dont le cœur est mort!

— Je suis heureux de voir, dit Butler, que vous pouvez oublier vos afflictions privées en pensant à votre devoir de chrétien.

— Oublier Reuben! dit le pauvre David portant un mouchoir à ses yeux, on ne peut pas l'oublier en ce monde; mais celui qui blesse peut guérir. Je vous le déclare, il y a eu des moments pendant la nuit, quand j'ai été si absorbé dans mes méditations, que je ne savais plus quelle perte j'avais faite. J'étais comme le digne Jean Semple, que l'on appelait Jean Carspharn, j'aurais pu cette nuit être à cueillir des fruits sur les bords d'Ulai.

Malgré tout le stoïcisme de David, sa perte était trop grande pour qu'il ne la sentît pas profondément. Le séjour de Woodend lui devint désagréable; et comme il avait gagné un peu d'argent et beaucoup d'expérience dans cette petite ferme, il se décida à mettre l'un et l'autre à profit en devenant nourrisseur de vaches. Il alla s'établir à Saint-Léonard, entre Édimbourg et la montagne appelée le siège d'Arthur, auprès de pâturages très-étendus, que l'on appelle encore le parc du roi. La petite maison qu'il occupa était environ à un mille de la cité dans un champ qui forme aujourd'hui l'un des faubourgs de la ville.

Jenny eut moins d'occasion de voir Reuben, qui avait été obligé d'accepter la place de sous-maître dans une pension située à trois ou quatre milles de la cité. Il devint bientôt connu de plusieurs bons bourgeois qui faisaient élever leurs enfants dans cette pension; il commençait donc à espérer un meilleur avenir, et l'annonçait à Jenny chaque fois qu'il pouvait aller rendre visite à Saint-Léonard. Ces visites étaient nécessairement assez rares, car il n'osait les faire aussi fréquemment que ses devoirs le lui auraient permis. Le vieux Deans le recevait toujours poliment et même avec bonté; mais Reuben, comme tous les amoureux dans sa situation, s'imaginait qu'il pouvait lire ses intentions dans ses yeux, et craignit trop un refus positif pour s'expliquer prématurément sur la cause de ses visites. Butler jugea donc prudent de n'aller à Saint-Léonard qu'aussi souvent que l'ancienneté de leur amitié le lui permettait : une autre personne y faisait des visites beaucoup plus fréquentes.

Effie Deans.

Quand David Deans dit au laird de Dumbiedikes qu'il était décidé à quitter la ferme et la chaumière de Woodend, le laird parut étonné, mais ne répondit rien. Il continua ses visites à la chaumière, à ses heures accoutumées, sans faire aucune observation, jusqu'au jour qui précéda l'époque du terme; mais voyant alors que l'on avait commencé à déménager, il parut de nouveau excessivement surpris et on l'entendit s'écrier : — Eh! bon Dieu! Le lendemain du jour qui suivit le déménagement du bon David, le laird de Dumbiedikes vint à la chaumière de Woodend à l'heure ordinaire où le vieux fermier avait coutume de quitter la charrue; et trouvant la porte close et les croisées fermées, il eut l'air encore plus étonné que jamais et s'écria : — Eh! que Dieu nous protége! Ceux qui le connaissaient crurent qu'il n'avait jamais été aussi ému.

A partir de ce moment Dumbiedikes devint un autre homme : sa vie journalière, qui jusqu'alors avait été des plus exemplaires, acquit l'irrégularité d'une montre dont le grand ressort est brisé. Dumbiedikes sembla courir toute la superficie de ses propriétés, comme l'aiguille qui n'a plus de frein parcourt toute la circonférence du cadran. Il visita l'une après l'autre toutes les chaumières du voisinage, et étudia la physionomie de toutes les filles de ses fermiers. Il ne sembla nulle part cependant passer le temps aussi agréablement qu'à Woodend, quoiqu'il pût visiter des chaumières plus confortables et des jeunes filles plus jolies que Jenny. Il ne trouva auprès d'aucun foyer de siège comparable à celui que lui offrait le vieux David, ni de figure qu'il aimât autant à contempler que celle de Jenny Deans. Si bien qu'après avoir parcouru deux ou trois fois le cercle de ses tenanciers, et s'étant tenu tranquille pendant toute une semaine, il lui vint tout à coup à l'idée qu'il n'était pas enchaîné à un pivot, qu'il pouvait changer son axe de motion centrifuge et étendre au loin ses visites. Il acheta donc un petit cheval, et l'un portant l'autre ils arrivèrent un jour à Saint-Léonard.

Jenny Deans était si accoutumée à la muette contemplation du laird qu'elle oubliait souvent sa présence; mais parfois elle appréhendait de s'entendre déclarer à intelligible voix l'admiration que jusqu'alors ses yeux seuls avaient exprimée. Adieu, alors, pensait-elle, à toute idée d'union avec Butler! Son père, malgré son indépendance religieuse et l'ardeur de ses principes politiques, avait hérité de tout le respect que le paysan écossais professait alors pour les maîtres du sol. Puis, sans précisément détester Butler, il plaisantait souvent sur les talents mondains du jeune savant, d'une manière qui n'indiquait pas qu'il fît grand cas de Reuben. Le mariage de sa fille avec Dumbiedikes aurait certainement souri au vieux fermier, qui se plaignait souvent de se sentir disposé à prendre trop d'intérêt aux bonnes choses de ce monde.

Les visites quotidiennes du laird faisaient donc craindre à Jenny que Butler ne fût un jour remercié, et l'espoir de ne plus voir Dumbiedikes, son chapeau à trois cornes et sa pipe vide la réconcilia avec l'idée de quitter la chaumière qui l'avait vue naître. Il lui semblait impossible que le laird eût jamais le courage de la suivre à Saint-Léonard; autant supposer que les pommiers et les choux laissés dans le jardin de Woodend entreprendraient le même voyage.

Ce fut donc avec la plus grande surprise que, six jours après leur arrivée à leur nouvelle maison, elle vit approcher Dumbiedikes avec le même chapeau à trois cornes et la même pipe à la bouche. Il lui adressa sa question habituelle :

— Comment va-t-on chez vous, Jenny? où est le papa?

Et il reprit, autant que les lieux le permettaient, la place qu'il occupait d'ordinaire à Woodend.

Il ne fut pas plutôt assis cependant, que, faisant un effort extraordinaire, il ajouta :

— Jenny, dis donc, Jenny, ma fille...

Puis il étendit le bras en ouvrant sa large main, comme s'il eût voulu lui prendre l'épaule, mais d'une manière si timide et si maladroite, que Jenny put s'esquiver facilement et la main resta étendue dans l'air;

— Jenny, reprit-il avec courage, dis donc, Jenny, il fait bien doux aujourd'hui, et les chemins ne sont pas trop mauvais pour venir jusqu'ici...

— Que diable a-t-il aujourd'hui? murmura tout bas Jenny, qui n'aurait jamais cru qu'il pouvait en dire si long.

Elle avoua plus tard qu'elle fit passer un peu de sa mauvaise humeur dans la réponse qu'elle lui fit, car son père était absent, et la créature, comme elle appelait le laird, avait l'air si drôle, qu'elle ne savait trop où il voulait en venir.

David Deans et sa fille Jenny.

Le laird retomba donc dans sa taciturnité habituelle, et vint deux ou trois fois la semaine visiter la chaumière du nourrisseur de vaches, sans autre but apparent que de contempler Jenny Deans, tandis que le bon David lui expliquait toutes les controverses et les discussions du temps.

CHAPITRE IX.

Il devint bientôt évident qu'il n'y avait rien à espérer ni à redouter des visites du laird. Cependant l'objet de sa constante contemplation perdait peu à peu de sa jeunesse pour atteindre l'âge mûr. Mais à côté croissait Effie, qui bientôt posséda plus de charmes que n'en avait jamais eu Jenny.

Son profil grec était encadré dans une profusion de cheveux soyeux et ondulés que retenait un ruban de soie, et qui ombrageaient un visage toujours riant, comme celui d'Hébé, où se peignaient la santé, le plaisir et le bonheur. Les plis arrondis de sa robe brune faisaient ressortir une taille, qui pouvait devenir trop forte, comme on le voit assez fréquemment en Ecosse, mais qui alors était fine et légère et se balançait avec cette grâce et cette aisance que donnent toujours la santé et l'exacte proportion des formes.

Ces charmes naissants, malgré leur riche profusion, ne purent changer l'idée fixe du laird de Dumbiedikes, ni faire dévier ses regards de leur but ordinaire. Mais son œil était le seul qui pût voir cette jeune et jolie fille sans s'y arrêter avec plaisir. Le voyageur ralentissait son pas pour admirer la jeune sylphide qui passait auprès de lui, légère et rapide, portant son pot de lait sur sa tête, et se tenant si droite, qu'il semblait plutôt un ornement qu'un fardeau. Les garçons du faubourg voisin s'approchaient de ce côté pour livres jeux du soir, et s'efforçaient à l'envi d'attirer son attention. Les presbytériens rigides de la secte de son père, qui trouvaient une faute dans tout plaisir des yeux, se laissaient aller eux-mêmes à admirer une aussi jolie fille, et soupiraient en regrettant qu'elle eût sa part du péché originel et des imperfections héréditaires de notre nature. On l'appelait généralement le lis de Saint-Léonard : et elle méritait ce nom, autant à cause de la pureté de ses pensées, de ses paroles et de ses actions, qu'à raison de la perfection extraordinaire de ses charmes.

Malgré toute l'innocence et la bonté de son caractère, le lis de Saint-Léonard possédait un certain fonds de vanité et d'entêtement, avec un peu d'irritabilité, que la grande liberté dont elle avait joui dans son enfance avait probablement développé. Mais une scène du soir, au coin du feu de la chaumière, la peindra mieux que nous ne pourrions le faire.

Le bon David était dans son étable, donnant à ses vaches leur provision du soir, et la nuit commençait à tomber, quand Jenny Deans, inquiète pour sa sœur, qui ne paraissait pas, craignit qu'elle ne fût pas de retour avant la rentrée de son père, qui avait coutume de faire une pieuse lecture à laquelle Effie devait être présente sous peine de lui causer un grand déplaisir. Ses craintes étaient d'autant plus vives, que, depuis plusieurs jours, Effie disparaissait vers la même heure; et son absence, très-courte d'abord, s'était graduellement étendue jusqu'à une demi-heure, puis une heure, et ce soir-là dépassait de beaucoup cette limite. Jenny, se tenant sur le seuil de la chaumière, mit une main devant ses yeux pour les abriter des rayons du soleil et regarda le long des divers chemins qui venaient de ce côté, pour voir si elle n'apercevrait pas sa jeune sœur. Un mur, que l'on pouvait franchir au moyen d'un échalier, séparait le parc du roi du chemin public : elle regardait souvent de ce côté, quand tout à coup elle vit y apparaître deux personnes qui semblaient marcher le long du mur comme pour ne pas être vues. L'une d'elles était un homme, qui recula vivement : l'autre était une femme, qui passa l'échalier et vint vers la chaumière : c'était Effie.

Elle s'approcha de sa sœur en affectant cette légèreté de manières que prennent souvent les femmes de son rang, et parfois celles d'un rang supérieur, pour cacher leur surprise ou leur confusion, elle chantait un joyeux refrain.

— Tais-toi, Effie, tais-toi ! dit Jenny, notre père va venir de l'étable tout à l'heure.

La jeune fille se tut.

— Où donc as-tu été si tard ce soir ?

— Il n'est pas tard, répondit Effie.

— Il a sonné huit heures à toutes les horloges de la ville, reprit Jenny, et le soleil est couché derrière les monts Corstorphine, où peux-tu avoir été si tard ?

— Nulle part, dit Effie.

— Qui avais-tu avec toi à l'échalier ?

— Personne, répondit la jeune fille.

— Nulle part ! personne ! répliqua Jenny ; je doute que ce soit quelque chose de bon et quelqu'un d'honnête qui te fasse rester dehors aussi tard, Effie !

— Qu'est-ce que tu as besoin d'être aussi curieuse? repartit Effie. Si tu ne me fais pas de questions, je ne te dirai pas de mensonges. Je ne te demande jamais, moi, ce qui fait venir le laird de Dumbiedikes ici tous les jours, à regarder de ses yeux de chat jusqu'à nous en faire bâiller d'ennui.

— Tu sais bien qu'il vient voir notre père, dit Jenny.

— Et Dominic Butler, vient-il voir notre père ? lui qui est si plein de son latin ! répliqua Effie enchantée de voir qu'en portant la guerre en pays ennemi elle repousserait aisément l'attaque qu'elle redoutait.

Avec toute la pétulance de la jeunesse, elle continua son triomphe sur sa sœur aînée ; et la regardant d'un œil plein de malice et d'une certaine ironie, elle chanta à voix basse, mais en appuyant sur certains mots, quelques vers d'une vieille ballade écossaise qui parlait d'un laird timide et d'un clerc plus hardi.

Puis, s'arrêtant tout à coup, voyant que sa sœur avait la larme à l'œil, elle se jeta à son cou et l'embrassa tendrement. Malgré son chagrin et sa vexation Jenny ne put résister aux caresses de cette enfant de la nature, dont la bonté et la malice semblaient venir d'instinct plutôt que de réflexion. Mais, en l'embrassant à son tour, et se réconciliant tout à fait avec elle, elle ne put s'empêcher de lui dire :

— O Effie ! si tu veux apprendre de sottes chansons, tu pourrais les appliquer d'une manière moins cruelle.

— C'est vrai, Jenny, répondit Effie l'embrassant de nouveau, et je voudrais n'en avoir jamais apris une... Je voudrais que nous ne fussions jamais venus ici, et que ma langue se fût brûlée avant de dire un mot qui te causât du chagrin.

— Oh ! n'y pense plus, répliqua sa tendre sœur, je ne peux pas être longtemps fâchée de ce que tu peux me dire... Mais, je t'en prie, ne chagrine pas notre père.

— Non, non, répondit Effie, et quand même il y aurait autant de danses demain soir qu'il y a d'étoiles à briller au ciel une nuit d'hiver je ne bougerai pas d'un pied pour y aller.

— Une danse ! répéta Jenny au comble de la surprise ; ô Effie, qui est-ce qui a pu te mener à une danse ?

Il est très-possible que dans l'humeur de franchise où se trouvait le lis de Saint-Léonard, elle aurait pu tout avouer à sa sœur et m'épargner la peine de raconter cette mélancolique histoire ; mais le mot danse ne fut pas plutôt prononcé, qu'il fut entendu par le vieux David, qui s'était approché de la porte, et fut auprès de ses filles avant qu'elles se fussent aperçues de sa venue. Le mot prélat, ou même le mot terrible de pape, n'aurait pas produit un effet plus extraordinaire sur l'oreille du presbytérien. A son idée, la danse, qu'il appelait un accès volontaire de distraction, était de tous les exercices corporels le plus contraire aux pensées sérieuses ; le grand chemin qui menait à toutes sortes d'excès. Le seul mot de danse, prononcé par ses filles, sous son propre toit, lui fit perdre toute patience.

— La danse ? s'écria-t-il, la danse ? avez-vous dit la danse ? Comment osez-vous, folles que vous êtes, prononcer un pareil mot dans ma maison ? C'est un passe-temps dissolu et profane que les Israélites ont adopté seulement aux jours de leur vile et brutale adoration du veau d'or à Béthel, et que se donna la malheureuse créature qui dansa pour la tête de Jean le Baptiste. Je vous lirai ce chapitre-là ce soir pour votre édification, puisque vous ou avez tant besoin, et vous verrez combien elle doit se repentir, depuis bien longtemps, d'avoir jamais remué les jambes pour une pareille chose. Il eût mieux valu pour elle qu'elle fût née cul-de-jatte, et qu'elle se fût traînée de porte en porte, comme la vieille Bessie Bowie, demandant l'aumône, plutôt que d'être la fille d'un roi et de danser au son de la musique comme elle l'a fait. Je me suis souvent étonné que, quand on sait ployer le genou pour la bonne cause, on puisse jamais oser gigotter au son du tambourin ou du violon. Et je bénis Dieu, comme au digne Pierre Walker, le porte-balle de Bristo-Port, de ce que, dans l'âge où j'aurais pu danser, la peur d'être pendu ou fusillé, d'être passé au fil de l'épée ou mis à la torture, m'a guéri de toutes folies légères et de tout amour de danse. Et maintenant, fillettes, si je vous entends parler seulement de danse, ou si je vous vois penser à sauter au son des violons et des cornemuses, aussi sûr que mon père est assis là-haut avec les justes, vous pourrez aller chercher table ou toit où vous voudrez, je ne m'occuperai plus de vous ! Rentrez, rentrez, voyons, mes bonnes filles, ajouta-t-il d'un ton plus doux, car les pleurs des deux sœurs, et particulièrement d'Effie, commençaient à couler rapidement, rentrez, et nous chercherons la grâce qui nous préservera de toutes folies mondaines, qui occasionnent le péché, font triompher l'ange de l'obscurité, et s'attaquent au royaume de la lumière !

Les reproches du vieux David arrivèrent mal à propos : ils refroidirent les sentiments chaleureux d'Effie, et l'empêchèrent de tout avouer à sa sœur.

— Elle croirait que je ne vaux pas mieux que la boue sous ses pieds, pensa Effie, si je lui disais que j'ai dansé quatre fois avec lui là-bas sur l'herbe, et une fois chez Maggie Macqueen. Et puis elle me manquerait toujours de le dire à mon père, et elle serait tout à fait maîtresse. Mais je n'y retournerai plus, j'y suis bien décidée, je n'y retournerai plus. Je vais faire une corne à une feuille de ma Bible, et c'est presque comme si j'avais juré que je n'y retournerai plus.

Pendant une semaine entière, elle fut fidèle à la promesse qu'elle s'était faite ; mais pendant tout ce temps elle fut maussade et de mauvaise humeur, ne pouvant oublier les craintes peut-être frivoles qui l'agitaient. Elle savait d'ailleurs que le bon vieux fermier était irritable et colérique, et elle commençait à croire qu'il insistait sur les amusements du jeune âge plus que ne le demandaient les préceptes de la religion et du bon sens. Jenny comprit qu'un frein trop sévère imposé tout à coup à sa sœur n'aurait d'autre effet que de lui fournir une excuse pour négliger tout à fait les avis et les instructions de son père. Une circonstance survint bientôt qui sembla devoir mettre un terme à son anxiété.

Madame Saddletree, que nous avons déjà fait connaître à nos lecteurs, était une parente éloignée du bon David Deans, et comme c'était une femme d'ordre, de conversation prudente et en bonne position de fortune, il s'établit une sorte d'intimité entre ces deux familles. Il arriva qu'environ un an et demi avant l'époque où commence notre histoire, cette bonne dame eut besoin d'une femme de confiance pour s'occuper dans sa maison et tenir le magasin.

— M. Saddletree, dit-elle, n'est jamais à la boutique quand il peut mettre le nez dans la salle du parlement, et ce n'est pas commode pour une femme d'être au milieu de balles de cuir à vendre des selles et des brides.

Elle avait toujours pensé à sa cousine Effie Deans, c'était exactement ce qu'il lui fallait pour l'aider dans ses affaires.

Cette proposition fit grand plaisir au vieux David. Sa fille serait logée, nourrie et payée ; c'était une position respectable. Effie serait sous les yeux de madame Saddletree, qui était une digne femme et demeurait auprès de l'église de la Tolbooth où elle pouvait entendre les saines doctrines de l'un de ces rares ministres qui n'avaient pas fléchi le genou devant Baal. L'idée de mettre les croyances religieuses de sa fille à l'abri de toutes les séductions de l'hérésie lui fit perdre entièrement de vue les dangers d'une autre sorte auxquels une fille aussi jolie, aussi jeune et aussi indépendante de caractère serait exposée au milieu d'une ville populeuse et corrompue. Mais il avait tant d'horreur pour les irrégularités de toute nature, qu'il les regardait comme des impossibilités, et aurait tout aussi bien recommandé à Effie de se garder de commettre un meurtre. La seule chose qu'il regrettait, c'était de la voir éloignée de vivre sous un toit tel qu'un homme aussi mondainement sage que Bartolin Saddletree, qu'il regardait réellement comme un homme doué des connaissances les plus profondes, connaissances qu'il méprisait au delà de toute expression. Ceux des jurisconsultes qui avaient siégé au nombre des anciens dans l'assemblée générale de l'Église avaient été les plus ardents à appuyer toutes les mesures de patronage, d'abjuration de serment, et autres, qui, dans l'opinion de David, dénotaient l'abandon des saines doctrines et la restriction des libertés de l'Église. David s'efforça donc de prémunir sa fille contre les dangers qu'elle courrait en écoutant les doctrines d'un formaliste comme Saddletree, de sorte qu'il eut à peine le temps de lui parler des périls auxquels s'exposait une jeune fille en faisant des connaissances et en fréquentant les danses.

Ce fut avec regret, avec crainte mêlée d'espérance que Jenny se sépara de sa sœur. Elle n'avait pas la confiance que montrait son père dans la prudence d'Effie, car elle l'avait surveillée plus attentivement, elle comprenait mieux ses sentiments, et pouvait mieux juger la force des tentations auxquelles elle serait exposée. Cependant madame Saddletree était une femme respectable, très-adroite, qui la surveillerait, et saurait prendre sur elle l'autorité d'une mère, pleine de bonté mais sachant agir avec fermeté. Il était à présumer que son départ pour Edimbourg mettrait fin aux connaissances qu'elle pouvait s'être faites dans le faubourg voisin. Jusqu'au moment de la séparation, Jenny voyait avec plaisir le départ prochain d'Effie; ce ne fut qu'au dernier instant qu'elle ressentit toute l'intensité d'un chagrin de sœur. Pendant qu'elles s'embrassaient avec affection en se pressant tendrement les mains, Jenny saisit ce moment de tendre sympathie pour rappeler à sa sœur combien il importait qu'elle usât de prudence maintenant qu'elle n'allait plus avoir l'appui et les conseils de son père. Effie écouta sans lever une seule fois les longs cils noirs de dessous lesquels sortaient d'abondantes larmes, puis elle embrassa de nouveau sa sœur, lui promit de se souvenir de ses bons conseils, et elles se séparèrent.

Effie fut tout ce que sa parente pouvait désirer pendant les quelques premières semaines; mais le temps affaiblit graduellement le zèle des premiers jours. Madame Saddletree eut d'abord occasion d'être mécontente du temps que mettait Effie à faire les commissions qui lui étaient confiées, et de l'impatience qu'elle montrait quand on lui faisait des reproches à ce sujet. La bonne dame reconnut cependant volontiers qu'il était assez naturel que la curiosité arrêtât une jeune fille pour qui tout était nouveau, et que son caractère impatient d'enfant gâté se formerait à la longue sous sa discipline.

Ce que madame Saddletree avait prévu sembla s'accomplir. Avant que plusieurs mois se fussent écoulés, Effie devint très-attentive à ses devoirs; seulement elle avait perdu l'air riant et la démarche légère que les pratiques avaient coutume d'admirer. Sa maîtresse la surprit en pleurs quelquefois, mais elle réprimait aussitôt ces preuves évidentes d'un chagrin secret. Le temps se passa et les joues d'Effie se pâlirent, elle sembla marcher plus pesamment. La cause de ce changement n'aurait pu échapper à madame Saddletree, mais une maladie la retenait dans son lit pendant la plus grande partie des derniers mois qu'Effie passa à son service. L'angoisse d'Effie était presque du désespoir : c'était en vain qu'elle s'efforçait de maîtriser ses accès de douleur hystérique, ils étaient devenus évidents pour tout le monde. Les voisins, les autres domestiques se communiquaient leurs observations malignes sur les joues pâlies, l'air d'abandon de la jolie fille; mais personne ne pouvait obtenir sa confidence, elle ne répondait à toutes leurs questions que par des démentis imperturbables ou des torrents de pleurs.

Madame Saddletree, recouvrant enfin la santé, et devant bientôt reprendre sa place à la tête de sa maison, Effie Deans, comme si elle eût craint l'œil scrutateur de sa maîtresse, demanda à Bartholin, sous prétexte de santé, la permission d'aller passer une quinzaine chez son père. Bartolin, qui réservait toute sa perspicacité pour ses discussions légales, laissa Effie partir sans rien soupçonner, et sans rechercher la cause de son départ.

On apprit plus tard qu'il s'était écoulé toute une semaine entre le jour où elle quitta la maison de ses maîtres et celui où elle arriva à Saint-Léonard. Quand elle se présenta à sa sœur, elle ressemblait plus à un spectre qu'à la jeune fille qui avait quitté la chaumière de son père il y avait à peine dix-sept mois. La longue maladie de madame Saddletree lui avait fourni une excuse pendant les derniers temps pour ne pas visiter Saint-Léonard, et Jenny se trouva trop occupée vers la même époque pour aller souvent, dans la Cité, voir à la hâte sa jeune sœur. Les jeunes filles s'étaient donc à peine vues depuis plusieurs mois, et quand un écho de scandale n'était venu désoler les habitants de la chaumière de Saint-Léonard.

Jenny, épouvantée d'abord de l'air maladif de sa sœur, l'accabla de questions, auxquelles la malheureuse Effie répondit d'une manière incohérente, et versa enfin un déluge de pleurs. La ruine de sa sœur fut bientôt trop certaine; et Jenny se trouva dans la terrible alternative d'avouer le malheur d'Effie à son père, ou de chercher à le lui cacher. L'infortunée jeune fille ne voulait avouer ni le nom ni le rang de son séducteur, ni dire ce qu'était devenu son enfant. Jenny, au comble du désespoir et de douleur, s'était décidée à aller consulter madame Saddletree, qui pourrait peut-être jeter quelque jour sur ce terrible secret, quand un nouveau malheur vint accroître encore son extrême détresse.

Le vieux David avait été effrayé de voir sa fille revenir chez lui dans un état de santé aussi déplorable, mais Jenny avait réussi à détourner ses soupçons. Ce fut donc comme un coup de tonnerre pour le pauvre vieillard quand vers l'heure où le laird de Dumbiedikes venait d'arriver comme d'habitude, d'autres individus à l'air dur et sévère se présentèrent tout à coup à la chaumière de Saint-Léonard. C'étaient des hommes de justice chargés d'amener devant les magistrats Euphémie ou Effie Deans, accusée d'infanticide. Le coup si inattendu accabla le pauvre vieillard, qui avait résisté dans sa jeunesse avec courage à toutes les menaces de la tyrannie civile et militaire, tenant à la main le fer et la corde, et toute prête à user de la torture et de la potence. Il tomba sans connaissance devant son foyer; et les hommes de loi, se hâtant d'arriver à cette scène de douleur, firent lever la malheureuse fille qu'ils venaient chercher, et l'emmenèrent dans la voiture qui les attendait. Les efforts que fit Jenny pour rappeler son père à la vie commençaient à peine à lui faire ouvrir les yeux, quand le bruit des roues lui annonça le départ de sa pauvre sœur. Elle se leva et courut en criant après la voiture; mais deux ou trois femmes du voisinage, qui s'étaient approchées pour voir ce qui se passait d'extraordinaire, la forcèrent de retourner à la chaumière de son père. La profonde et sympathique affliction de ces bonnes voisines, qui avaient le plus grand respect pour la famille de Saint-Léonard, remplit la chaumière de tristes lamentations. Dumbiedikes lui-même sortit de son apathie ordinaire; et cherchant sa bourse, il s'écria :

— Jenny, ma fille !... Jenny ! ne vous chagrinez pas; c'est un grand malheur, mais de l'argent vous en tirera !

Le vieillard se releva du plancher sur lequel il était tombé; et tournant les yeux vers tous les coins de la chambre comme s'il eût cherché quelque chose, il sembla recouvrer peu à peu le souvenir de son malheur.

— Où est-elle, s'écria-t-il d'une voix qui fit trembler les murs, où est-elle, cette vile prostituée qui a déshonoré le sang d'un honnête homme ? où est-elle celle qui n'a plus de place parmi nous, mais qui est venue salie par ses péchés convier le mauvais esprit parmi les enfants de Dieu? où est-elle, Jenny? amène-la devant moi, que je puisse la tuer d'un mot et d'un regard !

Chacun s'empressa autour de lui, les femmes lui offrant quelques paroles de consolation, le laird lui présentant sa bourse, et Jenny brûlant des plumes et l'aspergeant d'eaux de senteur.

— O voisin, dit une des femmes, c'est une rude épreuve, sans doute, mais pensez au rocher des âges, voisin, pensez à la promesse !

— Oh! j'y pense, voisins, et je bénis Dieu que je puisse y penser au milieu de la ruine et de la détresse de tout ce qui m'était le plus cher. Mais être le père d'une femme perdue, d'une prostituée, d'une Zipporah sanguinaire, d'une meurtrière ! Oh! comme les méchants se réjouiront dans le triomphe de leur orgueil ! Les prélatistes, les latitudinariens, les meurtriers, dont les mains se sont endurcies sur la poignée de l'épée du carnage, pourront dire dans leur vanité que nous sommes tombés comme eux ! Oh! voisins, je suis triste, triste, pour la pauvre égarée, pour l'enfant de ma vieillesse, mais je suis plus triste encore de voir quel scandale ce sera pour toutes les âmes honnêtes !

— David, dit le laird offrant toujours sa bourse, qui était pleine de guinées, l'argent n'est-il d'aucun secours ?

— Dumbiedikes, répondit David, si tout ce que je possède avait pu la sauver de cette terrible faute, j'aurais pris mon bonnet et mon bâton, je serais allé partout demandant l'aumône pour l'amour de Dieu, et je me serais cru heureux. Mais s'il ne fallait qu'un dollar ou qu'un liard ou la dix-neuvième partie d'un denier pour lui épargner le châtiment public de son crime, David Deans ne le donnerait jamais! Non! non! un œil pour un œil; une dent pour une dent; la vie pour la vie; le sang pour le sang : c'est la loi des hommes et c'est la loi de Dieu. Laissez-moi, mes amis, laissez-mo. : c'est sur mes genoux et dans la solitude que je dois demander la force de porter cette croix.

Jenny les pria aussi de se retirer, et le lendemain le père et la fille étaient encore plongés dans la plus profonde affliction; mais le père, s'appuyant sur la sévérité de ses principes religieux, portait courageusement son infortune, et la fille réprimait toute marque extérieure de chagrin de peur d'éveiller de nouveau la douleur de son père. Telle était l'affliction qui pesait sur cette famille dans la matinée qui suivit la mort de Porteous.

CHAPITRE X.

Nous avons été longtemps à conduire Butler jusqu'à la porte de la chaumière de Saint-Léonard : ce fut là, cependant, qu'il se trouva quelques heures après l'exécution de Porteous par la populace. Il désirait recueillir ses idées, que la nouvelle du malheur d'Effie et la terrible scène dont il avait ensuite été témoin avaient étrangement agitées. Il voulait aussi choisir le moment le plus favorable pour se présenter à la famille attristée. David déjeunait ordinairement à huit heures, et Butler se décida à ne pas arriver à la chaumière avant que ce moment fût venu.

Jamais les heures ne lui parurent si longues : il entendit la grosse cloche de Saint-Gilles tinter successivement toutes les heures, que les autres clochers répétaient d'une voix plus modeste. Sept heures étaient sonnées quand il pensa à s'approcher de Saint-Léonard, dont il était alors éloigné d'environ un mille. Il descendit donc de la montagne qu'il avait gravie, dans la vallée qui sépare Salisbury-Crags des rochers de Saint-Léonard. C'est un vallon profond et retiré, parsemé de larges rochers et de fragments de pierres tombés du haut des montagnes.

C'était dans ce lieu presque désert que l'on allait alors discuter à la pointe de l'épée toutes les questions d'honneur. Les duels étaient à cette époque assez communs en Écosse, car la noblesse était sans occupation, fière, violente, divisée par les factions et adonnée à l'ivrognerie. Quand donc Butler vit un jeune homme cherchant à éviter d'être vu et se dérobant derrière les rochers, il supposa naturellement qu'il était venu là pour vider quelque querelle. Cette idée le frappa si fortement, que, malgré sa propre détresse, il crut ne pas devoir passer auprès de lui sans lui adresser quelques paroles. Sortant

2.

donc du sentier qu'il avait suivi, il s'approcha de la personne qu'il avait vue. L'étranger sembla vouloir d'abord s'éloigner vers la montagne comme pour échapper à Butler; mais quand il vit que celui-ci se disposait à le suivre il enfonça fièrement son chapeau, et, se retournant, il revint sur ses pas comme pour braver sa curiosité.

Butler put étudier ses traits pendant qu'ils s'avançaient lentement l'un vers l'autre. L'étranger semblait avoir environ vingt-cinq ans. Ses habits pouvaient à peine indiquer son rang, car ils ressemblaient à ceux que portaient ordinairement les jeunes gentilshommes dans leurs exercices du matin, et que les jeunes boutiquiers et les commis imitaient à l'envi, à cause de leur bon marché. A en juger par son air et ses manières, le rang de ce jeune homme était supérieur au genre de costume qu'il avait choisi : sa démarche était fière et dédaigneuse, ses manières libres et hardies. Il était de stature moyenne, ses membres étaient bien proportionnés, et cependant n'étaient pas assez forts pour lui donner une apparence de lourdeur. Ses traits offraient une grande perfection et son extérieur aurait été des plus agréables, si un air inexplicable de dissipation habituelle n'eût été gravé sur son visage, et s'il n'eût assumé une certaine hardiesse de regards et de manières, sous laquelle on veut souvent cacher la honte ou la crainte.

Quand Butler et l'étranger furent auprès l'un de l'autre ils se regardèrent; et ce dernier, mettant la main à son chapeau, allait s'éloigner, quand Butler lui dit en lui rendant son salut :

— Bonjour, monsieur; vous êtes de bonne heure à la montagne.

— J'ai affaire ici, monsieur, répondit le jeune homme d'un ton qui voulait mettre fin à toute conversation.

— Je n'en doute pas, monsieur, reprit Butler, et vous me pardonnerez, je crois, si j'espère qu'elle est d'une nature avouable?

— Monsieur, dit l'étranger tout surpris, je n'autorise jamais une impertinence, et je ne comprends pas quel droit vous pouvez avoir à vous occuper de ce qui ne vous regarde pas.

— Je suis un soldat, monsieur, répondit Butler, et je suis chargé d'arrêter, au nom de mon Maître, tous ceux qui veulent faire le mal.

— Un soldat! répéta le jeune homme en reculant d'un pas et mettant fièrement la main sur son épée, un soldat! m'arrêter! Avez-vous pensé à ce que pouvait valoir votre vie avant de vous charger de cette entreprise?

— Vous vous méprenez, monsieur, dit Butler d'un ton sérieux, ni mes armes ni ma commission ne sont de ce monde, je suis un ministre de l'Evangile, et j'ai reçu pouvoir de mon Maître d'établir la paix sur la terre, et la bonne volonté entre les hommes proclamée dans l'Evangile.

— Un ministre! reprit l'étranger d'un ton qui approchait du dédain; je sais que les gens de votre profession en Ecosse réclament le droit étrange de s'occuper des affaires privées de leurs voisins, mais j'ai voyagé et je me suis débarrassé de toute idée de soumission à la prêtraille.

— S'il est vrai, monsieur, que des personnes de ma profession s'occupent des affaires privées des autres par pure curiosité ou pour toute autre cause tout aussi blâmable, je ne pouvez pas avoir appris à l'étranger rien de mieux que de les condamner; mais l'intérêt de mon Maître me force à travailler dans toutes saisons et, certain de la pureté de mes intentions, je préfère m'exposer à votre mépris en vous parlant, que d'encourir les remords de ma conscience en restant muet.

— Au nom de tous les diables! s'écria l'étranger impatienté, dites ce que vous avez à dire, quoiqu'il me soit impossible de deviner pour qui vous me prenez, ce que vous voulez ou ce que vous pouvez savoir de mes actes ou de mes intentions.

— Vous êtes sur le point de violer l'une des lois les plus sages de votre pays, dit Butler, et, ce qui est plus terrible, vous êtes sur le point de violer une loi que Dieu lui-même a tracée dans la nature, qu'il a, pour ainsi dire, gravée dans nos cœurs.

— Et de quelle loi voulez-vous parler? demanda l'étranger d'un ton de voix ému.

— Tu ne tueras pas! dit Butler d'une voix profonde et solennelle.

Le jeune homme pâlit visiblement et parut déconcerté. Butler vit qu'il avait fait une impression favorable, et résolut de continuer.

Pensez, dit-il à l'étranger en lui mettant amicalement une main sur l'épaule, pensez à quelle terrible alternative vous êtes réduit : tué ou être tué. Réfléchissez combien il importe de ne pas se présenter avant le temps devant un Dieu offensé, quand votre cœur est encore plein de mauvaises passions, quand votre main est encore toute chaude de l'ardeur que vous avez mise à presser votre fer contre le sein d'un de vos frères. Supposez même que vous soyez cet autre malheureux qui survit avec le crime de Caïn, le premier meurtrier; dans votre cœur, sur votre front, vous porterez ce signe que l'on ne pouvait voir sans horreur, et qui révèle le meurtrier à tous ceux qui l'approchent. Pensez...

L'étranger se retira graduellement de dessous la main de Butler, et, enfonçant son chapeau sur ses yeux, il lui dit en l'interrompant :

— Votre éloquence est excellente, je le crois, monsieur, mais vos bons avis sont inutiles. Je ne suis pas venu ici pour rencontrer personne en ennemi. Je suis assez mauvais... vous autres prêtres, vous dites que tous les hommes le sont... et cependant je suis venu ici pour sauver quelqu'un, et non pour tuer qui que ce soit. Si vous voulez employer votre temps à faire une bonne action plutôt qu'à causer de ce que vous ne connaissez pas, je vais vous en fournir l'occasion. Voyez-vous le rocher que voici sur la droite, au-dessus duquel s'élève une cheminée? Allez-y; demandez Jenny Deans, la fille du maître de la chaumière : dites-lui que celui qu'elle sait bien est resté ici à l'attendre depuis le point du jour jusqu'à ce moment, et qu'il ne peut rester davantage. Dites-lui qu'il faut qu'elle vienne me voir au bog du Chasseur, ce soir, quand la lune se lèvera derrière le mont Saint-Antoine, ou bien elle me poussera au désespoir!

— Qui êtes-vous, pour me donner un pareil message? demanda Butler excessivement surpris.

— Je suis le diable!... répondit vitement l'étranger.

Butler recula d'instinct deux ou trois pas et se recommanda au ciel.

L'étranger, sans s'apercevoir de son émotion, continua :

— Oui, appelez-moi Apollyon, Abaddon ou tout autre nom que vous voudrez, comme peut le faire un homme qui connaît toutes les dénominations des puissances hautes ou basses du monde spirituel; vous ne pourrez pas trouver de nom qui soit plus odieux à celui qui le porte que n'est le mien !

Cette phrase fut dite d'un ton d'amertume et d'un air vraiment démoniaque.

Quoique brave par raison sinon par constitution, Butler se sentit vaincu : l'extrême détresse de l'âme a quelque chose de sublime qui maîtrise les autres hommes, particulièrement ceux d'un caractère généreux et sympathique.

L'étranger s'éloignait rapidement, mais il revint aussitôt et, s'approchant fièrement, lui dit d'un ton déterminé :

— Je vous ai dit qui je suis et ce que je suis : qui êtes-vous? quel est votre nom?

— Butler, répondit notre héros étonné de la soudaineté de la question, Reuben Butler, ministre de l'Evangile.

A cette réponse l'étranger enfonça de nouveau sur ses yeux son chapeau, qu'il avait relevé pendant la discussion précédente.

— Butler, répéta-t-il, l'un des maîtres de l'école de Libberton?

— Lui-même, répondit Butler tranquillement.

L'étranger se couvrit la figure avec ses mains, et se détourna de nouveau pour s'éloigner; mais s'arrêtant après avoir fait quelques pas, et voyant que Butler le suivait des yeux, il lui cria d'un ton de voix comprimé, de manière que ses paroles ne pussent être entendues au delà du point qu'occupait Butler :

— Allez votre chemin, et faites ma commission. Ne regardez pas où je vais. Je ne disparaîtrai pas à travers ces rochers, je m'enlèverai pas comme une flamme de feu, et cependant l'œil qui voudra chercher mes traces aura raison de maudire l'heure où il me vit. Allez, et ne regardez pas derrière vous. Dites à Jenny Deans que quand la lune se lèvera je l'attendrai aux pierres de Nichole Muschat, au-dessous de la chapelle Saint-Antoine.

Et prenant en même temps le chemin de la montagne, il s'éloigna à la hâte.

Redoutant quelque nouveau malheur inconnu et désespéré de voir qu'un homme pouvait envoyer un message aussi extraordinaire et impérieux à celle qu'il aimait depuis son âge le plus tendre, Butler s'avança rapidement vers la chaumière désireux de s'assurer si Jenny Deans avait réellement donné à quelqu'un le droit de lui donner un rendez-vous qu'aucune jeune femme prudente et modeste ne pouvait accepter.

Butler n'était ni jaloux ni superstitieux, cependant il ne pouvait se débarrasser entièrement de quelques-unes de ces idées qui sont le partage de l'humanité. Penser qu'un homme comme celui qu'il venait de rencontrer avait le pouvoir de faire venir Jenny à une heure aussi indue, à une place aussi solitaire, il y avait de quoi le rendre fou. Cependant le ton de voix de l'étranger n'avait rien de séduisant, rien qui semblât solliciter une faveur : c'était plutôt le ton du commandement, de la menace, de l'intimidation.

Si Butler eût été enclin à la superstition, il aurait pu croire que c'était bien là le lion dévorant qui cherche sa victime. La démarche, le langage, l'air de l'inconnu, tout cela avait quelque chose d'étrange et aurait pu convenir à l'ange Satan. Le lieu où il l'avait rencontré avait été souvent ensanglanté par des duels et des suicides, et l'endroit qu'il avait désigné pour y rencontrer Jenny était fut comme maudit depuis qu'un meurtre abominable y avait été commis.

Toutes ces idées, que le bon sens rejetait, venaient tourmenter Butler, quand, plein de doutes terribles et de souvenirs pénibles, il arriva à la porte de la chaumière du vieux David et frappa pour obtenir admission.

CHAPITRE XI.

— Entrez ! répondit la douce voix qu'il était toujours heureux d'entendre.

Butler ouvrit la porte, et se trouva sous le toit des affligés. Jenny ne put jeter qu'un coup d'œil vers son fiancé : les circonstances dans lesquelles elle se trouvait étaient trop pénibles pour son cœur et trop humiliante pour son honnête fierté. Quand elle pleurait sur le malheur de sa famille et le danger que courait sa sœur, il y avait quelques larmes données au chagrin qu'elle ressentait de sa dégradation.

Quand Butler entra, le vieillard était assis auprès du feu, et tenait sa Bible en sa main : la Bible, qui l'avait accompagné dans tous les voyages et consolé dans tous les dangers de sa jeunesse; la Bible, qui lui avait été donnée au pied de l'échafaud par l'un de ceux qui dans l'année 1686 scellèrent de leur sang leurs principes cameroniens.

Deans leva les yeux quand Butler entra, et les détourna aussitôt : comme si cette vue lui eût causé autant de surprise que de douleur. Il avait assumé un air de si grande supériorité sur cet écolier mondain, comme il appelait Reuben, que c'était une aggravation de son malheur que de le voir au moment d'une aussi profonde humiliation. Le vieillard éleva la Bible, qu'il tenait dans sa main gauche, pour cacher en partie sa figure, en étendit son bras droit vers Butler en se tournant de manière qu'il ne pût pas voir les traces de l'émotion qui l'agitait. Butler saisit la main qui l'avait protégé dans son enfance, et ne put en pleurant que répéter deux fois :

— Que Dieu vous donne de la force... que Dieu vous donne de la force!...

— Il m'en donnera... il m'en a donné, mon ami, dit le vieillard recouvrant sa fermeté en voyant l'agitation de Reuben, il m'en a donné, et il m'en réserve encore qu'il m'accordera à son heure. J'ai été trop fier de mes souffrances pour la bonne cause, Reuben, et maintenant je serai jugé avec ceux qui me feront un reproche de ma fierté et de ma gloire. Combien je me croyais meilleur que ceux qui dorment sur l'édredon, mangent des mets délicieux et boivent des vins exquis, quand j'étais dans les bruyères et dans les marais avec le précieux Donald Cameron, le digne M. Blackadder, que l'on appelait Devinencore, et combien j'étais fier d'avoir été donné en spectacle aux anges et aux hommes quand on me condamna à être attaché au pilori de la Canongate avant que je pusse compter quinze ans, et tout cela pour la cause du covenant national! Moi, Reuben, moi qui ai été si honoré, si glorifié dans ma jeunesse, quand je n'étais presque qu'un bambin, moi qui ai porté témoignage contre les défections du temps, chaque année, chaque mois, chaque jour, chaque heure, chaque minute, qui ai toujours élevé la voix et la main, criant de toutes mes forces contre toutes les grandes délusions de la nation, comme ces ruineuses et profanes abominations de l'union, de la tolérance et du patronage qui nous ont été imposées par la dernière femme de cette malheureuse race des Stuarts, ainsi que contre les transgressions et l'invasion des justes pouvoirs des anciens, sur quoi j'ai publié mon écrit intitulé : Cri d'un hibou dans le désert, imprimé à Bow-Head, et vendu par tous les libraires itinérants de ville et de campagne, et maintenant...

Ici il fit une pause. Quoique Butler n'approuvât pas toutes les idées du bon vieillard sur le gouvernement de l'Église, il se garda prudemment de l'interrompre dans la longue énumération de ses souffrances et dans les preuves qu'il donnait de la continuité de son témoignage. Il se hâta, au contraire, d'ajouter une parole d'encouragement quand le bon David s'arrêta sous l'influence de l'amertume de ses souvenirs.

— Vous êtes bien connu, mon vieil et révérend ami, comme vrai et loyal serviteur de la croix; vous êtes un de ceux dont saint Jérôme a dit : Per infamiam et bonam famam grassari ad immortalitatem, ce que l'on peut traduire ainsi : qui court à la vie immortelle à travers la bonne et la mauvaise renommée. Vous avez été un de ceux vers lesquels les âmes tendres et craintives criaient dans la solitude de la nuit : O toi qui veilles, quelle nuit fait-il? ô toi qui veilles, quelle nuit fait-il? Et, assurément, comme cette immense infortune n'est pas venue sans la permission de Dieu, elle n'est pas venue non plus inutilement.

— C'est ainsi que je l'accepte, dit le pauvre David pressant la main de Reuben; et si je n'ai pas appris à lire les Écritures en d'autres langues que ma langue maternelle, je les ai néanmoins si bien apprises que je peux recevoir ce coup en toute soumission. Mais, ô Reuben Butler! quoique indigne j'ai été honoré dans mon Église depuis ma jeunesse, j'ai compté parmi les anciens, que diront les profanes et les incrédules du guide qui ne peut pas diriger sa famille! ne vont-ils pas élever leurs chants de triomphe et de reproche, quand ils verront que les enfants de ceux qui croient peuvent faillir tout autant que ceux de la race de Bélial? Mais je saurai porter ma croix, en pensant que ce qu'il pouvait y avoir de bon en moi ou dans les miens n'était que la lumière dont brillent les insectes qui rampent au pied des haies dans les nuits noires : on la voit, parce que tout est obscur à l'entour; mais quand le matin descend sur les montagnes, on voit que ce n'est, après tout, qu'une pauvre chenille rampante. Et c'est ainsi que nous pouvons pour un haillon de rectitude humaine, un bout de justice légale pour nous draper et couvrir notre honte.

Comme il prononçait ces mots, la porte s'ouvrit de nouveau et M. Bartolin Saddletree entra : son chapeau à trois cornes était placé sur le derrière de sa tête, où il était retenu par un foulard attaché au-dessous; il tenait à la main sa canne à pomme d'or, et sa démarche était celle d'un riche bourgeois qui pouvait aspirer aux dignités municipales si déjà même il n'en était revêtu.

La Rochefoucauld, qui nous a révélé beaucoup des saletés du cœur humain, a dit quelque part que nous trouvons toujours quelque chose d'agréable dans le malheur de nos meilleurs amis. M. Saddletree se serait cru offensé par quiconque lui eût dit qu'il ressentait un certain plaisir du malheur de la pauvre Effie et de la disgrâce de sa famille; et cependant on peut se demander si l'idée de paraître un personnage d'importance, de rechercher, de s'enquérir, de discuter toute l'affaire, ne compensait pas largement le chagrin qu'il éprouvait par sympathie pour les parents de sa femme. Au lieu d'être obligé, comme d'ordinaire, de s'occuper de questions qui lui étaient tout à fait étrangères, il se trouvait mêlé à une véritable affaire judiciaire. Son bonheur était semblable à celui de l'enfant qui obtient sa première montre, une montre qui marque l'heure avec des aiguilles véritables et des rouages qui tournent! Puis, outre cette cause de discussions extrajudiciaires, Bartolin se trouvait naturellement appelé à parler de l'affaire de Porteous, de sa mort violente, et de tout ce qui pouvait en résulter pour la cité et le pays tout entier. C'était un véritable embarras des richesses, une confusion qui naissait d'une trop grande abondance de matériaux.

Il s'avança donc de l'air important d'un homme qui sait une immensité de choses que les autres ignorent, et qui croit avoir le droit de les en accabler sans trêve ni merci.

— Bonjour, monsieur Deans! bonjour, monsieur Butler! dit-il. Je ne savais pas que vous connaissiez monsieur Deans?

Butler fit une réponse insignifiante : on peut facilement imaginer pourquoi il n'avait pas communiqué à Saddletree son intimité avec la famille de Saint-Léonard. Le digne bourgeois, toujours plein d'importance, prit alors un siège, s'essuya le front, reprit haleine, et sembla essayer la force de ses poumons en émettant un soupir si profond, qu'il résonna comme un gémissement.

— Voilà de terribles temps, voisin Deans, de terribles temps!

— Des temps de péché, de honte, où l'on défie le ciel, répondit Deans d'un ton plus bas.

— Quant à moi, reprit Saddletree de l'air le plus important, je peux bien dire que le peu d'esprit que j'ai jamais eu m'a complètement abandonné. Je suis si peiné pour mes amis et pour mon pauvre vieux pays, que quelquefois je me crois aussi ignorant que si j'étais inter rusticos. Voilà que quand je me suis levé ce matin et que je me suis fait une opinion sur ce qu'il y avait à faire touchant ce malheur d'Effie, quand j'avais toute la loi sur le bout des doigts, voilà, je vous dis, que la populace se soulève et pend Jean Porteous à l'enseigne d'un teinturier, de sorte que toute l'affaire m'est sortie de la tête!

Absorbé comme il était par son propre chagrin, Deans ne put s'empêcher de montrer quelque curiosité à cette nouvelle. Saddletree lui raconta en détail le commencement et la fin de l'insurrection, et Butler saisit cette occasion de parler à Jenny sans témoin. Elle sortit de la chambre comme pour s'occuper de ses travaux ordinaires du matin; Butler la suivit quelques minutes après, laissant les deux vieillards discutant l'événement de la nuit.

Butler trouva Jenny dans un appartement ouvrant au dehors, où elle préparait d'ordinaire les produits de sa laiterie. Elle était immobile, abattue, et toute prête à éclater en sanglots. Aussitôt que Butler entra elle se hâta de sécher ses larmes, et lui dit avec la simplicité habituelle et la franchise qui la distinguaient : — Je suis bien aise que vous soyez venu, monsieur Butler, car... je voulais dire que tout doit être fini entre nous, cela vaudra mieux pour nous deux.

— Fini! répéta Butler tout surpris, et pourquoi... fini? Il est vrai que c'est un grand malheur, mais ce n'est ni votre faute ni la mienne... C'est un malheur que Dieu nous a envoyé, et nous devons le supporter. Mais cela ne peut pas briser des serments, Jenny, quand ceux qui les ont faits veulent les tenir.

— Mais, Reuben, dit Jenny le regardant avec tendresse, je sais bien que vous pensez plus à moi qu'à vous-même, et je ne peux vous le rendre qu'en pensant plus à votre bien qu'au mien. Vous portez un nom sans tache, vous avez été appelé au ministère divin; tout le monde dit que vous vous élèverez quelque jour dans l'Église, quoique la pauvreté vous retienne aujourd'hui. La pauvreté est un ami dangereux, Reuben, et vous le savez bien; mais mauvais renom est encore pis, et c'est là une vérité que je ne veux pas vous apprendre.

— Que voulez-vous dire? demanda Butler vivement, impatiemment. Comment pouvez-vous mêler la faute de votre sœur, si elle a commis une faute, ce qui, je l'espère en Dieu, ne sera pas prouvé, avec nos promesses? Qu'est-ce que cela peut faire à vous ou à moi?

— Comment pouvez-vous me le demander, monsieur Butler? Croyez-vous que cette tache sera jamais lavée aussi longtemps que nos têtes seront hors de la fosse? Est-ce qu'elle ne s'attachera pas à nous, à nos enfants et aux enfants de leurs enfants pour eux? Avoir été l'enfant d'un honnête homme, c'était quelque chose pour moi et pour les miens; mais être la sœur d'une... Oh! mon Dieu! Ses forces l'abandonnèrent à cette exclamation et elle éclata en sanglots.

Reuben employa tous ses efforts pour la tranquilliser, et y réussit après quelques instants; mais elle ne reprit la conversation que pour s'exprimer d'une manière aussi positive qu'auparavant : — Non,

Reuben, dit-elle, je ne porterai la honte au foyer d'aucun homme, je peux supporter mon propre malheur, je dois le supporter, mais rien ne me force d'en charger les épaules d'un autre. Je porterai seule mon fardeau, les épaules ont été faites à cette intention.

Un véritable amoureux est toujours inquiet et soupçonneux : Butler vit dans la résolution de Jenny quelque chose d'étrange qui s'accordait étonnamment avec le message dont l'étranger l'avait chargé. Sa voix tremblait quand il lui demanda s'il n'y avait rien que les malheurs de sa sœur qui la fit lui parler ainsi?

— Quelle autre chose peut-il y avoir, répliqua-t-elle franchement, n'y a-t-il pas dix longues années que nous nous parlions?

— Dix ans ! répéta Butler, c'est bien long : peut-être assez pour qu'une femme s'ennuie...

— S'ennuie de sa vieille robe, dit Jenny, et désire en avoir une neuve, si elle veut paraître bien mise; mais ce n'est pas assez pour s'ennuyer d'attendre un ami. L'œil peut désirer changer, le cœur ne change jamais.

— Jamais ! dit Reuben, c'est beaucoup dire.

— Ce n'est pas dire plus que la vérité, répondit Jenny de l'air aussi tranquille et aussi simple qu'elle racontait ses causes d'allégresse ou de chagrin dans les temps ordinaires.

Butler resta muet un instant, puis la regardant fixement : — J'ai un message, lui dit-il, à vous communiquer, Jenny.

— Vraiment ! De qui ? Qui est-ce qui peut avoir quelque chose à me dire?

— C'est de la part d'un étranger, ajouta Butler essayant de donner à sa voix un ton d'indifférence, un jeune homme que j'ai rencontré ce matin dans le parc.

— Bon Dieu ! s'écria vivement Jenny, que vous a-t-il dit?

— Que vous n'êtes pas venue à l'heure à laquelle il vous attendait, mais qu'il désirait que vous allassiez le trouver aux pierres de Muschat, ce soir, quand la lune se lèvera.

— Dites-lui, répondit aussitôt Jenny, que je ne manquerai pas d'y aller.

— Pourrais-je savoir, demanda Butler, dont les soupçons étaient accrus par la rapidité de la réponse, qui est cet homme auquel vous êtes si empressée d'accorder un rendez-vous à une heure et à un endroit si extraordinaires?

— Il faut quelquefois faire dans ce monde ce que l'on ne voudrait pas, dit Jenny.

— C'est vrai, repartit Reuben, mais qui vous y force? Quelle est cette personne? Ce que j'en ai vu ne m'en a pas donné trop bonne opinion. Qui est-il?

— Je ne sais pas, répondit tranquillement Jenny.

— Vous ne savez pas? dit Butler se levant dans son impatience pour parcourir l'appartement. Vous avez l'intention de rencontrer un jeune homme que vous ne connaissez pas à une heure indue dans un endroit désert, vous dites que vous êtes forcée de le faire, et cependant vous prétendez ne pas connaître la personne qui possède une aussi grande influence sur vous! Jenny, que dois-je croire de tout cela ?

— Croyez seulement, Reuben, que je dis la vérité, comme si je devais répondre au dernier jour. Je ne connais pas cet homme, je ne sais même pas si je l'ai jamais vu, et cependant je dois aller là où il me demande, c'est une question de vie ou de mort.

— Ne le direz-vous pas à votre père ou ne le prendrez-vous pas avec vous? demanda Butler.

— Je ne peux pas, dit Jenny, cela ne m'est pas permis.

— Voulez-vous me laisser aller avec vous, j'attendrai dans le parc jusqu'à ce que la nuit vienne et je vous rejoindrai dans le chemin ?

— C'est impossible, répondit Jenny, personne ne doit être assez près de nous pour nous entendre.

— Avez-vous bien réfléchi à ce que vous allez faire, l'heure, la place, le caractère suspect et inconnu de l'individu? S'il vous avait demandé à vous voir dans cette maison quand votre père était à côté, prêt à répondre à votre appel, à une pareille heure, vous auriez refusé de le recevoir.

— Mon sort doit-être accompli, répondit Butler, ma vie et mon honneur sont dans les mains de Dieu, mais je n'hésiterai pas à risquer l'un et l'autre pour la cause qui me fait aller à ce rendez-vous.

— Alors, Jenny, dit Butler très-mécontent, il faut vraiment que tout finisse entre nous, et que nous nous disions adieu. Quand il y a des secrets entre un homme et sa fiancée sur des choses de cette importance, c'est une preuve qu'elle n'a plus pour lui ce respect qui rend leur engagement saint et sacré.

Jenny le regarda et soupira.

— Je croyais, dit-elle, que j'étais assez forte pour supporter cette séparation, mais... mais je ne savais pas que nous devions nous séparer fâchés. Je ne suis qu'une femme, vous êtes un homme... Peut-être est-ce différent avec vous... Si votre cœur est content d'avoir une mauvaise opinion de moi, je ne veux pas vous demander de la changer.

— Vous êtes, répondit Butler, ce que vous avez toujours été, plus sage, meilleure et moins égoïste que moi, malgré toute la philosophie dont j'essaye de m'armer. Mais pourquoi... pourquoi persévérer dans une résolution aussi désespérée? Laissez-moi être votre aide, votre protecteur, ou tout au moins votre conseiller !

— Je ne peux pas et je n'ose pas, répliqua Jenny... Mais écoutez ! Qu'est-ce que cela? Mon père serait-il malade ?

Les voix étaient devenues tout à fait bruyantes dans la chambre à côté, et il importe que nous en disions la cause avant d'aller plus loin.

Aussitôt que Jenny et Butler se furent retirés, M. Saddletree s'occupa de l'affaire qui intéressait particulièrement la famille Deans. Il trouva d'abord le vieux fermier si abattu par le sentiment du danger et du déshonneur de sa fille, qu'il écouta sans mot dire une ou deux longues dissertations sur la nature du crime et sur ce qu'il y avait à faire en pareille occurrence. La seule réponse que Saddletree pût en tirer était celle-ci : — Je ne doute pas que vous vouliez notre bien, votre femme est notre arrière-cousine.

Encouragé cependant par cette marque d'approbation, Saddletree, qui, en qualité d'ami de la loi, professait le plus grand respect pour toutes les autorités constituées, revint à son autre sujet de conversation, et blâma de la façon la plus sévère le meurtre de Porteous.

— Ce sont des temps dangereux... des temps dangereux, monsieur Deans, quand le peuple prend en main, à l'exclusion des magistrats légitimes, le droit de vie et de mort. Je suis d'avis, et telle est aussi, je crois, l'opinion de M. Crossmyloof du conseil privé, que cette insurrection avec armes de guerre pour mettre à mort un homme qui avait reçu son pardon sera considérée comme une *perduellion*.

— Si je n'étais pas absorbé par mes chagrins, monsieur Saddletree, dit David Deans, je prendrais sur moi de contester ce qui est écrit là.

— Comment pourriez-vous contester ce qui est écrit ? repartit Saddletree d'un ton quelque peu dédaigneux ; de ceux qui ont la plume de petit clerc qui ait jamais porté une liasse de papiers à procès qui ne puisse vous dire que la *perduellion* est la pire et la plus virulente de toutes les trahisons. C'est un appel à ciel ouvert des sujets de Sa Majesté contre son autorité, et on peut y ajouter appel en armes et au son du tambour; car mes yeux et mes oreilles peuvent porter témoignage de la présence de ces deux accessoires, c'est plus qu'un crime de lèse-majesté ou la non-révélation d'un complot. On ne peut pas disputer de cela, voisin.

— Très-bien, cependant, très-bien, répondit David Deans, je vous assure que l'on peut très-bien en disputer. Je n'ai jamais aimé vos doctrines légales, froides et si formelles, voisin Saddletree. Je n'ai pas eu grande opinion du parlement depuis la terrible déception qui brisa l'espoir des honnêtes gens après la révolution.

— Mais qu'est-ce que vous voudriez avoir, monsieur Deans, s'écria Saddletree impatienté, n'avez-vous pas eu votre liberté et votre conscience mises en repos et réglées pour vous et vos enfants à toujours ?

— Monsieur Saddletree, répliqua Deans, je sais que vous êtes un de ces hommes que le monde appelle sages, que vous prenez votre rang et tenez votre place parmi les longues têtes et les longues robes, et pouvez compter au nombre des savants jurisconsultes de notre pays; mais ils ont jeté un grand deuil et une profonde désolation sur ce malheureux royaume quand leurs mains noircies par la défection ont été presser les mains rouges de sang de nos meurtriers, quand ceux qui avaient compté les trous de notre Sion et tracé les boulevards de notre réformation ont vu leur espoir changé en leurre et leur allégresse en désolation !

— Je ne peux vous le comprendre cela, voisin, répondit Saddletree, je suis un honnête presbytérien de l'église d'Ecosse, je la défends, ainsi que l'assemblée générale et la bonne administration de la justice par les quinze lords de la session et les cinq lords de la haute justice.

— C'est une honte, monsieur Saddletree ! s'écria David, qui oublia un instant les calamités de sa maison dans son ardeur à rendre témoignage contre les trahisons et les péchés de la terre, à bas votre assemblée générale, ce n'est plus de ma main à votre cour de session ! L'une n'est qu'une triste réunion d'indignes professeurs et ministres qui se tenaient cois et bien chaudement quand les persécutés avaient à supporter la faim, le froid, la crainte de la mort, le danger du fer et du feu là-bas dans les marais, des fondrières, des bruyères désertes ! et qui maintenant sortent de leurs trous, comme les frelons quand vient le soleil, pour prendre les chaires et les places d'hommes qui valent mieux qu'eux, de ceux qui ont proclamé et témoigné, combattu et souffert le cachot, la prison et l'exil au delà des mers! Ils forment une belle troupe !... Quant à votre cour de session...

— Vous pouvez dire ce que vous voudrez de l'assemblée générale, dit Saddletree en l'interrompant, que ceux qui la connaissent la défendent : mais quant aux lords de la session, outre qu'ils sont mes voisins, que vous sachiez, pour votre propre intérêt, que de parler contre eux cela s'appelle élever un *murmure*, c'est un crime *sui generis*... *sui generis*, monsieur Deans, si vous savez ce que c'est !

— Je ne connais pas la langue de l'Antechrist, dit Deans, et je ne m'occupe pas de ce que peuvent faire les cours mondaines : quant aux discours des gens honnêtes. Quant à murmurer contre eux, c'est ce que font tous ceux qui perdent leurs procès et les neuf dixièmes de ceux qui les gagnent. Ainsi donc, je voudrais que vous sachiez que vos avocats à longue langue, qui vendent leur savoir pour de l'argent, et vos prétendus savants juges, qui écoutent pendant trois jours des débats sur une pelure d'oignon, et qui ne donnent pas une demi-heure au témoignage des Ecritures, tout pleins de textes et de formalités comme ils le sont, autorisent par leurs sentences et leurs interprétations les malheureuses défections nationales, l'union, la tolérance, les patronages et les serments des prélats yérastiens... Quant à votre haute cour de justice, qui tue l'âme et le corps...

L'habitude de regarder la vie comme exclusivement donnée pour rendre témoignage en faveur de ce qu'il regardait comme la cause de la vraie religion souffreteuse et abandonnée, avait emporté loin l'honnête David ; mais au nom de la haute cour de justice, le souvenir de la situation terrible où se trouvait sa fille lui revint tout à coup à l'idée : il s'arrêta au milieu de ses dénonciations, et, pressant ses mains sur son front, resta absorbé dans sa douleur.

Le silence de David causa quelque émotion à Saddletree, il ne put cependant laisser passer l'occasion qui se présentait de pérorer à son tour.

— Sans doute, voisin, dit-il, c'est une terrible chose que d'avoir à paraître dans une cour de justice, à moins que ce ne soit pour accroître son savoir et son expérience en allant écouter les débats ; et quant à cette malheureuse affaire d'Effie, vous avez sans doute vu l'acte d'accusation ? Et produisant à ces mots une liasse de papiers, il commença à les feuilleter.

— Ce n'est pas cela ! c'est l'affaire de Mungo Marsport contre le capitaine Lackland, pour être venu sur ses terres de Marsport avec des faucons, des chiens courants, des épagneuls, des filets, des fusils, des arbalètes, des lances et autres engins de même nature pour détruire le gibier, tel que daims, chevreuils, faisans, perdrix, lièvres et autres, ledit Lackland n'ayant pas droit de chasse, aux termes du statut seize cent vingt et un, c'est-à-dire n'étant pas propriétaire d'une charrue de terre. Ledit prévenu répond que *non constat* dans ledit acte d'accusation ce que veut dire une charrue de terre, et qu'en conséquence de cette irrégularité les conclusions sont nulles et non avenues. D'autre part on réplique, dans une consultation libellée par M. Younglad et signée par Crossmyloof, qu'il n'importe pas, *in hoc statu*, que l'on ait dit ce qu'est une charrue de terre, vu que le prévenu n'a pas de charrue du tout. Ainsi, en supposant qu'une charrue de terre, continua Saddletree en lisant le document, soit moindre que la dix-neuvième partie de l'herbe d'une oie (je suis sûr que c'est M. Crossmyloof qui a mis cela, je reconnais son style), de l'herbe d'une oie, quel bien cela fera-t-il au prévenu, vu qu'il n'a pas le carré d'un dé de terre en Écosse ?... Mais je vous fatigue, monsieur Deans ; nous allons passer à votre affaire, quoique cette affaire de Marsport contre Lackland ait fait beaucoup de bruit dans les grand'-salle... Ah ! voilà l'affaire de la pauvre Effie : « Considérant qu'il nous a été humblement représenté, etc., etc., — ceci est un préambule obligé... — que, d'après toutes les lois de ce royaume et de tous les pays civilisés, le meurtre, et particulièrement le meurtre d'un enfant, est un crime abominable et qui doit être sévèrement puni ; et considérant qu'il a été décrété par un acte passé dans la seconde session du premier parlement de nos hauts et puissants souverains Guillaume et Marie que toute femme qui aura caché sa condition et ne pourra prouver qu'elle a appelé à son aide au moment de la naissance, sera déclarée et convaincue d'infanticide si l'enfant est trouvé mort ou ne peut être représenté, et après avoir été déclarée coupable de non-révélation de grossesse, subira la peine portée par la loi, et néanmoins, vous, Effie ou Euphémie Deans... »

— N'en lisez pas davantage ! s'écria Deans relevant la tête, j'aimerais mieux que vous me passiez une épée au travers du corps que de m'en lire un autre mot.

— C'est bien, voisin, dit Saddletree, je croyais que cela vous aurait fait du bien de savoir au juste ce que l'on peut craindre ou espérer. Mais il s'agit maintenant de savoir ce qu'il y a à faire.

— Rien ! répondit Deans avec fermeté, nous n'avons qu'à attendre ce que le ciel nous enverra. Oh ! si sa volonté avait été d'envoyer mes cheveux blancs au tombeau avant que cette terrible calamité vienne tomber sur ma maison et sur mon nom ! Mais que sa volonté soit faite ! je puis encore dire cela, si je ne puis dire davantage.

— Mais, voisin, reprit Saddletree, vous allez prendre un avocat pour défendre la pauvre fille, c'est à quoi il faut penser.

— S'il y en avait un, repartit David, qui fût intègre... Mais, je les connais bien, ce sont d'adroits hypocrites qui recherchent les biens de ce monde, des yérastiens et des arminiens.

— Allons, allons, voisin, il ne faut pas croire tout ce que l'on dit du monde, dit Saddletree, le diable lui-même n'est pas aussi méchant qu'on le prétend, et je connais plus d'un avocat qu'on peut appeler honnête, du moins autant qu'on peut l'être dans leur profession.

— Ce n'est que comme cela qu'on peut les appeler intègres, continua le vieillard, et c'est comme cela qu'on suit sages ou savants ; ce sont des miroirs bons à éblouir les yeux des gens, avec toute leur adresse, leurs raffinements, leurs subtilités et leurs périodes d'éloquence qu'ils ont prises aux empereurs païens et aux canons des papistes.

— Mais, c'est une chose de la plus haute importance, il faut qu'elle ait un avocat, répéta Saddletree, et je pourrais parler à M. Crossmyloof, il est bien connu pour un brave et strict presbytérien, et un de nos anciens ?

— C'est un franc yérastien, répliqua David, un de ces prétendus politiques, un de ces prétendus sages qui ont empêché l'établissement général de la bonne cause quand cela se pouvait.

— Que pensez-vous du vieux laird de Cuffabout, dit Saddletree, il vous épluche une affaire bel et bien ?

— Lui ! le faux vilain ! répondit David, il avait mis sa bandoulière pour aller joindre les montagnards, en 1715, s'ils eussent pu traverser le Firth !

— Eh bien ! Arniston, voilà un habile homme ? dit Bartholin triomphant.

— Oui ! c'est lui qui apporte des médailles papistes jusque dans leur bibliothèque ! et qui les reçoit de cette femme schismatique du nord, la duchesse de Gordon !

— Mais... mais... il faut en choisir un, que pensez-vous de Kittlepunt ?

— C'est un arminien.

— Woodsetter ?

— Je crains qu'il soit coccéien.

— Le vieux Williewhaw ?

— Il est ce que l'on voudra.

— Le jeune Nœmmo ?

— Il n'est rien du tout.

— Vous êtes difficile à contenter, voisin ! dit Saddletree, je vous ai nommé les meilleurs, et il faut faire un choix ; mais rappelez-vous que le nombre des avocats assure gain de cause : si vous essayiez du jeune Mackenyie, il a tout l'ouvrage de son oncle sur le bout de la langue ?

— Quoi, monsieur, venez-vous me proposer, s'écria le vieux presbytérien saisi de colère, un homme qui a les mains pleines du sang des saints ? Est-ce que son oncle n'est pas mort avec le nom de Mackenyie le sanguinaire ? Est-ce qu'on ne le connaîtra pas sous ce nom là aussi longtemps qu'on parlera l'écossais ? Si la vie de la pauvre enfant qui est tombée dans un aussi grand malheur, si la vie de Jenny, la mienne, celle de toute l'humanité dépendaient de cet esclave de Satan, et que je pusse les sauver en lui disant un mot, ils pourraient tous être engloutis avant que David Deans dise ce mot !

C'était en prononçant cette exclusion éternelle contre les Mackenyie qu'il avait élevé la voix de manière à mettre fin à la conversation de Reuben et de Jenny. Quand ils rentrèrent dans l'appartement, ils trouvèrent le pauvre vieillard dans un violent accès de colère qu'avaient soulevé les propositions de Saddletree : le sang était monté à ses joues, ses mains étaient crispées, ses yeux étaient pleins de larmes, et sa voix tremblante montrait que, malgré tous ses efforts, il ne pouvait maîtriser l'agitation qui l'animait. Butler, redoutant les suites d'une aussi grande émotion sur une constitution affaiblie par l'âge et les souffrances mentales, lui glissa quelques mots pour l'engager à être patient.

— Je suis patient, répondit sévèrement le vieillard, plus patient qu'aucun de ceux qui voient les délusions de nos temps malheureux, si patient, que je n'ai besoin ni de sectaires ni de fils ni petit-fils de sectaires pour montrer à mes cheveux blancs comment je dois porter ma croix.

— Mais, monsieur, reprit Butler sans s'occuper de l'attaque dirigée contre les principes de son grand-père, il faut employer les moyens ordinaires. Quand vous appelez un médecin, vous ne vous occupez pas, je le suppose, de la nature de ses principes religieux ?

— Je ne m'en occupe pas ! répondit David, c'est que je m'en occupe, au contraire, et si je ne suis pas certain qu'il a une juste idée des défections et des délusions du temps pas une goutte de ses médecines n'approche de mes lèvres !

Il est quelquefois dangereux de faire des comparaisons : Butler venait de l'apprendre par expérience ; mais, comme un brave soldat dont le fusil a raté, il resta ferme et chargea à la baïonnette.

— Vous interprétez votre discours d'une manière trop rigide, monsieur. Le soleil brille et la pluie tombe sur le juste et sur le méchant ; ils sont placés sur la terre dans des circonstances qui les obligent souvent à se rencontrer : peut-être pour que le méchant ait une occasion de se convertir par l'exemple des bons, et peut-être aussi pour que le juste soit éprouvé par son contact avec le méchant.

— Vous êtes un sot garçon, Reuben, répondit Deans, avec vos arguments. Est-ce qu'un homme peut toucher la poix sans se salir ? Et croyez-vous que les braves et dignes champions du *covenant*, qui ne voulaient même pas entendre un ministre parler, quels que fussent ses talents et sa science, s'il n'auraient pas élevé leur témoignage contre les énormités du jour ? Aucun homme de loi ne parlera pour moi ni pour les miens, qui n'aura pas porté témoignage avec les restes dispersés mais glorieux qui se sont réfugiés dans les fentes du rocher.

Le vieillard se leva alors comme s'il eût été fatigué de la présence et des arguments de ses visiteurs, et, leur disant adieu de la tête et de la main, il alla s'enfermer dans sa chambre.

— C'est vouloir perdre sa fille, dit Saddletree à Butler, que de parler comme cela. Où trouvera-t-il jamais un avocat caméronien ?

Qui a jamais vu un homme de loi souffrir pour une religion ou une autre ? C'est vouloir perdre sa fille !

Vers la fin de cette discussion Dumbiedikes était arrivé à la porte, était descendu de cheval, et, ayant attaché la bride au croc ordinaire, il était allé s'asseoir sur son siége habituel. Ses yeux se portaient rapidement de l'un à l'autre, suivant le tour que prenait la conversation, et il sembla comprendre tout à coup le sens des dernières paroles de Saddletree. Il se leva, et, traversant timidement la chambre, il s'approcha de l'oreille du sellier et lui dit d'une voix mal assurée :

— Est-ce que... est-ce que l'argent ne pourrait rien faire, monsieur Saddletree ?

— Umph ! répondit Saddletree prenant un air grave. L'argent ferait certainement quelque chose dans le parlement, s'il y a quelque chose à faire ; mais d'où viendrait-il, cet argent ? Vous voyez que M. Deans ne veut rien faire, et quoique madame Saddletree soit leur

Dites à Jenny Deans que je l'attendrai au-dessous de la chapelle Saint-Antoine.

arrière-cousine et leur veuille du bien, et soit bien disposée à les aider, cependant elle ne voudrait pas s'engager *singuli in solidum* dans une affaire aussi coûteuse. Si un autre ami voulait porter une partie du fardeau, on pourrait faire quelque chose ; chacun supporterait sa part. Je ne voudrais pas voir l'affaire tomber à plat sans être plaidée ; cela ne serait pas honorable, malgré tout ce que peut dire ce vieux whig.

— Je... je... oui, dit Dumbiedikes prenant courage, je répondrai de vingt livres sterling.

— Que Dieu vous bénisse, laird ! dit Jenny reconnaissante.

— Vous pouvez mettre trente au lieu de vingt, reprit Dumbiedikes se détournant de Jenny et s'adressant à Saddletree.

— Cela fera l'affaire, dit Saddletree se frottant les mains, et j'emploierai tout mon habileté et mon expérience à faire aller l'argent loin ; je le donnerai qu'au fur et à mesure. Je sais comment leur faire accepter de minces émoluments et me remercier encore. Il n'y a qu'à leur faire croire que vous avez deux ou trois autres affaires importantes à commencer, et ils prennent bon marché pour avoir votre pratique. Je m'entends assez bien à amadouer un avocat. Il n'y a pas de mal à obtenir autant de travail que l'on peut pour son argent ; car, après tout, ce n'est qu'un peu d'haleine qu'ils font sortir, cela ne leur coûte rien ! tandis que, dans mon malheureux commerce de sellier, de tailleur pour chevaux et de faiseur de harnais, nous avons à payer des sommes déraisonnables pour des cuirs et des peaux tannés.

— Puis-je vous être de quelque utilité ? demanda Butler. Je n'ai guère, hélas ! que l'habit noir que je porte, mais je suis jeune, j'ai beaucoup d'obligations à la famille. Ne puis-je rien faire ?

— Vous pouvez recueillir des témoignages, monsieur, dit Saddletree, et si nous pouvions seulement trouver une personne à laquelle elle aurait fait la moindre confidence sur sa situation ! elle en sortirait, cela ne fait pas de doute. M. Crossmyloof me l'a dit. La couronne, dit-il, ne peut être appelée à fournir une preuve positive... a-t-il dit, une preuve positive ou une preuve négative ?... C'est l'une ou l'autre, j'en suis sûr, mais il n'importe guère laquelle des deux. C'est pourquoi, dit-il, l'accusation doit être rétorquée par la preuve de son innocence ; cela ne peut pas être autrement.

— Mais le fait principal, monsieur, dit Butler, le fait que cette pauvre fille a eu un enfant, l'avocat du roi doit certainement le prouver ?

Saddletree s'arrêta un moment, pendant que la figure de Dumbiedikes, dont les yeux allaient de l'un à l'autre comme une aiguille aimantée, prit une expression extraordinaire d'intérêt.

— Ou... ou... oui, dit enfin le sellier, sans doute cela doit être prouvé, et la cour a des précédents que l'on suivra ; mais je m'imagine que c'est déjà fait, car elle s'est avouée coupable.

— Coupable de meurtre ? s'écria Jenny d'une voix qui les fit tous trembler.

— Non, je n'ai pas dit cela, répliqua Bartholin, elle a avoué avoir eu un enfant.

— Et qu'est-il devenu alors, demanda Jenny, car je n'ai pu en tirer que des pleurs et des sanglots.

— Elle dit qu'il a été emporté par la femme de la maison où il est né, et qui l'a aidée au moment de la naissance.

— Quelle est cette femme ? dit Butler. On peut savoir par elle la vérité. Qui est-elle ? Je vais aller la trouver immédiatement.

— Je regrette, dit Dumbiedikes, de n'être pas aussi jeune et aussi alerte que vous et de n'avoir pas la langue si bien pendue.

— Qui est-elle, répéta impatiemment Butler, qui peut-elle être ?

— Ah ! personne ne le sait qu'Effie, dit Saddletree ; elle n'a rien voulu dire là-dessus.

— Alors je vais aller la trouver elle-même, dit Butler... Adieu, Jenny.

Et, s'approchant d'elle, il ajouta tout bas :

— Ne faites rien d'imprudent avant de me revoir. Adieu !

Et il sortit de la chaumière.

— J'irais bien aussi, dit le laird d'un ton de regret et presque jaloux, mais mon cheval ne veut jamais aller par un autre chemin que de Dumbiedikes ici et d'ici à Dumbiedikes.

— Vous leur rendrez un plus grand service, dit Saddletree comme ils sortaient de la chaumière, en m'envoyant les trente livres.

— Trente livres, répéta Dumbiedikes, dont la générosité n'était plus surexcitée par les yeux de Jenny, j'avais dit seulement vingt livres.

— Oui, répondit Saddletree, mais c'était sous condition d'ajouter et d'augmenter, si bien que vous avez amendé votre proposition et dit trente livres.

— Bien sûr, dit le laird, je n'en étais pas bien sûr, mais si je l'ai dit je le tiendrai.

Et, montant son bidet avec quelque difficulté, il ajouta :

— Ne vous a-t-il pas semblé que les yeux de la pauvre Jenny, quand ils étaient pleins de pleurs, brillaient comme des grains d'ambre, monsieur Saddletree ?

— Je ne connais pas grand'chose en fait d'yeux de femme, répondit l'insensible sellier, quand je n'en suis pas occupé pas. Je voudrais seulement n'avoir pas plus d'embarras avec leur langue ; quoique peu de femmes, ajouta-t-il se rappelant combien il importait de maintenir sa réputation de maître chez lui, soient plus faciles à mener que la mienne, laird. Je ne permets ni perduellion, ni lèse-majesté contre mon autorité souveraine.

Le laird ne vit dans cette observation rien qui méritât une réponse, et, quand ils eurent échangé un salut, ils partirent chacun de leur côté.

CHAPITRE XII.

Dans son empressement de se rendre utile à Jenny et à sa sœur, Butler n'éprouvait aucune fatigue et ne sentait aucun besoin de prendre quelque nourriture malgré les courses sans fin qu'il avait faites pendant la nuit.

Il marcha d'abord si rapidement qu'on aurait pu dire qu'il courait ; mais il fut bientôt surpris d'entendre une voix derrière lui qui l'appelait par son nom. En se retournant il vit le laird de Dumbiedikes, qui se hâtait de s'approcher pour lui parler ; car il se trouvait celui qui avaient à suivre quelque temps le même chemin, qui était celui qui conduisait à la ville. Butler s'arrêta quand il s'entendit appeler.

— Uh ! uh ! uh ! car le trot du cheval faisait tousser Dumbiedikes, qui souffrait d'un asthme ; uh ! monsieur Butler ! dit-il, voilà un beau temps pour la moisson !

— Un très-beau temps, monsieur, repartit Butler, je vous souhaite le bonjour.

— Attendez... attendez un moment, répliqua Dumbiedikes. Qu'est-ce que je voulais vous dire ?

— Voyons, dépêchez-vous, dites ce que vous avez à dire, répliqua Butler. Je vous demande pardon, mais je suis pressé; et *tempus nemini*.... Vous connaissez le proverbe.

Dumbiedikes ne connaissait pas le proverbe et ne chercha pas même à avoir l'air de le connaître. Toutes ses idées étaient tournées sur un seul point, et il ne pouvait s'occuper de détails.

— Dites-moi, monsieur Butler, reprit-il, savez-vous si M. Saddletree est un bon jurisconsulte?

— Je n'ai jamais entendu personne le dire que lui, répondit sèchement Butler; mais, sans aucun doute, il se connaît mieux que personne.

— Umph! dit le taciturne Dumbiedikes d'un ton qui voulait dire : Monsieur Butler, je vous comprends. Dans ce cas-là, ajouta-t-il,

La porte s'ouvrit de nouveau et M. Saddletree entra.

j'emploierai mon homme de loi, Nichil Novit, le fils du vieux Nichil, il est presque aussi ferré que son père; il se chargera de l'affaire d'Effie.

Et après cette preuve de sagacité, à laquelle Butler était loin de s'attendre, il toucha poliment son chapeau à trois cornes et intima d'un coup d'éperon à Rory-Bean, ainsi qu'il appelait sa monture, qu'il fallait retourner sans délai à la maison. L'animal lui obéit avec cette ardeur que nous mettons toujours quand un ordre correspond entièrement à nos propres inclinations.

Butler reprit sa course, en proie à une nouvelle attaque de cette jalousie que les perpétuelles visites du laird à la chaumière lui avaient souvent inspirée. Mais il était trop généreux pour s'abandonner longtemps à un sentiment d'égoïsme.

— Il est riche de ce que je n'ai pas, pensa Butler, pourquoi regretterais-je qu'il ait assez de cœur pour employer un peu de son argent à lui rendre des services, quand je ne peux lui former des vœux inutiles? Tâchons de faire chacun ce que nous pourrons. Qu'elle puisse seulement être heureuse, sauvée de la misère et du déshonneur qui la menace! Oh! que je puisse seulement empêcher la terrible entrevue de ce soir, et adieu à toute autre pensée, quand mon cœur serait brisé par cet effort!

Il se trouva bientôt devant la porte de la prison, ou plutôt devant la place que la porte avait occupée. Son entrevue avec l'étranger mystérieux, le message envoyé à Jenny, sa conversation avec elle sur leur séparation, et la discussion avec le vieux David, l'avaient tellement occupé qu'il avait complétement oublié l'événement tragique de la nuit précédente. Il ne vit pas les groupes qui s'étaient formés sur différents points de la rue et qui cessaient leur conversation quand quelque étranger s'approchait : il ne vit pas les détachements de soldats et d'agents de police qui parcouraient la ville; ni le corps de garde, où il y avait maintenant trois sentinelles. Il ne remarqua pas l'air timide et soumis des hommes du peuple comme s'ils eussent reconnu que l'on pouvait les soupçonner, et qu'ils vaquaient à leurs affaires de l'air de gens dont le corps était fatigué et affaibli par les fatigues d'une nuit de débauches ou de dangers.

Quand, s'approchant de la prison, Butler dit qu'il désirait parler à Effie Deans, le geôlier à cheveux blancs qu'il avait vu la veille se présenta.

— Si je ne me trompe, dit-il à Butler, vous êtes la personne qui est venue hier au soir pour lui parler?

Butler répondit que c'était bien lui.

— Il me semble, continua le geôlier, que vous m'avez demandé à quelle heure nous fermions, et si nous fermions de meilleure heure à cause de l'affaire de Porteous?

— Il est probable que je vous ai fait quelque question de ce genre, dit Butler, mais il s'agit maintenant de savoir si je peux voir Effie Deans?

— Je ne sais pas : entrez; et au haut de l'escalier, tournez à votre gauche.

Le vieux geôlier le suivit de près, portant ses clefs à la main, sans oublier celle qui fermait et ouvrait autrefois la barrière extérieure de ses domaines, et qui ne lui servait plus. Butler ne fut pas plutôt entré dans l'appartement qui lui avait été indiqué, que le geôlier, choisissant une de ses clefs, ferma du dehors la porte qui y donnait accès. Reuben crut d'abord que c'était par suite des habitudes de la maison; mais quand il entendit appeler la garde, et quand le fusil d'une sentinelle eut retenti à sa porte, il appela le geôlier en lui disant :

— Mon bon ami, il faut absolument que je voie Effie Deans aussitôt que possible; il est important que je lui parle.

Personne ne lui répondit.

— Si vos règlements ne me permettent pas de la voir, ajouta-t-il d'un ton plus élevé, je vous serai obligé de me laisser sortir.... *Fugit irrevocabile tempus!* dit-il tout bas.

— Ne trempez pas vos mains dans le sang d'une pauvre femme sans défense qui s'est confiée à vous, dit Jenny restant à genoux.

— Si vous aviez quelque chose à faire, vous auriez dû vous en occuper avant de venir ici, répliqua le geôlier à travers la porte, vous trouverez plus facile d'entrer que de sortir : il n'est pas probable que nous ayons une autre émeute de sitôt, la loi doit avoir son tour, et vous le reconnaîtrez à vos dépens, mon ami.

— Que voulez-vous dire, monsieur? s'écria Butler, vous me prenez sûrement pour un autre? je m'appelle Reuben Butler, je suis ministre de l'Évangile.

— Je le sais bien, dit le geôlier.

— Eh bien! si vous me connaissez, j'ai le droit de vous demander quel mandat d'amener vous avez contre moi : c'est là le droit de tout Anglais.

— Mandat? répéta le geôlier, le mandat est parti à Libberton avec deux estafiers qui vous cherchent. Si vous étiez resté chez vous, comme doit le faire tout honnête homme, vous auriez vu le mandat. Mais si vous venez vous faire emprisonner vous-même, ce n'est pas moi qu'il faut en accuser.

— Ainsi je ne peux pas voir Effie Deans, reprit Butler, et vous ne voulez pas me laisser sortir?

— Non vraiment, mon brave! répondit le vieux porte-clefs. Mais laissez Effie Deans se tirer d'affaire comme elle pourra, vous aurez assez à vous occuper de vous-même : quant à vous laisser sortir, cela regarde les magistrats. Et portez-vous bien jusqu'au revoir; car il faut que j'aille trouver M. Sawyers pour faire remettre une ou deux des portes que vos honnêtes amis ont brisées hier au soir, monsieur Butler.

Il y avait dans toute cette explication quelque chose d'excessivement désagréable et de très-alarmant. Une vague idée de danger qu'il ne pouvait comprendre ni écarter de son esprit vint inquiéter Butler. Il essaya de se rappeler les divers événements de la nuit précédente, pour chercher les moyens d'expliquer comment il s'était trouvé mêlé à l'émeute ; car il comprit immédiatement que c'était là la cause de son emprisonnement. Son inquiétude augmenta quand il se vit dans l'impossibilité de pouvoir indiquer aucun témoin désintéressé, qui pût déposer des efforts qu'il avait faits pour persuader aux émeutiers de mettre le prisonnier en liberté. Son anxiété s'accroissait encore quand il se rappelait la détresse de la famille du vieux David, le dangereux rendez-vous que Jenny avait accepté et qu'il n'espérait plus pouvoir empêcher.

Impatient, cependant, comme il était de voir sa situation s'éclaircir, il ne put apprendre sans trembler, une heure après être entré dans la prison, qu'il allait paraître devant un magistrat. Un détachement de soldats l'accompagna à sa sortie de prison : après une émeute on prend toujours les précautions, qui l'auraient empêchée si l'on avait eu la prudence d'y songer auparavant.

On le conduisit à la chambre du conseil, où les magistrats tenaient séance. Un ou deux conseillers étaient présents et allaient interroger un individu qui avait été amené jusqu'au bout d'une longue table couverte d'un tapis vert, autour de laquelle le conseil avait coutume de s'assembler.

— Est-ce là le ministre? demanda l'un des magistrats quand Butler fut introduit. Qu'il aille s'asseoir là-bas un instant, nous aurons bientôt fini avec cet homme.

Butler s'assit donc sur un banc à l'extrémité de l'appartement gardé par un geôlier.

La salle était grande et imparfaitement éclairée : soit hasard, soit adresse de l'architecte, une croisée était placée de manière à jeter une vive lumière vers le bas de la table, où se tenaient ordinairement les prévenus, tandis que le haut bout, où siégeaient les magistrats, restait dans une demi-obscurité. Butler tourna immédiatement les yeux vers le prisonnier, dans l'espoir de reconnaître un des conspirateurs de la nuit précédente ; mais, quoique les traits de cet homme fussent fortement accentués, il lui fut impossible de se rappeler l'avoir jamais vu.

Le prisonnier était loin d'être jeune ; ses cheveux noirs, coupés très-court, étaient soigneusement rabattus, et commençaient à grisonner. Sa figure indiquait plutôt la finesse que le vice, il semblait plus enclin à la duplicité qu'à devenir l'esclave de violentes passions. Ses yeux étaient petits, noirs et vifs; il avait le rire ironique et un certain air d'effronterie que l'on acquiert sur la route du crime. Si vous l'eussiez rencontré à une foire ou à un marché, vous auriez pu le prendre pour un maquignon complètement au fait de toutes les escroqueries du métier : l'eussiez-vous cependant rencontré seul sur un chemin désert, vous n'auriez redouté aucune violence. Il était en effet habillé comme un maquignon : il avait une jaquette de valet d'écurie avec de grands boutons de métal, de gros bas bleus en guise de guêtres et un chapeau à plats bords. Il ne lui manquait qu'un fouet sous le bras et un éperon à ses talons pour compléter l'équipage du caractère qu'il semblait représenter.

— Vous vous nommez Jacques Ratcliffe? dit le magistrat.

— Oui, avec la permission de Votre Honneur?

— Ce qui veut dire que vous pourriez me donner un autre nom si je n'aimais pas celui-là?

— J'en ai une vingtaine à choisir, toujours avec la permission de Votre Honneur? répondit le prisonnier.

— Mais Jacques Ratcliffe est votre nom pour le moment. Quelle est votre occupation?

— Je ne peux pas dire absolument que j'aie ce que l'on peut appeler une occupation.

— Mais, reprit le magistrat, comment vivez-vous, que faites-vous?

— Oh! Votre Honneur, avec votre permission, vous savez cela aussi bien que moi, répliqua le prévenu.

— N'importe, j'ai besoin que vous me l'expliquiez? dit le conseiller.

— Que je l'explique… à Votre Honneur, Jacques Ratcliffe s'en gardera bien! repartit le prisonnier.

— Allons, monsieur, pas de plaisanteries, j'insiste pour que vous me répondiez.

— Eh bien, monsieur, dit le prévenu, je vais être franc, car aussi bien, avec votre permission, je veux vous demander un service. Expliquer mes occupations, avez-vous dit ? Vrai, ce n'est pas facile à faire, d'une manière décente, dans un endroit comme celui-ci… Mais qu'est-ce que dit le huitième commandement?

— Tu ne voleras pas, répondit le magistrat.

— En êtes-vous bien sûr? demanda Ratcliffe. Eh bien, alors, mes occupations et ce commandement sont loin de s'accorder, car j'ai toujours lu au huitième : Tu voleras! Et cela fait, vous le voyez, une assez grande différence, quoiqu'il n'y ait presque rien d'oublié.

— En un mot, Ratcliffe, vous avez été un voleur avéré, dit le conseiller.

— Je crois que c'est connu dans les montagnes et dans la plaine, sans oublier l'Angleterre et la Hollande! répliqua effrontément Ratcliffe.

— Et où pensez-vous que finira un pareil métier? demanda le magistrat.

— Je crois que j'aurais pu le deviner hier, mais aujourd'hui je n'en suis pas aussi sûr! répondit le prisonnier.

— Qu'auriez-vous répondu hier si on vous eût fait cette question?

— La potence, dit-il tranquillement.

— Vous êtes un effronté coquin, dit le magistrat; et qui vous fait espérer aujourd'hui un autre sort?

— Ah! Votre Honneur, repartit Ratcliffe, il y a une grande différence entre un homme que l'on tient en prison après condamnation à mort et celui qui y reste volontairement, quand il ne lui est rien coûté de se sauver. Qu'est-ce qui m'aurait empêché de sortir comme les autres quand la populace emmena Porteous hier la nuit? Votre Honneur ne peut réellement pas croire que je sois resté dans l'intention d'être pendu?

— Je ne sais pas quelle a pu être votre intention, dit le magistrat, mais je sais ce que la loi vous réserve : c'est d'être pendu de mercredi en huit.

— Non, non, Votre Honneur, répondit tranquillement le prisonnier ; sauf le respect que je vous dois, je ne le croirai que quand je le verrai. Il y a déjà bien des années que je pratique la loi, j'ai eu plus d'un démêlé avec elle ; mais elle n'est pas aussi méchante que vous voulez bien le dire : j'ai toujours trouvé qu'elle vaut mieux de près que de loin.

— Et si vous ne vous attendez pas à être pendu, ce à quoi vous avez été condamné au moins quatre fois, faites-moi le plaisir de me dire, reprit le magistrat, ce que vous espérez, en considération de ce que vous ne vous êtes pas envolé avec les autres oiseaux que nous avions en cage? Je dois reconnaître que je ne m'y serais pas attendu.

— Je n'aurais jamais eu la moindre idée de rester dans cette vieille et déplorable maison, dit Ratcliffe, si l'habitude ne m'avait donné une sorte de désir d'y rester, et j'espère y obtenir une petite place.

— Une place, s'écria le magistrat, au pilori, je suppose !

— Non, non, monsieur, je ne pense pas du tout à une place au pilori. Après avoir été condamné quatre fois à être pendu par le cou jusqu'à ce que je sois mort, il ne peut pas s'agir de me mettre au pilori…

— Alors, expliquez-vous, qu'est-ce donc que vous espérez?

— Une place de porte-clefs, car on m'a dit qu'il y en avait une de libre, dit le prisonnier, et je ne voudrais pas demander qu'on renvoie le bourreau pour me donner sa place ; cela ne m'irait pas aussi bien qu'à d'autres : car je n'ai jamais pu tuer un animal, à plus forte raison un homme.

— Cela fait votre éloge! répliqua le conseiller, qui se trouvait à son insu influencé par l'adroite réponse de Ratcliffe. Mais, continuat-il, comment pouvez-vous croire que l'on pourra vous confier la garde d'une prison, quand vous vous êtes échappé de presque toutes celles d'Écosse?

— Avec la permission de Votre Honneur, dit Ratcliffe, si je sais si bien comment on en sort, je saurai parfaitement comment on doit garder ceux qui sont dedans. Je crois que ce serait de fameux lapins ceux qui sauraient me garder quand je voudrais sortir, ou qui sauraient sortir quand je voudrais les garder.

Cette réflexion sembla faire impression sur le magistrat, qui cependant ne répondit rien et donna l'ordre d'emmener Ratcliffe.

Quand ce hardi et adroit voleur fut hors de la salle, le magistrat demanda au greffier ce qu'il pensait de la confiance du prisonnier.

— Je n'ai pas à décider de cette affaire, monsieur, répliqua le greffier, mais si Jacques Ratcliffe veut tourner à bien je ne connais pas un homme qui puisse rendre autant de service à notre bonne ville dans le genre d'occupation qu'il demande. Il faudra que je parle de lui à M. Sharpitlaw.

Butler fut amené au bas de la table pour être interrogé. Le magistrat prit avec lui un ton de politesse ; sa manière cependant indiquait assez sa prévention : Butler avoua avec franchise qu'il avait été le témoin forcé du meurtre de Porteous, et raconta cette affaire dans le plus grand détail.

Le greffier écrivit la déposition de Butler, qui expliquait les événements comme nous les avons racontés.

Quand cette narration fut achevée, l'interrogatoire commença : c'est toujours une épreuve terrible, même pour le témoin le plus sincère, parce qu'une histoire ne peut jamais être racontée assez clairement et assez distinctement, surtout si elle est compliquée d'accidents terribles et de nature à effrayer, sans qu'il s'y trouve quelque ambiguïté, sans que l'on puisse élever quelques doutes sur certains points.

Le magistrat commença par faire remarquer à Butler qu'il avait dit qu'il était en route pour retourner à Libberton, et que cependant il avait été arrêté par la populace à la porte de l'Ouest.

— Est-ce que vous sortez toujours par la porte de l'Ouest pour aller à Libberton? demanda le conseiller.

— Non certainement, répondit Butler avec la promptitude d'un homme qui veut justifier la sincérité de son témoignage; mais il se trouva que j'étais plus près de cette porte que de toute autre, et l'heure de les fermer était sur le point de sonner.

— C'était jouer de malheur, dit sèchement le magistrat. Quand vous avez été entouré par cette bande désordonnée, que l'on vous a forcé d'assister à des scènes qui répugnent à tout sentiment d'humanité, et tout à fait inconciliables avec votre saint ministère, n'avez-vous essayé de résister ou d'échapper à la violence que l'on vous faisait?

Butler répondit qu'ils étaient en si grand nombre qu'il ne pouvait penser à résister, et qu'ils le veillaient si bien qu'il ne put s'échapper.

— C'était jouer de malheur... répéta le magistrat du même ton de voix.

Il continua avec beaucoup d'égards, mais avec une réserve qui décelait un certain fonds de soupçons, à adresser à Butler un grand nombre de questions sur la manière dont s'était comportée la populace, les gestes et les habits des chefs; et quand il croyait que la vigilance de Butler pouvait être prise en défaut, si réellement il cherchait à le tromper, il revenait tout à coup et adroitement aux premières questions qu'il lui avait faites, lui demandait de raconter de nouveau certaines circonstances dans leurs détails les plus minutieux. Il ne put cependant signaler aucune contradiction ou confusion qui pût encourager le soupçon qu'il avait conçu contre Butler.

L'interrogatoire enfin porta sur cette partie des événements où paraissait le nom de Madge Wildfire. A ce nom, le magistrat et le greffier échangèrent un coup d'œil d'intelligence. Si l'avenir de la ville eût dépendu de la connaissance que son prudent magistrat devait avoir des traits, du son de voix, du costume de ce personnage, il n'aurait pas pu faire de questions plus nombreuses. Mais Butler ne pouvait rien dire de son visage, qui avait été recouvert d'une couche de suie et de peinture rouge et le faisait ressembler à un Indien peint pour la bataille. Cet individu avait d'ailleurs la tête couverte d'une sorte de capuchon qui le cachait en partie. Butler déclara donc qu'il ne pourrait reconnaître Madge Wildfire si elle portait d'autres vêtements que ceux qu'elle avait dans la nuit du meurtre, mais qu'il croyait pouvoir reconnaître sa voix.

Le magistrat lui demanda de nouveau par quelle porte il était sorti de la ville.

— Par la porte de Cowgate, répondit Butler.

— Etait-ce le chemin le plus court pour aller à Libberton?

— Non, dit Butler quelque peu embarrassé; mais c'était le chemin le plus court pour sortir de l'émeute.

Le magistrat et le greffier se regardèrent de nouveau.

— Y a-t-il plus court d'aller du marché aux Herbes à Libberton par la porte de Cowgate que par la porte de Bristo?

— Non, répondit Butler, mais j'avais un ami à voir.

— Ah! dit le magistrat, vous étiez pressé de lui raconter ce que vous aviez vu?

— Non pas, vraiment, répliqua Reuben, et je n'en ai pas dit un mot pendant tout le temps que j'ai été aux rochers de Saint-Léonard.

— Quel chemin avez-vous pris pour aller aux rochers de Saint-Léonard?

— Je suis allé par le bas des rochers de Salisbury, répondit-il.

— Ah! vous aimez le chemin le plus long, paraît-il, dit le magistrat. Avez-vous rencontré quelqu'un après être sorti de la ville?

Butler lui fit la description de tous les groupes qu'il avait passés, et arriva enfin au moment où il avait rencontré le mystérieux étranger dans le parc du roi. Il aurait bien voulu ne rien dire de cette aventure, mais le magistrat sembla attacher la plus grande importance à en connaître tous les détails.

— Écoutez, monsieur Butler, lui dit-il, vous êtes un jeune homme, vous jouissez d'une excellente réputation, j'aime à le déclarer moi-même, mais nous savons que quelques membres de votre ordre ont parfois été saisis d'un zèle trop ardent et que des hommes, irréprochables sur toute autre question, se sont laissés aller à seconder, à approuver quelques-unes de ces étranges commotions qui viennent de temps en temps ébranler le pays. Je serai franc avec vous, je ne comprends pas du tout comment de deux fois différentes vous vous êtes mis en route pour aller chez vous par deux chemins qui tous les deux vous faisaient faire un détour. Et je dois ajouter que parmi toutes les personnes que nous avons interrogées sur cette malheureuse affaire nous n'en avons pas trouvé une qui ait déclaré que vous ayez eu l'air d'être entraîné par la violence de la populace. De plus, les gardes de la porte de Cowgate ont remarqué quelque chose comme l'hésitation du crime dans votre conduite; et ils déclarent que vous avez été le premier à leur commander d'ouvrir la porte : vous l'avez fait d'un ton d'autorité et comme si vous étiez encore à la tête de l'émeute.

— Que Dieu leur pardonne! s'écria Butler, je leur ai seulement demandé de me laisser sortir : il faut qu'ils m'aient mal compris, s'ils n'ont pas menti sciemment.

— Monsieur Butler, reprit le magistrat, je suis tout porté à croire et à espérer que tout sera éclairci, et je vous assure que c'est mon ferme désir; mais il faut me répondre avec franchise, c'est le seul moyen de vous tirer d'embarras. Vous avez dit tout à l'heure que vous avez vu une autre personne dans le parc du roi, auprès des rochers de Saint-Léonard : il faut que je sache tout ce qui s'est passé entre vous.

Butler, qui n'avait d'autre raison de cacher ce que l'étranger lui avait dit que parce que le nom de Jenny Deans s'y trouvait mêlé, crut cependant prudent de tout dire depuis le commencement jusqu'à la fin.

— Croyez-vous, demanda le magistrat, que la jeune femme acceptera un rendez-vous aussi mystérieux?

— Je le crains, répondit Butler.

— Pourquoi dites-vous je le crains? dit le conseiller.

— Parce que je ne crois pas qu'il soit prudent d'aller trouver un pareil homme à une heure et à un lieu aussi extraordinaires et après un message aussi étrange.

— Je ferai veiller sur elle, dit le magistrat. Je regrette, monsieur Butler, de ne pouvoir vous mettre en liberté immédiatement, mais j'espère que vous ne serez pas longtemps détenu... Emmenez M. Butler, et prenez soin qu'il soit traité avec respect et attention.

A son retour à la prison, il put remarquer que la recommandation du magistrat était scrupuleusement obéie.

CHAPITRE XIII.

Quand Jenny Deans vit Butler s'éloigner de la chaumière de Saint-Léonard sans autre explication, elle se mit à pleurer amèrement pendant quelques minutes et ne chercha pas de consolation à sa douleur. Mais elle se rappela bientôt la terrible situation de sa sœur et la profonde détresse de son père; et prenant une lettre qu'une main inconnue avait jetée dans sa chambre dans la matinée, elle la lut de nouveau toute tremblante d'émotion et de frayeur : « Si elle voulait sauver une créature humaine, disait cette lettre étrange, d'une abominable condamnation et de toutes ses horribles conséquences, si elle désirait sauver la vie et l'honneur de sa sœur des griffes sanglantes d'une loi injuste, si elle ne voulait pas perdre la paix du cœur ici-bas et son bonheur éternel dans l'autre monde, elle avait à parler avec celui qui avait écrit cette lettre dans un endroit secret, retiré et solitaire. Il n'y avait que lui qui pouvait la sauver, et il n'y avait que lui qui pouvait la sauver. Il était dans une situation si étrange, que toute idée d'amener un tiers à l'entrevue, d'en parler même au vieux David ou à qui que ce pût être, empêcherait inévitablement l'écrivain de se rendre au rendez-vous et assurerait la perte irrévocable de sa sœur. » Le reste de la lettre ne contenait que des assurances incohérentes, mais pleines de menaces, qui devaient la tranquilliser sur le danger qu'elle pouvait courir en acceptant ce rendez-vous.

Le message que Butler avait reçu de l'étranger concordait exactement avec le contenu de la lettre, mais indiquait pour l'entrevue une heure plus avancée et un endroit différent. Il était probable que l'auteur de la lettre avait été forcé de s'ouvrir en partie à Butler pour annoncer le changement d'heure et de lieu du rendez-vous. Elle avait deux ou trois fois été sur le point de montrer le billet à Reuben pour dissiper ses injustes soupçons, mais il y a quelque chose d'humiliant dans une explication de ce genre qui répugne à la juste fierté de l'innocence. Si Butler ne fût pas parti si inopinément, elle lui aurait probablement conté toute l'histoire et se fût laissé conduire par sa prudence; mais elle eût perdu toute chance de lui demander son avis : il lui sembla qu'elle avait été injuste à son égard, qu'il méritait sa pleine et entière confiance, que ses conseils lui auraient été des plus utiles.

Elle ne crut pas prudent de consulter son père : il était impossible de conjecturer comment le vieux David prendrait cette affaire. Seule et privée de conseil humain, elle eut recours à un ami dont l'oreille est toujours ouverte aux plaintes des plus pauvres et des plus affligés de son peuple. Elle s'agenouilla et demanda à Dieu de lui inspirer ce qu'elle devait faire dans une situation aussi difficile. On croyait alors que la Divinité envoyait des réponses spéciales qui se rapprochaient intimement de l'inspiration divine quand on lui adressait de ferventes supplications à l'heure d'une extrême difficulté. Sans vouloir discuter une question aussi abstraite de métaphysique, il nous semble certain que celui qui expose dans une prière ses doutes et ses chagrins avec ferveur, avec sincérité, doit nécessairement se débarrasser de toutes les passions et de tous les intérêts de ce monde, et juger des situations d'une manière plus désintéressée, plus complétement affranchie de toute raison mondaine.

Quand Jenny eut fini sa prière, elle se sentit plus forte contre le malheur et plus courageuse contre l'adversité. — J'irai voir cet homme, se dit-elle, il doit être malheureux, car il paraît être la cause de l'infortune d'Effie. J'irai le voir, quoi qu'il puisse arriver. Je ne veux pas avoir à me reprocher de n'avoir pas fait tout ce que je pouvais faire pour la sauver, par peur de ce que l'on pourrait dire ou de ce qui pourrait m'arriver.

Le père et la fille s'assirent pour prendre leur humble repas quand vint l'heure de midi. En appelant la bénédiction du ciel sur leurs mets, le pauvre vieillard demanda que le pain mangé dans la tristesse du cœur, et les eaux amères de Merah, pussent donner autant de force que si elles sortaient d'une coupe abondante ou que si l'on puisait à une corbeille bien garnie. Reprenant alors le bonnet qu'il avait respectueusement retiré, il engagea sa fille à suivre plutôt ses conseils que son exemple et à manger à sa faim. Il prit cependant un morceau sur son assiette, mais la nature fut plus forte que le stoïcisme qu'il appelait à son aide. Honteux de cette faiblesse, il se leva tout à coup, et sortit de la maison avec plus de hâte qu'il n'en mettait d'ordinaire dans sa démarche habituelle. Mais il revint quelques minutes après, il avait complétement maîtrisé son émotion, et il essaya de la cacher en murmurant quelques mots sur la jeune bête qui s'était détachée dans l'étable.

Le temps s'écoula comme toujours il s'écoule, que les heures soient chargées de pleurs ou qu'elles nous apportent la joie. Le soleil descendit derrière la hauteur que couronne le château, et le crépuscule appela David Deans et sa fille à leurs devoirs religieux du soir. Il se trouva qu'une chaise était à la place qu'occupait toujours Effie. David vit que les yeux voilés de larmes de Jenny s'arrêtaient tristement sur cette place de souvenirs, il la poussa vivement de côté, comme s'il eût voulu briser tout lien qui lui rappelât les choses de ce monde au moment où il allait invoquer la Divinité. Il lut un chapitre de l'Écriture, chanta un psaume, et fit une prière; mais en accomplissant tous ces devoirs, le vieillard eut soin d'éviter tous les passages, toutes les expressions qui pouvaient être appliquées à son malheur. Peut-être voulait-il épargner le cœur de Jenny autant que conserver son air de patience stoïque, qui lui semblait le caractère distinctif de ceux pour qui les choses de ce monde sont comme si elles n'étaient pas.

Quand il eut fini la prière du soir, il s'approcha de sa fille, lui souhaita une bonne nuit, et lui tenant les mains pendant une demi-minute, il l'attira vers lui, et mit un baiser sur le front en disant :
— Que le Dieu d'Israël te bénisse de la bénédiction de la promesse, ma chère enfant !

Il n'était pas dans son caractère ni dans ses habitudes de se montrer très-caressant, ce fut donc le cœur plein d'émotion qu'il bénit sa fille et reçut ses caresses filiales.

— Et vous, mon cher père, s'écria Jenny quand la porte se fut fermée derrière le vieillard, puissiez-vous avoir gagné l'accomplissement des bénédictions promises! puissent-elles se multiplier sur vous, sur vous qui êtes dans ce monde comme si vous n'y apparteniez pas, et pour qui tout ce que la terre donne est comme cette poussière impalpable qui se joue aux rayons du soleil et que le vent du soir dissipe !

Elle se prépara bientôt à quitter la chaumière pour le rendez-vous. Son père couchait dans une autre partie de la maison, et ne sortait plus une fois qu'il s'était retiré pour la nuit. Il lui était donc facile de s'éloigner sans être vue, aussitôt que l'heure serait venue de se rendre à l'endroit indiqué. Cependant la démarche qu'elle allait faire lui paraissait pleine de terreurs et de difficultés, quoiqu'elle n'eût pas à craindre d'être empêchée par son père; la résolution qu'elle avait prise lui semblait tout à coup aventureuse, étrange et dangereuse, et à mesure que le moment s'approchait de la mettre à exécution, sa confiance l'abandonnait. Sa main tremblait en rassemblant ses longs cheveux sous le simple ruban que les jeunes filles d'Ecosse portaient alors comme seul ornement, et en arrangeant les plis du tartan dont elle se couvrait en guise de voile et de manteau. Elle comprit, en ouvrant la porte de la maison paternelle pour la quitter, combien cette entrevue était périlleuse à plus d'un point de vue, car elle serait à la merci d'un étranger, loin de toute protection.

Quand Jenny se trouva seule dans la campagne, de nouvelles causes de frayeur vinrent l'assiéger. Les rochers épars çà et là, les ombres des montagnes, qui descendaient sur les vertes pelouses qu'elle avait à traverser, lui rappelèrent plus d'un acte de violence dont la tradition avait gardé la mémoire. Ces lieux déserts avaient servi autrefois de refuge à des bandes de voleurs et d'assassins dont les crimes sont inscrits aux annales de nos cours de justice et même de notre parlement.

Mais quand la lune commença à éclairer cette scène aux tristes souvenirs, les frayeurs de Jenny changèrent de nature, et méritent, par leur étrangeté, d'être plus longuement analysées dans un autre chapitre.

CHAPITRE XIV.

Les Écossais de tout rang croyaient alors à la sorcellerie et à la démonologie : mais c'était surtout parmi les stricts presbytériens, dont les chefs, quand ils se trouvèrent à la tête de l'État, avaient cruellement persécuté ceux que l'on accusait de ces crimes imaginaires, que l'on ajoutait la plus grande foi à ces contes d'autrefois. Les Rochers de Saint-Léonard et le parc du roi avaient, sous le rapport des apparitions, une effrayante célébrité.

Les sorcières y avaient tenu leur sabbat, et tout récemment encore, un imposteur, dont il est parlé dans le Pandémonium de Richard Barton, avait trouvé dans les crevasses de ces monts sauvages le chemin par où les fées se retiraient aux entrailles de la terre.

Jenny Deans connaissait trop bien toutes ces histoires pour ne pas ressentir en cette occasion solennelle la terrible impression qu'elles font d'ordinaire sur l'imagination. Les histoires de revenants et d'apparitions étaient le seul délassement que le vieux David se permît, quand il cessait d'argumenter sur la controverse : alors il racontait aussi les dangers, la fuite, la prise, la torture et la mort des malheureux défenseurs du covenant, il disait leurs longs séjours dans les cavernes, où plus d'une fois ils avaient eu à combattre corps à corps contre l'ennemi du genre humain. David croyait à toutes ces apparitions, à toutes ces victoires, qu'avaient racontées les anciens ou auxiliaires des prophètes.

C'était avec un sentiment de crainte superstitieuse et d'orgueilleuse supériorité qu'il expliquait comment il s'était trouvé à une prière en pleine campagne, à Crochmade, quand le service fut interrompu par l'arrivée d'un grand homme noir, qui, en traversant un gué pour s'approcher de la congrégation, perdit pied et fut emporté par le courant. Chacun se mit en devoir de lui porter secours, mais il parut impossible de le sauver, car dix ou douze hommes des plus forts qui tenaient le bout de la corde qu'on lui avait jetée semblaient en danger d'être entraînés avec lui par la force du ruisseau. Mais le célèbre Jean Semple de Carspharn, disait David d'un ton glorieux, vit de quoi il s'agissait.

— Lâchez la corde ! nous cria-t-il, car, jeune comme je l'étais, j'en avais pris le bout moi-même. C'est le grand ennemi ! Il peut brûler, mais il ne se noiera pas. Il a voulu troubler notre bonne œuvre en créant de la confusion et de l'étonnement dans notre esprit pour en chasser tout ce que vous aviez senti et ce que vous aviez entendu.

— Nous laissâmes tomber la corde, continuait David, et il fut emporté par l'eau, criant et mugissant comme un taureau de Baslan, ainsi que l'appelle l'Écriture.

Le souvenir de toutes ces histoires causa à Jenny une certaine appréhension : non-seulement elle craignit ce qu'elle pourrait rencontrer en chemin, mais elle douta de la nature, de l'espèce et des intentions de l'être qui lui avait donné rendez-vous à une heure et à un endroit si pleins d'horreurs. Pour triompher de sa frayeur, elle n'eut d'autre ressource que de fixer ses pensées sur la terrible condition où se trouvait sa sœur, le devoir qui lui incombait de lui venir en aide, et de temps en temps il se adressait une prière mentale au grand Être, pour qui la nuit est comme le jour.

Apaisant ainsi ses craintes, ou les chassant par son recours à la protection de Dieu, elle approcha enfin de l'endroit désigné pour cette mystérieuse conférence.

C'était dans la profonde vallée qui s'étend derrière les rochers de Salisbury jusqu'à la base du mont d'Arthur, et où l'on voit encore les ruines de ce qui fut autrefois une chapelle ou un ermitage dédié à saint Antoine le cénobite. On pouvait à peine choisir un lieu plus convenable, car la chapelle, située au milieu de roches sauvages, semble avoir été bâtie au milieu d'un désert, quoiqu'à la porte d'une riche et populeuse capitale. Au-dessous du sentier qui mène à ces ruines, on voyait, et l'on voit peut-être encore, l'endroit où le misérable Nichole Muschat, dont nous avons déjà parlé, avait assassiné sa femme avec des circonstances d'une horrible atrocité. Le peuple avait pris la scène où ce meurtre avait eu lieu en profonde horreur, et y avait élevé un petit *cairn* ou amas de pierres, où chaque passant avait tenu à honneur d'ajouter la sienne en témoignage de sa malédiction sur le meurtrier.

Quand notre héroïne fut près de ce lieu terrible, elle s'arrêta un instant pour jeter un regard vers la lune, qui se levait dans toute sa splendeur vers le nord-ouest, et projetait une lumière plus certaine. Regardant la planète pendant une minute, elle eut ensuite le courage de tourner les yeux vers le monceau de pierres, qu'elle avait jusqu'alors évité de regarder. On ne voyait rien au delà de cet amas de cailloux, qu'éclairaient les rayons de la lune.

Une foule de réflexions confuses se pressèrent dans son esprit : son correspondant anonyme lui avait-il joué d'elle ? manquerait-il au rendez-vous ? viendrait-il un peu plus tard, ou bien quelque événement inattendu l'empêcherait-il de garder sa parole ? Si, comme elle le craignait sans se l'avouer, c'était un être de l'autre monde, avait-il voulu seulement lui inspirer de fausses espérances, et la condamner à des terreurs inutiles ? ou bien encore, n'allait-il pas l'effrayer par l'horrible d'une apparition soudaine aussitôt qu'elle serait au lieu même du rendez-vous?

Ces réflexions ne l'empêchèrent pas cependant de s'approcher de l'amas de pierres d'un pas lent, mais décidé.

Quand elle fut à deux ou trois pas du *cairn*, une figure se leva tout à coup de l'ombre que les pierres projetaient, et elle put à peine s'empêcher de jeter un cri de surprise en voyant se réaliser ses craintes les plus naturelles. Elle garda le silence cependant, et s'arrêtant tout court, elle attendit que l'étranger lui adressât la parole.

— Êtes-vous la sœur de cette infortunée jeune fille? dit-il d'une voix que l'émotion faisait trembler.

— Je suis... je suis la sœur d'Effie Deans! répondit Jenny. Et si vous espérez jamais que Dieu vous viendra en aide quand vous aurez besoin de lui, dites-moi, si vous pouvez le dire, ce qu'il faut faire pour la sauver.

— Je n'espère pas que Dieu me vienne jamais en aide, repartit l'étranger. Je ne mérite pas, je n'espère pas qu'il m'entende jamais. Ces paroles de désespoir furent dites d'un ton plus calme que celui dont il avait d'abord parlé. Jenny resta muette d'horreur en entendant l'étranger s'exprimer d'une manière si différente à ce qu'elle était accoutumée : il lui sembla que c'était un démon plutôt qu'un homme qui lui parlait.

L'étranger continua sans paraître remarquer la surprise qu'elle témoignait :

— Vous voyez devant vous un malheureux prédestiné au mal en ce monde et en l'autre.

— Au nom du ciel, qui nous entend et qui nous voit, dit Jenny, ne parlez pas d'une manière aussi désespérée ! L'Évangile a été envoyé au chef des pécheurs, au plus misérable des malheureux.

— Alors je devrais en avoir ma part, reprit l'étranger, si vous croyez que ce soit un péché d'avoir causé la perte de la mère qui m'a enfanté, de l'ami qui m'a aimé, de la femme qui s'est fiée à moi, de l'enfant innocent dont j'étais le père. Si toutes ces choses sont des péchés, si l'on est misérable d'y survivre, alors je suis coupable, et je suis un misérable.

— C'est donc vous qui êtes la cause du malheur de ma sœur? demanda Jenny, dont le son de voix exprimait un sentiment d'indignation.

— Maudissez-moi si vous voulez, dit l'étranger, je l'ai bien mérité.

— Il vaut mieux, répondit Jenny, que je prie Dieu de vous pardonner.

— Faites ce que vous voudrez et comme vous voudrez, répliqua-t-il avec violence, seulement, promettez-moi de m'obéir et de sauver votre sœur.

— Il faut que je sache d'abord, dit Jenny, ce que vous voulez que je fasse.

— Non!... jurez d'abord, jurez solennellement, que vous ferez ce que je vous dirai.

— Il est inutile de me lier par serment à faire tout ce que peut faire un chrétien pour sauver ma sœur !

— Je ne veux pas de restriction ! s'écria l'étranger; légal ou illégal, chrétien ou païen, il faut que vous me juriez de faire ce que je vous dirai, de m'obéir en tout, ou... vous ne savez pas quelle colère vous pouvez provoquer !

— Je penserai à ce que vous m'avez dit, répondit Jenny, que la violence de cet homme, qui parlait comme un maniaque ou un possédé, commençait à effrayer. Je penserai à ce que vous m'avez dit, et je vous rendrai réponse demain.

— Demain ! répéta l'inconnu avec un éclat de rire ironique; et où serai-je demain?... où serez-vous ce soir, si vous ne jurez pas de suivre mes avis de point en point ? Ce lieu a déjà vu un horrible forfait : il y en aura deux, pour en faire un lieu doublement maudit, si vous ne vous abandonnez pas corps et âme à ma direction.

Il présenta en même temps un pistolet à la pauvre Jenny. Elle ne chercha pas à fuir, elle ne s'évanouit pas, mais elle tomba sur ses genoux et lui demanda d'épargner sa vie.

— Est-ce là tout ce que vous avez à dire? demanda tranquillement l'inconnu.

— Ne trempez pas vos mains dans le sang d'une pauvre femme sans défense qui s'est confiée à vous, dit Jenny restant à genoux.

— Est-ce là tout ce que vous pouvez dire pour vous sauver la vie ? répéta l'étranger. Ne pouvez-vous me faire une promesse ? Voulez-vous perdre votre sœur et me forcer à répandre plus de sang encore ?

— Je ne puis promettre rien, répondit la jeune femme, qui soit contre mon devoir de chrétienne.

Il arma le pistolet et le lui présenta de nouveau.

— Que Dieu vous pardonne! s'écria-t-elle en portant ses mains à ses yeux.

— Damnation ! murmura l'inconnu, qui, se tournant de côté, désarma le pistolet et le remit dans sa poche. Je suis un scélérat, dit-il, couvert de crimes et de forfaits, mais je ne suis pas encore assez misérable pour vous faire du mal ! Je voulais seulement vous effrayer...

Elle ne m'entend pas, elle est évanouie!... Grand Dieu! quel abominable vilain je suis devenu!...

Elle sortit bientôt cependant de l'extrême agonie qui lui avait semblé aussi amère que la mort, et une minute après elle eut repris assez de force et de courage pour comprendre qu'il ne lui voulait aucun mal.

— Non! répéta-t-il, au meurtre de votre sœur et de son enfant je ne voudrais pas ajouter la perte d'une femme qui lui touche de si près! Fou, furieux comme je suis, sans peur et sans pitié, abandonné à tout ce qui est mauvais et réprouvé par tout ce qui est bon, je ne voudrais pas vous blesser, quand même on m'offrirait le monde entier! Mais, au nom de tout ce que vous avez de plus cher, jurez que vous ferez ce que je vous dirai. Prenez cette arme, et tuez-moi sur place; vengez vous-même les malheurs de votre sœur, mais faites, faites la seule chose qui puisse lui sauver la vie.

— Hélas ! est-elle innocente ou coupable ?

— Innocente... innocente de tout... Seulement elle a eu confiance dans un misérable. Cependant, il a été ceux qui sont encore pires que moi... oui, pires que moi! tout misérable que je suis... ce malheur ne serait pas arrivé.

— Et l'enfant de ma sœur, demanda Jenny, vit-il encore ?

— Non, il a été tué, le pauvre innocent a été atrocement tué, répondit-il d'un ton plus bas mais accentué ; mais, ajouta-t-il vivement, elle n'y a pas consenti, elle n'en a rien su.

— Alors pourquoi les coupables ne sont-ils pas dénoncés ? pourquoi l'innocent n'est-il pas mis hors de danger ?

— Ne me tourmentez pas de questions complétement inutiles, répondit-il d'un ton sévère; il a été tué par ceux qui sont maintenant hors des atteintes de la justice et qui ne craignent plus son bras... Personne que vous ne peut maintenant sauver Effie !

— O mon Dieu ! et comment puis-je la sauver? demanda Jenny d'un ton abattu.

— Ecoutez-moi! vous êtes intelligente... vous comprendrez ce que je veux dire... j'ai confiance en vous. Votre sœur est innocente du crime dont elle est accusée.

— Que Dieu soit loué ! s'écria Jenny.

— Silence! et écoutez-moi. La personne qui l'a soignée à son heure de souffrance a tué l'enfant; mais la mère n'a rien su, n'a consenti à rien : elle est donc innocente, aussi innocente que le malheureux qui n'a vécu que quelques minutes... il est heureux d'être en repos pour toujours. Elle est aussi innocente que le pauvre enfant, et cependant il faut qu'elle meure... la loi est inexorable.

— Ne peut-on retrouver les coupables et les livrer à la justice ? dit Jenny.

— Croyez-vous pouvoir persuader à ceux qui sont endurcis dans le crime de marcher à la mort pour en sauver un autre? Est-ce là le roseau sur lequel vous voudriez vous appuyer ?

— Mais vous avez dit qu'il y avait un moyen de la sauver, reprit Jenny.

— C'est vrai, répondit l'inconnu, et vous pouvez l'employer. Il est impossible de repousser absolument le coup de la loi, mais on peut le détourner... Vous avez vu votre sœur durant la période qui a précédé la naissance de son enfant... elle a dû naturellement vous faire part de sa situation... Cette déclaration, comme le disent la loi, la ferait absoudre aux termes mêmes de la loi, car il n'y aurait plus de dénégation de grossesse. Je connais leur jargon, et j'ai eu assez de raisons de le connaître. Il est très-naturel qu'Effie vous ait parlé de sa situation, cherchez bien... réfléchissez... je suis sûr qu'elle vous en a parlé.

— O mon Dieu ! dit Jenny, elle m'en a jamais dit un mot; elle ne faisait que pleurer quand je lui parlais de sa mauvaise mine et de la tristesse qui l'obsédait.

— Vous l'avez questionnée là-dessus? dit vivement l'inconnu. Alors vous devez vous rappeler qu'elle vous a avoué qu'elle avait été trompée par un misérable... oui, dites-le avec emphase, un abominable vilain, et qu'il est inutile de lui donner un autre nom. Elle vous a avoué qu'elle portait dans son sein la preuve de son crime, et qu'il lui avait affirmé qu'il se chargerait lui-même de pourvoir au secret nécessaire plus tard. Et il a bien tenu sa parole! ajouta-t-il d'un ton d'amertume et de reproche; vous devez vous rappeler tout cela... c'est tout ce qu'il est nécessaire de déclarer.

— Mais je ne peux pas me rappeler, répondit Jenny, ce qu'Effie ne m'a jamais dit.

— Ne voulez-vous pas... ne pouvez-vous pas comprendre? s'écria-t-il en saisissant violemment le bras et en la retenant fortement pressé. Je vous dis, ajouta-t-il en parlant entre ses dents d'un ton plus bas, mais plein d'énergie, qu'il faut que vous vous rappeliez qu'elle vous a dit tout cela, qu'elle vous l'ait confié ou non. Il faut que vous répétiez cette déclaration, qui n'est pas un mensonge, excepté qu'elle ne vous l'a pas dit; il faut que vous la répétiez devant ces juges altérés de sang ; c'est pour les empêcher de devenir assassins, pour les empêcher d'assassiner votre sœur. N'hésitez pas; je vous jure, sur la vie et sur mon salut, qu'en répétant ce que je vous ai dit vous ne direz que la vérité.

— Mais, dit Jenny, dont le bon sens était trop droit pour ne pas voir le sophisme de l'argument, je serai parjure sur le point même que mon témoignage devra décider; car Effie est poursuivie pour avoir caché sa grossesse, et c'est justement sur cela que vous voulez que j'affirme ce qui n'est pas.

— Je vois, répondit-il, que ma première idée était juste; vous laisserez votre sœur, qui est innocente de tout crime, excepté d'avoir eu trop de confiance dans un misérable, mourir de la mort des meurtriers, plutôt que de dire un mot pour la sauver !

— Je verserais le plus pur sang de mes veines pour lui épargner le moindre mal, dit Jenny pleurant de douleur; mais je ne peux pas faire que le mal soit le bien, ni que ce qui est faux soit vrai.

— Imbécile ! entêtée ! dit l'inconnu, craignez-vous que l'on vous fasse quelque chose ? Mais, je vous le dis, les agents de la loi eux-mêmes, qui courent après le sang comme les lévriers après les lièvres, seront heureux de voir échapper une femme aussi jeune, aussi belle. Ils croiront tout ce que vous direz, et fussent-ils disposés à en suspecter la vérité, ils penseraient que vous méritez plus de louanges que de blâme en cherchant à excuser votre sœur.

— Ce ne sont pas les hommes que je crains, répondit Jenny levant les yeux au ciel, c'est Dieu que je prendrai à témoin de la vérité de ce que je dirai, et qui connaîtra mon mensonge.

— Mais il en saura la raison, reprit vivement l'étranger; il saura que vous le faites non pour l'amour du lucre, mais pour sauver la vie d'un innocent, mais pour empêcher un crime plus grand que celui que la loi cherche à punir.

— Il nous a donné une loi, dit Jenny, qui nous guide dans notre chemin : si nous nous en écartons, nous péchons sciemment. Je ne peux pas faire le mal en vue du bien qui peut en résulter. Mais vous, vous qui savez que tout cela est vrai, vous qui me l'affirmez, vous qui, si je vous ai bien compris, lui avez promis de l'aider dans sa maladie, pourquoi ne vous présentez-vous pas pour témoigner en sa faveur ? votre conscience ne vous reprocherait rien.

— A qui parlez-vous d'une conscience qui ne se reproche rien, femme ? s'écria-t-il avec une véhémence qui renouvela ses frayeurs. A moi ?... Je n'ai pas été un moment sans remords depuis bien des années ! Rendre témoignage en sa faveur ? un beau témoin, qui, pour dire quelques mots à une femme d'aussi peu d'importance que moi, est obligé de choisir une pareille heure, un pareil lieu ! Quand vous verrez les chauves-souris et les hiboux voler au grand jour, vous pourrez vous attendre à me voir fréquenter les assemblées des hommes. Silence... Ecoutez !...

On entendait une voix chanter un de ces airs monotones si communs en Ecosse, et que l'on applique aux vieilles ballades. Le chant cessa, puis s'approcha : l'inconnu écoutait attentivement, tenant encore Jenny par la main comme pour l'empêcher d'interrompre la voix, soit en remuant, soit en parlant. Quand le chant recommença, ils purent entendre distinctement ces paroles :

Quand dans les cieux chasse l'émerillon,
Lièvres se cachent au sillon;
Quand le limier va battre la campagne,
Le daim s'enfuit à la montagne.

La personne qui chantait avait une voix des plus perçantes, que l'on pouvait entendre à une très-grande distance. La voix se tut de nouveau, et l'on entendit quelques pas de personnes qui s'approchaient. Puis le chant recommença, mais l'air n'était plus le même :

Dormirez-vous jusqu'à demain ?
Réveillez-vous, sire James, dit-elle;
Vingt ennemis le fer en main
Veillent au pied de la vieille tourelle.

— Je ne puis rester plus longtemps, dit l'étranger, retournez chez vous, ou attendez qu'ils viennent, vous n'avez rien à craindre; mais ne dites pas que vous m'avez vu... Le sort de votre sœur est entre vos mains.

Il la quitta à ces mots, et d'un pas rapide, mais silencieux, il s'enfonça dans l'obscurité du côté opposé à celui d'où provenaient les sons qu'ils avaient entendus; il eut bientôt disparu. Jenny resta auprès de l'amas de pierres, ne sachant, dans sa terreur, si elle devait fuir vers Saint-Léonard aussi vite qu'elle le pourrait, ou s'il valait mieux attendre ceux qui s'avançaient vers elle. Avant d'avoir pu se décider, elle put voir deux ou trois personnes qui s'approchaient, et qui étaient déjà assez près pour que la fuite fût aussi imprudente qu'inutile.

CHAPITRE XV.

Nous devons maintenant retourner à ce Ratcliffe dont nous avons vu l'interrogatoire.

— Je parierais bien quelque chose, dit le greffier au magistrat, que si ce coquin de Ratcliffe était certain que son cou n'est plus en danger, il pourrait faire plus que dix de nos agents et de nos espions pour nous trouver le fil de cette affaire de Porteous. Il est dans les secrets de tous les fraudeurs, des voleurs et des bandits qui infestent Edimbourg, et on pourrait dire qu'il est le père de tous les vagabonds de l'Ecosse, car voilà plus de vingt ans qu'ils lui ont donné le surnom de Papa-Rat.

— Quelque chose de propre, répliqua le magistrat, pour lui confier un emploi dans la cité !

— J'en demande pardon à Votre Seigneurie, dit le procureur fiscal de la cité qui faisait les fonctions de surintendant de police, M. Fairscrièwe a parfaitement raison. La ville a besoin d'un homme comme Ratcliffe, et s'il était disposé à employer ses connaissances au service de la cité, vous ne pouvez pas trouver mieux. Ce ne sont pas des saints qui se mettront espions ou chasseurs de voleurs; tous les gens que l'on a voulu mettre à ce métier qui étaient un peu honnêtes n'ont rien fait de bon. Ils ont peur de ceci, ils ont des scrupules sur cela, ils n'osent pas dire un mensonge pour le bien de la ville. Ils n'aiment pas à être dehors à des heures indues ni quand il fait trop froid, ils craignent plaies et bosses. Si bien que la crainte de Dieu, la peur des hommes, l'appréhension où ils sont d'un mal de gorge ou d'une bonne volée de trique, les empêchent de rien faire. Nous en avons une douzaine parmi les sergents, les estafiers et les commissaires, qui ne trouvent jamais rien que quelques malheureuses petites fraudes aux dépens du receveur de la cité. Jacques Porteous, qui est mort et enterré, le pauvre diable, en valait vingt comme eux. Il n'y avait jamais rien qu'il arrêtât quand il était commandé, ni craintes, ni scrupules, ni doutes, ni conscience.

— Ah ! c'était un homme précieux pour la cité, dit le bailli, quoiqu'il eût peur trop à boire. Mais si vous croyez réellement que ce coquin de Ratcliffe pût nous aider à découvrir les coupables, je lui garantirais la vie sauve, une récompense et de l'avancement. Ah ! c'est une bien malheureuse affaire que celle de Butler, ou de cet inconnu. Si j'apprends, monsieur Fairscrièwe, on ne sera pas content là-haut ! La reine Caroline, que Dieu la bénisse ! est une femme, du moins je le crois, et il n'y a pas de mal à dire tout ce que j'en pense; et peut-être bien que vous êtes de mon avis, car vous avez une gouvernante, quoique vous ne soyez pas marié; les femmes ont leur volonté, elles n'aiment pas qu'on les contredise; cela sonnera mal à ses oreilles que pareille chose est arrivée, et que nous n'avons encore mis la main sur personne.

— S'il n'y avait que cela, monsieur, dit le procureur fiscal, il nous serait facile de mettre quelques individus en prison comme prévenus. Cela nous donnerait un certain air de vigilance; j'en ai toujours une liste toute prête dont pas un ne pourrait nous reprocher une semaine ou deux d'emprisonnement. Et si vous croyez que ce ne fût pas tout à fait juste, vous pourriez les traiter un peu plus favorablement la première fois qu'ils feraient quelque chose; ce ne sont pas des gens à vous laisser longtemps sans une occasion de leur en tenir compte.

— Je crains bien que cela ne fasse pas l'affaire, monsieur Sharpitlaw, dit le greffier, ils demanderont à être interrogés, et ils seront dehors presque avant d'être sous les verrous.

— Je parlerai au lord prévôt de l'affaire de Ratcliffe, dit le magistrat. Monsieur Sharpitlaw, voulez-vous venir avec moi recevoir quelques instructions, il faut que nous tirions quelque chose de cette histoire de Butler et de son inconnu. Je ne crois pas moi-même ait le droit de se planter dans le parc du roi et de s'appeler le diable pour effrayer les honnêtes gens, qui ne veulent entendre parler du diable que quand le ministre leur en cause de sa chaire au jour du sabbat. Je ne peux pas croire non plus que le ministre se soit mis à la tête de l'émeute, quoiqu'il y ait eu en temps où ils étaient aussi grands brouillons que leurs voisins.

— Il y a longtemps de cela, dit M. Sharpitlaw. Du temps de mon père, on recherchait plus les ministres du côté de Bow-Head et de Covenant-Close, ainsi que sous les tentes de Kedar, comme ils appelaient alors les maisons des dévots, que nous ne recherchons aujourd'hui les voleurs et les filous du côté de Laigh-Calton et derrière la Canongate. Mais ce temps-là est passé, et bonsoir. Si le bailli veut me procurer l'autorisation du prévôt, je parlerai à Papa-Rat moi-même; je m'imagine que j'en tirerai meilleur parti que vous.

M. Sharpitlaw, dans lequel on avait la plus grande confiance, fut autorisé, dans le courant de la journée, à faire les arrangements qu'il croirait les plus avantageux à la bonne ville. Il se rendit aussitôt à la prison et vit Ratcliffe en particulier.

Pendant près de cinq minutes, le magistrat et le voleur restèrent assis sans mot dire auprès d'une petite table, se regardant l'un l'autre fixement, d'un air qui indiquait qu'ils se comprenaient à merveille, et pouvaient à peine réprimer un sourire. Ils ressemblaient exactement à deux chiens, qui, avant de s'abandonner à leurs jeux, se couchent vis-à-vis l'un de l'autre, et restent à se contempler mutuellement jusqu'à ce que l'un d'eux commence le jeu.

— Ainsi donc, monsieur Ratcliffe, dit le magistrat, qui crut qu'il était de sa dignité de parler le premier, on me dit que vous abandonnez le métier ?

— Oui, monsieur, répondit Ratcliffe, je m'en vais quitter le chemin-là, et je crois que cela épargnera quelque embarras à vos gens, monsieur Sharpitlaw.

— Embarras de Jock Dalgleish, le bourreau, leur aurait bientôt épargné, repartit le procureur fiscal.

— Oui, si j'attendais dans la Tolbooth qu'il vînt prendre la mesure de ma cravate : mais parlons d'affaires, monsieur Sharpitlaw.
— Mais vous n'ignorez pas, sans doute, que vous êtes condamné à mort, monsieur Ratcliffe? répondit Sharpitlaw.
— Oh! nous le sommes tous, comme disait ce digne ministre dans l'église de la Tolbooth le jour où Robertson s'échappa ; mais personne ne sait quelle sera l'heure de l'exécution. Et vraiment il ne croyait pas dire si vrai, le digne ministre.
— Ce Robertson, dit Sharpitlaw d'un ton plus bas et qui avait quelque chose de confidentiel, savez-vous, Rat... c'est-à-dire pouvez-vous nous donner une idée de ce qu'il peut-être devenu?
— Ah! monsieur Sharpitlaw, je vous parlerai franchement : Robertson est un peu au-dessus de ma sphère... c'était un vrai diable, et il en a eu des aventures! Mais excepté cette affaire du receveur des douanes, à laquelle Wilson l'entraîna, et quelques petites histoires avec les gabelous, il n'a jamais rien fait qui se rapproche de notre manière de faire.
— C'est assez singulier, vu les gens qu'il hantait.
— C'est un fait, je vous le garantis sur l'honneur, dit gravement Ratcliffe, il se tenait en dehors de nos petites affaires, ce que ne faisait pas toujours Wilson; j'ai travaillé plus d'une fois avec Wilson. Mais, avec le temps, il y viendra; vous pouvez en être certain : personne n'a jamais mené la vie qu'il suit sans en venir là tôt ou tard.
— Qu'est-ce qu'il est, Ratcliffe? vous devez le savoir, dit Sharpitlaw.
— Je m'imagine qu'il sort de meilleure famille qu'il ne voudrait l'avouer : il a été soldat, comédien, je ne sais pas tout ce qu'il a été, jeune comme il est.
— Il a joué bien des tours dans sa vie, je le suppose?
— Il peut s'en vanter, dit Ratcliffe en souriant ironiquement. Et puis c'est un vrai diable parmi les cotillons.
— Rien de plus probable, dit Sharpitlaw. Eh bien! Ratcliffe, je ne vais pas plus avant vous par quatre chemins; vous savez comment on se fait bien voir dans mon service, il faut se rendre utile.
— Certainement, monsieur, autant qu'il me sera possible, rien pour rien, je connais la devise du service, répondit l'ex-voleur.
— L'affaire principale que nous ayons en main en ce moment, dit le magistrat, c'est cette affaire de Porteous. Si vous pouvez nous aider, il y a d'abord la place de geôlier pour commencer; puis plus tard le commandement de la police... Vous me comprenez?
— Très-bien, monsieur, très-bien ; inutile de crier quand les gens ne sont pas sourds : mais l'affaire de Porteous, Dieu me bénisse! j'étais entre quatre murs pendant qu'elle a eu lieu. Et tenez, je n'ai pas pu m'empêcher de rire quand j'ai entendu Porteous leur demander pardon! Vous m'avez fait suer plus d'une fois, voisin, me dis-je tout bas, à votre tour : il est bon que vous sachiez ce que c'est que d'être pendu.
— Allons, allons, tout cela n'est pas notre affaire, Rat, dit le procureur; vous ne m'échapperez pas par cette porte-là, mon garçon. Si vous voulez vous faire bien voir, il faut aller droit au but : donnant donnant, c'est le moyen de faire de bons comptes.
— Mais comment puis-je aller droit au but, comme dit Votre Honneur, reprit tranquillement Ratcliffe d'un air de grande simplicité, quand vous savez que j'étais dans le grand cachot pendant que tout se passait?
— Et comment voulez-vous que nous vous mettions en liberté, Papa-Raton, si vous ne dites ou ne faites quelque chose pour le mériter?
— Eh bien, alors tant pis! répondit l'ex-voleur. Puisqu'il faut que cela soit, j'ai vu Robertson parmi les gars qui ont enfoncé la prison : vous me tiendrez compte de cela, j'espère?
— C'est aller droit au but, dit le magistrat. Et maintenant, Rat, où croyez-vous qu'on puisse mettre la main dessus?
— Le diable m'emporte si je le sais! dit Ratcliffe. Il n'est pas probable qu'il soit retourné à ses anciens nids, il doit avoir quitté le pays. Il a des amis, malgré la vie qu'il a menée; c'est un homme qui a été bien élevé.
— Il fera d'autant plus d'honneur à notre gibet, alors, dit Sharpitlaw, un abominable chien qui s'en vient tuer un officier de la cité parce qu'il avait rempli son devoir! Qui sait jusqu'où cela pourrait aller?... Mais vous êtes sûr de l'avoir vu?
— Aussi sûr que je vous vois.
— Comment était-il habillé? demanda Sharpitlaw.
— Je n'ai pas pu voir exactement : il avait quelque chose comme un bonnet de femme sur la tête; mais vous n'avez jamais vu une pareille confusion : on ne pouvait avoir l'œil partout.
— N'a-t-il parlé à personne? dit le magistrat.
— Ils causaient, ils parlaient entre eux, répondit Ratcliffe, qui cherchait évidemment à restreindre ses aveux autant que possible.
— Ce n'est pas cela, Ratcliffe, dit le procureur en frappant sur la table d'un air impatienté, il faut dire tout. . tout... tout!
— C'est dur à avaler, monsieur, répliqua le prisonnier, mais puisqu'il s'agit de la place de porte-clefs.....
— Et l'espoir d'être chef de la police... chef de la police... si vous vous conduisez bien.

— Oui, oui, se bien conduire! répéta Ratcliffe, c'est le diable, voyez-vous! Et puis, après tout, il s'agit d'attendre que la place soit vide!
— La tête de Robertson pèsera d'un grand poids, dit Sharpitlaw; elle avancera grandement vos affaires. La ville aura à se montrer généreuse, c'est de toute justice, et puis vous pourrez jouir honnêtement de votre récompense.
— Je ne sais trop, répliqua l'ex-voleur, c'est une manière assez étrange de commencer un métier honnête... Mais, après tout, qu'importe? Sharpitlaw, je l'ai vu parler à la jeune Effie Deans, qui est là-haut accusée d'infanticide.
— Oh! que diable! Rat, voilà qui vaut quelque chose!... Et l'homme qui a parlé à Butler dans le parc, et qui doit rencontrer Jenny Deans auprès du cairn de Muschat... Oh! oh! mettant tout cela ensemble... je parierais ma tête qu'il est le père de l'enfant de cette pauvre fille.
— Vous n'avez pas toujours si bien deviné, dit Ratcliffe renouvelant sa chique de tabac. Il y a déjà quelque temps que j'avais entendu dire qu'il s'était amouraché d'une jolie fille du côté des Plaisants, et que Wilson avait toutes les peines du monde pour l'empêcher de l'épouser.
Un agent de police qui entra en ce moment annonça à Sharpitlaw que la femme qu'il avait fait demander était dans la chambre à côté.
— Cela n'a plus d'importance, dit le magistrat, l'affaire prend une autre tournure; cependant, Georges, faites-la entrer.
L'agent se retira, et revint bientôt conduisant une grande et forte fille de dix-huit ans d'un air, habillée d'une manière extraordinaire dans une espèce de veste d'amazone, avec de sales passementeries; ses cheveux étaient coupés comme ceux d'un homme; elle portait un bonnet de montagnard avec quelques plumes brisées; son jupon était rouge, et avait été couvert de broderies. Ses traits étaient communs et fortement sculptés; cependant, grâce à deux yeux noirs très-brillants, à son nez aquilin et à un profil assez régulier, vue à une petite distance, elle paraissait assez belle. Elle tenait une baguette à la main, et faisant une profonde révérence, elle commença la conversation sans attendre qu'on lui fît aucune question.
— J'ai bien l'honneur de vous souhaiter le bonjour, gentil monsieur Sharpitlaw! Bonjour, Papa-Raton : on m'avait dit que tu étais pendu! T'es-tu tiré des mains de Jean Dalgleish comme la demi-pendue Maggie Dickson?
— Veux-tu te taire, vieille folle, dit Ratcliffe, et écouter ce qu'on a à te dire?
— De tout mon cœur, Raton. Ç'a été un grand honneur pour la pauvre Madge d'avoir été amenée, en plein jour, tout le long de la rue, par un grand homme avec un habit tout couvert de passementeries, pour parler au prévôt, au bailli, au greffier, au procureur; et toute la ville qui me regardait! En voilà de l'honneur pour une pauvre fille!
— C'est vrai, Madge, dit M. Sharpitlaw d'un ton insinuant. Et vous vous êtes faite belle, je vois; vous n'avez pas mis vos habits de tous les jours?
— Tiens! s'écria-t-elle en voyant entrer Butler, voilà un ministre dans la Tolbooth! Qui est-ce qui dira maintenant que c'est un mauvais lieu? Je parierais qu'il est là pour la bonne vieille cause, mais ce n'est pas la mienne.
— Avez-vous quelquefois vu cette femme? demanda Sharpitlaw à Butler.
— Non pas que je sache, monsieur, répondit Butler.
— C'est ce que je pensais, dit l'homme de loi jetant un coup d'œil d'intelligence vers Ratcliffe; mais elle s'appelle Madge Wildfire?...
— Ah! oui, c'est là mon nom, Madge, et je l'ai toujours porté depuis que je ne suis plus ce que j'étais. Alas! alas!
Ses traits prirent une expression de mélancolie.
— Mais je ne puis plus me rappeler quand cela était... il y a si longtemps... et dans tous les cas je ne m'en embarrasse pas plus que d'une chiquenaude.
— Taisez-vous, folle que vous êtes! dit l'agent de police qui l'avait introduite, et qui était hautement scandalisé de l'impertinence de ses manières en présence d'un homme aussi important que M. Sharpitlaw, taisez-vous, ou je vais vous donner de quoi vous clore les mâchoires!
— Laissez-la, laissez-la, Georges, dit Sharpitlaw, ne la mettez pas de mauvaise humeur, j'ai différentes choses à lui demander. Mais, d'abord, monsieur Butler, regardez-la bien encore une fois.
— A votre aise, ministre, ne vous gênez pas, dit Madge, je vaux bien ce que vous voyez dans vos livres. Et je puis réciter le petit Catéchisme, le grand Catéchisme, le Credo et les Commandements de Dieu aussi bien que l'assemblée des révérends de Westminster... c'est-à-dire, ajouta-t-elle d'un ton plus bas, je pouvais les réciter autrefois, mais il y a longtemps, et puis on oublie cela, vous savez.
Et la pauvre Madge soupira de nouveau.
— Eh bien, monsieur, dit Sharpitlaw à Butler, que croyez-vous maintenant?

— Ce que j'ai déjà dit, répondit Butler, je n'ai jamais vu la pauvre folle avant ce matin.
— Alors ce n'est pas elle que les émeutiers de la dernière nuit appelaient Madge Wildfire?
— Non, certainement, dit Butler, c'est à peu près la même taille, car elle est grande, mais je ne vois pas d'autre ressemblance.
— Les habits ne se ressemblent pas non plus? dit Sharpitlaw.
— Pas le moins du monde, monsieur, répliqua Butler.
— Madge, ma bonne fille, dit Sharpitlaw de sa voix la plus insinuante, qu'est-ce que vous avez fait hier de vos habits de tous les jours?
— Je ne sais pas, répondit Madge.
— Où étiez-vous hier au soir, Madge?

Madge Wildfire.

— Je ne me rappelle rien du tout d'hier, répondit Madge; on a bien assez de penser à ce qu'on fait dans un jour, et quelquefois on en a de trop.
— Voyons, Madge, si je vous donnais ce petit écu, est-ce que vous ne vous rappelleriez pas quelque chose? demanda Sharpitlaw en lui montrant une pièce d'argent.
— Cela me ferait rire, mais cela ne me ferait pas me rappeler.
— Mais, Madge, continua Sharpitlaw, si je vous envoyais au pénitentier de la cour de Leith, et que je dise à Jack Dalgleish de vous appliquer quelques coups de fouet sur les épaules...
— Cela me ferait pleurer, dit Madge en soupirant, mais cela ne me ferait pas me rappeler, vous savez?
— Elle ne comprend pas la raison des gens sensés, monsieur, dit Ratcliffe; elle ne sait pas la valeur de l'argent, ni pourquoi Dalgleish prendrait son fouet, mais je crois que je pourrais la faire parler.
— Essaye, Ratcliffe, repartit Sharpitlaw, je suis fatigué de ses réponses à l'aventure.
— Madge, dit Ratcliffe, avez-vous des amoureux maintenant?
— Si quelqu'un vous le demande, dites que vous n'en savez rien. En vérité, voir le vieux papa Raton qui vient me parler de mes amoureux!
— Je parierais que vous n'en avez pas un?
— Vois un peu si je n'en ai pas, répliqua Madge relevant la tête de l'air d'une beauté offensée : j'ai Robin le Ranter, j'ai Will Fleming, et puis j'ai encore Geordie Robertson, mon garçon, qu'on appelle Gentilhomme Geordie. Que dis-tu de tout cela?
Ratcliffe se mit à rire, et jetant un coup d'œil vers le procureur fiscal, il continua son interrogatoire à sa manière.
— Mais, Madge, les gars ne vous aiment que quand vous avez vos beaux habits; ils ne vous toucheraient pas avec une paire de pincettes quand vous avez vos chiffons de tous les jours.
— Vous êtes un vieux menteur, répliqua la folle, car Gentilhomme Geordie Robertson a mis lui-même mes vieux habits hier au soir, et il est allé par la ville avec, et il avait l'air d'une reine.
— Je n'en crois pas un mot, reprit Ratcliffe clignant l'œil de nouveau; tes chiffes étaient de la couleur du clair de lune dans l'eau, Madge. Est-ce que ta robe n'était pas bleu clair?
— Du tout, du tout, s'écria Madge, qui laissait échapper, dans l'ardeur de la discussion, tout ce qu'elle avait essayé de cacher. Elle n'était ni écarlate ni bleu ciel, puisque c'était ma vieille robe brune, avec une des coiffes de ma mère et mon petit manteau rouge; et il me donna un écu et un baiser en récompense. Que Dieu bénisse le beau garçon, quoiqu'il m'ait coûté cher!
— Et où a-t-il changé d'habits, ma bonne fille? demanda Sharpitlaw.
— Le procureur a gâté tout, observa sèchement Ratcliffe.
L'observation était juste, car la question, faite d'une manière aussi directe, fit immédiatement comprendre à Madge combien il lui importait, dans l'intérêt de Robertson, de se tenir sur la réserve.
— Qu'est-ce que vous nous demandiez, monsieur? dit-elle avec un air d'imbécillité qui montrait qu'il y avait une certaine dose de finesse mêlée à sa folie.
— Je vous ai demandé, dit le procureur, à quelle heure et à quel endroit Robertson vous a rapporté vos habits.
— Robertson? Que le ciel nous protège!... Quel Robertson?
— Mais l'individu dont vous parliez, celui que vous appelez Gentilhomme Geordie?
— Gentilhomme Geordie! répondit Madge de l'air le plus étonné; je ne connais personne qu'on appelle Gentilhomme Geordie.
— Oh! ma fille, dit Sharpitlaw, cela ne peut pas se passer comme cela! Il faut que vous nous disiez ce que vous avez fait des habits dont vous parliez.

Le procureur fiscal Sharpitlaw interroge Effie dans la prison.

Madge Wildfire ne répondit qu'en chantonnant le refrain d'une vieille ballade qui ne pouvait jeter aucune lumière sur cette affaire. Si Ophélia est la plus intéressante de toutes les folles qui répondirent jamais par des extraits de chanson, Madge Wildfire était certainement la plus provoquante.
Le procureur fiscal était impatienté à l'extrême.
— Je m'en vais trouver le moyen de faire parler ce gibier de Bedlam, dit-il.
— Avec votre permission, monsieur, dit Ratcliffe, il vaut mieux la laisser un peu tranquille, nous en avons toujours tiré quelque chose.
— C'est vrai, dit le magistrat, une robe brune, une coiffe et un petit manteau rouge; cela répond à votre Madge Wildfire, monsieur Butler.
Butler convint que ce signalement était exact.
— Oui, reprit le magistrat, c'était assez adroit de prendre le nom

et le costume de cette pauvre folle pour entreprendre une pareille affaire.

— Et je peux déclarer maintenant, dit Ratcliffe...

— Quand vous voyez que nous l'avons appris ailleurs, interrompit Sharpitlaw.

— Justement, monsieur, continua Ratcliffe, je peux déclarer maintenant, puisque c'est bien connu, que c'était bien là le costume que portait Robertson, hier, la nuit, quand il est entré dans la prison à la tête des émeutiers.

— Voilà ce qui s'appelle parler, dit Sharpitlaw, continuez comme cela, Rat, et je ferai un rapport très-favorable au prévôt sur votre compte; j'ai de l'ouvrage pour vous ce soir... Il commence à se faire tard, il faut que j'aille à la maison manger un morceau; je reviendrai ce soir. Gardez Madge avec vous, Ratcliffe, et tâchez de le tenir en bonne humeur.

Il sortit en même temps de la prison.

CHAPITRE XVI.

A son retour à la prison, le magistrat reprit sa conférence avec Ratcliffe.

— Il faut aller voir cette Effie Deans, Rat, lui dit-il, il faut voir un peu ce qu'elle peut savoir, car elle doit connaître les refuges de Robertson. Va la voir, Rat... va la voir immédiatement.

— Je vous en demande pardon, monsieur Sharpitlaw, répondit l'aspirant porte-clefs, je ne peux vraiment pas.

— Tu ne peux vraiment pas? Que diable! qu'est-ce qui te prend? Je croyais que nous avions réglé tout cela?

— Je ne sais pas, monsieur Sharpitlaw, répliqua Ratcliffe, je lui ai parlé, à cette Effie, c'est la première fois qu'elle vient ici, et elle n'est pas accoutumée à nos manières. Elle pleure, la pauvre fille, elle se désespère à cause de ce Robertson; et si on le prenait par suite de ce qu'elle dirait elle en mourrait, bien sûr!

— Elle n'en aura pas le temps, répondit Sharpitlaw, on la fera danser avant cela. Une femme ne meurt pas si vite de chagrin.

— C'est suivant de quoi elles sont faites, monsieur, dit Ratcliffe, mais, pour ne pas perdre de temps, je répète que je ne peux pas y aller, ma conscience m'en empêche.

— Ta conscience, Rat? répéta Sharpitlaw d'un ton d'ironie que le lecteur trouvera sans doute bien naturel.

— Mais, oui, monsieur, dit tranquillement Ratcliffe, ma conscience. On a une conscience, quoiqu'on ne la sente pas toujours. Je crois que la mienne est aussi peu sensible que possible, et cependant elle me talonne de temps en temps.

— Eh bien, Rat, reprit Sharpitlaw, puisqu'il te répugne de lui parler, je vais y aller moi-même.

Sharpitlaw se fit montrer la petite chambre obscure qu'occupait la malheureuse Effie Deans. Elle était assise sur le bord de son lit, absorbée par ses réflexions. Il y avait sur la table quelques mets de meilleure qualité qu'on ne donnait d'ordinaire aux prisonniers, mais elle n'y avait pas touché. Le porte-clefs, qui la surveillait, déclara qu'il restait souvent plus de vingt-quatre heures sans rien prendre, excepté de l'eau.

Sharpitlaw prit une chaise, fit retirer le geôlier, et, mettant dans le son de sa voix, naturellement rude et rauque, autant de pitié qu'il lui fut possible, il lui dit :

— Comment allez-vous, Effie?... Comment vous trouvez-vous, ma fille?

Effie ne répondit que par un profond soupir.

— Les gardiens vous traitent-ils poliment, Effie? Il est de mon devoir de m'en informer.

Les deux sœurs allèrent jusqu'au bord du petit lit, s'y assirent, se prirent les mains et se regardèrent tendrement sans prononcer une seule parole.

— Ils sont très-polis, monsieur! dit Effie s'efforçant de répondre et sachant à peine ce qu'elle disait.

— Et votre nourriture? demanda Sharpitlaw du même ton de compassion. Aimez-vous ce que l'on vous donne? Y a-t-il quelque chose que vous désireriez? Vous avez l'air un peu souffrante.

— Tout est très-bien, monsieur, je vous remercie, dit la pauvre prisonnière d'un ton bien différent de la joyeuse vivacité qui animait autrefois la jeune fille de Saint-Léonard, c'est très-bon... trop bon pour moi!

— C'est un profond scélérat, Effie, celui qui vous a mise dans cet embarras, dit Sharpitlaw; c'est un grand misérable, continua-t-il, oh! si je le tenais!...

— Ce n'est pas lui qu'il faut blâmer, c'est ma faute, monsieur, dit Effie; j'avais reçu de bons renseignements, mais lui, le pauvre garçon...

— A été un misérable toute sa vie, dit Sharpitlaw; c'était un étranger au pays, un compagnon de cet autre coquin Wilson! N'est-ce pas, Effie?

— On ne peut pas dire qu'il ne connaissait pas Wilson.

— Sans doute, sans doute, Effie, reprit Sharpitlaw. Où aviez-vous coutume de vous donner des rendez-vous, Robertson et vous? quelque part du côté de Laigh Calton? n'est-ce pas?

La pauvre fille avait jusqu'alors répondu naïvement à Sharpitlaw, parce qu'il avait adroitement adapté ses observations aux réflexions qui l'occupaient mentalement; mais la dernière demande du procureur était trop directe, et réveilla tout à coup le soupçon d'Effie.

— Qu'est-ce que je vous disais? s'écria-t-elle en se levant tout à coup et repoussant sur ses tempes les cheveux qui tombaient sur sa figure. Elle regarda fixement et hardiment Sharpitlaw. — Vous êtes un homme trop plein d'honneur, monsieur, lui dit-elle, pour faire attention à ce que peut dire une pauvre fille comme moi, qui ai à peine mon bon sens, Dieu me bénisse!

— Ce serait pour votre avantage, dit Sharpitlaw d'un ton d'intérêt; car si nous pouvions empoigner ce scélérat de Robertson, cela vous servirait beaucoup.

— Oh! ne l'insultez pas, monsieur, lui qui ne vous a jamais insulté!... Robertson!... je suis bien sûre de n'avoir rien dit contre personne de ce nom, et je ne dirai rien.

— Mais si votre propre malheur ne vous touche pas, Effie, vous devriez penser au chagrin que vous avez causé à votre famille, dit l'homme de la justice.

— Que le ciel me protège! s'écria Effie. Mon pauvre père! ma bonne Jenny! oh! c'est là ce qui me fait le plus de peine ! O monsieur! si vous avez quelque pitié, si vous voulez être bon, car tous ceux qui le sont ici ont le cœur dans les pierres, laissez entrer ma sœur Jenny la première fois qu'elle viendra. Quand je les entends lui refuser la porte et que je ne peux pas grimper jusqu'à cette croisée pour voir seulement les plis de sa robe, oh! cela me jette dans le désespoir!

Elle le regardait d'un air si malheureux, si digne de pitié, qu'elle vainquit son insensibilité habituelle.

— Vous verrez votre sœur, dit-il, si vous me dites... Et s'interrompant tout à coup, il ajouta vivement : — Non, non, vous verrez votre sœur, que vous me disiez quelque chose ou non.

Il se leva au même instant, et sortit de la cellule.

Quand il eut rejoint Ratcliffe, il lui dit :

— Tu avais raison, Raton, on ne peut rien tirer de cette pauvre fille. Mais j'ai toujours appris quelque chose : Robertson est le père de l'enfant, et je parierais ce que l'on voudra que c'est lui qui a donné rendez-vous pour ce soir à Jenny Deans auprès du cairn de Muschat; et c'est là que nous mettrons la main dessus, ou je ne suis pas Gédéon Sharpitlaw.

— Mais, dit Ratcliffe, qui ne semblait pas très-pressé de voir Robertson découvert et arrêté, si cela était, M. Butler aurait reconnu la personne qui lui a parlé dans le parc comme la même qui était à la tête de l'émeute dans le costume de Madge Wildfire.

— Oh! ce n'est pas une raison, répondit Sharpitlaw, le déguisement, l'obscurité, la confusion et peut-être une touche ou deux de bouchon brûlé ou bien de couleur... Tiens, Raton, je t'ai vu déguisé, toi-même, de manière que le diable n'aurait pas osé jurer que c'était toi.

— Ah! c'est vrai, cela, dit Ratcliffe.

— Et puis, pauvre nigaud, reprit Sharpitlaw d'un ton de triomphe, est-ce que le ministre n'a pas dit qu'il croyait se rappeler les traits de l'individu qui lui a parlé dans le parc sans pouvoir dire où il l'avait vu?

— Alors vous devez être dans le vrai, répondit Ratcliffe.

— Ainsi, llat, nous allons y aller ce soir, et nous le mettrons en sûreté avant de nous en séparer.

— Je ne vois pas trop en quoi je puis vous être utile, dit Ratcliffe.

— Utile? répéta Sharpitlaw; tu nous conduiras, tu sais le chemin. Et puis je ne veux pas te perdre de vue jusqu'à ce que je t'aie mis en cage.

— Eh bien! répéta de nouveau porte-clefs, comme vous voudrez; seulement n'oubliez pas qu'il se défendra comme un lion.

— Nous aurons de quoi le mater si cela est nécessaire, dit Sharpitlaw.

— Mais, monsieur, reprit Ratcliffe, je ne pourrais pas vous conduire de nuit au Cairn de Muschat. Je sais où cela est, comme tout le monde, mais je ne pourrais pas y aller de nuit quand tous les rochers se ressemblent et qu'on ne distinguerait pas un diable d'un charbonnier. Je pourrais tout aussi bien aller chercher la lune au fond d'un puits.

— Qu'est-ce que cela veut dire, Ratcliffe? dit Sharpitlaw le regardant d'un air courroucé. Est-ce que tu oublierais que tu es toujours condamné à mort?

— Non, monsieur, répondit Ratcliffe, on n'oublie pas cela si facilement; et si vous croyez que je pourrai vous être utile, je suis tout prêt à vous accompagner. Mais je voulais vous dire que vous avez sous la main un meilleur guide que moi : c'est Madge Wildfire.

— Madge! me crois-tu aussi fou qu'elle, pour aller la prendre pour guide dans une pareille expédition.

— C'est à vous de décider cela, monsieur, répondit Ratcliffe, mais je sais que je peux en faire ce que je veux et la faire tenir tranquille : elle reste dehors souvent la nuit et court les environs au clair de la lune.

— Eh bien! Ratcliffe, dit le procureur, si tu crois qu'elle puisse nous conduire... mais prends garde à ce que tu vas faire, ta vie en dépend.

— C'est dur pour un homme, dit Ratcliffe; quand il a une fois dévié du droit chemin, il ne peut pas redevenir honnête quoi qu'il fasse.

Le procureur fiscal alla chercher un mandat d'amener, et toute la troupe se mit en marche à l'heure où s'élevait au-dessus de l'horizon. Ils suivirent le côté sud de la Canongate et arrivèrent à l'abbaye d'Holyrood, d'où ils entrèrent bientôt dans le parc du roi.

Ils n'étaient que quatre tout d'abord : Sharpitlaw et un estafier, armés tous les deux de sabres et de pistolets; Ratcliffe, auquel on n'avait donné aucune arme, de peur qu'il ne s'en fût servi mal à propos, et Madge Wildfire. Quand ils entrèrent dans le parc ils trouvèrent auprès de l'échalier deux autres estafiers, qui, dans le but de ne pas donner l'éveil, avaient reçu ordre de s'y rendre par un autre chemin. Ce renfort rendit Ratcliffe quelque peu inquiet, car il avait jusqu'alors espéré que Robertson, dont il connaissait la force et l'agilité, pourrait s'échapper des mains de Sharpitlaw et de son compagnon sans qu'il fût nécessaire de l'aider. Mais la troupe était devenue si nombreuse, que le seul moyen de sauver Robertson était de l'avertir d'une manière ou d'une autre de l'approche des gens de justice. C'était dans ce but qu'il avait demandé à être accompagné de Magde, dont il connaissait l'intarissable babil. Elle avait déjà tant impatienté Sharpitlaw, qu'il était décidé à la renvoyer sous la conduite d'un de ses hommes.

— Est-ce qu'il n'y en a pas un parmi vous, dit-il, qui sait où se trouve le lieu maudit? ce cairn de Nicole Muschat? n'y a-t-il que cette bavarde de folle?

— Le diable m'emporte s'il y en a un, excepté moi! s'écria Madge. Comment sauraient-ils le chemin, les pauvres poltrons? Mais, moi, je me suis assise sur la fosse depuis l'heure où sortent les chauves-souris jusqu'à l'heure où chante le coq, et j'ai joliment causé avec Nicole Muschat et Ailie Muschat, qui dorment dessous!

— Que le tonnerre vous close la bouche! dit Sharpitlaw. Ne pouvez-vous pas laisser les hommes me répondre?

Ratcliffe détourna l'attention de Madge pour donner le temps aux hommes de Sharpitlaw de lui déclarer qu'ils savaient à peu près dans quelle direction cela se trouvait, mais qu'ils ne pouvaient entreprendre de l'y conduire de manière à assurer le succès de l'expédition.

— Qu'allons-nous faire, Ratcliffe? demanda Sharpitlaw. S'il nous voit avant que nous le voyions, et c'est ce qui va arriver si nous ne marchons pas droit au but, nous pouvons regarder l'affaire comme manquée. Et cependant j'aimerais mieux perdre cent livres, autant pour l'honneur de la police que parce que le prévôt exige qu'il faut à tout prix que l'on pende quelqu'un pour cette affaire de Porteous.

— Il faut essayer Madge, répondit Ratcliffe, je m'en vais tâcher de la tenir en belle humeur. Il me semble que s'il l'entendait chanter quelque refrain de ses vieilles ballades, il n'aurait jamais l'idée qu'il y a du monde avec elle.

— C'est vrai, dit Sharpitlaw. Et s'il la croit seule, il est probable qu'il viendra de son côté plutôt que de s'enfuir. Allons, en marche! nous avons déjà perdu trop de temps; faites attention qu'elle prenne le bon chemin.

— Et quelle sorte de ménage que font maintenant Nicole Muschat et sa femme? dit Ratcliffe à la folle pour entrer dans sa manière de voir. Ils ne s'arrangeaient pas trop bien autrefois, si tout ce que l'on dit est vrai.

— Ah! oui... oui... oui; mais tout est oublié maintenant, répliqua Madge du ton dont une commère fait une confidence. Parce que, vous voyez bien, je leur ai parlé là-dessus; je leur ai dit que ce qui était passé était passé... Son cou est terriblement massacré cependant : elle a un linceul qu'elle remonte autant qu'elle peut pour le cacher; mais cela n'empêche pas le sang de couler au travers, vous savez. Je voulais aller laver le sang à la fontaine de Saint-Antoine. Cette eau-là lave tout. Mais on dit que le sang ne peut jamais se laver. Les extraits d'eaux-fortes de M. Saunders ne peuvent le laver : je les ai essayés moi-même sur un chiffon que j'ai à la maison, qui est plein du sang d'une pauvre fille qui a été blessée de manière ou d'une autre; mais cela ne s'en va pas. Vous direz peut-être que c'est drôle! Mais je l'apporterai à la fontaine de Saint-Antoine à quelque belle soirée, comme aujourd'hui; j'appellerai Ailie Muschat, et nous nous mettrons à laver ensemble, puis nous sécherons notre linge aux rayons de madame la lune, que j'aime bien mieux que le soleil... Le soleil, c'est trop chaud; je sais-tu, mon vieux, que ma cervelle est bien assez chaude? Mais la lune, la rosée, la brise de la nuit, c'est comme une petite fille de bette bien froide mise sur mon front. Et quelquefois je crois que la lune a été faite juste pour mon plaisir; c'est quand personne que moi ne la regarde.

Elle continua à débiter cette étrange rapsodie avec une grande volubilité, entraînant Ratcliffe avec elle tandis qu'il semblait l'engager à parler plus bas.

Tout à coup elle s'arrêta au haut d'un petit monticule, regarda fixement le ciel et resta cinq minutes sans mot dire.

— Que diable a-t-elle maintenant? demanda Sharpitlaw, qui s'approcha. Ne pouvez-vous pas la faire avancer?

— Il faut avoir un peu de patience avec elle, monsieur, dit Ratcliffe. Elle n'ira pas plus vite qu'elle ne veut.

— Que le diable l'emporte! dit Sharpitlaw; je lui ferai prendre son temps à Bedlam ou à Bridewell, car elle est folle et méchante.

Cependant Madge, qui avait semblé réfléchir, éclata tout à coup d'un violent accès de rire, puis, s'arrêtant, poussa de longs soupirs, se remit à rire à éclats, et, tournant les yeux vers la lune, chanta le refrain suivant :

Bonsoir, bonsoir, ma belle lune,
Je t'en supplie, écoute-moi,
Dis-moi le nom et la fortune
De celui dont j'aurai la foi.

— Mais je n'ai pas besoin de le demander à madame la lune... je le sais bien sans elle... quoique sa foi n'ait pas été vraie... Mais personne ne m'aime comme que j'en ai répété un mot. Je regrette tout de même que l'enfant n'ait pas vécu... Oh! Dieu nous aide! il y a un ciel au-dessus de nos têtes pour nous tous... et une belle lune, et de belles étoiles!

— Allons-nous rester là toute la nuit? dit Sharpitlaw impatienté. Emmenons-la.

— Si vous savez de quel côté l'emmener, dit Ratcliffe, ce sera bientôt fait. Voyons, Madge, lui dit-il, nous n'arriverons jamais en temps pour voir Nicole sa femme si vous ne nous montrez pas le chemin.

— Je vais vous le montrer, je vais vous le montrer, Raton, dit-elle en lui prenant la main et le traînant après elle; et, je vous l'assure, Raton, Nicole sera bien aise de vous voir, car il sait bien qu'il n'y a pas de plus grand coquin hors de l'enfer, et il serait enchanté de causer un peu avec vous. Vous êtes comme les deux gants d'une même main, les enfants gâtés du diable. Il ne serait pas facile de dire qui aura chez lui la meilleure place.

Ratcliffe, effrayé de la tournure que prenait la conversation, ne put que répondre :

— Je n'ai jamais versé le sang.

— Mais tu l'as vendu, Raton, tu l'as vendu plus d'une fois. On me aussi bien avec la langue qu'avec la main, avec les paroles qu'a-vec le couteau.

— Et que fais-je autre chose en ce moment? pensa Ratcliffe; mais je ne tremperai pas mes mains dans le sang de Robertson, si je peux l'empêcher...

Parlant alors tout bas à Madge, il lui demanda si elle ne se rappelait pas quelque refrain de ses vieilles chansons.

— Ah! et de jolis! dit-elle, et je sais les chanter joyeusement. Il n'y a rien comme les chansons pour vous mettre de belle humeur.

Et elle chanta :

Quand dans les cieux chasse l'émerillon
Lièvres se cachent au sillon,
Quand le limier va battre la campagne
Le daim s'enfuit à la montagne!

— Fais-la taire, quand même tu devrais l'étrangler, dit Sharpitlaw, je vois quelqu'un là-bas... Tenez-vous près de moi, mes amis, et harnons du côté de ce mont. Georges Poinder, reste avec Ratcliffe et cette folle enragée... Et venez vous deux avec moi à l'ombre de cette hutte.

Il partit en se glissant comme un sauvage indien qui veut surprendre sa proie. Ratcliffe les vit s'éloigner, se tenant dans l'ombre et évitant le clair de lune autant que possible.

— Robertson est perdu, pensa-t-il ; ces jeunes gars sont si aventureux! Que diable pouvait-il avoir à dire à Jenny Deans ou à toute autre femme, qu'il aille mettre son cou en danger pour elle? Et cette fille, qui a babillé comme une pie toute la nuit, la voilà qui ne dit plus un mot quand sa langue devrait trotter. Mais c'est toujours comme cela avec les femmes : si elles se tiennent quelquefois tranquilles, on peut être sûr que c'est pour qu'il en résulte malheur. Si je pouvais la mettre encore une fois en train sans que cette sangsue sache ce que je veux faire! Mais il est aussi pointu que l'alène de Mac Keachan, qui passa à travers six doubles de cuir et un demi-pouce dans le talon du roi.

Il commença alors à chanter entre ses dents et d'un ton très-bas une des ballades favorites de Madge, dont les paroles pouvaient faire allusion à la situation de Robertson. Il espérait que la force de l'exemple entraînerait la folle et la ferait chanter.

Les limiers sont lancés au bois,
Les chevaliers galopent dans la plaine :
La belle chante d'une voix
Qui retentit aux échos du domaine!

Madge n'eut pas plutôt entendu ce couplet, qu'elle continua de sa voix la plus perçante, comme si elle eût deviné l'intention de Ratcliffe :

Dormirez-vous jusqu'à demain?
Réveillez-vous, sire James, dit-elle,
Vingt chevaliers le fer en main
Veillent au pied de la vieille tourelle!

Quoique Ratcliffe fût encore à une grande distance de l'endroit appelé le cairn de Muschat, ses yeux, accoutumés, comme ceux du chat, à voir dans l'obscurité, purent observer que Robertson avait compris le signal.

Georges Poinder, dont les yeux étaient moins exercés, ne s'aperçut pas plus que Sharpitlaw et ses compagnons de la fuite de leur proie. Ils étaient, il est vrai, plus près du cairn, mais des accidents de terrain le leur cachaient en foule. Cinq ou six minutes après, voyant que Robertson était en fuite, ils coururent vivement après lui pendant que Sharpitlaw leur criait de sa voix la plus rauque :

— Courez, mes amis, courez, je le vois sur le bord de la colline!

Puis, se retournant vers son arrière-garde, il leur cria de toutes ses forces :

— Ratcliffe, viens par ici et arrête la femme!... Georges, cours et garde l'échalier du chemin du duc!... Ratcliffe, viens donc par ici! mais auparavant casse la tête de cette folle infernale!

— Sauve-toi, sauve-toi, Madge! dit Ratcliffe, il ne fait pas bon rencontrer un homme furieux.

Madge Wildfire n'était pas assez folle pour ne pas comprendre la nécessité de la fuite ; et pendant que Ratcliffe courait vers le lieu où Sharpitlaw l'attendait pour lui remettre Jenny Deans, elle s'échappa rapidement du côté opposé. Toute la troupe se trouva ainsi dispersée ; il ne resta auprès du cairn que Jenny et Ratcliffe la retenant par son manteau, quoiqu'elle ne cherchât pas à s'échapper.

CHAPITRE XVII.

Jenny Deans, qui avait attendu dans la terreur et l'étonnement l'approche des trois ou quatre hommes qui s'approchaient, se sentit tout à coup intéressée au sort de Robertson, que deux ou trois d'entre eux poursuivaient activement. L'un d'eux s'avança vers elle et lui dit :

— Vous vous appelez Jenny Deans, je vous arrête.

Puis il ajouta aussitôt :

— Si vous voulez me dire de quel côté il s'est enfui, je vous laisserai partir.

— Je ne sais pas, monsieur! dit la pauvre fille.

C'est en effet la réponse que font tout d'abord les personnes de sa condition qui ne savent trop que dire.

— Mais, dit Sharpitlaw, vous savez avec qui vous causiez, ma fille, au clair de lune ; vous devez certainement le savoir, ma jolie fille.

— Je ne sais pas, monsieur! répéta Jenny, qui comprit à peine les questions que Sharpitlaw lui adressait.

— Nous tâcherons de vous rendre la mémoire en temps utile, ma fille! dit-il.

Et, se tournant vers Ratcliffe, il lui cria, comme nous l'avons vu, de venir garder la jeune fille, et il partit pour diriger la poursuite après Robertson.

Quelques minutes après il ne restait plus auprès du cairn que Jenny Deans gardée par un homme qu'elle ne connaissait pas, et qui lui aurait inspiré la plus grande frayeur si elle l'eût connu. De temps en temps on entendait les cris de ceux qui poursuivaient Robertson, alors qu'ils s'appelaient pour combiner leur course.

Ratcliffe n'adressa la parole à Jenny que quand tout bruit eut cessé : il prit le ton de rude familiarité commun à ceux qui ont perdu toute retenue dans une débauche continuelle, et qui commettent le crime plutôt par habitude que par passion.

— Voilà une belle nuit, ma poulette, dit-il en essayant de passer le bras autour de la taille de la pauvre fille, une belle nuit pour rencontrer un amoureux au clair de lune.

Jenny repoussa son bras sans lui répondre.

— Ce n'est pas pour croquer des noisettes, reprit-il, que les amoureux se donnent rendez-vous le soir au cairn de Muschat.

Et il essaya de nouveau de l'entourer de son bras.

— Si vous appartenez à la police, dit Jenny le repoussant de nouveau, vous méritez qu'on vous en chasse.

— C'est vrai, la belle, dit-il en la saisissant enfin par force, mais si je t'embrassais auparavant?

— Vous allez me laisser aller, monsieur, j'en suis sûre, répliqua Jenny ; ayez pitié d'une pauvre fille qui est bien malheureuse !

— Allons, allons, reprit Ratcliffe, tu m'as l'air d'être une jolie fille ; tu ne devrais pas être si revêche. J'allais devenir un honnête homme, mais le diable m'a fait d'abord rencontrer un homme de loi et voilà qu'il met une femme en mon chemin ! Écoutez-moi, Jenny : ils sont là-bas sur la colline ; si vous voulez venir avec moi, je vous conduirai à un petit endroit de la Plaisance où je connais une vieille femme dont tous les procureurs d'Écosse n'ont jamais entendu parler ; nous ferons dire à Robertson de nous rejoindre dans le comté d'York ; il y a là, dans les comtés du milieu, de braves garçons avec lesquels j'ai déjà travaillé, et je laisserai M. Sharpitlaw courir tout seul au clair de la lune.

Mais Jenny avait recouvré sa présence d'esprit ; et voyant le risque qu'elle courait si elle restait seule avec ce misérable, que Sharpitlaw avait gorgé de liqueurs fortes avant de l'emmener pour cette expédition, qui lui répugnait évidemment, elle lui dit à voix basse :

— Ne parlez pas si haut, il est là.

— Qui? Robertson? demanda vivement Ratcliffe.

— Oui, répliqua Jenny, là-bas.

Et elle indiqua du doigt les ruines de la chapelle.

— Nom d'un tonnerre ! s'écria le nouveau porte-clefs, il va être à moi d'une manière ou d'une autre... Attendez-moi ici.

Mais il ne fut pas plutôt parti courant aussi vite qu'il le pouvait vers les ruines de l'ermitage, que Jenny disparut de l'autre côté pour retourner à Saint-Léonard par le chemin le plus court. Elle fut bientôt arrivée à la chaumière de son père. Ouvrir la porte, entrer, la fermer et la verrouiller, amonceler derrière tous les meubles qu'elle put remuer sans faire de bruit, fut l'affaire d'un instant.

Sa seconde idée fut de voir si son père l'avait entendue rentrer : elle ouvrit tout doucement la porte de sa chambre ; il était éveillé, mais il était évident qu'il n'avait su ni l'absence ni le retour de Jenny. Elle l'entendit distinctement appeler la bénédiction de Dieu sur elle, disant :

— Quant à l'autre enfant que tu m'as donné pour être ma consolation, mon appui dans ma vieillesse, puissent ses jours être longs sur terre, suivant la promesse que tu as faite à ceux qui honorent leur père et leur mère ! Puissent toutes les bénédictions descendre sur elle ! Veille sur elle dans la nuit et aux heures du jour, afin que l'on sache que tu n'as pas détourné ta face de ceux qui te cherchent dans la vérité et la sincérité !

Jenny se retira, heureuse de savoir que, tandis qu'elle était exposée à des dangers de plus d'un genre, elle avait été protégée par les prières du juste.

Ce fut en ce moment qu'une vague idée vint à son esprit pour la première fois, qu'il lui serait peut-être possible de sauver sa sœur, qu'elle savait maintenant innocente du crime contre nature dont elle était accusée. Sans savoir encore exactement ce qu'elle aurait à faire,

3.

elle se mit au lit, l'esprit beaucoup plus tranquille, et dormit d'un profond sommeil.

Il est difficile de dire si Ratcliffe voulait aider la fuite de Robertson ou se joindre à ceux qui le pourchassaient, peut-être ne le savait-il pas lui-même et avait-il l'intention d'agir suivant les circonstances.

Il n'eut cependant pas de choix à faire, car aussitôt qu'il eut gravi la colline, et au moment où il entrait dans les ruines, un individu qu'il ne voyait pas lui présenta la gueule d'un pistolet et d'une voix rauque lui commanda, au nom du roi, de se rendre prisonnier.

— Monsieur Sharpitlaw, s'écria-t-il tout surpris, est-ce vous ?
— Ce n'est que toi, que le diable t'emporte ! s'écria le procureur encore plus désappointé que lui ; pourquoi avez-vous quitté la femme ?
— Elle m'a dit qu'elle avait vu Robertson entrer dans les ruines, et je suis venu aussi vite que j'ai pu pour l'empoigner.
— Ah ! c'est fini maintenant, dit Sharpitlaw, nous ne le reverrons pas ce soir ; mais s'il reste en Ecosse, il faudra qu'il se cache dans une écaille de noix pour que je ne le trouve pas. Rappelle nos gens, Ratcliffe.

Ratcliffe cria aux trois autres hommes de se rapprocher : ils répondirent joyeusement à cet appel, car aucun d'entre eux n'était bien pressé de se trouver face à face avec Robertson.
— Où sont les deux femmes ? demanda Sharpitlaw.
— Je crois bien qu'elles ont filé, répondit Ratcliffe.
— C'est assez d'une femme, dit Sharpitlaw, qui calomniait volontiers le beau sexe, pour faire manquer la plus belle combinaison. Je ne sais pas comment j'ai pu être assez bête pour croire que je réussirais dans une entreprise où il y en avait deux. Mais nous savons où les trouver si nous en avons besoin, c'est toujours quelque chose.

Il reconduisit ses hommes à la ville et les ajourna au lendemain.
Il lui fallut dans la matinée faire son rapport des événements de la nuit. Le magistrat qui siégeait ce jour-là était celui qui avait interrogé Butler. Il était très-respecté de ses concitoyens ; on citait sa patience, sa droiture, sa bonne humeur et sa complaisance. Il possédait une fortune indépendante, qu'il avait gagnée dans le commerce, et il était de tous points apte à remplir les fonctions dont on l'avait chargé.

M. Middleburgh venait de prendre son siége et discutait avec un de ses collègues sur les diverses chances d'une partie de paume qu'ils avaient jouée le jour précédent, quand on lui remit une lettre adressée « au bailli Middleburgh — pour être remise de suite. »

La lettre contenait ce qui suit :

« MONSIEUR,

» Je sais que vous êtes un bon et honnête magistrat et, comme tel, tout prêt à honorer Dieu quand même ce serait le diable en personne qui vous y inviterait. J'espère donc que, malgré la signature de cette lettre, qui reconnaît la part que j'ai prise à une action que je ne craindrais ni d'avouer ni de justifier en son temps et place, vous ne repousserez pas, à cause de cela, le témoignage que je viens vous apporter.

» Le ministre Butler est innocent : sa présence fut tout involontaire, car il n'avait pas l'esprit d'approuver, et il essaya, par ses phrases les plus doucereuses, de nous faire abandonner notre entreprise. Mais ce n'est pas de lui seulement que je veux parler : vous avez dans votre prison une jeune femme qui est tombée sous l'application d'une loi si cruelle, qu'elle est restée pendue au croc comme une vieille armure depuis vingt ans. On veut la remettre en usage aujourd'hui pour verser le sang de la plus belle comme de la plus innocente créature qui a jamais été jetée derrière des verrous. Sa sœur connaît son innocence, car elle lui a avoué qu'elle avait été ruinée par un misérable. Oh ! pourquoi le ciel

N'a-t-il pas en nos mains remis le fouet sacré
Pour chasser par le monde un bandit exécré ?

» Je vous écris le désespoir dans le cœur... Mais cette fille... cette Jenny Deans est de la secte des puritains les plus stricts, superstitieux et scrupuleux au dernier degré, et je supplie Votre Honneur, car c'est ainsi que je dois dire, de lui faire bien comprendre que la vie de sa sœur dépend de sa déclaration.

» Mais, si elle se refusait à parler, n'allez pas croire que la jeune fille est coupable, et encore moins n'allez pas oser la faire exécuter. Rappelez-vous que la mort de Wilson a été sévèrement vengée, et que les mêmes mains sauraient vous forcer de boire jusqu'à la lie votre coupe empoisonnée. Je le répète : souvenez-vous de Porteous, et dites que je vous ai averti en temps.

» UN DE SES EXÉCUTEURS. »

Le magistrat lut cette étrange lettre deux ou trois fois. Il eut tout d'abord l'idée de la jeter de côté comme une communication sans valeur ; en y réfléchissant, cependant, il crut y trouver quelque chose comme le produit d'un regret ou d'un remords.

— C'est une loi bien cruellement sévère, dit-il au greffier, et je voudrais bien qu'elle ne fût pas applicable à cette pauvre fille. Elle peut avoir eu un enfant, mais on peut l'avoir emporté quand la mère était incapable d'aucune action, ou il peut être mort par manque de soins, qu'elle n'aura pu lui donner dans ses souffrances et dans son désespoir. Et cependant il est certain que si elle est déclarée coupable, elle devra être exécutée. Le crime est devenu trop commun, il faut faire un exemple.

— Mais si cette autre folle, dit le greffier, peut déclarer que sa sœur lui a révélé sa situation, la loi cesse d'être applicable.

— C'est vrai, répliqua le bailli, c'est vrai, et j'irai moi-même un de ces jours à Saint-Léonard pour l'interroger. Je connais un peu le vieux père Deans, c'est un vieux et rigide caméronien, qui laisserait ruiner sa maison et périr sa famille plutôt que d'accepter en quoi que ce soit ce qu'il appelle les défections du temps, et il est probable qu'il refusera de prêter serment devant un magistrat civil. S'ils continuent à être aussi intraitables, il faudra que la législature fasse une loi qui permette aux magistrats de se contenter de leur affirmation ; comme l'on fait pour les quakers. Mais il serait étrange qu'un père ou une sœur aient aucun scrupule dans une affaire comme celle-là. Oui, j'irai les voir aussitôt que cette affaire de Porteous me demandera moins de temps. Leur fierté et leur entêtement seront moins alarmés que si on les faisait paraître devant un tribunal.

— Et allons-nous garder M. Butler en prison ? demanda le greffier.

— Ah ! oui, pour le moment, du moins, dit le magistrat ; mais j'espère bientôt pouvoir le mettre en liberté sous caution.

— Est-ce que vous attachez quelque importance à cette étrange lettre ? demanda le greffier.

— Non, guère, répondit le bailli, et cependant il y a quelque chose qui me frappe dans cette lettre : on dirait qu'elle a été écrite par un homme que les remords tourmentait ou que l'amour agitait violemment.

— Cela m'a l'air, dit le greffier, d'une lettre écrite par un comédien de bas étage, qui mériterait d'être pendu avec toute sa troupe, comme le disait justement Votre Honneur.

— Je n'étais pas tout à fait aussi féroce, repartit le magistrat ; mais, pour en revenir à notre affaire, Butler jouit d'une réputation excellente, et, d'après quelques informations que j'ai prises ce matin, il paraîtrait qu'il n'est réellement arrivé en ville qu'avant-hier, et bien qu'il est à peu près impossible qu'il pût avoir été du complot, et il n'est pas probable qu'il les eût joints tout à coup de bonne volonté.

— On ne sait pas ! le zèle est comme le feu qui prend à une étincelle, dit le greffier. J'ai connu un ministre qui est au tu et au toi avec tout le monde de la paroisse, et il était comme une fusée tant qu'on y mette le feu ; mais quand il venait à parler du serment d'abjuration, boum ! il partait comme une balle et il était à cent lieues du bon sens avant qu'on sût où il était.

— Je ne crois pas, reprit le bailli, que le zèle de Butler soit d'une nature aussi inflammable ; mais je veux encore prendre des informations. Quelle autre affaire avons-nous en main ?

Ils s'occupèrent alors de quelques détails de l'exécution de Porteous, mais ils furent tout à coup interrompus par une vieille femme des plus pauvres, à l'air hagard, qui entra dans l'appartement.

— Qu'est-ce que vous voulez, ma bonne femme ? qui êtes-vous ? demanda le bailli Middleburgh.

— Ce que je veux ? répliqua-t-elle d'un ton colère, je veux ma fille, voilà ce que je veux, et pas autre chose.

Puis elle murmura tout bas du ton grondeur d'une vieille femme :

— Il leur faut des seigneuries et des honneurs, sans doute ! en vérité ! Les sacs à sang ! Le diable m'emporte s'il y a un vrai lord parmi eux !

Et, se tournant de nouveau vers le magistrat, elle ajouta :

— Votre Seigneurie voudra-t-elle me rendre ma pauvre fille folle ?... Sa Seigneurie !... J'ai vu le temps où il n'était pas si grand monsieur, son grand-père n'était qu'un pauvre matelot.

— Ma bonne femme, lui dit de nouveau le magistrat, dites-nous ce que vous voulez, et ne nous interrompez pas davantage.

— Ce qui veut dire : Aboie, chienne, et laisse-nous tranquille !... Je vous dis, ajouta-t-elle en élevant la voix, que je veux ma fille ! Est-ce que vous ne comprenez pas ?

— Qui êtes-vous ? comment appelez-vous votre fille ? demanda le magistrat.

— Qui je suis ? Et qui puis-je être, sinon Meg Murdockson ? Et comment s'appelle ma fille, sinon Madeleine Murdockson ? Vos soldats, et vos estafiers, et vos officiers, nous connaissent assez, car ils nous arrachent nos pauvres vêtements, ils nous prennent les quelques sous que nous avons, et ils nous mènent assez souvent à la maison de correction, où l'on ne nous donne que du pain et de l'eau.

— Quelle est cette femme ? dit le magistrat en se tournant vers quelques agents de police.

— Une pas grand'chose, répondit-il d'eux en levant les épaules.

— Qu'est-ce que vous dites ? s'écria la mégère en le regardant d'un œil plein de furie. Oh ! si je vous tenais sur la bruyère de la Frégate, comme je vous marquerais de mes dix griffes pour répondre comme cela !

Elle montra en même temps un jeu d'ongles au grand complet qui

vait l'air des dix griffes attribuées d'ordinaire aux dragons de saint Georges.
— Que vient-elle demander? répéta le magistrat impatienté, ne peut-elle nous dire ce qu'elle veut et s'en aller?
— Je veux ma fille! je veux Madeleine Murdockson! répliqua la femme de sa voix la plus criarde; voilà une demi-heure que je vous le dis! Si vous êtes sourd, pourquoi restez-vous perché là-haut pour forcer les gens à crier de toutes leurs forces?
— Elle demande sa fille, monsieur, dit l'agent dont la réponse avait précédemment provoqué la colère de cette mégère, sa fille, qui a été arrêtée hier au soir, et que l'on appelle Madge Wildfire.
— Ce n'est pas son nom! s'écria la vieille. Qui est-ce qui vous autorise, tas de fainéants, de changer le nom de l'enfant d'une honnête femme?
— L'enfant d'une honnête femme, Maggie! répéta ironiquement l'estafier en secouant la tête.
— Si je ne suis pas honnête maintenant, je l'étais autrefois, répliqua-t-elle, et c'est plus que tu ne peux dire, toi qui es né voleur, et qui n'as jamais pu distinguer le bien des autres du tien. Honnête, dis-tu? Tu as volé douze gros sous d'Ecosse à ta mère avant que tu aies eu cinq ans, quand elle embrassait ton père au pied de sa potence.
— Il paraît qu'elle te connaît, Georges! dit un des agents, dont la remarque fit sourire tous ses compagnons.
Cette approbation remit la vieille en bonne humeur, et le magistrat faisant faire silence, lui ordonna de nouveau de dire ce qu'elle voulait, ou de quitter l'appartement.
— Sa fille était sa fille, dit-elle, et elle était venue pour la retirer de prison. Si sa pauvre fille n'avait pas autant d'esprit que les autres, il y avait peu de gens qui eussent autant souffert qu'elle. Elle avait cinquante témoins, et elle-même en trouverait cinquante autres, qui prouveraient que sa fille n'avait jamais vu Jock Porteous, ni mort ni en vie, depuis qu'il lui avait donné une volée de coups de canne, le négrillon qu'il était! Et cela parce qu'elle avait jeté un chat mort sur la perruque du prévôt le jour de la fête de l'électeur de Hanovre.
Le magistrat s'informa des circonstances qui avaient amené l'arrestation de Madge Wildfire; et, comme il fut prouvé qu'elle n'avait pris aucune part à l'émeute, il ordonna qu'on la laissât partir avec sa mère, tout en ayant l'œil sur elle pour la faire reparaître au besoin. Pendant que l'on était allé chercher Madge en prison, Middleburgh interrogea la vieille femme pour savoir si elle avait eu connaissance du prêt de costume que sa fille avait fait à Robertson.
— Non, s'écria-t-elle, et cependant je pourrais peut-être vous dire quelque chose sur Porteous que vous aurires de la chambre du conseil n'avez jamais su, malgré tout l'embarras que vous faites!
Tous les yeux se tournèrent vers elle; chacun écouta avec attention.
— Parlez, lui dit le magistrat.
— Nous vous en saurons gré, ajouta le greffier d'un ton amical.
— Ne faites pas attendre le bailli, dit un des estafiers.
Elle resta deux ou trois minutes en les regardant sous un œil qui semblait dire combien elle s'amusait de leur empressement à l'entendre. Puis elle s'écria tout à coup:
— Tout ce que je sais de lui, c'est que ce n'était ni un soldat ni un gentilhomme, mais un vrai voleur et un coquin comme la plupart d'entre vous, mes beaux messieurs! Qu'est-ce que vous allez me donner pour cette nouvelle? Il aurait été longtemps capitaine de la police avant que le prévôt ou le bailli en eût su un mot.
A ce moment, Madge Wildfire entra dans la salle; elle s'écria en apercevant sa mère:
— Ah! voyez donc si ce n'est pas notre vieille bonne à rien? Eh! messeigneurs, mais nous sommes d'une élégante et bonne famille! Deux de nous à la police ensemble! Mais cela n'a pas toujours été comme cela! n'est-ce pas, maman?
Les yeux de la vieille Meg avaient d'abord exprimé un certain plaisir à la vue de Madge en liberté; mais son affection était comme celle d'une tigresse, et avait toujours un certain mélange de férocité.
— Qu'est-ce que cela fait ce que nous étions, s'écria-t-elle en poussant sa fille vers la porte, vaurienne de court-les-rues? Je vais te dire ce que tu es maintenant: tu es un mauvais gibier de Bedlam, qui n'aura que du pain et de l'eau pendant quinze jours pour t'apprendre à me faire courir après toi, et ce sera encore trop bon pour toi, vilaine salope!
Madge put cependant s'échapper des mains de sa mère, et, courant jusqu'au pied de la table, elle fit une profonde révérence au magistrat et lui dit d'une voix entrecoupée d'éclats de rire:
— Notre maman n'est pas d'aussi bonne humeur que d'habitude, monsieur. Elle aura eu une querelle avec son vieux mari... C'est liston, vous savez, messieurs, s'est-elle d'un ton de confidence. Le bonhomme et elle ne sont pas toujours d'accord, et alors c'est sur moi que cela retombe; mais j'ai le dos assez fort pour supporter tout. Et si elle ne sait pas comment se conduire en société, ce n'est pas une raison pour que ceux qui le savent oublient leurs manières.
Elle fit une autre révérence, et s'éclipsa.
Quelques semaines s'écoulèrent avant que M. Middleburgh pût aller à Saint-Léonard, comme il l'avait résolu, pour décider les parents d'Effie Deans à témoigner en sa faveur. Dans le cours des recherches qui furent faites à l'occasion de la mort de Porteous, on découvrit deux circonstances qu'il nous importe essentiellement de faire connaître.

Butler fut reconnu innocent de toute participation au meurtre de Porteous; mais, avant d'être mis en liberté, il fut obligé de donner caution. Madge Wildfire et sa mère disparurent tout à coup d'Edimbourg. M. Sharpitlaw fut informé qu'elles avaient quitté la ville aussitôt après être sorties de la cour de justice. Il fut impossible de retrouver leurs traces.

Pendant ce temps, le conseil de régence avait décrété des mesures très-sévères contre les auteurs du meurtre de Porteous. Une loi, votée d'urgence par le parlement, offrait deux cents livres de récompense à ceux qui dénonceraient quelques-uns des coupables; la peine de mort fut prononcée contre ceux qui leur donneraient l'hospitalité. Mais ce qui excita la jalousie et l'indignation des vieux Ecossais, ce fut l'obligation que l'on imposa à tous les ministres de lire cette loi dans leurs chapelles tous les premiers dimanches du mois avant le sermon.

Les presbytériens rigides croyaient à cette époque que la simple mention des lords spirituels dans l'enceinte d'une chapelle était *quodammodo* une reconnaissance du prélatisme, et que cette clause de la loi résultait d'une intervention inexcusable du pouvoir temporel sur la juridiction spirituelle de l'Eglise; d'autres trouvaient dans cette mesure une intention secrète de fouler aux pieds les droits et les libertés de l'Ecosse. La suspension de la charte et des privilèges de la cité d'Edimbourg occasionna en même temps beaucoup de mécontentement et rendit le gouvernement impopulaire.

Mais le procès d'Effie Deans s'approchait, et M. Middleburgh trouva enfin le temps de s'occuper de son affaire. Il choisit une belle journée pour aller à la chaumière du vieux David.

Quand, après une marche de trois quarts d'heure, le magistrat arriva à l'humble demeure de David Deans, le vieillard était assis sur un siége de gazon au bout de la chaumière, raccommodant lui-même le harnais de son cheval de trait. Il leva sa tête pour reconnaître l'étranger qui s'approchait, et continua son travail. M. Middleburgh attendit un instant que David montrât qu'il le savait auprès de lui et commençât la conversation; mais, comme il semblait décidé à ne rien dire, le bon magistrat fut forcé de parler le premier.

— On m'appelle Middleburgh, dit-il, M. James Middleburgh, l'un des magistrats de la cité d'Edimbourg.
— C'est possible, répondit David sans cesser son occupation.
— Vous devez comprendre, reprit Middleburgh, que le devoir d'un magistrat n'est pas toujours des plus agréables.
— C'est possible, dit de nouveau David, et je n'ai rien dit de contraire à cela.
— Vous devez savoir, continua le magistrat, que dans la position que j'occupe on est souvent obligé de faire des recherches pénibles et désagréables.
— C'est possible, répéta David, je n'irai pas au contraire; je n'ai rien à dire là-dessus. Mais je sais qu'il y avait autrefois dans la cité d'Edimbourg des magistrats justes et craignant Dieu qui ne tenaient pas l'épée en vain, mais qui étaient la terreur des méchants et l'appui de ceux qui marchaient droit. Pendant la glorieuse prévôté du digne et fidèle Dick, quand nous avions une honnête et sincère assemblée générale de l'Eglise, qui marchait d'accord avec les généreux barons au cœur écossais et avec les magistrats des autres villes, les gentilshommes, les bourgeois, les individus de tout rang; quand toute l'Ecosse voyait du même œil, écoutait de la même oreille et soutenait l'Arche par son union, alors on voyait chacun donner son argent pour le service de l'Etat aussi volontiers qu'il s'eût été des pierres. Mon père a vu donner les sacs de dollars par la croisée du prévôt Dick; on les mettait dans des voitures pour les porter à l'armée, qui était à Dunse Law. C'était à la croisée qui est encore dans le Luckenbooth. Je crois que c'est maintenant une boutique de drapier; il y a des barreaux de fer, et c'est cinq portes au-dessus de la cour de Gossford. Mais maintenant nous n'avons plus cette ferveur; nous nous occupons plus de la moindre des volailles de notre basse-cour que de la bénédiction que l'ange du *Covenant* donna au patriarche ainsi qu'à Peniel et à Nahanaïm, ou de l'observation de notre vœu national, et nous donnerions plutôt une livre d'Ecosse pour acheter de l'onguent qui détruirait les punaises anglaises de nos lits que nous ne donnerions un liard pour délivrer la terre des innombrables arméniens, des sociniens et des déistes *katies*, qui sont montés du fond de l'abîme pour empester cette malheureuse et coupable génération sans foi.

Quand une fois David se fut trouvé au milieu de son sujet favori de discussion, il se laissa aller à l'enthousiasme et oublia ses chagrins domestiques. M. Middleburgh l'écouta tranquillement, et se contenta de lui dire:
— Tout cela peut être très-vrai, mon ami; mais, comme vous disiez tout à l'heure, je ne suis pas là-dessus, pour le présent du moins... Vous avez deux filles, je crois, monsieur Deans?
Le vieillard tressaillit comme s'il eût ressenti une douleur aiguë,

mais il se contint aussitôt ; et reprenant l'occupation qu'il avait en partie abandonnée dans la chaleur de sa déclamation, il répondit résolûment :
— Une fille, monsieur, seulement une.
— Je vous comprends, dit Middleburgh, vous n'avez en ce moment qu'une fille à la maison avec vous ; mais cette pauvre enfant qui est en prison est, je crois, votre plus jeune fille ?
Le presbytérien leva les yeux.
— D'après le monde, dit-il, et suivant la chair, elle est ma fille ; mais, quand elle devint l'enfant de Bélial, quand elle fit connaissance avec le mensonge et l'iniquité, elle cessa de m'appartenir.
— Hélas ! monsieur Deans, dit Middleburgh s'asseyant auprès de lui et cherchant à lui prendre une main avec douceur, nous sommes tous des pécheurs : les erreurs de nos enfants ne devraient pas nous étonner, car leurs fautes sont une portion de ce triste héritage qu'ils ont reçu de nous, et nous n'avons pas le droit de les chasser quand ils ont failli.
— Monsieur ! dit David d'un ton d'impatience, je sais cela aussi bien que... Je voulais dire, reprit-il en réprimant l'irritation qu'il avait éprouvée, je sais aussi bien que ce que vous dites est juste et raisonnable. Mais je ne peux pas discuter mes affaires domestiques avec des étrangers, surtout maintenant, dans cette grande calamité nationale, quand voilà une loi, qui est venue de Londres à cause de l'affaire de Porteous, qui est un coup terrible pour le pauvre royaume et cette Église affligée : c'est ce que nous avons eu de pire depuis cette détestable et criminelle déclaration... Dans un moment comme celui-ci...
— Mais, mon brave homme, interrompit Middleburgh, vous devez d'abord penser à votre famille, ou bien vous êtes pire qu'un infidèle.
— Je vous dis, bailli Middleburgh, répliqua David, si vous êtes bailli, et il y a peu d'honneur à l'être dans ces jours de deuil, je vous dis que j'ai entendu le digne Saunders Peden... je ne me rappelle plus à quelle époque, mais c'était au temps des massacres, quand on passait le soc de la charrue sur l'Église d'Écosse, je l'ai entendu dire aux bons et sincères chrétiens qui l'écoutaient qu'il y en avait parmi eux qui seraient plus désolés de la perte d'un veau ou d'une génisse que de toutes les défections et oppressions du temps, et qu'il y en avait qui pensaient à une chose, d'autres à autre chose, et que lady Hundleshope pensait au moment où elle retrouverait Jock à la maison. Et la bonne dame avoua en ma présence qu'elle avait éprouvé quelque inquiétude à l'égard de son fils, qu'elle avait laissé malade. Qu'auraît-il dit de moi si j'eusse cessé de penser à la bonne vieille cause pour une fille perdue, une... Cela me tue de penser à ce qu'elle est devenue !
— Mais, la vie de votre enfant, mon brave homme, pensez-y ! si vous pouviez la sauver ? dit Middleburgh.
— Sa vie ? s'écria David, je ne donnerais pas un de mes cheveux blancs pour la sauver au son honneur est perdu, et cependant, dit-il en hésitant, je ferais cet échange, monsieur Middleburg : je donnerais tous ces cheveux blancs qu'elle a couverts de honte, je donnerais la vieille tête qui les porte, pour la sauver, pour lui donner le temps de se repentir !... Mais, je ne la verrai jamais plus !... non ! j'y suis décidé, je ne la verrai plus !...
— Je viens vous parler comme à un homme de bon sens, reprit Middleburgh ; si vous voulez sauver votre fille, il faut employer les moyens ordinaires.
— Je sais ce que vous voulez dire ; mais M. Novit, qui est le procureur et l'homme d'affaires d'une personne honorable, le laird de Dumbiedikes, doit faire tout ce qu'il est humainement possible de faire pour elle. Quant à moi, je ne me sens pas en liberté de pratiquer les cours de justice telles qu'elles sont constituées à présent ; j'ai quelques scrupules à cet égard.
— Ce qui veut dire, interpréta Middleburgh, que vous êtes un cameronien, et que vous ne reconnaissez ni l'autorité de nos cours de justice ni le présent gouvernement.
— Monsieur, avec votre permission, répliqua David, qui était trop fier de ses connaissances théologiques pour se déclarer le partisan de qui que ce soit, vous me relevez avant que je sois tombé. Je ne vois pas pourquoi vous m'appelleriez cameronien, particulièrement comme vous employez le nom de ce fameux et précieux martyr, pour expliquer comment les bandes de soldats peuvent jurer, sacrer et blasphémer, et que vous dites qu'ils le font aussi vite que Richard Cameron pouvait prêcher ou prier ; et qu'en outre, autant que cela vous a été possible, vous avez cherché à rendre ce nom vil et méprisable en faisant jouer par vos fifres, vos tambours et vos cornemuses cette vaine musique mondaine que vous appelez le ranz de Cameron, auquel trop de professeurs de religion se mettent à danser, ce qui est une action des plus regrettables, quelle que soit la musique, mais spécialement quand c'est une danse de promiscuité, c'est-à-dire avec l'autre sexe. C'est une action indigne d'un homme, c'est le commencement de la défection pour le plus grand nombre, comme j'ai trop de raisons de le reconnaître.
— Mais, monsieur Deans, reprit Middleburgh, je voulais seulement dire que vous étiez cameronien ou mac millanite, un de ces hommes, en un mot, qui croient qu'il n'est pas permis de prêter serment à un gouvernement qui n'a pas ratifié le covenant.
— Monsieur, repartit David, vous ne pouvez pas m'abuser comme vous le pensez. Je ne suis pas un mac millanite, ni un russelite, ni un hamiltonien, ni un harleyen, ni un howdenite. Personne ne me mènera par le bout du nez. Comme chrétien, je n'accepte la dénomination d'aucun vase d'argile. J'ai à répondre de mes principes et de mes actions, et je suis un humble défenseur de la bonne vieille cause par les moyens légaux.
— Ce qui veut dire, monsieur Deans, dit Middleburgh, que vous êtes un deanite, et que vous avez une opinion à vous.
— Dites-le si vous voulez, répondit David, mais j'ai rendu témoignage devant plus d'un grand de la terre et dans des temps difficiles ; et, quoique je ne veuille ni m'élever ni abaisser les autres, je puis dire que je désire que tout homme et toute femme de ce pays ait donné témoignage dans le sentier droit du milieu et, pour ainsi dire, sur le bord de la colline, où le vent et la pluie règnent toujours, évitant les filets de droite et de gauche, et les extrêmes, aussi honnêtement que Johnny Dodds de Farthing's-Acre et un autre homme que je ne nommerai pas.
— Ce qui veut dire, je le suppose, reprit le magistrat, que Johnny Dodds de Farthing's-Acre et David Deans de Saint-Léonard sont les seuls membres de la vraie et loyale Église d'Écosse.
— Dieu me préserve de dire rien d'aussi orgueilleux, quand il y a tant de professeurs de christianisme ! répliqua David ; mais je dois dire que tous les hommes agissant d'après leurs qualités et la grâce qu'ils ont obtenue, il n'est pas étonnant que...
— Tout cela est très-beau sans doute, interrompit Middleburgh, mais je n'ai pas le temps de vous écouter. Voici l'affaire. J'ai donné ordre d'envoyer une citation à votre fille ; si elle se présente au jour du jugement et répond à son interrogatoire, il y a quelque raison d'espérer qu'elle pourra sauver la vie de sa sœur. Si vos scrupules trop absolus l'empêchent de paraître dans une cour de justice, et de remplir son devoir de fidèle sujette ; quelque désagréable que la vérité puisse vous paraître, je dois vous dire que vous aurez été cause de la mort violente et prématurée de celle dont vous êtes le père.
À ces mots M. Middleburgh se leva pour s'éloigner.
— Attendez... attendez... monsieur Middleburgh ! dit David accablé de douleur. Mais le bailli, qui probablement savait qu'une longue discussion n'aurait d'autre effet que d'affaiblir l'impression qu'il avait faite, se hâta de s'en aller, sans répondre à l'appel du vieillard.
David resta sur son siège en proie à une infinité d'émotions contraires. Il resta longtemps absorbé dans ses pensées, et se dit enfin :
— J'ai été constant et inflexible dans mon témoignage ; mais n'a-t-on pas dit de moi que je jugeais trop sévèrement mon voisin parce qu'il marchait plus librement dans sa voie que dans la mienne ? Je n'ai jamais été un séparatiste, et je n'ai jamais disputé des petites redevances ni des dîmes minimes. Peut-être ma fille Jenny a-t-elle reçu quelque lumière sur ce sujet, qui n'a pas brillé pour les pauvres yeux : c'est à sa conscience à décider, et non pas à la mienne. Si ce se croit en liberté d'aller devant ces magistrats et de lever la main pour cette enfant égarée, je ne dirai pas qu'elle est sortie du droit chemin ; et si au contraire... Il s'arrêta un instant dans son argument silencieux, un accès de souffrance indicible vint contorsionner ses traits, il le réprima, et continua son raisonnement avec fermeté : — Et si, au contraire... Dieu me préserve qu'elle commette jamais une défection d'après mon conseil ! Je ne veux pas blesser la conscience d'une enfant... non pas ! pour sauver la vie de l'autre !
Un Romain aurait dévoué sa fille à la mort sous l'impulsion de sentiments et de motifs différents, mais ce n'eût pas été d'après une idée plus héroïque du devoir.

CHAPITRE XVIII.

Le vieux Deans se dirigea d'un pas ferme et tranquille vers l'appartement de sa fille, résolu à lui laisser décider dans sa conscience ce qu'elle devait faire au sujet du témoignage à donner. La vue de la chambre où se trouvait encore l'humble lit qu'Effie avait occupé si longtemps empêcha tout d'abord la pauvre père de dire à sa fille ce qui l'amenait auprès d'elle. Mais il la trouva occupée à lire un papier : c'était la citation qui lui intimait de paraître comme témoin à décharge dans le procès de sa sœur. La vue de ce papier rappela à David Deans ce qu'il venait faire, et son contenu lui épargna toute explication préliminaire. Il dit seulement d'une voix creuse et tremblante :
— Je vois que vous savez ce dont il s'agit.
— Ô mon père ! s'écria Jenny, nous sommes cruellement placés entre les lois de Dieu et celles des hommes ! Que faut-il faire ? Que pouvons-nous faire ?
Jenny, nous devons le dire, n'éprouvait aucun scrupule sur l'accomplissement du devoir qui lui incombait de se présenter dans la cour de justice ; elle pensait à ce que lui avait proposé l'étranger

qu'elle avait rencontré au cairn de Muschat. Elle leva donc les yeux vers son père, attendant avec la plus grande anxiété ce qu'il allait lui répondre.

— Ma fille, dit David, j'ai toujours pensé que dans les choses ouvertes à une controverse douteuse, chaque chrétien devait se guider suivant les lumières de sa conscience. Ainsi donc recueille-toi, exerce ton âme, et agis ensuite selon que te le dira l'inspiration.

— Mais, mon père, dit Jenny, dont l'esprit se révoltait à l'idée qu'elle attachait naturellement à cette réponse, cela ne peut pas être la matière d'aucune controverse douteuse. Le neuvième commandement ne dit-il pas, mon père : « Tu ne porteras pas faux témoignage contre ton frère ? »

David Deans resta muet un instant : il appliquait encore cette réponse aux difficultés qui le tourmentaient, et il lui sembla extraordinaire qu'une femme, une sœur, eût plus de scrupules que lui, qui était habitué aux controverses et à leurs exigences. Il ne se sentit pas ébranlé dans sa résolution cependant, et il reprit d'un ton moins décidé que celui si précis dont il rendait ordinairement ses décisions dogmatiques :

— Je n'ai pas dit, ma fille, que ton chemin fût sans embûches, et, sans aucun doute, quelques-uns peuvent y voir une transgression, puisque celui qui témoigne illégalement et contre sa conscience peut être en quelque manière accusé de faux témoignage contre son frère. Cependant, dans une affaire d'acquiescement, la faute ne réside pas tant dans le fait en lui-même que dans l'esprit et la conscience de celui qui adhère. C'est ainsi que, quoique je n'aie pas cessé de rendre témoignage contre les défections publiques, je ne me suis pas reconnu libre de me séparer entièrement de plusieurs qui avaient été écouter les ministres qui avaient accepté la fatale indulgence, car ils pouvaient en retirer du profit, quoique cela me fût impossible.

Mais la conscience du vieux David lui reprocha tout à coup de chercher à miner la pure foi de sa fille et à aplanir la voie qui l'écartait des vrais principes, et il s'arrêta ; et changeant de ton, il reprit :

— Jenny, je sens que nos viles affections, je peux les appeler ainsi relativement à l'accomplissement de la volonté du Père, m'enchaînent trop étroitement à cette heure cruelle d'épreuve pour me permettre de voir le droit chemin de mon devoir, ou de te montrer la voie de la vérité. Jenny, si tu peux le faire en paix avec Dieu et avec ta conscience, dis un mot pour cette pauvre malheureuse...

Sa voix tremblait d'émotion.

— Elle est ta sœur par la chair ; indigne et perdue comme elle est, elle est la fille d'une sainte qui est au ciel, qui t'a servi de mère, Jenny, quand la tienne n'était plus : mais si ta conscience ne te permet pas de parler pour elle dans une cour de justice, suis tes inspirations, Jenny, et que la volonté de Dieu soit faite.

Le vieillard sortit de l'appartement laissant sa fille en proie au doute et à l'étonnement.

— Est-il possible ? se demanda Jenny quand la porte fut refermée, ai-je bien entendu ? ou mon père l'Ennemi a-t-il pris son air et sa voix pour me donner de ces conseils qui font périr ? La vie d'une sœur ! un père qui me dit comment je peux la sauver ! O Seigneur, délivrez-moi ! la tentation est trop forte.

Elle resta longtemps dans le doute et la terreur, craignant de communiquer ses pensées à son père, de peur d'appeler opinion qu'elle ne pourrait se résoudre à suivre, pensant à la terrible situation de sa sœur, dont elle tenait le sort entre ses mains, et demandant en vain au ciel l'inspiration qui devait la guider.

Un des plus grands chagrins de Jenny était que tout en croyant sa sœur innocente, elle n'avait pu l'entendre l'affirmer elle-même.

James Ratcliffe, le plus effronté voleur de toute l'Ecosse, avait reçu un pardon en règle et était devenu l'un des gardiens de ses anciens compagnons. L'important M. Saddletree et d'autres amis des habitants de la chaumière de Saint-Léonard lui avaient souvent demandé de laisser les deux sœurs avoir une entrevue. Mais les magistrats, qui avaient le plus grand désir de s'emparer de Robertson, avaient donné des ordres formellement contraires, dans l'espoir qu'en les tenant séparées ils obtiendraient facilement quelques nouvelles du fugitif. Jenny ne pouvait leur en donner aucune : elle assura M. Middleburgh qu'elle ne connaissait nullement Robertson et ne l'avait vu que dans l'entrevue nocturne où il lui donna quelques conseils relatifs au procès de sa sœur, conseils qui, dit-elle, ne relevaient que de Dieu et de sa conscience. Quant à ses allées et venues, ses projets, ses plans passés, présents ou futurs, elle n'en connaissait pas un mot et n'avait rien à déclarer.

Effie, pour d'autres raisons, elle n'avait que la réserve. Ils lui offrirent en vain un adoucissement ou une commutation de la peine qui l'attendait, ils lui firent même entrevoir une grâce pleine et entière, si elle voulait dire tout ce qu'elle savait de son amant. Elle ne répondait que par des pleurs, et quelquefois même, poussée à bout par l'importunité de leurs questions, elle leur faisait des réponses abruptes et impertinentes.

Le procès fut enfin fixé pour un jour très-prochain. M. Sharpitlaw, se ressouvenant alors de la promesse qu'il avait faite à Effie ou plutôt fatigué et vaincu par les incessantes réclamations de madame Saddletree, qui était sa plus proche voisine et qui déclarait qu'il fallait être pis qu'un païen pour empêcher deux malheureuses sœurs de se voir, donna enfin l'ordre qui autorisait leur entrevue.

Ce fut la veille du jour du procès que Jenny put voir sa sœur : l'heure indiquée était midi, Jenny fut exacte au rendez-vous ; il y avait plusieurs mois qu'elle n'avait parlé à la pauvre et malheureuse Effie.

CHAPITRE XIX.

Ratcliffe introduisit Jenny Deans dans la prison. Aussi dépourvu de honte que d'honnêteté, il ne rougit pas de lui demander, avec un sourire ironique, si elle se rappelait de lui ?

— Non, répondit-elle timidement et d'une voix tremblante.

— Quoi ! vous ne vous rappelez pas le clair de lune, le cairn de Muschat, Rob et Rat? dit-il avec le même sourire, votre mémoire n'est pas des meilleures, la belle.

Jenny put à peine trouver assez de voix pour lui dire qu'elle avait un ordre du bailli Middleburgh pour être admise auprès de sa sœur.

— Je le sais bien, ma toute belle ; et même que j'ai ordre de rester dans le cachot auprès de vous tout le temps que vous serez ensemble.

— Faut-il qu'il en soit ainsi ? demanda Jenny d'un ton de suppliante.

— Ah ! oui, répondit le geôlier, et qu'est-ce que cela peut vous faire ce que vous aurez à vous dire ? Le diable m'emporte si tout ce que vous direz me fait connaître votre sexe mieux que je ne le connais déjà : et puis si y a autre chose, c'est que, si vous ne parlez pas d'enfoncer la Tolbooth, le tonnerre m'écrase si j'en répète un seul mot !

Il se dirigea en même temps vers la cellule où Effie était enfermée. La honte, la crainte et la douleur avaient accablé la pauvre prisonnière pendant toute la matinée durant laquelle devait avoir lieu l'entrevue. Mais, quand la porte s'ouvrit, tous ces sentiments disparurent devant une émotion où la joie dominait presque, et Effie se jeta au cou de sa sœur en s'écriant :

— Ma chère Jenny !... ma chère Jenny !... comme il y a longtemps que je ne t'avais vue !

Jenny lui rendit ses baisers avec une ardeur qui ressemblait à de l'allégresse, mais qui disparut comme un éclair et ne laissa que de la tristesse. Les deux sœurs allèrent jusqu'au bord du petit lit, et, s'y asseyant à côté l'une de l'autre, elles se prirent les mains et se regardèrent tendrement sans prononcer une seule parole. Elles restèrent ainsi pendant une minute ; l'expression de joie disparut peu à peu de leur figure, qui prit un air de mélancolie et de profonde détresse, et, ouvrant les bras, elles se pressèrent mutuellement sur leur sein, et, comme le dit l'Ecriture, elles élevèrent la voix et pleurèrent amèrement.

Le geôlier lui-même, qui avait passé sa vie dans des scènes où se perdent toute conscience et tout sentiment, ne put les voir sans se sentir touché de sympathie. La manière dont il leur prouva plus de délicatesse que l'on n'en aurait dû devoir rencontrer dans un homme de son caractère et dans sa position. La croisée sans vitres de la misérable cellule laissait passer un rayon de soleil qui tombait juste sur le lit où les deux sœurs étaient assises, Ratcliffe alla pousser le contrevent comme pour jeter un voile sur leur scène aussi douloureuse.

— Tu souffres, Effie, dit enfin Jenny, tu souffres beaucoup !

— Oh ! que ne donnerais-je pas, Jenny, pour souffrir dix fois plus ! répondit Effie, n'aurais-je pas donné pour être morte avant que la cloche ait sonné dix heures ce matin !... Et notre père !... mais je ne suis plus son enfant maintenant... Oh ! je n'ai plus un ami au monde ! oh ! pourquoi ne suis-je pas à côté de ma mère au cimetière de Newbattle !...

— Allons, ma fille, dit Ratcliffe, qui voulut montrer tout l'intérêt qu'il prenait à leur douleur, ne vous chagrinez pas comme cela, on chasse plus d'un renard qui n'est pas pris. L'avocat Langtale a sauvé des gens qui avaient des affaires encore pires que celle-là, et personne ne sait mieux que Nichil Novit comment élever des questions préjudicielles. Pendus ou sauvés, ceux qui ont pour conseils et pour défenseurs sont en bonnes mains et sont sûrs que tout se passera dans les formes. Vous êtes une jolie fille, si vous vouliez relever un peu votre chignon : une jolie fille trouve toujours faveur devant le juge et les jurés ; tandis qu'ils feraient accrocher un vieux laid comme moi pour la quinzième partie de la peau et de la graisse d'une puce, le tonnerre me brûle !

Les deux sœurs ne répondirent pas à ces consolations : elles étaient si absorbées dans leur chagrin, qu'elles ne s'apercevaient plus de la présence de Ratcliffe.

— O Effie, dit Jenny, comment m'as-tu caché ta situation ? Oh ! est-ce que j'avais mérité d'être traitée comme cela ? Si tu m'avais dit un mot, nous aurions pleuré ensemble, nous aurions été honteuses ensemble, mais ce terrible malheur ne serait jamais arrivé !

— Et quel bien en aurait-il résulté ? demanda la prisonnière. Non, non, Jenny, tout fut perdu quand j'oubliai ce que j'avais promis en faisant une marque à ma Bible. Vois, ajouta-t-elle en produisant le volume sacré, le livre s'ouvre tout seul à la place fatale. Oh! vois, Jenny, quelle effrayante condamnation!

Jenny prit la Bible de sa sœur, et trouva que le signet était placé à ce verset du livre de Job : « Il m'a dépouillé de ma gloire, il a enlevé la couronne de dessus ma tête. Il m'a détruit de tous côtés et je suis fini. Il a déraciné mon espérance comme un arbrisseau. »

— Chaque mot n'est-il pas de toute vérité? dit la prisonnière. Ma couronne, mon honneur ne sont-ils pas perdus? Et que suis-je, si ce n'est un pauvre arbrisseau déraciné et jeté à la voirie pour que bêtes et gens le foulent aux pieds? Je pensais à cette jeune aubépine que notre père avait arrachée au printemps, quand elle était couverte de fleurs : elle resta dans la cour et les bêtes la brisèrent sous leurs pieds. Je ne pensais guère, quand j'étais triste pour le pauvre arbrisseau et ses blanches fleurs, que tel serait mon sort.

Sa seconde idée fut de voir si son père l'avait entendue rentrer; mais il était évident qu'il n'avait su ni l'absence ni le retour de Jenny.

— Oh! si tu avais dit un mot, reprit Jenny en pleurant, si je pouvais jurer que tu m'as dit seulement un mot de ta situation, ils ne pourraient te rien faire!

— Ils ne pourraient pas! dit Effie, qui sembla prendre quelque intérêt à cette nouvelle, car la vie est toujours chère, même à ceux qui la croient un fardeau. Qui est-ce qui t'a dit cela, Jenny?

— Une personne qui savait bien ce qu'il y aurait à faire! répondit Jenny, qui répugnait à prononcer le nom du séducteur de sa sœur.

— Qui est-ce? oh! je t'en prie, dis-le moi! dit Effie en se relevant. Qui pouvait prendre tant d'intérêt à une pauvre abandonnée comme moi? Était-ce... était-ce lui?

— Allons, dit Ratcliffe, pourquoi laisser la pauvre fille dans l'incertitude, je parie que c'est Robertson qui vous a dit cela quand vous l'avez vu au cairn de Muschat?

— Était-ce lui, dit Effie vivement, était-ce réellement lui, Jenny? Oh! je vois bien que c'était lui... pauvre garçon! et je croyais que son cœur était aussi dur qu'une meule de moulin... et lui qui devait tant craindre pour lui-même... pauvre Georges!

Jenny, quelque peu indignée de ces expressions de tendresse pour l'auteur de tous leurs maux, ne put s'empêcher de s'écrier :

— Oh! Effie, comment peux-tu parler ainsi d'un homme comme lui?

— Nous devons pardonner à nos ennemis, tu sais, dit la pauvre Effie d'une voix timide, mais sa conscience lui disait que le sentiment qu'elle éprouvait pour son séducteur était d'une tout autre nature que l'oubli des injures.

— Peux-tu penser à l'aimer encore, demanda sa sœur d'une voix qui exprimait le blâme et la pitié, quand il t'a tant fait souffrir!

— L'aimer? répondit Effie, si je n'avais aimé plus que personne aima jamais, je ne serais pas aujourd'hui entre ces murs : et crois-tu qu'un amour comme le mien puisse s'en aller légèrement? Non, non, on peut abattre l'arbre, on ne peut pas redresser ses courbes. Oh! Jenny, si tu voulais me rendre heureuse en ce moment, dis-moi tout ce qu'il t'a dit, dis-moi s'il était triste et chagrin pour la pauvre Effie?

— Pourquoi te répéter ce qu'il m'a dit? répliqua Jenny. Il avait trop à faire pour se sauver lui-même pour me parler de beaucoup de personne autre.

— Ce n'est pas vrai, Jenny, je n'en croirais pas un saint! repartit Effie, qui montra une étincelle de son ancienne irritabilité. Mais tu ne sais pas, je le sais moi, comme il a risqué sa vie pour me sauver!

Et jetant un coup d'œil effrayé vers Ratcliffe, elle s'arrêta.

— Il paraît, dit Ratcliffe avec l'un de ces sourires ironiques qui lui étaient familiers, il paraît que vous croyez qu'on n'a pas d'yeux aussi bien que vous. Est-ce que vous croyez que je n'ai pas vu Gentilhomme Georges essayer de tirer de la prison votre ami Joch Porteous? Mais vous êtes de mon opinion, ma fille, il vaut mieux rester et se repentir que de courir pour le regretter. Vous n'avez pas besoin d'avoir l'air aussi étonnée! Il y a bien encore d'autres choses que je sais!

— Oh! mon Dieu! mon Dieu! s'écria Effie se levant tout à coup pour aller se jeter aux genoux du porte-clefs, savez-vous ce qu'ils ont fait de mon enfant?... Oh! mon enfant! mon enfant!... le pauvre petit innocent!... La chair de ma chair, l'os de mes os!... O monsieur! si vous voulez jamais mériter une part du ciel, ou la bénédiction d'une pauvre affligée sur la terre, dites-moi où ils ont mis mon enfant? la preuve de ma honte, le compagnon de mes souffrances! Dites-moi qui l'a emporté et ce qu'on en a fait!

— Allons, allons! dit le geôlier essayant de la repousser, c'est vraiment m'en croire sur parole! Votre enfant, dites-vous? il faut demander cela à la vieille Meg Murdockson, si vous n'en savez rien vous-même.

Cette réponse détruisait le vague espoir qui était venu au cœur de la pauvre mère, elle laissa aller le pan de l'habit du geôlier et tomba la face par terre en proie à une crise nerveuse.

Jenny Deans s'appliqua aussitôt à consoler et à apaiser sa sœur, et Ratcliffe, nous devons lui rendre cette justice, s'empressa de la seconder par tous les moyens en son pouvoir. Il eut même l'attention de se retirer à l'extrémité de la chambre quand Effie reprit ses sens, afin de laisser les deux sœurs causer en toute liberté.

La prisonnière conjura de nouveau, dans les termes les plus pressants, sa sœur Jenny de lui raconter, dans tous ses détails, son entrevue avec Robertson : Jenny reconnut qu'il était impossible de lui refuser cette consolation.

— Te rappelles-tu, Effie, lui dit-elle, quand tu étais malade avant que nous quittions Woodend, comme la, mère, qui est maintenant dans un meilleur séjour, me gronda parce que je t'avais donné de l'eau et du lait à boire quand tu en avais demandé? Tu étais une enfant alors, mais aujourd'hui tu es une femme et tu ne devrais pas demander ce qui peut te faire du mal.... Mais, quoi qu'il arrive, je ne peux pas te refuser ce que tu me demandes en pleurant.

Effie se jeta de nouveau dans ses bras, l'embrassa tendrement et lui dit :

— Oh! si tu savais comme il y a longtemps que je n'ai entendu prononcer son nom! Si tu savais comme cela me fait du bien d'entendre dire de lui comme il est bon, comme il m'aime, tu ne t'étonnerais pas du désir que je te témoigne!

Jenny ne put répondre que par un soupir et commença à lui raconter tout ce qui s'était passé dans son entrevue avec Robertson, en s'efforçant de l'abréger autant que possible. Effie l'écoutait avec anxiété : elle tenait les deux mains de sa sœur, and interrogeait l'expression de ses yeux comme pour deviner à l'avance ce qu'elle allait dire. De temps en temps elle s'écriait : Pauvre garçon! pauvre Georges! à mesure que la narration s'avançait. Quand Jenny eut fini, Effie resta là en silence quelques minutes.

— Et c'est là ce qu'il t'a conseillé de faire? dit-elle enfin à sa sœur.

— Exactement ce que je t'ai dit, répliqua Jenny.

— Il voulait que tu dises quelque chose aux magistrats qui me sauverait la vie?

— Il voulait, répondit Jenny, que je commisse un parjure.

— Et tu lui as dit, reprit Effie, que tu ne voulais pas m'empêcher de mourir de la mort qui me menace, moi qui n'ai pas encore dix-huit ans!

— Je lui ai dit, répliqua Jenny, qui tremblait à l'idée de voir Effie accueillir ardemment le conseil de son amant, que je n'osais pas jurer ce qui était contraire à la vérité.

— Et qu'appelles-tu contraire à la vérité? s'écria Effie montrant de nouveau toute la vivacité de son caractère. Tu ne peux pas croire qu'une mère voudrait ou pourrait tuer son enfant?... le tuer!... oh! j'aurais donné ma vie pour voir la couleur de ses petits yeux!

— Je crois sincèrement, répondit Jenny, que tu es aussi innocente de sa mort que le pauvre enfant lui-même.

— Je suis heureuse de voir que tu me rends cette justice, dit sèchement Effie, quelquefois les personnes qui n'ont rien à se reprocher parlent des autres sont aussi coupables que possible.

— Je ne mérite pas que tu me traites ainsi, Effie! répondit Jenny, éclatant en pleurs à ce reproche injuste.

— Peut-être que non, ma sœur, continua Effie, mais tu es fâchée

contre moi parce que j'aime Robertson.... Comment puis-je m'empêcher de l'aimer, lui qui m'aime mieux que sa vie et son âme? N'a-t-il pas, au péril de sa vie, enfoncé la prison pour me faire sortir, et je suis bien sûre que s'il eût été à ta place....
— Elle s'arrêta et resta sans mot dire.
— Oh! s'il ne s'agissait que de risquer ma vie pour te sauver! dit Jenny.
— Oui! reprit sa sœur, c'est facile à dire; mais ce n'est pas facile à croire quand tu ne veux pas dire un mot pour moi! Et si tu avais tort de le dire, ce mot, est-ce que tu n'aurais pas le temps de t'en repentir?
— Mais ce mot est un péché, et ce serait un péché d'autant plus grand qu'il serait commis volontairement et sciemment!

Meg Murdockson.

— C'est bien, c'est bien, Jenny, dit Effie, je me rappelle parfaitement tout ce qu'en dit le catéchisme... n'en parlons plus; ce n'est pas à moi que tu as à répéter ton catéchisme, et, quant à moi, je n'aurai plus rien bientôt à répéter sur terre!
— Je dois dire, ajouta Ratcliffe, que c'est terriblement dur de vous voir autant de scrupules à faire un serment, quand vous pourriez en deux ou trois mots sauver la pauvre fille. Le diable m'emporte, si, pour la sauver, je ne jurerais pas de la vérité de toutes... comment les appelez-vous? les fables d'Hysope... j'y suis accoutumé, et pour bien moins que cela. Ah bah! j'ai juré cinquante fois en Angleterre pour un barillet d'eau-de-vie!...
— N'en parlons plus, dit la prisonnière, c'est peut-être pour le mieux... et bonsoir, ma sœur; tu empêches M. Ratcliffe d'aller à ses affaires... Tu reviendras, peut-être, me voir encore avant... Elle pâlit et n'en put dire davantage.
— Est-ce ainsi que nous allons nous séparer, dit Jenny, et toi dans cette terrible position? Oh! Effie, regarde-moi, et dis ce que tu veux que je fasse, et je pourrais presque me décider à faire ce que tu me diras.
— Non, Jenny, répondit Effie en faisant un effort sur elle-même, je suis plus raisonnable... maintenant. Je n'ai jamais été aussi bonne que toi, et je ne dois pas te rendre aussi coupable que moi qui ne vaux pas la peine d'être sauvée. Dieu sait, quand j'y pense tranquillement, je ne voudrais pas que personne fît rien de contraire à sa conscience pour me sauver. J'aurais pu m'enfuir de cette prison pendant cette terrible nuit; j'avais là celui qui m'aurait aimée, qui m'aurait protégée et défendue! Mais je lui ai dit : A quoi bon la vie quand l'honneur est perdu? C'est ce long emprisonnement qui m'a abattue, je reste si longtemps toute seule! oh! je donnerais alors, les mines des Indes, les mines d'or et de diamant, pour un peu d'air et de liberté! Je crois, Jenny, que je suis quelquefois comme quand j'avais la fièvre; mais au lieu de voir sur mon lit des yeux enflammés,

des loups et des vampires, je me vois sur un grand gibet noir, d'où j'aperçois une véritable mer de figures qui me regardent et qui se demandent si c'est là celle que Georges Robertson appelait le lis de Saint-Léonard? et ils allongent le cou, ils me font des grimaces et, de tous côtés, je ne vois que des figures comme celle de Meg Murdockson, quand elle me dit que je ne verrais plus mon enfant! O Jenny! que cette vieille femme est effrayante à voir!...

La pauvre Effie se mit les mains devant les yeux comme pour s'empêcher de voir cette horrible apparition.

Jenny resta deux heures avec sa sœur, essayant d'en tirer quelque chose qui pût servir à sa justification. Mais Effie n'avait rien autre chose à dire que ce qu'elle avait déclaré dans son premier interrogatoire :

— Ils ne me croiront pas, disait-elle, et je ne peux leur dire rien autre chose.

Ratcliffe fut enfin obligé de dire aux deux sœurs que l'heure était venue de se séparer.

— M. Novit, dit-il, devait voir la prisonnière, peut-être que M. Langtale viendrait aussi. Il aime assez à voir une jolie fille, Langtale, dehors ou en prison, cela lui est égal.

Après bien des pleurs et des embrassements, Jenny quitta enfin sa sœur et entendit les verrous tirés sur la porte qui la séparait d'elle. Elle offrit au porte-clefs une petite gratification, en le priant de faire ce qu'il pourrait pour sa sœur; mais Ratcliffe, à son grand étonnement, refusa de la recevoir.

— Je ne versais pas le sang quand j'étais sur la rue, dit-il, je ne prendrai pas d'argent au delà de ce qui est raisonnable, maintenant que je suis dans une position officielle. Gardez votre argent : je ferai tout ce que je pourrai pour votre sœur, et j'espère que vous vous déciderez à jurer ce qu'ils vous demanderont; il n'y a pas de mal à cela, tant que vous ne jurerez que pour sauver une tête. J'ai connu

Le vieillard était assis sur un siége de gazon au bout de la chaumière, raccommodant lui-même le harnais de son cheval de trait.

un digne ministre, un des meilleurs qui aient jamais blagué dans une chaire, qui prêta serment, par rapport à une barrique de tabac à fumer, dont il ne lui revenait pour sa part que la valeur d'une douzaine de pipes. Quant à votre sœur, je vais avoir soin qu'on lui porte son dîner tout chaud; et je tâcherai de la persuader de se coucher un peu après, car le diable m'emporte si elle ferme l'œil cette nuit! Je sais ce que c'est : la première nuit est toujours la plus terrible. Je n'ai jamais entendu dire que personne ait dormi dans la nuit d'avant son jugement, mais j'en ai connu pas mal qui ont dormi dans les deux oreilles dans la nuit d'avant leur exécution. Et ce n'est pas étonnant... on peut s'accoutumer à tout, quand on sait ce que c'est... L'incertitude est pire que tout!

CHAPITRE XX.

Quand David Deans entra dans l'appartement où le déjeuner était préparé, il avait passé la plus grande partie de la matinée à des exercices de dévotion; car ses bons voisins avaient insisté pour faire son ouvrage ce jour-là. Ses yeux regardaient le plancher, il n'osait les lever vers Jenny; car il était encore incertain si sa conscience lui permettrait d'aller dans une cour de justice déposer en faveur de sa sœur. Ce ne fut qu'après une minute de pénible hésitation qu'il se décida à la regarder pour voir si son costume indiquait l'intention d'aller à la ville.

Jenny s'était habillée proprement et modestement, mais rien ne venait trahir ses intentions. Elle avait échangé ses vêtements de travail contre d'autres qu'elle mettait quelquefois quand son ouvrage était achevé. Elle avait compris qu'en pareille occasion sa mise devait être réservée et décente, et qu'il convenait de mettre à l'écart les quelques simples ornements sans valeur dont elle se parait quelquefois. Son père ne put donc rien remarquer qui témoignât de ce qu'elle avait intention de faire.

Ce fut en vain que le père et la fille s'assirent vis-à-vis l'un de l'autre, ils ne purent goûter au déjeuner qui avait été préparé. Mais la cloche de Saint-Giles sonna bientôt l'heure qui précédait celle où le procès devait commencer. Jenny se leva, et, pleine d'une tranquillité qui l'étonnait elle-même, elle alla prendre son plaid et se prépara à sortir. Le vieux David suivit des yeux tous les mouvements de sa fille, et quand, au moment où elle allait quitter l'appartement, elle se tourna pour le regarder:
— Ma chère enfant, dit-il, je vais...

Et, cherchant à la hâte ses grosses mitaines et son bâton, il se disposa à l'accompagner.
— Mon père, dit Jenny, vous feriez mieux de rester.
— Je suis fort de la force de mon Dieu, répondit le vieillard; j'irai.

Et, prenant le bras de sa fille, il s'éloigna de la chaumière d'un pas si rapide que Jenny pouvait à peine le suivre.

Les tribunaux tenaient alors et tiennent encore leurs séances dans ce que l'on appelle la cour du parlement, et occupaient la salle qui avait servi aux états d'Écosse. Les soldats de la garde urbaine faisaient sentinelle devant les diverses portes, et repoussaient rudement la foule qui se pressait pour jeter un coup d'œil sur la malheureuse prisonnière quand elle passerait.

Quand David et sa fille arrivèrent sur la place et voulurent s'avancer vers la porte du tribunal, ils se trouvèrent enveloppés dans la foule; et lorsque le vieux presbytérien essaya de s'ouvrir un passage, sa tournure et son costume hors de mode lui attirèrent des quolibets de tous côtés.
— Le diable emporte le vieux cameronien! dit un fort du marché que David avait poussé pour faire passer Jenny, de quel droit vient-il nous prendre notre place?
— Faites place à l'un des anciens de la foi, s'écria un gamin, il vient voir une digne sœur rendre témoignage dans le marché aux Herbes!
— Veux-tu te taire, bavard? dit une grosse voix d'homme, qui ajouta d'un ton plus bas mais très-distinct: C'est son père et sa sœur!

A ces mots, on leur ouvrit un passage; et chacun, même les plus effrontés, sembla se taire de honte. David s'arrêta, au milieu de la place que lui faisait la foule, tenant sa fille par la main, et lui dit d'un ton qui exprimait une profonde émotion:
— Tes oreilles entendent et tes yeux voient comment les fautes et les défections des professeurs de notre foi sont reprochées par les infidèles à l'église dont ils sont membres et si nous glorieux et invisible chef, c'est avec patience et soumission que nous devons prendre notre part de ces reproches.

L'homme qui avait annoncé qui ils étaient n'était autre que notre vieille connaissance Dumbiedikes, dont la bouche, comme celle de l'âne du prophète, s'était ouverte au moment opportun : il les rejoignit, et les accompagna jusqu'à la salle du tribunal.

La séance était sur le point de commencer, les jurés étaient à leur place, et M. Nichil Novit était au barreau, communiquant toutes les pièces de la défense à l'avocat qui devait plaider l'affaire.
— Où sera-t-elle? demanda tout bas David au laird de Dumbiedikes.

Dumbiedikes demanda à Novit, qui indiqua une place réservée, vis-à-vis les juges, et voulut y conduire le vieux presbytérien.
— Non, dit-il, je ne peux pas m'asseoir auprès d'elle... je ne peux pas la reconnaître... Pas encore du moins... Je vais me tenir où elle ne me verra pas, et je regarderai d'un autre côté... Cela vaudra mieux pour elle et pour moi.

Saddletree, qui s'était excessivement occupé de l'affaire et que les avocats avaient deux ou trois fois prié de s'occuper de ce qui le regardait, trouva une occasion de montrer son importance. Il s'approcha du malheureux père, et obtint des huissiers qu'il fût placé dans un endroit où il n'était exposé aux regards curieux de la foule.

— Il est bon d'avoir un ami à la cour, dit-il au vieillard, qui ne l'entendait ni ne l'écoutait, peu de gens auraient pu vous procurer une aussi bonne place. Les juges vont être ici incontinent et le procès va commencer *instanter*. Mais, bon Dieu! qu'est-ce que c'est que cela? Jenny, vous êtes citée comme témoin! Huissier, cette dame est témoin, elle doit être hors de la salle, elle ne peut pas rester ici. Monsieur Novit, Jenny Deans devrait être dans la chambre des témoins.

Novit reconnut la justesse de l'observation et s'offrit pour conduire Jenny dans la salle réservée aux témoins, où elle devait rester jusqu'à ce qu'on l'appelât pour être interrogée.
— Est-ce indispensable? dit Jenny, qui hésitait à se séparer de son père.
— C'est de nécessité absolue, répondit Saddletree; les témoins ne peuvent pas être présents.
— C'est réellement indispensable, dit l'avocat.

Jenny avait à peine quitté la salle des séances, que les cinq juges entrèrent. Ils portaient de longues robes écarlates doublées de blanc, et étaient précédés d'un massier.

Les juges étaient à peine sur leurs sièges, que les portes de la salle furent ouvertes. La foule se précipita dans l'intérieur, et, pendant le tumulte et la confusion qui résultèrent de l'admission du public, la malheureuse fut amenée entre deux soldats et placée sur le banc réservé aux accusés.

CHAPITRE XXI.

— Euphémie Deans, dit le juge d'un ton de voix austère qu'adoucissait un sentiment de pitié, levez-vous, et écoutez l'acte d'accusation qui va être lu.

La pauvre fille, que les événements avaient presque hébétée, jeta un regard étonné sur la foule qui l'entourait, et obéit instinctivement à un ordre qui résonna à ses oreilles comme la trompette du jugement dernier.
— Relevez vos cheveux, Effie! lui dit un des huissiers.

Car ses riches et soyeuses boucles de cheveux tombaient en liberté sur sa figure. D'après la mode du temps, elle ne pouvait avant d'être mariée porter sur sa tête autre chose qu'un ruban; et, elle n'avait plus y mettre ce ruban, qui était une marque de virginité. La pauvre fille se hâta de rejeter ses cheveux en arrière, et montra une figure dont les traits, quoique fatigués par la souffrance et pâlis par l'inquiétude, offraient tant de beauté, dans la douleur qu'ils exprimaient, qu'un murmure de compassion et de sympathie courut dans toute l'assemblée. A ce bruit, qui lui rappela sa position et sa honte, son œil, qui avait d'abord flotté indécis sur la foule, se tourna vers le sol; et sa joue, tout à l'heure si pâle, se couvrit d'une légère rougeur, qui s'accrut si vite, que, quand elle voulut, dans l'excès de sa honte, cacher son visage, ses tempes, son front, son cou, tout ce que ne pouvaient pas couvrir ses doigts effilés et ses petites mains devint couleur de pourpre.

Cependant l'acte d'accusation fut lu par le greffier; et le juge demanda à l'accusée si elle s'avouait coupable ou se prétendait innocente.
— Je ne suis pas coupable de la mort de mon pauvre enfant, répondit Effie d'une voix mélodieusement plaintive que la foule ne put entendre sans émotion.

Il ne peut pas entrer dans notre plan de donner en détail toute la procédure d'une affaire criminelle devant un tribunal d'Écosse; nous ne serions pas certain d'ailleurs d'en donner un compte rendu intelligible à tous nos lecteurs, ni assez correct pour échapper au criticisme des robes noires. Il nous suffira de dire que toutes les formes voulues furent exactement suivies et que la loi fut respectée de tout point.

L'avocat du roi fit interroger deux ou trois femmes, qui déclarèrent qu'elles avaient remarqué la situation d'Effie; qu'elles lui en avaient même parlé, et qu'elle avait impétueusement nié ce dont elles l'accusaient. Mais, ainsi qu'il arrive assez souvent, c'étaient les aveux de l'accusée qui témoignaient contre elle le plus hautement.

Elle avait reconnu avoir intimement fréquenté un individu dont elle refusait de dire le nom; qu'elle n'avait fait part de sa situation à personne, ni fait aucuns préparatifs pour la naissance de son enfant. Une fausse honte l'avait empêchée de faire l'aveu de sa faute, et elle avait cru que la personne à laquelle elle avait fait allusion lui procurerait tout ce dont elle aurait besoin. Quand on lui avait demandé où elle était allée en sortant de la maison de Saddletree, elle avait répondu d'abord qu'elle ne se le rappelait pas, puis qu'elle ne le savait réellement pas, tant elle souffrait à ce moment. Elle avait avoué plus tard qu'elle avait passé quelques jours dans la maison d'une femme que connaissait la personne dont elle avait parlé, et qu'elle avait donné naissance à un enfant du sexe masculin. L'interrogatoire permit encore de savoir que cet enfant était né viable; mais la pauvre Effie déclarait qu'elle ignorait ce que l'on en avait fait. Il avait été emporté sans son aveu pour l'une des femmes, et un jour elle s'était échappée de cette maison et s'était traînée jusqu'à la chaumière de Saint-Léonard. Son intention avait été, ajoutait-elle, de tout déclarer à son père et à sa sœur, mais elle avait été arrêtée avant d'avoir pu le faire.

Les témoins à décharge furent appelés pour déposer sur ce qu'ils savaient de l'affaire : ils reconnurent tous son excellent caractère, et la digne madame Saddletree déclara en pleurant qu'elle n'aurait pas eu une plus haute opinion d'Effie Deans, qu'elle ne l'aurait pas plus aimée si elle eût été sa propre fille. Tout le monde applaudit à l'excellente femme, excepté son mari, qui, se penchant à l'oreille de Dumbiedikes, lui dit :

— Votre Nichil Novit ne s'entend guère à interroger les témoins. À quoi bon faire venir une femme qui ne sait que pleurer et sangloter? Il aurait dû me citer, et je leur aurais fourni des preuves qui les auraient empêchés de toucher un cheveu de sa tête !

— Pourquoi ne pas le faire maintenant? demanda le laird ; je vais faire un signe à Novit.

— Non, non, reprit Saddletree, merci, merci : ce serait hors de propos en ce moment; mais Nichil Novit aurait dû me citer *debito tempore*.

L'avocat d'Effie annonça alors qu'il allait faire paraître son témoin principal.

La cour savait déjà à quel témoin il faisait allusion : c'était la personne à laquelle l'accusée avait nécessairement dû communiquer sa situation, c'était sa gardienne naturelle, sa sœur !

— Huissier, ajouta-t-il, introduisez Jeanne ou Jenny Deans, fille de David Deans, nourrisseur à Saint-Léonard.

À ces mots, la pauvre prisonnière se leva tout à coup et se pencha du côté par lequel sa sœur devait entrer. Et quand Jenny s'avança lentement, en suivant l'huissier jusqu'au-devant du tribunal, Effie, dont la figure ne disait plus la honte ni la terreur, mais dont tous les traits exprimaient la prière la plus fervente, Effie étendit les bras, tourna vers sa sœur des yeux tout gonflés de pleurs, et s'écria d'une voix qui vibra au fond de tous les cœurs :

— Ô Jenny ! Jenny ! sauve-moi ! sauve-moi !

Mû par un sentiment différent, le vieux Deans se retira encore plus en arrière ; et quand Jenny jeta un œil timide de son côté, sa tête vénérable n'était plus visible. Il se tenait à côté de Dumbiedikes, lui pressant la main et disant :

— Oh ! laird, ceci est pire que le reste... Si je peux seulement supporter cela... Je me sens tout étourdi, mais mon maître est fort dans la faiblesse de son serviteur.

Après une courte prière mentale, il se redressa et reprit graduellement la place qu'il avait tout d'abord occupée.

Au moment où Jenny arriva au pied de la table, il lui fut impossible de résister à l'impulsion de l'amour fraternel, et elle étendit la main vers sa sœur. Effie était assez près pour pouvoir la prendre dans les siennes, et la porta à ses lèvres, la baisant et la baignant de pleurs avec l'ardeur qu'un catholique mettrait à montrer sa reconnaissance à son saint patron descendu du ciel pour le sauver. Jenny, cachant sa figure dans son autre main, pleurait amèrement.

La plupart des spectateurs furent émus jusqu'aux larmes, et il se passa quelques minutes avant que le juge pût inviter le témoin à reprendre sa tranquillité, et la prisonnière à se garder de donner des preuves d'affection, qui, bien que naturelles, ne pouvaient pas être permises devant la cour. La cour fit alors jurer solennellement Jenny qu'elle dirait la vérité, toute la vérité et rien que la vérité, et Jenny le jura au nom de Dieu et fit son entrée à témoigner comme au grand jour du jugement. Ce fut d'une voix lente et respectueuse, mais distincte, qu'elle répéta après le juge la formule de ce serment solennel. Quand il eut fini, il y ajouta quelques paroles de bon conseil qui lui semblèrent nécessitées par les circonstances.

— Jeune femme, lui dit-il, vous paraissez devant le tribunal dans des circonstances qui commandent la pitié et la sympathie. Cependant il est de mon devoir de vous dire que vous devez à votre pays et à Dieu, dont la parole est la vérité, et dont vous venez d'invoquer le saint nom, de dire la vérité, quelles qu'en soient les conséquences. Ne vous pressez pas pour répondre aux questions qui vont vous être faites ; mais souvenez-vous que si vous dites quelque chose qui ne soit pas l'exacte vérité, vous aurez à en répondre ici et ailleurs.

Il lui fut alors demandé, comme d'usage, si quelqu'un lui avait dit ce qu'elle avait à répondre ; si on lui avait donné ou promis une récompense, un présent, ou un salaire pour son témoignage ; si elle avait aucune cause de mauvais vouloir contre l'avocat du roi, accusateur de sa sœur.

Elle répondit négativement, d'une voix tranquille, à toutes ces questions ; mais leur teneur irrita profondément le vieux Deans, qui ignorait qu'elles étaient adressées indistinctement à tous les témoins.

— Mais ! s'écria-t-il assez haut pour être entendu, ma fille n'est pas comme la veuve de Tekoah, personne ne lui a dit ce qu'elle a à déclarer.

Un des juges, qui probablement connaissait le recueil des lois mieux que le livre de Samuel, se proposait de faire quelques recherches relativement à cette veuve de Tekoah, qui, croyait-il, avait cherché à circonvenir le témoin. Mais le président lui expliqua ce dont il s'agissait, et ce petit incident n'eut d'autre résultat que de donner à Jenny le temps de rassembler ses forces pour accomplir la tâche qui lui était imposée.

L'avocat d'Effie commençait à soupçonner que Jenny venait décidée à rendre un faux témoignage en faveur de sa sœur : il crut qu'il était important de lui laisser le temps de se tranquilliser.

Il commença donc son interrogatoire par des questions sans importance qui lui permettaient de répondre sans hésiter.

— Vous êtes, je crois, lui dit-il, la sœur de l'accusée ?

— Oui, monsieur.

— Vous n'êtes pas sœur de père et de mère ?

— Non, monsieur ; nous n'avons pas eu la même mère.

— Bien. Vous êtes, je crois, plus âgée que votre sœur ?

— Oui, monsieur.

Quand l'avocat, auquel la loi confie en Écosse comme en Angleterre le devoir d'interroger les témoins, eut pensé qu'il avait, au moyen de ces questions préliminaires, suffisamment familiarisé Jenny avec la situation où elle se trouvait, il lui demanda si elle n'avait pas remarqué un certain changement dans la santé de sa sœur pendant les derniers temps de son séjour chez madame Saddletree.

Jenny répondit affirmativement.

— Et elle vous en a avoué la raison, je le suppose ? dit l'avocat d'un ton qui semblait inviter à un aveu conforme.

— Je regrette d'avoir à interrompre l'honorable défenseur, dit l'avocat du roi en se levant, mais je dois demander à la cour si cette question peut être posée ainsi ?

— Si vous voulez débattre ce point, dit le juge, je ferai retirer les témoins.

— Il n'est pas nécessaire de perdre du temps à cette discussion, répondit l'avocat ; si l'avocat du roi a quelques objections à faire à la manière dont j'ai posé cette question, je la formulerai autrement... Dites-moi, jeune femme, avez-vous interrogé votre sœur quand vous avez remarqué son air maladif ?... N'ayez pas peur... répondez tranquillement.

— Je lui ai demandé, répliqua Jenny, ce qu'elle avait.

— Très-bien, très-bien : ne vous pressez pas... Et que vous a-t-elle répondu ?

Jenny ne répliqua rien et devint excessivement pâle. Ce ne fut pas qu'elle eût pour un instant l'idée de rien dire contre sa conscience, mais elle hésitait naturellement à briser le seul rayon d'espoir qui restât à sa sœur.

— N'ayez pas peur, reprit l'avocat, je vous ai priée de nous dire ce que votre sœur vous a répondu quand vous lui avez demandé ce qu'elle avait.

— Rien, répondit Jenny d'une voix presque inaudible, et que cependant toute la foule entendit, tant était grand le silence qui régnait dans la salle.

L'avocat parut déconcerté ; mais, fort de cette présence d'esprit qui est aussi utile dans le civil que dans le militaire, il reprit aussitôt :

— Rien ? c'est vrai : vous voulez dire qu'elle ne vous a rien avoué d'abord, mais quand vous l'avez pressée, ne vous a-t-elle pas avoué sa situation ?

La question fut posée d'un ton de voix qui cherchait à lui faire comprendre toute l'importance de sa réponse si elle l'eût ignorée. Mais la difficulté était vaincue, et Jenny répondit promptement que la première fois :

— Hélas ! hélas ! elle ne m'en a jamais dit un mot !

Un profond soupir se répéta par toute la salle ; mais aucune poitrine n'en exhala un plus sincère ni plus profond que celle où battait le cœur du vieux Deans. L'espoir qu'il avait jusqu'alors caressé en secret était disparu pour toujours, et le vénérable vieillard tomba privé de sentiment, la tête aux pieds de la malheureuse fille. La pauvre prisonnière se débattit contre ses gardes en s'écriant :

— Laissez-moi aller secourir mon père !... je veux y aller !... je veux y aller !... Il est mort !... c'est moi qui l'ai tué ! répéta-t-elle dans son agonie d'un ton qu'n'oublièrent jamais ceux qui l'entendirent.

Jenny, même dans ce moment de détresse et de confusion, conserva toute sa supériorité :

— C'est mon père, dit-elle, c'est notre père, répéta-t-elle avec douceur à ceux qui cherchaient à les séparer. Et elle se baissa, releva ses cheveux blancs, et commença à frotter ses tempes.

Le juge, séchant ses larmes à plusieurs reprises, ordonna de les emmener dans une salle à côté, et leur procurer ce dont ils auraient besoin. Quand le vieux David fut conduit hors de la salle, suivi par sa fille aînée, la pauvre Effie les suivit des yeux aussi longtemps qu'elle le put. Mais quand la porte fut refermée, elle sembla trouver dans son désespoir et dans son abandon un courage qu'elle n'avait pas encore montré.

— L'amertume est passée, dit-elle ; et se tournant vers les juges, elle leur adressa hardiment la parole : — Milords, vous plairait-il de continuer cette affaire ? Le jour le plus terrible doit avoir une fin.

Le juge, qui, nous devons l'avouer à son honneur, avait partagé l'émotion générale, fut surpris de voir la prisonnière lui rappeler son devoir. Il se recueillit un instant, et demanda à l'avocat de l'accusée s'il avait d'autres témoins à produire. L'avocat répondit d'un air abattu que sa défense était achevée.

Après un discours de l'avocat du roi, auquel répondit le défenseur de l'accusée, le président résuma les débats, et le jury, précédé par un huissier, se retira dans la chambre de délibération.

CHAPITRE XXII.

Les jurés furent absents environ une heure, et quand ils rentrèrent dans la salle, leur démarche était lente et mesurée comme celle d'hommes qui vont remplir un devoir pénible, mais important. La foule attendit dans le plus profond silence.

— Etes-vous d'accord, messieurs? demanda le juge.

Le chef du jury, que l'on appelle en Ecosse le chancelier, s'avança vers les magistrats, et, leur faisant un profond salut, déposa sur leur bureau un papier cacheté qui contenait le verdict. A cette époque, le jury écrivait son opinion et la remettait au juge, pour être plus tard déposée dans les archives de la cour.

Quand tous les préliminaires furent achevés, le magistrat invita Euphémie Deans à écouter le verdict du jury.

Le cachet avait été brisé, et le juge lut la décision du jury, qui déclarait à la majorité des voix Euphémie Deans COUPABLE du crime dont elle était accusée ; mais à cause de son extrême jeunesse et des circonstances exceptionnelles dans lesquelles elle s'était trouvée, le jury priait instamment la cour de la recommander à la pitié de Sa Majesté.

— Messieurs, dit le juge, vous avez rempli votre devoir, votre devoir, qui a dû être des plus pénibles. Je transmettrai volontiers votre recommandation au pied du trône. Mais il est de mon devoir de dire à tous ceux qui m'entendent, et particulièrement à cette infortunée jeune fille, afin qu'elle puisse se préparer en conséquence, que je n'ai pas la moindre espérance d'obtenir son pardon. Vous savez que ce crime est devenu dans ce pays assez fréquent, et je sais que l'on a attribué cette fréquence à l'impunité qui avait suivi la commission de quelques-uns de ces crimes, il n'y a donc, je le répète, aucun espoir d'obtenir le pardon de cette infortunée.

Les jurés saluèrent de nouveau, et leur tâche étant achevée, ils se séparèrent chacun de leur côté.

La cour demanda alors à l'avocat de l'accusée s'il avait quelques observations à présenter contre la déclaration du jugement. Le conseil de la pauvre Effie avait été très-occupé à lire et à suivre le verdict du jury, à compter les lettres, les points et les virgules, à peser les phrases, mots et syllabes de ce document ; mais le greffier qui l'avait rédigé savait son métier, et tout était parfaitement conforme à la loi. L'avocat répondit donc qu'il n'avait aucune observation à faire.

Le juge s'adressant de nouveau à l'accusée, lui dit :

— Euphémie Deans, écoutez la sentence que la cour va rendre contre vous.

Elle se leva d'un air beaucoup plus tranquille qu'on n'aurait pu l'espérer au commencement du procès, et écouta en silence les terribles paroles que le juge allait prononcer.

— Jeune femme, dit le juge, c'est pour moi un devoir pénible de vous dire que la loi réclame votre vie : peut-être la loi paraîtra-t-elle sévère ; elle l'est à bon droit. Il importe que les malheureuses qui se trouvent dans la situation où vous étiez comprennent bien quels risques elles courent en cachant, soit par fierté ou par honte, la faute qu'elles ont commise et en ne faisant aucun préparatif pour sauver la vie des pauvres petits êtres qu'elles vont mettre au monde. Quand vous avez caché votre situation à votre maîtresse, à votre sœur et aux autres bonnes et dignes personnes de votre sexe, que votre bonne conduite d'autrefois avait intéressées en votre faveur, il semblerait que vous ayez eu quelque idée de laisser mourir la pauvre créature qu'il était de votre devoir de faire vivre. Dieu seul et vous savez ce que l'enfant est devenu, si vous ou d'autres l'avez mis à mort, ou si l'histoire étrange que vous avez racontée est vraie ou fausse. Je ne veux pas accroître vos tourments en discutant cette question ; je vous conjure solennellement d'employer le peu de temps qui vous reste à faire votre paix avec Dieu ; vous aurez les consolations du ministre que vous choisirez vous-même. Malgré la bienveillante recommandation du jury, je ne puis vous laisser entrevoir la moindre espérance que votre vie puisse être prolongée au delà du terme fixé pour l'exécution de votre sentence. Oubliant donc toutes pensées de ce monde, préparez-vous par le repentir, pour accepter en paix la mort, le jugement, l'éternité ! Exécuteur, lisez la sentence !

L'exécuteur se présenta : c'était un homme aux formes athlétiques et anguleuses, couvert d'un vêtement fantasque noir et gris avec une passementerie d'argent.

A son approche, chacun recula d'horreur, et il put s'avancer librement jusqu'au pied de la table. La sentence, à cette époque, était prononcée par le bourreau, et quand il passait pour remplir son office, on se jetait sur son voisin pour éviter le contact de ses habits, et toutes les poitrines respiraient avec bruit comme si un poids énorme fût venu charger l'atmosphère.

Le bourreau répéta la sentence que lisait le greffier, et par laquelle Euphémie Deans était condamnée à être reconduite à la prison d'Edimbourg pour y être gardée jusqu'au mercredi le........jour de........et à ce jour être conduite, entre deux et quatre heures de l'après-midi, à l'endroit où se faisaient les exécutions publiques pour y être pendue par le cou à une potence.

— Et c'est ainsi, dit le bourreau prenant sa voix la plus rauque, que sera exécutée sa sentence.

Il disparut à ces mots, comme un esprit malfaisant qui a accompli son œuvre de destruction ; mais l'impression d'horreur que sa présence avait excitée parmi les spectateurs ne s'effaça que lorsque la foule fut dissipée.

Malgré son irritabilité naturelle, la malheureuse Effie montra en cette occasion un courage digne de son père et de sa sœur. Elle resta debout, immobile à sa place, pendant que l'on prononçait la sentence ; on remarqua seulement qu'elle ferma les yeux quand le bourreau parut. Mais, quand il se fut retiré, elle fut la première à retrouver sa présence d'esprit.

— Que Dieu vous pardonne, milords, dit-elle, et ne soyez pas offensés de cette prière ; nous avons tous besoin de son pardon ! Quant à moi, je ne peux pas vous blâmer, car vous m'avez jugée d'après ce que vous avez pu savoir ; et si je n'ai pas tué mon pauvre enfant, vous êtes tous témoins, car vous l'avez vu, que j'ai tué aujourd'hui mon vieux père. Je mérite tout châtiment que peuvent infliger les hommes et Dieu lui-même, mais Dieu nous est plus miséricordieux que nous ne le sommes les uns aux autres.

Ce peu de mots finirent le procès. La foule s'empressa de sortir de la salle, et dans le tumulte de ses occupations oublia bientôt les scènes terribles qui s'étaient passées sous ses yeux. Les habitués de la cour se retirèrent par groupes, discutant les principes généraux de la loi en vertu de laquelle Effie avait été condamnée, disputant de la nature des preuves présentées, de l'excellence des arguments du défenseur, et se permettant même de critiquer le résumé ou les exhortations prononcées par le juge.

Les femmes s'exprimaient sévèrement sur cette phrase du juge qui semblait ôter à la pauvre Effie tout espoir de pardon.

— En vérité, disait madame Howden, nous dire qu'il faut que la pauvre fille soit exécutée, quand M. Jean Kirk, le chef du jury, et un aussi brave homme que qui que ce soit, s'est donné la peine d'intercéder pour elle !

— Ah ! oui ; mais, voisine, dit mademoiselle Dalmahoy se redressant dans toute la maigre hauteur de sa dignité de vieille fille, je crois vraiment qu'il est grand temps d'empêcher toutes ces malheureuses d'avoir des bâtards. On ne peut pas trouver une fille pour se faire servir qui n'ait un tas d'hommes à courir après elle si elle a moins de trente ans : ce sont des commis, des apprentis, que sais-je, moi ? il y en a assez pour ruiner une honnête maison. En vérité, on en est fatigué !

— Allons, voisine, dit madame Howden, ayons un peu de charité ; nous avons été jeunes aussi, nous, et il ne faut pas toujours penser à mal quand jeunesse s'assemble.

— Jeunes aussi ? avoir de la charité ? reprit mademoiselle Dalmahoy ; je ne crois pas être déjà si vieille, madame Howden, et quant à ce que vous dites de penser à mal, je ne pense là-dessus ni à bien ni à mal, Dieu merci.

— Il n'y a pas besoin de remercier Dieu pour cela, répliqua madame Howden, et quant à être encore jeune, il me semble que vous étiez déjà une fillette lors de l'entrée du dernier parlement, et c'était dans la septième année de ce siècle ; ainsi vous ne pouvez pas être une poulette.

Plumdamas, qui escortait les deux dames, vit tout le danger qu'il y avait à laisser commencer une discussion chronologique, et en bon voisin, en ami de la paix, il se hâta de ramener la conversation à son point de départ.

— Le juge ne nous a pas dit tout ce qu'il aurait pu nous dire, s'il eût voulu, sur l'application du pardon, voisines, leur dit-il, il y a toujours une porte de derrière dans l'argument d'un jurisconsulte, mais c'est une sorte de secret.

— Qu'est-ce que c'est ?... qu'est-ce que c'est, monsieur Plumdamas ? s'écrièrent à la fois madame Howden et mademoiselle Dalmahoy.

— Voici M. Saddletree, qui vous dira cela mieux que moi, car c'est lui qui me l'a dit, ajouta Plumdamas en voyant approcher le sellier, qui s'avançait avec sa femme, qui était encore en larmes.

Quand la question fut posée à Saddletree, il prit un air des plus dédaigneux.

— Ils parlent d'empêcher les infanticides, dit-il d'un ton d'orgueilleuse supériorité ; mais croyez-vous que nos anciens ennemis d'Angleterre, comme les appelle Glendook dans son Traité de législation, s'inquiètent la valeur d'une épingle de savoir si nous nous tuons les uns les autres, parents ou amis, à pied ou à cheval, hommes, femmes, enfants et le reste, omnes et singulos, comme dit M. Crommyloof ? Non, non, ce n'est pas cela qui les empêche de pardonner à la pauvre fille. Et c'est là qu'il se trouve une question importante. Le roi et la reine sont si furieux de cette affaire de Porteous, qu'ils ne pardonneraient pas à un pauvre Ecossais si toute la ville d'Edimbourg était condamnée à être pendue à une potence.

— Que le diable les emporte à leur basse-cour d'Allemagne, comme l'appelle mon voisin Mascrokie, dit madame Howden, si c'est comme cela qu'ils ont l'intention de nous gouverner!
— On assure, dit mademoiselle Dalmahoy, que le roi Georges jeta sa perruque dans le feu quand il apprit l'affaire de Porteous.
— Il l'a fait plus d'une fois pour moins que cela, observa Saddletree.
— Il est malheureux, reprit mademoiselle Dalmahoy, qu'il ne sache pas mieux contenir sa colère; mais c'est toujours à l'avantage de son perruquier, après tout.
— Mais savez-vous que la reine a déchiré son béguin en véritables miettes? ajouta Plumdamas. On dit même que le roi a donné du pied dans le derrière à sir Robert Walpole, parce qu'il n'avait pas fait disperser l'émeute d'Édimbourg: mais je ne crois pas, moi, qu'il se soit oublié à ce point-là.
— Oh! je vous garantis que c'est vrai, répondit Saddletree; il a manqué d'en faire autant au duc d'Argyle.
— Au duc d'Argyle? s'écrièrent à la fois tous ses auditeurs au comble de la stupéfaction.
— Ah! mais le sang de Mac Collum More n'aurait pas supporté cela; il y aurait eu en jeu un André Ferrara.
— Oh! c'est un franc Écossais, le duc, un véritable ami du pays, dirent-ils tous ensemble.
— C'est mieux, c'est un ami du roi et du pays, comme je vais vous dire, continua le sellier, si vous voulez entrer une minute à la maison, car il est plus sûr de parler de ces choses-là *inter parietes*.
Quand ses amis furent entrés dans la boutique, Saddletree envoya l'apprenti faire une commission, et ouvrant son pupitre, il en retira d'un air important un chiffon de papier imprimé tout sali et froissé.
— Voilà, dit-il, quelque chose qui vaut de l'or... Ce n'est pas le premier venu qui pourrait vous en montrer autant. C'est le discours du duc à l'occasion de l'affaire de Porteous, que l'on vient de mettre en vente. Vous allez entendre ce que leur a dit Jan Roy Cean, autrement dit Jean Rouge le guerrier. Un de mes correspondants l'a acheté dans la cour du palais, comme qui dirait sous le nez du roi; il leur dit leur fait... Cela m'est venu dans une lettre qu'il m'écrivait pour que je le laisse renouveler un billet. Vous ferez bien de voir ce que c'est, madame Saddletree.
La bonne madame Saddletree était si accablée de douleur en pensant à la pauvre Effie, qu'elle avait laissé son mari pérorer tout à sa guise. Mais les mots de billet à renouveler l'avaient rappelée au sentiment de ses intérêts: elle prit vivement la lettre que son mari lui présentait, et, essuyant ses yeux, elle mit ses lunettes et essaya de lire à travers les larmes, qui ne voulaient pas cesser de couler, cette importante épître.
Pendant ce temps, son mari, prenant sa voix la plus pompeuse, lut un extrait du discours:
« Je ne suis pas ministre, je n'ai jamais été ministre, et je ne le serai jamais... »
— Je ne savais pas que Sa Grâce eût été élevée pour entrer dans les ordres, interrompit madame Howden.
— Il ne veut pas dire ministre de l'Évangile, madame Howden, mais ministre d'État, dit avec bonté Saddletree, et il continua:
« Il fut un temps où j'aurais pu entrer dans le ministère, mais je connaissais trop bien mon incapacité pour me charger des affaires de l'État. Et je remercie Dieu de ce que j'ai toujours évalué trop haut le peu de talents que la nature m'a donnés pour les employer à faire aucune chose indigne, aucun acte de corruption que ce soit. Depuis que je suis entré dans le monde, et je crois que peu de personnes y sont entrées aussi jeunes, j'ai toujours employé ma parole au service de mon prince; je l'ai servi par mon influence et par mon épée dans les armes. J'ai eu des emplois que je n'ai plus, et si demain je devais être privé de ceux qui me restent et que je cherche honnêtement à mériter, je servirais encore jusqu'à la dernière acre de terre de mon héritage, jusqu'à la dernière goutte de mon sang. »
— Monsieur Saddletree, s'écria tout à coup la digne moitié de l'orateur en l'interrompant, qu'est-ce que tout cela veut dire? Voilà que vous bavardez à l'occasion du duc d'Argyle, et ce Martingale va faire faillite, nous allons y perdre soixante livres! Je voudrais bien savoir si le duc a payé, lui qui ne paye pas ses propres mémoires! Il est là couché sur mes livres pour un millier de livres d'Écosse pour fournitures quand il était à Roystoun... Je ne dis pas que ce ne soit pas un noble duc, et son argent ne soit pas bon, mais il y a de quoi en perdre la tête d'entendre parler de ducs et de lords, et ces pauvres gens qui sont là-haut, Jenny Deans et son père! Et puis voilà que vous avez envoyé le gars qui était à coudre une croupière jouer sur le marché avec les gamins!... Restez, restez, voisins, je ne veux pas vous déranger; mais avec les cours de justice, les cours du roi, les chambres hautes et les chambres basses du parlement, ici et là-bas à Londres, je crois en vérité que le bourgeois en devient fou.
Les voisins comprirent à merveille que l'invitation de rester que leur faisait madame Saddletree devait s'entendre d'une façon toute opposée: chacun se hâta donc de prendre congé et de s'éloigner. Saddletree trouva occasion de dire tout bas à Plumdamas qu'il le verrait chez Mac Croskie, qui tenait une petite boutique dans le Luckenbooth, et qu'il lui communiquerait le discours de Mac Callum More, malgré le peu de cas que sa femme en faisait.

Quand madame Saddletree se fut débarrassée de ses voisins, et qu'elle eut rappelé l'apprenti à son ouvrage, elle alla trouver ses malheureux parents David Deans et sa fille, qui s'étaient réfugiés chez elle.

CHAPITRE XXIII.

Quand madame Saddletree entra dans l'appartement où ses hôtes étaient venus cacher leur douleur, la chambre était dans l'obscurité. Le vieillard s'était trouvé si faible après son évanouissement, qu'il avait fallu le mettre au lit: les rideaux étaient tirés, et Jenny était assise à son chevet. Madame Saddletree était bonne et compatissante, mais elle ne comprenait pas toute la délicatesse de certains sentiments: elle ouvrit les contrevents et les rideaux, et prenant la main de son parent, elle l'engagea à se lever et à porter le poids de son chagrin comme un homme et comme un chrétien. Mais quand elle laissa aller sa main, cette main retomba lourdement sur le lit, et le vieillard n'essaya de faire aucune réponse.
— Est-ce fini? demanda Jenny, dont les joues et les lèvres étaient pâles comme le marbre, n'y a-t-il plus rien à espérer pour elle?
— Rien ou presque rien, répondit madame Saddletree, j'ai moi-même entendu le juge la dire. C'est une honte de les voir tous, avec leurs robes rouges et leurs robes noires, faire tant d'embarras pour prendre la vie d'une pauvre malheureuse fille. Je n'avais jamais eu bonne opinion de ceux que mon mari admire tant, mais maintenant je ne peux pas les souffrir. La seule chose qu'on ait dite de raisonnable, c'est M. John Kirk de Kirkknow qui l'a dite; il leur a demandé de solliciter son pardon auprès du roi et de n'en plus parler. Mais il s'adressait à des gens qui n'ont pas de raison, il aurait pu tout aussi bien s'épargner cet embarras-là.
— Mais le roi peut-il lui pardonner? demanda vivement Jenny, on m'avait dit qu'il ne pouvait pas pardonner en cas de meur... dans une affaire comme la sienne.
— S'il peut pardonner, ma fille? bien certainement qu'il le peut quand cela lui plaît! Il y a le jeune Singleswood qui avait poignardé le laird de Ballencleuch, et le capitaine Hackum, cet Anglais qui avait tué le mari de lady Colgrain, et le jeune Saint-Clair qui avait assassiné les deux Shaws et bien d'autres encore, de mon temps, mais ils étaient de sang noble et ils avaient des amis qui parlaient pour eux... Et puis il y a eu encore l'autre jour Jock Porteous... Oh! oui, oui, il peut pardonner, seulement on pouvait l'approcher.
— Porteous? répéta Jenny, c'est vrai. J'oublie ce que je devrais le mieux me rappeler. Adieu, madame Saddletree; puissent vos amis ne vous faire jamais défaut à l'heure de vos chagrins!
— Est-ce que tu ne vas pas rester avec ton père, Jenny, ma fille?... tu ferais mieux, dit madame Saddletree.
— J'ai besoin d'aller là-bas, répondit Jenny en montrant du doigt la prison. Il faut que je le quitte maintenant, ou je ne le pourrai jamais. Je ne crains rien pour sa vie, je sais combien il est fort: je le sais, ajouta-t-elle en appuyant ses mains sur son cœur, par ce que je sens là en ce moment.
— Allons, si tu crois que ce soit pour le mieux... Ne vaut-il pas mieux qu'il reste ici à se reposer que de retourner à Saint-Léonard?
— Beaucoup mieux, beaucoup mieux, et Dieu vous bénisse!... Dieu vous bénisse! répéta Jenny. Ne le laissez pas partir jusqu'à ce que je revienne.
— Mais tu ne seras pas longtemps? dit madame Saddletree, on ne te laissera pas rester là longtemps.
— Il faut que j'aille à Saint-Léonard, j'ai beaucoup à faire, et peu de temps m'est accordé... J'ai des amis à voir... Dieu vous bénisse! et prenez bien soin de mon père.
Quand elle fut à la porte de la chambre, elle se retourna tout à coup; et revenant auprès du lit, elle se jeta à genoux: — O mon père, s'écria-t-elle, donnez-moi votre bénédiction... je n'ose pas partir sans l'avoir reçue... Priez Dieu de me bénir et de me protéger... Essayez de me bénir!
Le vieillard murmura une prière en étendant la main, et Jenny se relevant:
— Il a béni mon projet, dit-elle, et mon cœur me dit que je réussirai!
Elle sortit à ces mots de l'appartement. Madame Saddletree la regarda s'en aller, et dit en hochant la tête:
— J'espère qu'elle a encore son bon sens, la pauvre enfant! Il y a toujours en quelque chose d'étrange chez les Deans. Je n'aime pas les gens qui prétendent être meilleurs que leurs voisins, il est rare que cela tourne bien. Mais si elle est allée s'occuper des vaches à Saint-Léonard, c'est une autre affaire; car il faut en prendre soin. Grizzie, ajouta-t-elle, venez jusqu'ici, et restez auprès du pauvre vieillard, et ayez soin qu'il ne manque de rien... Allons, petite folle, dit-elle en s'adressant à sa bonne, qui est-ce qui vous a mis dans la tête de mettre votre coiffe comme cela? Je croyais que ce qui est

arrivé aujourd'hui aurait dû vous apprendre ce qui résulte de tous ces airs et de toutes ces manières... Voyez où cela mène...

Nous laisserons la bonne dame continuer ses remontrances sur les résultats de la vanité, et nous irons à la cellule où la pauvre Effie Deans était emprisonnée et soumise déjà à des rigueurs qui lui avaient été épargnées auparavant.

Il y avait environ une heure que la malheureuse condamnée était absorbée dans les pénibles réflexions que lui inspirait sa terrible situation, quand la porte de son cachot s'ouvrit, quand Ratcliffe se présenta.

— Votre sœur voudrait vous parler, Effie ? lui dit-il.

— Je ne peux voir personne, s'écria-t-elle vivement, car l'excès de sa misère la rendait encore plus irritable, je ne peux voir personne, elle surtout ! Dites-lui de prendre bien soin de notre vieux père... Mais je ne leur suis plus rien, ni eux ne me sont plus rien !

— Elle dit qu'il faut qu'elle vous voie cependant, dit Ratcliffe ; et Jenny, s'élançant dans la cellule, jeta ses bras autour du cou de sa sœur, qui chercha à se débarrasser de son étreinte.

— A quoi bon venir pleurer sur moi maintenant, dit Effie, quand tu m'as condamnée à mourir? Tu m'as tuée quand un mot de ta bouche m'aurait sauvée, tu m'as tuée quand je suis innocente, innocente de ce crime-là... Et moi qui me serais sacrifiée corps et âme pour sauver ton petit doigt!

— Tu ne mourras pas, dit Jenny avec enthousiasme ; dis de moi ce que tu voudras, pense de moi ce que tu voudras, promets-moi seulement, car j'ai peur de ta fierté, promets-moi que tu ne te feras pas de mal, et tu ne mourras pas de cette mort honteuse.

— Non, Jenny, je ne mourrai pas d'une mort honteuse. J'ai cela dans mon cœur, quoiqu'il ait été trop tendre, qui ne peut supporter la honte. Va retrouver notre père et ne pense plus à moi. J'ai mangé mon dernier morceau de pain !

— Oh ! c'était ce que je craignais ! s'écria Jenny.

— Allons, allons, dit Ratcliffe, vous ne savez pas ce que c'est. On croit toujours cela dans les premiers moments après la sentence : on est toujours assez fort pour mourir plutôt que d'attendre six semaines. Je sais ce que c'est. J'ai été face à face avec le bourreau trois fois, et me voilà encore ici Jim Ratcliffe. Si j'avais noué ma cravate un peu serrée la première fois, comme j'avais l'idée de le faire, ce n'était que pour un malheureux petit cheval qui ne valait pas cinquante écus, où en serais-je maintenant ?

— Et comment avez-vous échappé ? demanda Jenny, qui prit tout à coup un grand intérêt aux aventures de cet homme qui lui avait paru d'abord si odieux.

— Comment j'ai échappé ? répéta Ratcliffe en clignant de l'œil ; je me suis échappé comme on ne s'échappera pas de la Tolbooth tant que j'en aurai les clefs.

— Ma sœur en sortira de grand jour, dit Jenny. Je vais aller à Londres, et j'obtiendrai son pardon du roi et de la reine. Puisqu'ils ont pardonné à Porteous, ils peuvent bien lui pardonner aussi. Quand une sœur demandera à genoux la grâce de sa sœur, ils lui pardonneront et se feront bénir par tout le monde.

Effie écoutait dans le plus grand étonnement : l'enthousiasme de sa sœur était si plein d'assurance, qu'elle se sentit involontairement renaître à l'espérance ; mais cela ne dura qu'un instant.

— Oh ! Jenny, dit-elle, le roi et la reine sont à Londres, c'est à un million de milles d'ici, bien loin de l'autre côté de la mer ; je serai morte avant que tu puisses y arriver.

— Tu te trompes, repartit Jenny, il n'y a pas si loin, et on y va par terre. Reuben Butler m'a appris tout cela.

— O Jenny ! tu as toujours appris quelque chose de bien de ceux que tu as fréquentés, mais moi !... mais moi !... Et elle se tordit les mains de désespoir.

— Ne pense pas à cela maintenant, dit Jenny, tu auras le temps plus tard de t'en repentir. Adieu ! adieu ! A moins que je ne meure en route, je verrai le roi, qui peut faire grâce... O promets-moi ! ajouta-t-elle en se tournant vers Ratcliffe, prenez soin d'elle... Elle n'a jamais su ce que c'était que d'avoir reçus de la complaisance d'étrangers. Adieu !... adieu !... Effie... Ne me parle pas... Je n'ai pas le temps de pleurer maintenant... Ma tête est toute pleine de choses !...

Elle s'arracha aux embrassements de sa sœur et sortit de la cellule. Ratcliffe la suivit, et lui fit signe d'entrer dans une petite chambre. Elle lui obéit en tremblant.

— Allons, folle que vous êtes, pourquoi trembler comme cela ? dit-il. Je ne veux rien que d'honnête. Le diable m'emporte ! je suis tout respect pour vous sans le vouloir. Vous avez tant de cœur, que, tonnerre de Dieu ! je crois que vous réussirez. Mais il ne faut pas que vous alliez trouver le roi avant d'avoir vu quelques amis : essayez les ducs, essayez Mac Callum More, c'est l'ami de l'Écosse... Je sais bien qu'on ne l'aime guère là-haut; mais on le craint, et cela vous sera aussi utile. Ne connaissez-vous personne qui pourrait vous donner une lettre pour lui ?

— Le duc d'Argyle ? répéta Jenny, qu'est-ce qu'il était à celui qui fut exécuté, du temps de mon père, pendant la persécution ?

— Son fils ou son petit-fils, je crois, dit Ratcliffe, pourquoi ?

— Que Dieu soit béni ! s'écria Jenny croisant dévotement les mains.

— Ces whigs sont toujours à remercier Dieu pour une chose ou une autre ! dit Ratcliffe. Mais écoutez-moi, je vais vous dire un secret. Vous pourrez rencontrer quelques rudes camarades aux frontières ou aux comtés du centre, avant d'arriver à Londres ; eh bien ! il n'y en a pas un qui mettra le doigt sur une connaissance de Papa-Raton. Quoique je me sois retiré des affaires, ils savent bien que je peux, au besoin, leur être encore utile, et il n'y en a pas un qui ait été un sur les chemins qui ne connaisse mon mot d'ordre aussi bien que le mandat d'un juge de paix anglais... Voilà ! c'est du latin de forêt !

Il avait tracé à la hâte, sur un morceau de papier, quelques lignes parfaitement inintelligibles pour Jenny, qui avait hâte de s'en aller, et se recula quand il le lui présenta.

— Que diable ! s'écria-t-il, cela ne va pas vous mordre, ma fille; si cela ne vous fait pas de bien, cela ne peut pas vous faire de mal. Seulement, montrez-le si vous êtes embêtée par quelques serviteurs de saint Nicolas.

— Hélas ! lui dit-elle, je ne vous comprends pas.

— Je veux vous dire, ma belle enfant, que si vous tombez parmi des voleurs, c'est de l'Écriture sainte, ou je ne m'y connais pas; le plus hardi d'entre eux reconnaîtra la trace de ma plume d'oie. Et maintenant allez... Adressez-vous à Argyle ; si quelqu'un peut mener l'affaire à bonne fin, c'est lui.

Jetant un coup d'œil inquiet vers les vieux murs et les fenêtres grillées de la Tolbooth, puis un autre regard vers le toit hospitalier de madame Saddletree, Jenny s'éloigna de ce quartier et sortit bientôt de la Cité. Elle arriva à Saint-Léonard sans rencontrer personne de sa connaissance, ce dont elle se félicita intérieurement.

— Je ne dois rien faire, dit-elle, qui puisse faire faiblir ma résolution ; mon cœur n'est pas assez fort pour ce que j'ai à faire ; il faut que je pense et j'agisse avec fermeté, et que je ne parle guère.

Il y avait une ancienne servante de son père qui avait vécu plusieurs années dans la maison, et en laquelle elle avait toute confiance. Elle envoya chercher cette femme, et lui expliqua les circonstances dans lesquelles elle se trouvait, qui l'obligeaient à faire un voyage, et la chargea de prendre soin de la chaumière pendant son absence. Elle put lui détailler avec précision tout ce qu'il y avait à faire, et particulièrement tout ce qui avait trait aux habitudes domestiques de son père.

— Il est probable, dit-elle, qu'il reviendra demain à Saint-Léonard. Dans tous les cas il ne serait pas longtemps à revenir, et tout devait être en ordre à son arrivée. Il avait assez de chagrin par ailleurs sans être tourmenté des affaires matérielles.

Elle s'occupa activement en même temps à mettre tout en état avec May Hettly. Il était tout à fait nuit quand tout fut fini, elles prirent quelque nourriture ; c'était le premier morceau que Jenny avait goûté ce jour-là. May Hettly, qui demeurait à une petite distance de la maison de David Deans, demanda à Jenny si elle ne voulait pas lui permettre de rester toute la nuit à la chaumière ;

— Vous avez eu une terrible journée, lui dit-elle ; le chagrin et la peur sont de mauvais compagnons pendant la nuit, comme disait souvent mon pauvre mari.

— Ce sont de mauvais compagnons, je le sais, dit Jenny, mais il faut que je m'accoutume avec eux, et autant commencer sous un toit qu'à la belle étoile.

Elle renvoya donc la vieille Hettly.

La simplicité de son éducation, du pays et de l'époque lui rendit ses préparatifs de voyage prompts et faciles. Son plaid devait lui servir de manteau et de parapluie. Un petit paquet contenait le peu de linge dont elle avait besoin. Elle était venue au monde pieds nus, comme dit Sancho, et elle se proposait de faire le voyage pieds nus ; elle réservait ses souliers neufs et ses bas de fil blanc pour les grandes occasions. Elle ignorait qu'en Angleterre des pieds nus étaient un signe de pauvreté, et si on lui eût représenté que cette coutume impliquait une certaine malpropreté, elle se serait justifiée, sous ce rapport, par les fréquentes ablutions qu'une Écossaise accomplissait chaque jour avec une régularité toute mahométane.

Ouvrant un bahut de chêne dans lequel son père gardait quelques vieux livres et deux ou trois liasses de papiers avec ses reçus et ses comptes courants, elle chercha, au milieu d'un paquet de sermons, de confessions de martyrs et autres documents de ce genre, un ou deux papiers qu'elle crut pouvoir utiliser dans son voyage. Mais une difficulté qu'elle n'avait pas encore prévue vint tout à coup se présenter à son esprit : il lui était impossible d'entreprendre le voyage qu'elle méditait sans avoir d'argent.

Nous avons déjà dit que David Deans était à son aise, était même riche ; mais ses richesses, comme celles des patriarches d'autrefois, consistaient en bétail et en troupeaux, et en deux ou trois sommes d'argent prêtées à intérêt à des voisins ou à des parents, qui, au lieu de rembourser le capital, croyaient qu'ils faisaient tout ce que l'on pouvait attendre d'eux s'ils payaient l'intérêt annuel. Il eût été parfaitement inutile de s'adresser à eux, et elle ne pouvait espérer d'obtenir d'aucun côté l'aide dont elle avait besoin sans entrer dans des explications et des discussions qui l'empêcheraient de faire ce voyage qui lui semblait la seule chance de salut qui restait à sa sœur. Malgré tout son respect filial, Jenny comprenait que les idées de son père, toutes justes et honorables qu'elles pouvaient être, n'étaient plus assez en rapport avec l'esprit du temps pour lui permettre de juger sainement des meilleures mesures à prendre dans les circonstances où ils se trouvaient.

Les principes de Jenny n'étaient pas moins stricts que ceux de David, mais elle comprenait que demander son approbation c'était courir le risque d'une défense formelle, et dans ce cas, croyait-elle, son voyage ne pouvait être béni ni dans son cours ni dans ses conséquences. Elle s'était donc décidée à ne l'informer de la cause de son absence que quelque temps après son départ. Mais il lui était impossible de lui demander de l'argent sans lui donner une raison et sans discuter la nécessité de ce voyage : il ne fallait donc pas songer à obtenir de l'argent de ce côté.

Jenny pensa qu'elle aurait dû peut-être consulter madame Saddletree sur ce sujet. Mais ce serait perdre maintenant un temps précieux que d'avoir recours à la femme du sellier, et cette démarche, en outre, lui répugnait. Son cœur reconnaissait volontiers toute la bonté de madame Saddletree, et tout l'intérêt qu'elle leur avait témoigné dans leur malheur; cependant elle sentait qu'elle était incapable par caractère de comprendre une résolution aussi héroïque que celle qu'elle avait prise, et c'eût été peine perdue que de vouloir la convaincre en discutant toute cette affaire avec elle.

Elle aurait été certaine d'obtenir de Butler tout l'argent dont elle avait besoin, malheureusement il était beaucoup plus pauvre qu'elle. Dans ces circonstances, elle forma une étrange résolution dont nous raconterons l'exécution dans le chapitre suivant.

CHAPITRE XXIV.

La maison de Dumbiedikes, où nous devons conduire nos lecteurs en ce moment, se trouvait à trois ou quatre milles au sud de Saint-Léonard. C'était ce que l'on appelle en Écosse une maison *simple*, c'est-à-dire qu'elle ne contenait qu'une chambre en profondeur. Chaque chambre était, au reste, éclairée par six ou huit petites croisées ouvrant sur le devant et sur le derrière, et dont les petits carreaux et les lourds barreaux laissaient à peine passer autant de lumière que l'on en reçoit aujourd'hui d'une seule croisée. Cet édifice primitif, que l'on pourrait comparer à l'un de ces châteaux de cartes que bâtissent les enfants, était surmonté d'un toit formé de pierres au lieu d'ardoises, et dont le sommet était très-élevé : il y avait vers le milieu une tourelle qui s'avançait au dehors en demi-cercle, et contenait intérieurement un escalier en forme de vis donnant accès à tous les étages. Au bas de cette tourelle se trouvait la porte d'entrée, qui était couverte de clous à large tête. On n'avait pas ménagé d'antichambre au pied de la tour, et c'est à peine s'il se trouvait un palier à la porte de chaque chambre. Dans une cour enfermée d'un mur qui tombait en ruine on voyait un ou deux bâtiments servant à divers usages. La cour avait jadis été pavée, mais quelques pierres étaient hors de leur place, d'autres avaient été renouvelées, et dans toutes les crevasses l'ortie, l'oseille sauvage et le plantain poussaient en abondance; ainsi que dans le petit jardin, auquel on arrivait par une porte pratiquée dans le mur. On voyait au centre de l'arche qui s'élevait à l'entrée de la cour une pierre sculptée, où l'on avait essayé de tracer des armoiries. Le chemin qui conduisait à cette demeure des Dumbiedikes avait été fait aux dépens des champs labourés qui l'entouraient, et dans lesquels on avait ramassé les cailloux dont il était ferré. Le cheval du laird était attaché à un piquet dans un champ où il trouvait quelques brins d'herbe entre les sillons de chaume. Le tout ensemble indiquait la négligence, la paresse et l'indifférence; on aurait même pu dire la gêne pécuniaire.

Il était encore de bonne heure quand Jenny arriva à la cour que nous venons de décrire. Ce n'était pas une héroïne de roman, elle put donc regarder d'un œil curieux et intéressé la maison et les terres qu'elle aurait pu appeler les siennes si elle eût voulu donner quelque encouragement à leur propriétaire. Mais son goût n'était pas au-dessus de son rang, de son époque, ni de son pays, et elle pensa certainement que la maison de Dumbiedikes, quoique inférieure à celle qu'était à Holyrood ou au palais de Dalkeith, était cependant un bel édifice, et que la terre serait belle si on en prenait plus de soin. Jenny avait un cœur honnête et fidèle; tout en reconnaissant la splendeur de la maison de son admirateur et la valeur de ses propriétés, elle n'eut pas la moindre idée de regretter la possession de l'une ou de l'autre : comme aurait pu le faire plus d'une dame de haut parage.

Elle voulait parler au laird, elle chercha donc si elle ne pouvait trouver un domestique qui voulût bien lui annoncer qu'elle désirait le voir. Tout était muet, elle se hasarda à ouvrir une porte : c'était le chenil, qui n'était plus occupé que comme buanderie ainsi que le témoignaient un ou deux baquets à laver. Elle essaya une autre porte : celle-là donnait accès dans ce qui avait été une fauconnerie, et où l'on voyait encore un ou deux perchoirs qui tombaient de pourriture. Une troisième porte fermait le cellier au charbon, la provision était au grand complet. Dumbiedikes insistait toujours pour avoir un bon feu, c'était à peu près la seule chose dont il s'occupait dans sa maison. Le reste était à la merci de sa gouvernante, la même grosse femme que son père lui avait recommandée et qui, si le bruit public ne lui faisait aucun tort, avait su se ménager d'abondantes ressources à ses dépens.

Jenny continua à ouvrir des portes jusqu'à ce qu'enfin elle arriva à une étable. C'était là que d'ordinaire on abritait Rory Bean, le Rossinante du laird; mais à côté était attachée une vache, qui tourna la tête et mugit quand Jenny entra : elle comprit parfaitement cet appel, et fit tomber dans la mangeoire de la pauvre bête quelque fourrage que l'on avait oublié de lui donner.

Pendant qu'elle était occupée à cette tâche, qui aurait dû être remplie deux heures plus tôt, une jeune fille entr'ouvrit la porte, et, voyant une étrangère qui donnait à sa vache les soins qu'elle aurait dû lui rendre longtemps auparavant, elle s'écria : — Eh! eh! le brownie! le brownie! et s'enfuit en criant comme si elle eût vu le diable lui-même.

Il est nécessaire que nous disions, pour expliquer la terreur de cette jeune fille, que la vieille maison de Dumbiedikes avait été, disait-on, hantée par un brownie, ou un de ces esprits familiers qui s'occupaient autrefois de finir l'ouvrage inachevé et d'aider le domestique paresseux ou négligent. Jamais aide surnaturel de ce genre n'aurait pu être mieux appliqué que dans une maison où les domestiques semblaient si peu disposés à montrer leur activité : cependant cette jeune fille, au lieu de se réjouir de voir son ouvrage fait sans qu'il lui en coûtât rien, se mit à crier comme si le brownie l'eût écorchée, et réveilla toute la maison.

Jenny était sortie de l'étable, et avait suivi la jeune fille dans la cour pour lui expliquer son erreur; elle se trouva bientôt en présence de madame Janet Balchristie, la sultane favorite du dernier laird, si l'on en croit la chronique scandaleuse, et tout simplement la gouvernante du présent. La bonne et joyeuse dame, qui, nous l'avons dit, avait de quarante à cinquante ans à la mort du dernier Dumbiedikes, était devenue une grosse femme à figure rouge de soixante-dix ans ou environ, qui aimait beaucoup à montrer son autorité. Sachant que son pouvoir n'était pas fondé sur une base aussi solide que sous le propriétaire précédent, elle avait prudemment introduit dans la maison cette jeune fille aux forts poumons qui possédait, en outre, une assez jolie figure et deux yeux brillants. Mais ce fut peine perdue : il semblait n'y avoir au monde d'autre femme que Jenny Deans, et l'amour du laird n'était pas des plus empressés. Cependant madame Janet Balchristie n'était pas tranquille quand elle songeait aux visites presque quotidiennes que le laird faisait à Saint-Léonard; et souvent, alors que Dumbiedikes, la regardant en silence, se décidait enfin à lui parler, elle s'attendait à l'entendre dire : Janet, je vais changer de manière de vivre. Mais elle était bientôt rassurée, car la phrase venait invariablement la même : Janet, je vais changer de souliers.

Madame Balchristie néanmoins éprouvait une certaine malveillance pour Jenny Deans : c'était le sentiment ordinaire de ces personnes à l'égard de ceux auxquels elles croient pouvoir reprocher une injure réelle ou imaginaire. Elle avait en outre une aversion prononcée contre toute jeune femme décemment mise qui semblait vouloir approcher de la maison de Dumbiedikes ou de son propriétaire. Comme les cris de sa nièce l'avaient forcée de sortir de lit deux heures plus tôt que d'habitude, elle était de si mauvaise humeur envers et contre tous, que, comme Saddletree aurait déclaré qu'elle nourrissait *inimicitiam contra omnes mortales*.

— Qui diable êtes-vous? dit la grosse dame à la pauvre Jenny, qu'elle ne reconnut pas tout d'abord; vient-on à une maison comme la nôtre à une pareille heure du matin?

— Je désirerais parler au laird? répondit Jenny, qui ressentait instinctivement un peu de cette frayeur que madame Balchristie lui inspirait autrefois quand son père l'envoyait à Dumbiedikes porter un message.

— Et qui êtes-vous? Comment vous appelle-t-on? Croyez-vous que Son Honneur n'a rien à faire que d'écouter toutes les filles qui viennent de la ville? Et lui qui est encore au lit, l'honnête garçon!

— Mon Dieu! madame Balchristie, répliqua Jenny du ton le plus soumis, est-ce que vous ne me reconnaissez pas, ne vous rappelez-vous pas Jenny Deans?

— Jenny Deans! répéta la vieille femme en affectant la plus profonde surprise et s'approchant deux pas plus près pour étudier ses traits d'un œil aussi impertinent que curieux et dédaigneux : Jenny Deans, dites-vous? On aurait mieux fait de vous appeler Jenny le Diable! C'est quelque chose de propre, ce que vous avez fait avec votre sœur! Aller tuer un pauvre petit enfant! Et votre dévergondée sœur, on va la pendre, elle l'aura que ce qu'elle mérite! C'est vous qui venez à la maison d'un honnête homme et qui voulez entrer dans sa chambre à une heure aussi matinale, et lui encore au lit?... Allez, allez, filez votre chemin!

Jenny resta muette de honte en entendant cette brutale sortie, et ne put trouver un mot pour justifier sa visite et repousser la vile accusation de madame Balchristie. Celle-ci, voyant son avantage, continua sur le même ton : Allons, allons, reprenez votre chemin, et décampez vite ! Est-ce que, par hasard, vous seriez en recherche d'un père pour un autre enfant? Si votre père le vieux David Deans n'avait pas été un de nos fermiers, j'appellerais nos gens et je vous ferais donner un bain dans la mare pour vous apprendre à venir ici !

Jenny s'éloignait déjà et s'approchait de la porte de la cour, de sorte que madame Balchristie avait pris son fausset le plus aigu pour lui rendre sa menace plus audible. Mais elle eut le sort de plus d'un général, qui a perdu le champ de bataille en voulant pousser trop loin sa victoire.

Les premières observations de madame Balchristie, faites d'un ton que l'on entendait rarement à cette heure matinale, avaient troublé le sommeil du laird. Il s'était tourné de l'autre côté, dans l'espoir que

Prenant le bras de sa fille, il s'éloigna de la chaumière d'un pas si rapide que Jenny pouvait à peine le suivre.

l'orage ne serait que momentané ; mais la seconde explosion de colère de madame Balchristie avait apporté à ses oreilles le nom de David Deans. Il savait que sa gouvernante ne regardait pas du meilleur œil les habitants de la chaumière de Saint-Léonard, et il s'imagina aussitôt qu'il était arrivé quelque message important qu'elle refusait de recevoir. Sautant immédiatement du lit, il se hâta de mettre une vieille robe de chambre et quelques vêtements indispensables, et se couvrant de l'antique chapeau à trois cornes de son père, il ouvrit la croisée, et, à son grand étonnement, vit Jenny Deans elle-même sortant de la porte de sa cour, tandis que sa gouvernante, les poings sur la hanche, la tête branlant de colère, envoyait après elle tout le vocabulaire des poissardes. Sa colère fut égale à sa surprise :

— Dites donc, s'écria-t-il de la croisée, vieille vipère de Satan ! qui diable vous a chargée de renvoyer comme cela la fille d'un honnête homme?

Madame Balchristie était prise au collet. La manière dont le laird s'exprimait lui disait que la chose était sérieuse, et elle savait que, malgré son indifférence apparente, il y avait certaines choses à l'occasion desquelles il pouvait se croire offensé, et qu'alors sa colère était à craindre. Elle se hâta donc de changer de ton et de manières : elle n'avait rien dit que pour l'honneur de la maison ; elle ne pouvait pas penser à éveiller Son Honneur d'aussi bonne heure ; elle croyait que la jeune personne pouvait aussi bien attendre son revenir ; et, après tout, on pouvait se tromper entre les deux sœurs, car il y en avait une dont on ne pouvait pas dire grand'chose.

— Taisez-vous, vous, vieille bavarde, dit Dumbiedikes, la pire femelle qui a jamais traîné la savate peut vous appeler cousine, si tout ce que l'on m'a dit est vrai... Jenny, ma bonne fille, entrez dans la salle... Non, attendez, elle n'est pas encore prête ; attendez jusqu'à ce que je descende pour vous faire entrer... Ne faites pas attention à ce qu'elle dit, Jenny.

— Non, dit Janet en affectant un rire de bonne humeur, ne faites pas attention à moi,... tout le monde sait que je fais plus de peur que de mal. Puisque vous aviez un rendez-vous avec le laird, vous auriez dû me le dire... Je ne suis malhonnête à personne... Entrez... entrez, ma jeune fille.

— Je n'avais pas de rendez-vous avec le laird, dit Jenny se redressant. J'ai besoin de lui dire deux mots, et j'aimerais mieux lui parler ici, madame Balchristie.

— Dans la cour?... Non, non, cela ne se peut pas, ma fille, nous ne pouvons pas vous le permettre... Et comment va votre pauvre vieux père? honnête homme !

L'arrivée du laird épargna à Jenny l'embarras de répondre à cette question hypocrite.

— Rentrez et préparez le déjeuner, dit-il à sa gouvernante, et écoutez. Vous déjeunerez avec nous... vous savez comment arranger la théière, et... écoutez... Faites attention surtout qu'il y ait bon feu... Eh bien! ma bonne Jenny, entrons, entrons, vous allez vous reposer.

— Merci, laird, répondit Jenny essayant de répondre tranquillement malgré toute son agitation, je ne peux pas entrer... J'ai une longue route à faire... je dois être à vingt milles d'ici si mes pieds peuvent me porter.

— Dieu nous bénisse et nous protège! Vingt milles ! vingt milles à pied !... s'écria Dumbiedikes, qui n'avait jamais été aussi loin ; vous ne pouvez pas y penser... Entrez, entrez...

— Je ne peux pas entrer, laird, ce que j'ai à vous dire, répliqua Jenny, je le dirai ici, d'autant plus que madame Balchristie...

— Le diable emporte madame Balchristie! dit Dumbiedikes, et il n'aura pas un léger fardeau ! Je m'en vais vous dire ce que c'est, Jenny Deans ; je ne parle pas souvent, mais je suis maître chez moi comme dehors. Il n'y a ni bêtes ni gens dont je ne puisse venir à bout quand je le veux, excepté Rory Bean, mon bidet ; mais il faut que je sois en colère pour les mettre à leur place.

La malheureuse fut amenée entre deux soldats et placée sur le banc réservé aux accusés.

— Je voulais vous dire, laird, reprit Jenny, qui vit qu'il était nécessaire de déclarer la cause de sa visite, que j'allais entreprendre un long voyage à l'insu de mon père.

— A l'insu de votre père, Jenny?... Est-ce bien, ce que vous allez faire? Pensez-y de nouveau... ce ne peut pas être bien ! dit Dumbiedikes d'un air désolé.

— Si j'étais une fois à Londres, répondit Jenny pour se justifier, je suis presque sûre que je pourrais obtenir de la reine la vie de ma sœur.

— Londres !... la reine !... la vie de sa sœur !... répéta le laird au comble de l'étonnement, elle a perdu la tête!

— Je n'ai pas perdu la tête, repartit-elle, et, coûte que coûte, je suis décidée à aller à Londres, quand je devrais demander mon pain de porte en porte; et c'est ce qu'il faudra que je fasse, à moins que vous ne vouliez bien me prêter un peu d'argent. Il ne m'en faut pas beaucoup; et vous savez que mon père a du bien, et ne voudrait voir personne, vous moins que tout autre, laird, perdre par ma faute.

Quand Dumbiedikes comprit ce qu'elle voulait, il put à peine en croire ses oreilles; il ne répondit rien, et resta les yeux tournés fixement vers la terre.

— Puisque vous ne pouvez pas m'aider, laird, dit Jenny, je vais vous souhaiter le bonjour... Allez voir mon pauvre père aussi souvent que vous pourrez, il va être bien triste maintenant.

— Où cette folle s'en va-t-elle? s'écria tout à coup Dumbiedikes la prenant par la main et la faisant entrer dans la maison; ce n'est pas que je n'en avais pas l'idée, mais cela s'arrêtait au gosier.

Il la conduisit dans une salle décorée à l'antique, ferma la porte derrière eux et tira les verrous. Jenny, surprise de cette précaution, resta aussi près que possible de la porte, et le laird, laissant aller sa main, alla presser un ressort caché dans la moulure d'un panneau, qui glissa de côté. On vit alors une caisse en fer scellée dans le mur; le laird l'ouvrit, et tirant à lui deux ou trois tiroirs, il montra qu'ils étaient pleins de sacoches de cuir contenant de l'or et de l'argent.

— Voilà ma banque, Jenny, ma fille, dit-il en la regardant d'abord et tournant ses yeux charmés vers son trésor, je n'aime pas vos billets d'argentiers, cela ruine toujours les gens.

Et changeant de ton tout à coup, il ajouta d'un air résolu :

— Jenny, je vous ferai lady Dumbiedikes avant le coucher du soleil, et vous pourrez aller à Londres dans votre voiture si vous voulez.

— Non, laird, répondit Jenny, cela ne se peut pas : le chagrin de mon père, la situation de ma sœur, le déshonneur pour vous...

— C'est mon affaire, à moi, repartit Dumbiedikes, vous n'en diriez pas un mot si vous n'étiez une sotte; mais je vous aime mieux comme cela ; il y a assez d'une bonne tête dans un ménage. Mais si votre cœur ne vous en dit pas pour le moment, prenez l'argent que vous voudrez, nous nous marierons à votre retour... Plutôt tard que jamais...

— Mais, laird, dit Jenny, qui vit qu'il fallait s'expliquer clairement avec un amoureux de ce genre, j'en aime un autre, et je ne peux pas vous épouser.

— Un autre, Jenny! s'écria Dumbiedikes, comment est-ce possible?... Cela ne se peut pas, ma fille... il y a si longtemps que vous me connaissez !

— C'est vrai, laird, répondit Jenny avec simplicité, mais il y a plus longtemps que je le connais !

— Plus longtemps? répéta le pauvre laird, ce n'est pas possible, cela ne se peut pas; vous êtes née ici. Oh! Jenny, tu n'as pas regardé, tu n'as pas vu la moitié de ce que j'ai !

Il ouvrit un autre tiroir.

— C'est tout or, Jenny, et voilà des contrats pour de l'argent prêté; et le livre des fermages, Jenny, trois cents livres sterling, sans un sou de dette, d'hypothèques ou de rente! Tu n'as pas vu tout cela. Et puis j'ai la garde-robe de ma mère et celle de ma grand-mère... des robes de soie qui se tiennent debout toutes seules, des dentelles fines comme des toiles d'araignée, des pendants d'oreilles et des bagues, avec... tout est dans la chambre là-haut... Oh! Jenny, viens par ici les voir!...

Mais Jenny résista bravement à toutes ces tentations.

— Cela ne se peut pas, laird, répéta-t-elle, je vous l'ai déjà dit : je ne peux pas lui manquer de parole, quand vous me donneriez toute la baronnie de Dalkeith et Lugton par-dessus le marché.

— Lui manquer de parole! dit le laird impatienté. Mais qui est-ce, Jenny? qui est-il? vous ne m'avez pas encore dit son nom... Voyons, Jenny, vous voulez seulement rire, n'est-ce pas ? Je ne crois pas que vous en aimiez un autre, c'est pour ne pas dire oui tout de suite. Quel est-il ? comment s'appelle-t-il ?

— C'est Reuben Butler, qui est maître d'école à Libberton, dit Jenny.

— Reuben Butler ! Reuben Butler ! répéta Dumbiedikes parcourant la salle à grands pas : Reuben Butler à Libberton... un maître d'école d'emprunt ! Reuben Butler, le fils de ma vieille fermière! Très-bien! très-bien! Jenny, une femme entêtée a ce qu'elle veut! Reuben Butler! qui n'a pas dans sa poche la valeur du vieil habit noir qu'il a sur le dos... Mais n'importe.

Il referma alors avec violence tous les tiroirs où était son trésor.

— Une belle offre, Jenny, ne doit pas être une cause de querelle, dit-il ; un homme peut mener un cheval à la rivière, mais vingt hommes ne le feraient pas à boire... Et quant à donner mon argent à ceux qui en aiment d'autres...

Cette dernière observation alla toucher droit l'orgueil de Jenny.

— Je ne vous demandais rien, dit-elle, de la manière dont vous l'entendez. Bonjour, monsieur; vous avez été plein de bontés pour mon père, et je m'en souviendrai toujours.

A ces mots, elle sortit de l'appartement sans s'arrêter aux cris étouffés de : « Mais, Jenny! Jenny!.. attendez! » Elle se hâta de traverser la cour, et commença son voyage, le cœur plein de cette indignation et de cette honte que l'on ressent quand on vient d'éprouver un refus là où l'on ne s'y attendait pas. Quand elle se trouva sur le grand chemin, elle ralentit son pas, sa colère s'apaisa, et d'autres pensées qui naissaient de la position où ce refus la mettait vinrent l'occuper sérieusement. Allait-elle être forcée de mendier son pain jusqu'à Londres? Elle semblait y être condamnée, à moins de retourner et de demander de l'argent à son père; mais alors elle allait perdre un temps précieux, et peut-être lui défendrait-il positivement d'entreprendre ce voyage. Elle ne voyait aucune autre issue à ce dilemme, et marchait lentement en songeant à ce qu'elle devait faire. Tout à coup elle entendit le bruit d'un cheval qui galopait et une voix bien connue qui l'appelait. Elle se retourna, et vit Dumbiedikes accourant vers elle sur son bidet sans bride ni selle, et encore vêtu lui-même de sa magnifique robe de chambre, avec ses pantoufles aux pieds et le fameux tricorne sur la tête. Dans l'ardeur de sa poursuite, il avait vaincu l'entêtement de Rory Bean et l'avait forcé de prendre le galop.

Quand le laird fut près de Jenny, il lui dit :

— On dit toujours, Jenny, qu'on ne doit pas prendre une femme à son premier mot.

— Oh! mon premier mot est mon dernier, laird, dit Jenny regardant les cailloux de la route et continuant à marcher, je n'ai jamais qu'une parole, mais j'y tiens.

— Alors, dit Dumbiedikes, vous ne devriez pas toujours prendre un homme à son premier mot. Vous ne pouvez pas faire cette longue route sans argent, arrive que pourra.

Il lui mit une bourse dans la main.

— Je vous donnerais bien aussi Rory, mais il est aussi entêté que vous; et il est trop accoutumé à un chemin que lui et moi nous avons peut-être fait trop souvent : il ne veut pas en suivre d'autre.

— Mais, laird, dit Jenny, quoique je sache que mon père vous le rendra jusqu'au dernier liard, quelque somme qu'il y ait, je ne

— Je n'ai que très-peu d'argent, messieurs, dit la pauvre Jenny leur offrant les quelques pièces qu'elle avait retirées de son trésor...

voudrais pas vous l'emprunter si vous pensiez à autre chose qu'à ravoir votre argent.

— Il y a juste vingt-cinq guinées, reprit Dumbiedikes en soupirant, et que votre père me les rende ou non, vous pouvez vous en servir sans autre condition. Allez où vous voudrez, faites ce que vous voudrez, épousez tous les Butlers du pays, si cela vous plaît,... et puis bonne matinée, ma fille !

— Dieu vous bénisse, laird ! et portez-vous bien ! dit Jenny, dont le cœur se trouva ému de cette générosité inattendue plus peut-être que Butler n'aurait aimé s'il eût pu connaître les sentiments qui l'agitaient, et que la paix du Seigneur et la paix du monde soient avec vous... si nous ne nous revoyons pas !

Dumbiedikes lui répondit de la main, car son bidet, beaucoup plus empressé de retourner à la maison qu'il n'avait été pour venir, l'emportait avec une rapidité qui ne lui permit pas de se retourner pour jeter un dernier coup d'œil sur la pauvre Jenny. Je regrette de le dire, mais la vue d'un amoureux, galopant sur l'échine nue d'un bidet, n'ayant pour tout vêtement qu'une longue robe de chambre, des sandales et un tricorne, offrait quelque chose de si comique, que l'idée du grotesque vint faire sourire la bonne et reconnaissante Jenny.

— C'est un brave garçon, dit-elle, il est toujours obligeant... Il est malheureux qu'il ait un bidet si entêté !

Mais immédiatement elle commença à réfléchir sur les difficultés de son voyage ! se disant avec bonheur que, avec ses habitudes et son énergie, elle possédait maintenant assez d'argent pour payer toutes ses dépenses d'aller et de retour, et même tous les frais qui pourraient accidentellement survenir.

CHAPITRE XXV.

Quelques instants après avoir quitté la maison de Dumbiedikes, Jenny atteignit une petite éminence d'où elle pouvait voir, en se tournant vers l'orient, les deux chaumières de Woodend et de Bersheba, où elle avait passé son enfance : elle reconnaissait les pâturages où elle avait coutume de conduire ses moutons et les méandres du ruisseau où tant de fois Butler lui avait cueilli des joncs pour tresser les couronnes, qu'elle donnait à sa jeune sœur Effie. Les souvenirs qui se pressaient en foule à son esprit amenèrent des pensées si pleines d'amertume, qu'elle aurait désiré pouvoir passer quelque temps à pleurer pour alléger sa douleur.

— Mais, pensa-t-elle, des pleurs sont inutiles, et mieux vaut remercier Dieu, qui m'a montré sa protection en me rendant favorable un homme que l'on appelle souvent un nabab et un paysan, mais qui m'a donné son or aussi généreusement que la fontaine donne son eau. L'Ecriture parle du péché d'Israël à Meribah quand le peuple éclata en murmures, quoique Moïse eût tiré de l'eau d'un rocher afin que la multitude pût boire et vivre. Non, je ne veux plus regarder le pauvre Woodend, car la fumée bleue qui sort du toit me dit elle-même combien les temps sont changés pour nous !

Elle continua donc à suivre le grand chemin, et se trouva bientôt auprès du village où demeurait Butler. On voyait déjà le clocher de sa vieille église, qui couronnait un monticule ombragé de grands arbres ; puis, à un quart de mille environ, s'élevait la tour carrée du laird de Libberton, qui avait coutume autrefois, dit-on, de rançonner les bons habitants de la cité d'Edimbourg en interceptant les denrées et les marchandises qu'ils faisaient venir du sud.

Ce village, avec sa tour et son clocher, n'était pas précisément sur la route de Jenny, mais il ne fallait pas s'écarter beaucoup pour y aller, et c'était là que demeurait Butler. Elle s'était décidée à le voir avant de continuer son voyage, parce qu'elle voulait le prier d'écrire à son père pour l'informer de ses intentions et de ses espérances. Peut-être avait-elle encore une autre raison qu'elle ne s'avouait pas.

Avant de commencer ce long pèlerinage, elle aurait voulu revoir l'objet d'une si longue et si tendre affection. Il ne lui vint pas à l'idée qu'il pouvait y avoir quelque chose d'étrange et d'indélicat dans la visite qu'elle allait faire à son amant au moment d'entreprendre son pèlerinage. La franchise et la pureté de ses sentiments justifiaient tout ce qu'il pouvait y avoir de hasardé dans cette démarche.

Une troisième raison l'avait décidée à ne pas passer auprès de ce village sans aller voir Reuben. Elle l'avait anxieusement attendu au tribunal ; elle avait espéré qu'il serait venu lui donner l'appui et les consolations qu'elle était en droit d'attendre de son premier ami, de celui qui avait été le compagnon de son enfance. Elle savait, il est vrai, qu'il ne pouvait pas disposer de tous ses moments, mais elle avait pensé qu'il aurait pu s'affranchir de ses occupations pour un jour. Son absence, dans ce moment solennel, ne pouvait être expliquée que par une maladie qui le retenait cloué sur son lit. Cette idée avait tellement frappé son imagination, que, quand elle approcha de la chaumière où Butler occupait une petite chambre et que lui avait indiquée une jeune fille venant de traire ses vaches, elle osait à peine s'informer de lui. Ses craintes, au reste, étaient fondées. Butler, qui était d'une faible constitution, fut longtemps à se remettre des fatigues d'esprit et de corps que lui avaient causées les événements dont il avait été témoin. Il lui avait été extrêmement pénible de penser que son caractère avait été soupçonné.

Mais ce qui l'avait le plus impressionné était la défense péremptoire et absolue que lui avaient faite les magistrats d'avoir aucune communication avec le vieux Deans ou sa famille. Ils avaient voulu empêcher Robertson d'avoir, par l'entremise de Butler, de nouveaux rapports avec les habitants de Saint-Léonard. La justice n'avait eu aucune intention de vexer Butler ni de le mettre en suspicion, mais il avait pensé que cette restriction jetait un certain blâme sur sa conduite et le ferait accuser d'insensibilité par celle dont il désirait l'approbation et l'amour par-dessus toutes choses.

Toutes ces fâcheuses impressions amenèrent divers accès de fièvre qui réduisirent ses forces et finirent par le rendre incapable de remplir les devoirs dont dépendait son pain quotidien. Le vieux M. Whackbairn, qui était à la tête de l'institution à laquelle Butler était attaché, lui portait heureusement beaucoup d'amitié. Il connaissait tout le mérite de son sous-maître, et le vit bien avec regret devenir de plus en plus faible : il prit à sa charge une partie de sa tâche, et insista pour qu'il reposât à certaines heures ; il fit plus, il lui donna tout ce que sa position nécessitait et qu'il n'aurait pas pu se procurer.

Butler avait appris tous les détails du procès d'Effie d'un ancien ami de collège qui demeurait à Libberton, et qui, ayant été entendu dans le tribunal, lui avait raconté les angoisses de l'accusée, le témoignage de Jenny et l'agonie du vieux père. Il lui avait été impossible de dormir : mille visions effrayantes vinrent l'agiter toute la nuit, et quand il se leva le matin, brisé de fatigue, une visite importune vint encore accroître son ennui.

Le sage et important Bartolin Saddletree avait, comme il en était convenu, trouvé le moyen d'aller chez Mac Croskie discuter avec Plumdamas et quelques autres voisins le discours du duc d'Argyle, la justice du verdict qui avait frappé Effie et l'improbabilité d'un pardon. Longtemps le conclave avait amicalement débattu ces questions, qu'il avait arrosées de longues et profondes libations, de sorte que Bartolin avait été forcé de déclarer que sa tête n'était plus qu'une collection confuse d'actes d'accusation et de verdicts.

Pour reprendre sa lucidité d'esprit habituelle, Saddletree résolut le lendemain au matin de prendre le bidet qu'une cotisation de Plumdamas, d'un autre voisin et du sellier lui-même avait acheté pour leur usage commun. Saddletree avait deux enfants dans la pension de M. Whackbairn, et comme il aimait assez la conversation de Butler, il tourna la tête de son coursier vers Libberton, et vint fatiguer le malheureux Reuben de sa présence.

Comme pour accroître encore la détresse du pauvre Butler, l'impassible Saddletree ne tarit pas dans ses longues discussions, qui toutes avaient pour sujet le procès d'Effie Deans et la probabilité de son exécution. Chaque mot tombait sur l'oreille de Reuben comme l'écho continu du gaz qui nous annonce le trépas d'un ami, ou comme le cri de l'orfraie qui vient nous effrayer à l'heure des nuits.

En entendant la voix pompeuse de Saddletree qui retentissait dans le petit appartement où demeurait son amant, Jenny s'arrêta toute tremblante à la porte.

— Croyez-moi si vous voulez, monsieur Butler, disait-il, mais ce ne peut pas être autrement ; l'eau de vie ne la sauverait pas. Il faudra qu'elle descende le Bow avec le bourreau à ses trousses... J'en suis fâché pour elle, mais ha loi, monsieur, la loi doit être respectée.

Vivat rex,
Currat lex;

comme dit le poëte : seulement je ne me rappelle plus dans quelle ode d'Horace cela se trouve.

Butler soupira en entendant M. Bartolin amalgamer tant de brutalité et d'ignorance dans une seule phrase ; mais le sellier était aussi aveugle que les autres bavards de son espèce, et ne voyait jamais l'impression défavorable qu'il faisait sur ses auditeurs. Il continua donc à débiter ses rogatons de jurisprudence, et, pour finir, dit naïvement à Butler :

— N'est-il pas à regretter que mon père ne m'ait pas envoyé à Utrecht ? N'ai-je pas perdu une belle chance de devenir un *ictus* aussi *clarissimus* que le vieux Grunwiggire lui-même?. . Dites donc, monsieur Butler, pourquoi ne me répondez-vous pas ? Ne serais-je pas devenu un *ictus clarissimus*? Eh bien ! voyons ?

— Vraiment je ne vous comprends pas, monsieur Saddletree ! dit Butler forcé de répondre.

— Vous ne me comprenez pas ! répéta Bartolin, est-ce qu'on ne dit pas *ictus* en latin pour *jurisconsulte* ?

— Non pas, que je sache, répondit Butler d'un ton plein d'abattement.

— Comment diable pouvez-vous ne pas le savoir ? s'écria le sellier ; j'ai pris le mot ce matin dans une consultation de M. Trossmyloof... Tenez, le voici : *ictus clarissimus et periti... peritissimus*... C'est du latin, car c'est imprimé en italique.

— Oh ! vous voulez dire *juris... consultus; ictus* est une abréviation de *jurisconsultus*.

— Ne me dites pas cela, reprit Saddletree, je connais tous les cas légaux d'abréviation, et celui-là n'en fait pas partie.

— C'est possible, dit Butler accablé par la persistance infatigable de son contradicteur ; je ne peux pas discuter ce point avec vous.

— Il y a peu de personnes, monsieur Butler, il y a peu de personnes qui pourraient le faire, quoique j'aie l'air de me vanter, repartit Saddletree d'un ton de triomphe. Tenez, on n'aura pas besoin de vous à la pension avant deux heures d'ici, je m'en vais vous tenir compagnie et vous expliquer ce que c'est.

Bartolin commença à exposer au malheureux Reuben une longue affaire judiciaire dont nous ferons grâce à nos lecteurs ; et il aurait probablement été jusqu'au bout sans que Butler songeât à l'interrompre, si un bruit de voix qui s'éleva à la porte ne l'eût forcé à s'arrêter.

Quand la maîtresse de la chaumière où Butler demeurait était revenue de la fontaine où elle était allée puiser de l'eau, elle avait trouvé Jenny Deans attendant à la porte que l'intarissable Saddletree eût fini sa harangue et se fût éloigné.

— Est-ce à monsieur que vous voulez parler, ou à moi, ma fille ? lui demanda la femme.

— J'aurais voulu parler à M. Butler s'il est en liberté, répliqua Jenny.

— Eh bien ! entrez alors, reprit la femme en ouvrant la porte et ajoutant :

— Monsieur Butler, voilà une jeune femme qui voudrait vous parler.

Butler fut extrêmement surpris de voir Jenny, qui ne perdait jamais sa chaumière de vue, entrer à ces mots dans sa modeste demeure.

— Mon Dieu ! s'écria-t-il en se levant plein d'alarme, quelque nouveau malheur vous est-il arrivé ?

— Non, monsieur Reuben, rien que ce que vous savez, répondit Jenny. Oh ! que vous avez l'air malade !

La couleur qui était venue un moment rougir ses joues pâlies par l'inquiétude et la souffrance s'était promptement effacée.

— Non, je suis bien... tout à fait bien, dit vivement Butler. Pourrais-je faire quelque chose pour vous ou pour votre père ?

— Ah ! c'est vrai, dit Saddletree, on peut dire maintenant qu'ils ne sont plus que deux : la pauvre Effie est comme si elle n'eût jamais existé. Mais, Jenny, ma fille, qu'est-ce qui vous amène si matin à Libberton, quand votre père est malade là-bas dans le Luckenbooth ?

— J'avais quelque chose à dire de la part de mon père à M. Butler ! répondit Jenny, qui, honteuse du détour qu'elle venait d'employer, ajouta aussitôt : C'est-à-dire que je voulais parler à M. Butler par rapport à mon père et à la pauvre Effie.

— Est-ce sur un point légal ? demanda Bartolin ; car si c'était cela, vous feriez mieux de prendre mon opinion que la sienne.

— Non, ce n'est rien de légal, dit Jenny, qui craignait de laisser connaître à M. Saddletree le projet de voyage qu'elle avait formé, et je voulais prier M. Butler d'écrire une lettre pour moi.

— Oui, très-bien ! reprit Saddletree ; si vous me dites sur quoi vous voulez faire écrire votre lettre, je vais la dicter à M. Butler comme M. Crossmyloof dicte à son clerc. Apprêtez votre plume et votre encre *in initialibus*, monsieur Butler.

Jenny jeta un coup d'œil de désespoir vers Butler, et se tordit les mains de vexation et d'impatience.

— Je crois que M. Whackbairn, dit Butler, qui comprit la nécessité de se débarrasser à tout prix du sellier, regretterait beaucoup, monsieur Saddletree, que vous n'entendissiez pas vos enfants répéter leurs leçons.

— C'est vrai, j'allais l'oublier, monsieur Butler, répondit Saddletree, et j'ai promis de demander congé pour les enfants afin qu'ils puissent suivre l'exécution, ce qui ne peut manquer de les intéresser, car on ne sait pas ce qui peut leur arriver plus tard. Ah ! sapristi ! j'oubliais que vous êtes là, Jenny, mais il n'y a pas d'accoutumer à en entendre parler... Retenez Jenny ici jusqu'à mon retour, monsieur Butler, je ne serai pas dix minutes.

Il sortit enfin en leur donnant pour adieu cette promesse d'un retour presque immédiat.

— Reuben, dit Jenny aussitôt qu'il fut parti, je m'en vais commencer un long voyage, je m'en vais à Londres demander au roi et à la reine le pardon d'Effie...

— Jenny, vous avez sûrement perdu la tête ? s'écria Butler au comble de la surprise ; vous voulez aller à Londres ? parler au roi et à la reine ?

— Et pourquoi pas, Reuben ? demanda Jenny très-tranquillement ; ce ne sont après tout que des mortels comme nous. Leurs cœurs doivent être faits comme les nôtres, et leur sang ressemble au nôtre. L'histoire d'Effie ferait pitié à des cœurs de rocher ; et puis j'ai entendu dire qu'ils ne sont pas aussi méchants que le prétendent les jacobites.

— C'est vrai, dit Butler, mais leur magnificence, leur cour, la difficulté que vous aurez de les approcher...

— J'y ai pensé, Reuben, et cela ne m'arrêtera pas. Sans doute leurs habits seront superbes, ils auront leur couronne sur la tête et leur sceptre dans la main, comme le grand roi Assuérus quand il s'asseyait sur son trône devant la porte du palais, comme le raconte l'Écriture ; mais je sens que je n'aurai pas peur, et je suis sûre que j'aurai assez de force pour expliquer ce que je serai venue leur demander.

— Hélas ! hélas ! reprit Butler, les rois ne s'asseyent plus à la porte de leur palais pour rendre la justice comme au temps des patriarches ! J'ai aussi peu d'expérience que vous des cours, Jenny, mais j'ai appris par la lecture et par ce que j'ai entendu dire que le roi de la Grande-Bretagne fait tout par ses ministres.

— Si ce sont des ministres orthodoxes et craignant Dieu, dit Jenny, la cause d'Effie en sera plus facilement gagnée.

— Mais vous ne comprenez même pas les mots les plus ordinaires qui parlent de la cour, dit Butler ; les ministres du roi ne sont pas des prêtres, ce sont ses serviteurs officiels.

— Sans doute il doit en avoir un grand nombre, et probablement plus que la duchesse n'en a à Dalkeith ; et les serviteurs des grands sont souvent moins faciles que leurs maîtres, mais je m'habillerai proprement, je leur offrirai une petite récompense d'argent, comme quand on va voir le palais, et s'ils ne veulent pas me laisser entrer je leur dirai que j'ai à parler au roi et à la reine d'une affaire de vie ou de mort.

Butler secoua la tête.

— Oh ! Jenny, lui dit-il, tout cela n'est qu'un songe. Vous ne pourrez les voir que par l'entremise d'un grand seigneur, et encore je ne sais pas si cela vous sera possible.

— Eh bien ! j'aurai recours à un grand seigneur, répondit Jenny, et vous m'y aiderez puissamment.

— Moi, Jenny ? Oh ! c'est vous faire une étrange illusion !

— Non, non, Reuben, reprit Jenny ; ne vous ai-je pas entendu dire que votre grand-père, dont mon père n'entend jamais parler avec plaisir, avait rendu autrefois un grand service à l'aïeul de Mac Callum More, qui n'était que lord de Lorn ?

— C'est vrai, dit Butler, et je peux le prouver... Je m'en vais écrire au duc d'Argyle : on dit que c'est un bon et honnête homme ; il a fait ses preuves comme soldat et comme patriote. Je le supplierai en faveur de votre infortunée sœur. Il ne faut peut-être pas trop espérer, mais il faut essayer tous les moyens.

— Oui, il faut essayer tous les moyens ! répéta Jenny ; mais il ne suffit pas d'écrire : une lettre ne peut que regarder, prier, implorer, supplier et aller, comme la voix humaine, jusqu'au cœur humain. Une lettre est comme ces feuilles de musique que les dames ont pour leur clavecin : ce ne sont que des lignes et des points noirs ; rien de comparable à l'air que l'on joue ou que l'on chante. C'est en leur parlant que l'on obtiendra quelque chose, Reuben, pas autrement.

— Vous avez raison, dit Butler recouvrant sa fermeté habituelle, et j'espère du ciel, qui vous a inspiré ce généreux dessein, vous donnera la force nécessaire pour l'accomplir. Mais, Jenny, vous ne pouvez pas entreprendre ce long voyage toute seule : j'ai droit de veiller à ce que celle qui m'appartient presque ne coure pas des risques trop grands, il faut même que vous me donniez le droit de vous protéger comme votre époux, et je vous accompagnerai, je vous aiderai à remplir ce devoir.

— Hélas ! Reuben, dit à son tour Jenny, cela ne se peut pas. Quand même j'obtiendrais le pardon de ma sœur, cela ne lui rendra pas l'honneur et ne fera pas que je puisse être une épouse convenable pour un honnête et saint ministre. Qui ferait attention à ce que vous diriez dans la chaire si la sœur de votre femme avait été condamnée pour un aussi grand crime ?

— Mais, Jenny, repartit vivement Reuben, je crois, je ne peux pas croire qu'Effie ait commis ce crime !

— Dieu vous bénisse pour cette bonne parole ! répondit Jenny ; néanmoins elle doit en porter le blâme.

— Mais ce blâme, quand même il serait juste, ne retombera pas sur vous ?

— O Reuben, Reuben, répliqua la jeune fille, vous savez que c'est une tache qui s'étend à toute la parenté ! Ichabod ! comme dit mon pauvre père, la gloire de notre maison est disparue ! Car la maison de l'homme le plus pauvre n'est pas dépourvue de gloire quand elle renferme des mains laborieuses, des cœurs sincères et une honnête renommée. Mais nous, nous avons perdu le nôtre.

— Mais, Jenny, rappelez-vous que vous m'avez donné votre parole et votre foi ; et comment pouvez-vous entreprendre un pareil voyage sans avoir un homme pour vous protéger ? et qui peut vous protéger, si ce n'est votre mari ?

— Vous êtes tout bonté et tout tendresse, Reuben, et vous me prendriez avec toute ma honte, je le sais. Mais vous devez convenir que nous ne sommes pas en position de nous marier. Non, si jamais nous nous unissons, ce devra être en des temps meilleurs. Et, mon cher Reuben, vous parlez de me protéger dans mon voyage ? Hélas ! qui vous protégera et prendra soin de vous ? Vous tremblez de fatigue quand vous vous êtes tenu debout pendant dix minutes ; comment pourriez-vous entreprendre un voyage aussi long ?

— Mais je suis fort... je me porte bien, répondit Butler se laissant tomber tout épuisé dans son fauteuil, ou plutôt je serai tout à fait bien demain.

— Vous voyez et vous reconnaissez qu'il faut me laisser partir, dit

Jenny après un instant de silence; et lui prenant la main, elle le regarda tendrement et lui dit : — Oh! je suis peinée de vous voir aussi souffrant. Mais prenez soin de vous pour l'amour de moi ; car si je ne suis pas un jour votre femme, je ne serai jamais celle d'aucun autre homme. Maintenant donnez-moi le papier pour Mac Callum More, et priez Dieu qu'il fasse réussir mon voyage.

Butler, voyant qu'il était inutile de chercher à faire revenir Jenny sur sa généreuse résolution, lui remit le papier qu'elle demandait : c'était, avec le rôle de la compagnie dans lequel il était enveloppé, la seule relique qu'il eût pu conserver de son grand-père, l'enthousiaste soldat de Cromwell. Jenny, pendant ce temps, avait feuilleté sa Bible.

— J'ai marqué un passage, lui dit-elle, qui nous donne de bons conseils à l'un et à l'autre. Et ayez la complaisance, Butler, d'écrire tout cela à mon père, car il me serait impossible de lui écrire en ce moment. Je vous le recommande, Butler, et j'espère que vous pourrez bientôt aller le voir. Quand vous lui parlerez, Reuben, ménagez ses préjugés pour l'amour de moi ; ne lui donnez pas de mots latins ou anglais, car il est du temps passé et n'aime pas à les entendre : n'importe s'il a tort. Ne lui parlez pas beaucoup de moi, il aime cela beaucoup mieux. Et, ô Reuben, la pauvre fille qui est en prison! Mais je n'ai pas besoin de vous la recommander, allez la consoler aussitôt qu'on vous permettra de la voir... dites-lui... mais non... il ne faut pas que je parle d'elle, je vous quitterais les yeux en pleurs, et ce ne serait pas de bon augure. Dieu vous bénisse, Reuben!

Pour éviter donc ce mauvais présage, elle se hâta de sortir pendant que ses lèvres portaient encore la trace du sourire mélancolique qu'elle avait appelé sur sa figure pour rendre un peu d'espoir au pauvre Reuben. On eût dit que le départ de Jenny l'avait privé de toutes ses facultés : il semblait ne plus voir, ne plus entendre, ne plus pouvoir parler ni penser. Saddletree, qui entra bientôt après, l'accabla de questions, auxquelles il s'efforça de répondre sans avoir pu en comprendre une seule. Le savant sellier se rappela enfin qu'il devait se tenir une cour seigneuriale à Loanhead, et, quoique cela ne valût guère la peine d'y aller, il pensa qu'il pouvait aussi bien s'y rendre pour voir ce qui s'y passerait, car il connaissait le bailli du lieu : c'était un très-honnête homme, qui accueillait volontiers les conseils qu'il lui donnait.

Il partit donc, et Butler courut à sa Bible : c'était la dernière chose que Jenny avait touchée. Il fut extrêmement surpris de voir glisser d'entre les feuillets un papier contenant deux ou trois pièces d'or. Jenny avait souligné avec un crayon les seizième et vingt-cinquième versets du trente-septième psaume : « Le peu que possède l'homme juste est préférable aux richesses du méchant. »—« J'ai été jeune, et maintenant je suis vieux, cependant je n'ai pas vu le juste mis à l'oubli, ni sa race mendier son pain. »

Profondément ému de la délicatesse affectueuse qui abritait sa générosité sous la parole des Écritures, il porta l'or à ses lèvres avec plus d'ardeur que jamais avare n'en aurait montré. Son ambition fut alors d'imiter la fermeté et la confiance de son amie, et il s'occupa aussitôt d'écrire à David Deans une lettre où il l'informait des intentions de sa fille et lui annonçait son voyage à Londres. Il s'efforça de tourner ses phrases et de choisir ses mots pour réconcilier le vieillard à cette résolution extraordinaire. Nous dirons plus tard quel fut l'effet de cette lettre. Butler la confia à un honnête villageois qui avait souvent des rapports de commerce avec David Deans, et qui partit volontiers pour Édimbourg pour la remettre lui-même entre les mains du vieillard.

CHAPITRE XXVI.

Le voyage d'Édimbourg à Londres est aujourd'hui chose des plus faciles à faire. Plusieurs voitures, qui prennent différents prix, plusieurs bateaux à vapeur, partent et arrivent chaque jour, et le voyageur le plus timide ou le plus inexpérimenté peut entreprendre d'aller de l'une à l'autre capitale, et se mettre en route quelques heures après en avoir formé le dessein. Mais il n'en était pas de même en 1737. Les rapports entre Londres et Édimbourg étaient alors si rares, que l'on se rappelle encore avoir vu la poste de Londres n'apporter qu'une seule lettre à la capitale de l'Écosse. On voyageait à cette époque sur des chevaux de poste : le voyageur montait sur un, et son guide sur un autre. On changeait de monture à chaque relais, et ceux qui pouvaient supporter la fatigue parcouraient de longues distances en assez peu de temps. Les riches pouvaient donc se faire secouer à leur aise sur les mauvais chevaux de louage ; les pauvres se contentaient des moyens de locomotion que leur avait départis la nature.

Jenny, le cœur plein de courage et d'une constitution capable de supporter de longues fatigues, Jenny faisait vingt milles par jour, quelquefois davantage, et, traversant le sud de l'Écosse, elle arriva bientôt à Durham.

Elle avait jusqu'alors voyagé parmi ses compatriotes et ceux auxquels ses pieds nus et son plaid de tartan étaient trop familiers pour attirer quelque attention, mais à mesure qu'elle s'avança elle devint l'objet des risées et des sarcasmes ; et quoiqu'elle pensât qu'il était grossier et inhumain de se moquer d'un pauvre voyageur parce que son costume présentait quelque étrangeté, elle eut le bon sens de modifier le sien autant qu'il lui fut possible pour passer inaperçue. Elle ploya son plaid et le mit dans son petit paquet, et se conforma à la mode extravagante qui forçait tout le monde à porter des bas et des souliers. Elle avoua plus tard qu'outre la dépense qui lui répugnait, elle avait du mal à s'accoutumer à marcher aussi vite avec des souliers que pieds nus ; mais il y avait souvent sur le bord de la route de longues bandes de gazon qui lui facilitaient la marche. Son plaid, qui lui servait de voile, fut remplacé par un *bon grâce*, comme elle l'appelait : c'était un grand chapeau de paille semblable à ceux que les femmes anglaises portent en travaillant dans les champs.

— Mais, dit-elle, je me sentis toute honteuse la première fois que je mis étant encore fille le *bon grâce* des femmes mariées.

Après ce changement de costume, elle pouvait passer sans éveiller la curiosité ; mais son accent et son langage lui attiraient tant de moqueries et de brocards dans un patois pire que le sien, qu'elle se résolut bientôt à parler aussi peu que possible. Elle se bornait à répondre honnêtement aux politesses des gens qu'elle rencontrait sur son chemin, et ne s'arrêtait que dans les tavernes de peu d'apparat. L'expérience lui prouva que le peuple anglais n'était pas aussi poli qu'on l'était dans son pays ; cependant elle eut à se louer de la manière dont il s'acquittait des devoirs de l'hospitalité. Souvent on refusait le payement du repas et du lit qu'on lui avait donné :

— Tu as un bon bout de chemin à faire, ma pauvre fille, garde ton argent! répondait l'un.

Ou bien encore :

— Je ne peux pas prendre d'argent d'une pauvre femme qui voyage toute seule, c'est le seul ami qu'elle a !

Il arriva aussi parfois que l'hôtesse prenait quelque intérêt à la gentille et accorte Écossaise et lui procurait une escorte, lui faisait obtenir une place dans une voiture qui suivait son chemin, ou lui donnait de bons conseils sur les auberges auxquelles elle devait donner la préférence.

Notre voyageuse s'arrêta presque toute une journée à York : elle avait besoin de réparer un peu ses forces, elle était logée dans une taverne que tenait une femme de son pays, et elle voulait écrire à son père et à Butler.

Jenny n'était pas très-accoutumée aux compositions épistolaires, cela lui demanda quelque temps. Voici quelle était la lettre adressée à son père :

« Mon cher père, si mon pèlerinage me semble fatigant et long, c'est que j'ai la douleur de penser que je l'ai entrepris à votre insu; Dieu sait pourtant combien mon cœur désirait pouvoir vous en informer, car l'Écriture dit : « Le vœu de la fille est sans valeur si son père n'y consent. » Peut-être donc ai-je eu tort de commencer ce long voyage sans votre approbation formelle, mais j'avais la ferme conviction que c'était le seul moyen qui me restât de venir en aide à ma sœur dans la cruelle extrémité où elle se trouve réduite; autrement je n'aurais pas voulu, pour tous les biens de ce monde, pour toutes les terres de Dalkeith et de Lugton, avoir pris une pareille résolution sans votre consentement. O mon cher père ! si vous désirez que mon voyage appelle la bénédiction du ciel sur votre famille, dites un mot ou écrivez une ligne de consolation à la pauvre prisonnière. Si elle a péché, elle a souffert, elle s'est repentie, et vous savez mieux que moi que nous devons pardonner aux autres comme nous prions afin qu'il nous soit pardonné. Pardonnez-moi, cher père, de vous parler ainsi, car il n'est pas bien qu'une jeune tête veuille conseiller des cheveux blancs! mais je suis si loin de vous que mon cœur a soif de vous tous; et je voudrais pouvoir croire que vous lui avez pardonné sa faute, et j'en dis peut-être plus que je ne devrais.

» Les gens que je rencontre sont très-polis et me montrent beaucoup de bonté, comme les barbares en montraient à l'Apôtre; et il y a parmi eux d'un peuple choisi dans la terre, car ils ont des églises comme les nôtres, sans orgues, qu'ils appellent maisons de prière et où le ministre prêche sans surplis. Mais le plus grand nombre est malheureusement prélatiste, et l'un de vos ministres prendrait part à une grande chasse avec autant d'ardeur que Roslin de Driden, le jeune laird de Saute-la-Haie, ou tout autre galant chasseur du Lothian. C'est une triste chose à voir! O mon cher père! que Dieu vous bénisse à l'heure de la nuit et à l'heure du matin! et n'oubliez pas dans vos prières votre fille soumise et affectionnée

» JENNY DEANS. »

« P. S. J'ai entendu dire à une brave femme, la veuve d'un vitrier, qu'ils avaient dans le Cumberland un remède pour la maladie des moutons : on prend une pinte, comme ils disent, de bière, ce n'est qu'une goutte en comparaison de nos grandes pintes d'Écosse, à peine un verre, on la fait bouillir avec du savon et quelques gouttes d'extrait de corne de cerf, et on l'entonne dans le gosier de la bête avec une corne. Vous pourriez l'essayer sur votre vieille brebis à tête noire : il cela ne lui fait pas de bien, cela ne peut pas faire de mal. Quand je serai à Londres, j'ai l'intention d'aller voir notre cousine madame Glass, la marchande de tabac, à l'enseigne du Chardon, celle qui a l'attention de vous envoyer de quoi remplir votre blague

La lettre adressée à Reuben lui disait :

« Monsieur Reuben Butler, dans l'espoir que la présente vous trouvera en meilleure santé, je viens vous dire que je suis arrivée bien portante dans cette grande ville ; je ne me sens pas fatiguée du voyage, tout au contraire. J'ai vu bien des choses que je vous raconterai un jour ; j'ai vu la grande église de la ville : tout autour de la cité il y a des moulins qui n'ont ni cours d'eau ni grandes roues et qui vont par le vent, c'est assez drôle à voir. Un meunier m'a invitée à entrer pour voir l'intérieur, mais j'ai refusé ; car je ne suis pas venue si loin pour faire connaissance avec des étrangers. Je suis la grande route et fais une révérence à ceux qui me parlent honnêtement, et je ne parle qu'aux femmes de ma secte. Je voudrais bien savoir, monsieur Butler, ce qui pourrait vous guérir ; car il y a plus de médecines dans cette ville d'York qu'il n'en faudrait pour guérir toute l'Écosse, et il est probable qu'il y en a pour votre maladie. Si vous aviez une bonne personne pour prendre soin de vous, et ne pas vous laisser vous fatiguer à lire, puisque vous lisez déjà trop avec les enfants à l'école, et vous donner du lait chaud le matin, je serais plus tranquille. Cher monsieur Butler, ne vous laissez pas aller au désespoir ! car nous sommes dans les mains de Celui qui sait mieux que nous-mêmes ce qui peut être bon pour nous. Je ne doute pas que je réussirai dans ce que j'ai entrepris, je ne peux pas, je ne veux pas en douter, car si je ne suis pas pleine de confiance comment pourrais-je supplier les grands que j'irai voir ? Mais quand on sait qu'on ne se propose que la justice, on a le cœur fort et on surmonte les plus grandes difficultés. Dieu a voulu que nous nous séparassions dans le chagrin, mais il nous permettra de nous réunir dans la joie, même de ce côté-ci du Jourdain. Je n'ai pas besoin de vous rappeler ce que je vous ai dit par rapport à mon pauvre père et cette malheureuse prisonnière, car je sais que vous le ferez par charité chrétienne, et c'est plus que ne pourrait demander votre servante

» JENNY DEANS. »

« P. S. Cher Reuben, si vous croyez que j'aurais dû vous avoir écrit des choses plus tendres et plus affectueuses, imaginez-vous que je les ai écrites, car je suis sûre que je désire pour vous tout ce qui peut vous être agréable. Vous allez croire que je suis devenue extravagante, car je porte des bas blancs et des souliers tous les jours ; mais c'est comme cela que font toutes les personnes décentes ici, et chaque pays a ses usages. Mais surtout, si nous étions de nouveau en position de rire, vous vous divertiriez beaucoup de me voir enfoncée sous un long chapeau de paille qui me semble aussi long et aussi grand que l'église de Libberton. Mais cela protège bien du soleil, et empêche les curieux de vous regarder comme si vous étiez quelque chose d'extraordinaire. Je vous écrirai quand je serai à Londres pour vous dire comment j'aurai réussi auprès du duc d'Argyle. Écrivez-moi un mot, pour me dire comment vous êtes, à l'adresse de madame Marguerite Glass, marchande de tabac, à l'enseigne du Chardon, à Londres ; si vous m'annoncez que vous allez mieux, vous m'aurez retiré bien des soucis. Excusez ma mauvaise orthographe ; et ne vous étonnez pas si c'est mal écrit, j'ai une bien méchante plume. »

Jenny exprimait peut-être plus d'espoir et de courage qu'elle n'en ressentait réellement ; mais elle voulait rassurer son père et son amant, qui devaient naturellement éprouver mille inquiétudes à son sujet.

— S'ils savent que je me porte bien et en bonne voie de réussir, pensait-elle, mon père aura plus de bontés pour Effie et Butler prendra plus de soin de lui-même, car je sais bien qu'ils penseront plus à moi que je n'y pense moi-même.

Elle cacheta donc ses lettres et les remit elle-même à la poste, en s'informant avec soin vers quelle époque elles pourraient arriver à Édimbourg. Jenny accepta ce jour-là la pressante invitation de son hôtesse de dîner avec elle, et se décida à rester jusqu'au lendemain matin. Cette femme, comme nous l'avons dit, était du même pays, et montrait un grand désir de lui être utile ; on l'appelait madame Bickerston, et elle tenait l'auberge des Sept Étoiles auprès du château d'York. Jenny la trouva si pleine d'attentions et de bontés, qu'elle crut pouvoir lui raconter toute son histoire.

Madame Bickerston leva les yeux et les mains au ciel à cette narration, et lui donna quelques bons conseils.

Elle demanda à notre voyageuse à combien se montait son petit trésor. L'offrande que Jenny avait faite à Reuben et ce qu'elle avait déjà payé le long de la route avaient réduit son avoir à quinze livres sterling environ.

— Vous en avez bien assez, lui dit-elle, si vous pouvez le porter jusqu'à Londres.

— Le porter jusqu'à Londres ? répéta Jenny. Oh ! je n'ai pas peur de cela, il n'y manquera que ce que j'aurai payé en route.

— Oh ! mais les voleurs ! ma pauvre fille, dit madame Bickerston, car vous voilà dans un pays civilisé, ou plutôt où l'on est moins honnête que dans le Nord, et comment vous allez faire, je n'en sais vraiment rien. Si vous pouviez attendre huit jours, quand nos voitures partiront, je vous recommanderais à Jean Rouclarge, il vous porterait en toute sûreté jusqu'à l'auberge du Cygne à Deux Têtes. Et si Jean vous faisait la cour, il n'est pas un si mauvais parti ; je ne connais pas un meilleur roulier sur toute la route. Les Anglais, après tout, font de bons maris, témoin mon pauvre feu Moses Bickerston, qui est mort et enterré !

Jenny se hâta de répondre qu'elle ne pouvait attendre le départ de Jean Rouclarge, car elle n'avait aucun désir de devenir l'objet de ses attentions sur la route.

— Eh bien ! ma fille, répondit l'hôtesse, il faut chercher vous-même le meilleur chemin et vous tirer d'affaire comme vous pourrez. Mais, croyez-moi, cachez votre or dans votre corset, et n'ayez dans votre poche qu'une pièce d'argent ou deux, de peur que vous ne fassiez de mauvaises rencontres ; car il y a, à un jour de marche d'ici, des repaires de bandits comme ceux des Braes de Doun dans le Pertshire. Et puis, quand vous serez à Londres, n'allez pas demander à tout le monde madame Glass, qui tient la boutique du Chardon : on vous rirait au nez. Allez trouver ce brave homme, ajouta-t-elle en lui remettant une adresse, il connaît la plupart des Écossais établis dans la Cité, et il vous dira où trouver votre parente.

Jenny prit la petite lettre que lui remettait son hôtesse, et quelque peu alarmée à l'idée de rencontrer des voleurs, elle se ressouvint tout à coup de ce que Ratcliffe lui avait dit, et racontant à madame Bickerston dans quelles circonstances il lui avait remis un papier elle le lui montra. L'hôtesse des Sept Étoiles ne sonna pas, car on n'avait pas encore introduit les sonnettes dans les appartements, mais elle souffla dans un petit sifflet d'argent qui pendait à sa ceinture, et une servante répondit à cet appel.

— Dites à Dick Ostler que j'ai besoin de lui, dit madame Bickerston.

Dick Ostler se présenta bientôt : c'était un être d'étrange apparence ; sa figure était faite en forme de hache ; il louchait horriblement ; un de ses bras pendait paralysé, et il boitait d'une jambe.

— Dick Ostler, dit madame Bickerston d'un ton d'autorité, tu connais bien tous les gens qui s'y trouvent.

— Eh ! eh ! Dieu me protège, maîtresse, répondit Dick en se grattant la tête et prenant un air de repentir, eh ! j'en ai su quelque chose dans un temps, maîtresse !

Il prit un air de finesse et se mit à rire, puis il reprit sa gravité et soupira : comme s'il pouvait au besoin prendre ou quitter son ancien métier.

— Saurais-tu ce que veut dire ce morceau de papier ? lui demanda madame Bickerston en lui montrant l'écrit de Ratcliffe.

Quand Dick eut regardé le papier, il cligna d'un œil, tira la bouche d'une oreille à l'autre, se gratta de nouveau la tête et dit :

— Ce qu'il veut dire ?... Eh !... peut-être bien qu'on en saurait quelque chose, si ce n'était pas pour lui nuire, maîtresse !

— Pas le moins du monde, dit madame Bickerston, il y a seulement un verre de genièvre pour toi si tu nous dis ce que c'est.

— Alors, reprit Dick tirant sur la ceinture de ses culottes pour les rehausser et secouant une jambe pour les mieux ajuster, alors je dois vous dire que c'est une passe qui sera bien connue sur la route, et voilà !

— Mais quelle sorte d'homme était-il ? demanda madame Bikerston en regardant Jenny et comme si elle eût été fière du savoir de son garçon.

— Oh ! qu'est-ce que j'en sais ?... Jim le Rat... c'était le coq du Nord et il n'y a pas encore un an... lui et Wilson l'Écossais, Handie Dandie, comme on l'appelait... mais il y a déjà quelque temps qu'il a laissé le pays, je crois. Cependant tous ceux qui sont sur la route de ce côté-ci de Stamford respecteront la passe de Jim.

L'hôtesse des Sept Étoiles ne fit pas d'autres questions à Dick Ostler, mais elle lui versa un verre de genièvre. Il fit un profond salut de la tête et des épaules, frotta un de ses pieds sur le plancher, avala la brûlante liqueur et retourna à ses occupations.

— Je vous conseillerais, ma fille, dit madame Bickerston à Jenny, si vous faites une mauvaise rencontre en route, de montrer ce morceau de papier, cela peut vous servir.

Quand vint le souper, madame Bickerston mangea avec appétit d'un ou deux plats fortement épicés, but quelques verres de bonne vieille bière et une coupe de vin chaud, tout en faisant à Jenny l'histoire de ses attaques de goutte et s'étonnant d'être sujette à cette terrible maladie, elle dont les aïeux, pendant un grand nombre de générations, avaient été fermiers dans le Lammermuir. Jenny ne voulut pas courir le risque d'offenser son hôtesse en lui disant ce qu'elle pensait de l'origine de cette maladie ; mais elle pensa à la bonne chère du pays d'Égypte, et malgré toutes les invitations qu'elle reçut de goûter aux autres mets elle ne prit que quelques légumes et un verre d'eau.

Madame Bickerston refusa de recevoir aucun payement, lui donna une chaleureuse recommandation pour son correspondant à Londres et quelques auberges sur la route où elle était connue, et lui rappela les précautions qu'elle devait prendre pour cacher son argent ; et comme Jenny devait partir de bonne heure le lendemain matin, elle lui souhaita un bon voyage en lui faisant promettre qu'elle viendrait la voir au retour pour lui raconter comment elle aurait réussi et tout le détail de l'affaire. Jenny lui promit de ne pas l'oublier.

CHAPITRE XXVII.

Au moment où notre voyageuse se mettait en route le lendemain de bonne heure et sortait de la cour de l'auberge, Dick Ostler, qui s'était levé de grand matin ou peut-être avait oublié de se coucher, lui cria :
— Bonne matinée, Moggie! Faites attention à la montée de Gunnerby, jeune fille. Robin Hood est mort et enterré, mais il y a encore de braves gars dans la vallée de Bever.

Jenny se retourna comme pour lui demander une explication; mais Dick s'était remis à étriller la malheureuse mazette dont il s'occupait, et en souriant, en gesticulant et se grattant d'une manière aussi indicible qu'inimitable il commença à chanter :

Robin Hood, au temps de nos pères,
Était le roi de ces forêts,
Allons aussi dans les guérets
Et vivons-y comme des frères!

Jenny reprit sa route sans lui faire aucune question; car les manières de Dick n'étaient pas encourageantes, et elle n'éprouva aucun désir d'entrer en conversation avec lui. Une longue marche la conduisit jusqu'à Ferrybridge, où se trouvait dès lors et où se trouve encore la meilleure auberge de toute la route. La recommandation de madame Bickerston et son air modeste et simple lui valurent la bienveillance de l'hôtesse, qui lui procura l'avantage de se servir d'un cheval de poste que l'on reconduisait à Tuxford; de sorte qu'elle parcourut le lendemain un plus long espace qu'elle n'avait encore fait. Mais cette manière de voyager l'avait beaucoup fatiguée, et elle ne put se mettre en route le jour suivant qu'à une heure plus avancée que d'habitude. Il était près de midi quand elle arriva sur le bord du Trent et sous les murs ruinés de Newark. Sans s'arrêter à admirer les restes historiques du vieux château, elle entra dans la ville et se rendit à l'auberge qu'on lui avait indiquée à Ferrybridge. Pendant qu'on lui préparait un léger repas, elle s'aperçut que la fille qui la servait la regardait avec une certaine curiosité. Elle lui demanda enfin, à sa grande surprise, si elle n'était pas d'Écosse, si elle ne s'appelait pas Deans, et n'allait pas à Londres pour une affaire de justice. Jenny, qui était douée de la prudence ordinaire de ses compatriotes, répondit à ces questions en demandant à la fille pourquoi elle désirait savoir tout cela.

La servante répliqua que deux femmes étaient passées le matin, qui s'étaient informées d'une Jenny Deans, allant à Londres pour une affaire de ce genre, et ne pouvaient croire qu'elle ne fût pas passée.

Jenny extrêmement surprise et quelque peu alarmée, car ce que nous ne comprenons pas nous effraye souvent, Jenny fit plusieurs questions à la jeune fille pour savoir comment étaient les deux femmes. Mais tout ce que la servante put lui dire, c'était que l'une était vieille et l'autre jeune; que la plus jeune était la plus grande, que la plus vieille parlait beaucoup plus que l'autre, sur laquelle elle paraissait avoir quelque autorité, et qu'elles avaient un accent écossais.

Ces détails ne pouvaient rien apprendre à Jenny, qui, pressentant quelque malheur, se décida à demander des chevaux de poste pour faire le relais suivant. Mais il lui fut impossible d'en obtenir : il était passé beaucoup de voyageurs, et l'aubergiste ne put lui procurer ni guide ni cheval. Elle attendit quelque temps, dans l'espoir qu'il en viendrait quelques-uns en temps pour qu'elle pût en profiter; mais honteuse enfin d'une pusillanimité qui ne semblait pas justifiée, elle se décida à continuer son chemin.

On lui assura que la route était toute droite; qu'il n'y avait qu'une côte assez haute, que l'on appelait Gunnerby, à environ trois milles de Grantham, où elle devait passer la nuit.

— Je suis contente de savoir qu'il y a une montagne, dit Jenny, car mes yeux et mes pieds sont fatigués de toutes ces plaines sans fin : depuis York jusqu'ici, on dirait que le pays a été ratissé; et ce n'est pas réjouissant pour ceux qui sont habitués à la vue des montagnes. Quand j'eus perdu de vue une grande montagne bleue qu'ils appellent Ingleboro, je crus que j'avais perdu le seul ami que j'avais en ce pays.

— Eh bien! mais, puisque vous aimez tant les montagnes, ma jeune fille, dit l'aubergiste, je voudrais bien que vous pussiez emporter celle de Gunnerby, car cela tue les chevaux de poste. A ton bon voyage, ma jeune fille, et puisses-tu arriver sans encombre! car tu m'as l'air d'une brave et bonne fille.

Il prit en même temps un grand verre de vieille bière.

— J'espère que la route est sûre, monsieur? dit Jenny.

— Ah! quand elle sera sûre je remplirai de beignets la mare de Groby. Mais on ne se plaint plus autant depuis que Jim le Rat n'est plus par ici, ses hommes ne s'entendent plus aussi bien. Prends un verre de bière avant de partir, ajouta-t-il en lui offrant une coupe pleine, car tu ne trouveras ce soir que de la bouillie de gruau, quelque peu d'orge et de l'eau à volonté.

Jenny refusa poliment cette invitation et lui demanda l'addition.
— L'addition? Dieu te bénisse, ma fille! Qu'est-ce que c'est que cela ?
— Je... je voulais savoir ce que j'ai à payer, répliqua Jenny.
— Payer! Dieu te protége! Rien, ma fille, rien. Nous n'avons tiré qu'un verre de bière, et à la Tête du Sarrasin on peut donner une bouchée de viande à une pauvre étrangère comme toi qui ne parles pas comme les chrétiens. Tiens! je vais encore boire à ta santé. Deux fois valent mieux qu'une, comme dit Marc de Bellegrave.

Et il s'administra un second verre de sa meilleure bière.

Jenny prit congé de son hôte et continua son chemin : elle commença à ressentir quelque vague frayeur quand elle vit le soir et le crépuscule assombrir la campagne un peu avant qu'elle pût atteindre le pied de la côte de Gunnerby, à un endroit où les champs sont parsemés de broussailles et de larges flaques d'eau. Le peu de circulation qui existait alors sur les routes et le mauvais système de police alors adopté exposaient le voyageur à être fréquemment arrêté sur le grand chemin du Nord. Jenny, qui songeait à la chance qu'il y avait de faire de mauvaises rencontres, se rangea sur l'un des côtés de la route en entendant de loin un cheval qui la suivait. Ce cheval portait deux femmes : l'une sur une selle, l'autre sur un coussin attaché sur la croupe; cette manière de voyager se voit encore dans quelques districts de campagne.

— Je vous souhaite une bonne nuit, Jenny Deans! dit la première femme quand elles passèrent près de notre héroïne. Comment trouvez-vous cette belle montagne que voilà, qui lève sa tête vers la lune? Croyez-vous que ce soit là la porte du ciel, que vous avez tant hâte d'y arriver? Peut-être que nous y arriverons ce soir, Dieu nous protége! quoique notre bête ne soit pas forte aux montées.

Pendant tout ce temps, la femme se remuait sur sa selle et retenait son cheval, tandis que celle qui était sur le coussin semblait l'engager à le pousser vivement.

— Tais-toi, chienne de lunatique! Qu'as-tu à faire avec...... ou avec le ciel ou l'enfer?

— Vrai, ma mère, je n'ai pas grand'chose à faire avec le ciel, mais quant à l'enfer j'en aurai ma part en temps et lieu sans aucun doute! Allons, bidet, trotte, trotte comme si tu étais un manche à balai, car tu portes une sorcière :

Mes souliers à la main et portant ma béquille,
Je m'envole dans l'air comme l'éclair qui brille!

Le trot du cheval et l'éloignement qui s'accroissait empêchèrent Jenny d'entendre le reste de la chanson, mais de temps en temps le vent lui apportait quelques éclats de voix. Elle n'était pas allée beaucoup plus loin quand survint une nouvelle cause de terreur : deux hommes, qui s'étaient tenus sous les broussailles, s'avancèrent vers elle et lui barrèrent le chemin.

— La bourse ou la vie! dit l'un d'eux, qui portait une longue blouse semblable à celle des voituriers.

— Elle a l'air de ne pas comprendre, dit l'autre. Il nous faut votre argent, ou votre vie, ma belle, ajouta-t-il.

— Je n'ai que très-peu d'argent, messieurs, dit la pauvre Jenny leur offrant les quelques pièces qu'elle avait retirées de son trésor en prévision de pareille aventure, mais si vous êtes décidés à le prendre le voici.

— Ce n'est pas cela, la belle, le diable m'emporte si cela nous suffit! dit le plus gros des deux voleurs. Croyez-vous qu'on puisse risquer sa vie sur les chemins pour être volé comme cela? Il nous faut jusqu'au dernier liard, ou, tonnerre de Dieu! nous allons vous dépouiller jusqu'à la chemise.

L'autre voleur, qui semblait éprouver quelque compassion en voyant la frayeur de Jenny, reprit aussitôt :

— Non, non, Tom, c'est une des bonnes sœurs, nous nous contenterons de sa parole, sans nous donner la peine de la fouiller. Ecoutez-moi, ma fille, si vous regardez vers le ciel, et dites que c'est là tout ce que vous avez, eh bien, que diable! nous allons vous laisser passer.

— Je ne peux pas vous dire, répondit Jenny, ce que j'ai sur moi, car c'est pour une affaire de vie ou de mort; mais si vous me laissez ce qui pourra me procurer du pain et de l'eau je vous en serai reconnaissante et je prierai Dieu pour vous.

— Au diable avec vos prières! dit le plus gros des deux, c'est de la monnaie que nous connaissons pas.

Et il essaya en même temps de la saisir.

— Attendez, messieurs, leur dit-elle souvenant tout à coup de la passe de Ratcliffe, peut-être connaissez-vous ce papier?

— Que diable est-ce là, Franck? dit le plus violent des deux voleurs, vois ce que c'est, car le tonnerre m'écrase si je pourrais le déchiffrer quand même il s'agirait d'échapper à la corde!

— C'est un mot de Jim Ratcliffe, dit l'autre après avoir regardé le papier. D'après ses lois, il faut la laisser passer.

— Non, reprit son compagnon, Rat a quitté la broussaille, on dit même qu'il est devenu chien de chasse!

— Il peut toujours au besoin nous rendre service, repartit le plus grand.

— Mais que pouvons-nous faire? demanda le premier, nous avons promis, tu sais, de la dépouiller et de la renvoyer dans son pays, et voilà que tu veux la laisser passer!
— Je n'ai pas dit cela, répondit son compagnon; et il lui dit tout bas quelques paroles que Jenny ne put entendre.
— Eh bien, dépêchons-nous, répliqua le plus petit voleur, et ne restons pas ici à bavarder jusqu'à ce qu'il arrive quelqu'un.
— Il faut nous suivre, ma jeune femme! dit Franck.
— Pour l'amour de Dieu! s'écria Jenny, au nom de votre mère! ne me forcez pas à quitter la route: prenez plutôt tout ce que j'ai!
— De quoi diable a-t-elle peur? dit Tom. Je vous dis qu'on ne vous fera pas de mal: mais si vous ne voulez pas nous suivre, tonnerre de Dieu! je m'en vais vous casser la tête ici.
— Allons, Tom, lui dit son compagnon, ne sois pas si méchant. Si tu la touches, je vais te secouer la crinière de manière à faire sonner tous les os de ta carcasse. N'y faites pas attention, ma fille, je ne laisserai pas vous faire le moindre mal, si vous voulez nous suivre tranquillement. Mais si vous voulez rester là à perdre votre temps, le diable m'emporte! je m'en vais le laisser faire ce qu'il voudra.
Cette menace fit la plus grande frayeur à Jenny, qui crut trouver un protecteur dans celui qui la lui faisait. Non-seulement elle suivit sans mot dire, mais elle le prit par la manche de son habit comme pour l'empêcher de s'éloigner. Cette marque de confiance parut flatter le voleur, endurci comme il l'était, et il lui répéta à plusieurs reprises qu'on ne lui ferait aucun mal.
Ils conduisirent leur prisonnière par un sentier qui s'éloignait de la grande route. Après une demi-heure de marche, ils arrivèrent à une vieille masure élevée au bord d'un champ cultivé mais éloignée de toute habitation. Il se trouvait quelqu'un à l'intérieur, car on voyait une lumière à travers la croisée.
Un des voleurs frappa à la porte, que vint ouvrir une femme, et ils entrèrent avec leur victime. Une vieille femme, qui faisait cuire quelque chose sur un feu de charbon de bois, leur demanda en jurant pourquoi ils avaient amené cette fille au lieu de la dépouiller et de la laisser à la belle étoile?
— Allons, allons, mère Lesang, dit Franck, nous ferons tout ce qu'il faut pour vous obliger mais pas davantage. Nous ne valons pas grand'chose, mais nous ne sommes pas encore des diables incarnés.
— Elle a une passe de Ratcliffe, dit l'autre, et Franck n'a pas voulu que nous lui fissions passer le goût du pain.
— Non! tonnerre de Dieu! je ne veux pas! repartit Franck; mais si la mère Lesang veut la garder ici quelque temps ou la renvoyer en Écosse sans lui faire aucun mal, eh bien! je ne m'y oppose pas! non!
— Je m'en vais te dire une chose, Franck Levitt! dit la vieille femme; si tu m'appelles encore mère Lesang! je vais teindre ce couteau, et, joignant l'action aux paroles, elle saisit un énorme couteau, du meilleur sang que tu as sous tes côtes, mon garçon!
— Il paraît que rien n'est pas roses dans le Nord, dit Franck, puisque la mère Lesang est si en colère.
Sans hésiter un instant, la vieille lui lança le coutelas avec toute la dextérité d'un sauvage indien. Mais il était sur ses gardes et, d'un mouvement de tête, il évita le couteau, qui, frisant son oreille, alla s'implanter dans le mur derrière lui.
— Ah! la mère, dit le voleur lui prenant les deux mains, je m'en vais vous montrer que c'est moi le maître. Et il la força à reculer devant lui jusqu'à ce qu'elle tomba sur un amas de paille, et là il la menaça du doigt comme font les gardiens qui veulent intimider un maniaque. Cette menace produisit l'effet qu'il voulait, car elle n'essaya pas même de se relever et elle resta se à tordre les mains dans sa rage impuissante en criant et hurlant comme une possédée.
— Je ferai ce que je vous ai dit, vieille diablesse, dit Franck, la fille n'ira pas à Londres; mais je ne veux pas qu'on lui fasse le moindre mal, quand ce ne serait que pour votre insolence.
Cette promesse sembla rendre quelque repos à la vieille femme, et pendant que ses cris et ses hurlements s'apaisaient pour ne devenir qu'un murmure grondeur un autre personnage entra dans la chaumière.
— Eh, Franck Levitt! dit cette autre femme, qui s'avança en sautillant jusqu'au milieu de la chambre, est-ce que tu voulais tuer notre mère? ou bien coupais-tu le cou au putois que Tom a apporté ce matin? ou voulais-tu as-tu récité tes prières à rebours, pour faire venir ma vieille connaissance le diable parmi vous?
Le ton de voix de cette femme était si étrange, que Jenny la reconnut aussitôt pour celle qui était sur la selle du cheval qui était passé sur la route un peu avant qu'elle rencontrât les voleurs. Cette circonstance accrut encore ses terreurs, car elle vit que toute cette aventure avait été préméditée, quoiqu'elle ne pût deviner par qui, ni pourquoi. Peut-être la conversation de cette femme la fera-t-elle reconnaître par nos lecteurs comme un des caractères que nous avons dépeints vers le commencement de cette histoire.
— Allons, vieille folle! dit Tom, qu'elle avait empêché d'achever un verre de bière qu'il s'était versé, avec tes manières de Bedlam et tes accès frénétiques de ta grosse mère, on serait plus tranquille dans le chenil du diable qu'ici. Et il reprit le verre qu'elle avait repoussé de ses lèvres.
— Et qu'est-ce que nous avons-là? dit la folle s'avançant en dansant jusqu'auprès de Jenny, qui, malgré sa frayeur, regardait cette scène étrange avec attention, dans l'espoir qu'elle pourrait trouver quelque chance de fuite, ou qu'elle apprendrait quelque chose qui lui révélerait quels dangers elle pouvait redouter; qu'est-ce que nous avons-là? répéta de nouveau Madge Wildfire: la fille du bon David Deans, la fille du vieux whig, dans une chaumière de bohémiens, à la tombée de la nuit! Eh! bon Dieu! comme les saints sont sur le chemin de la perdition! Et l'autre sœur qui est dans la prison d'Edimbourg! Ah! pour ma part, j'en suis bien fâchée! C'est ma mère qui lui en veut, ce n'est pas moi... quoique j'en aie le droit comme elle.
— Écoute un peu, Madge, dit Franck, tu n'as pas autant de sang du diable dans les veines que la chienne de mère, qui m'a l'air d'avoir pris un mari en enfer; emmène cette jeune fille dans ton chenil, et ne laisse pas le diable entrer quand même il le demanderait au nom de Dieu.
— Ah! oui! je veux bien, Franck! répondit Madge prenant Jenny par la main et l'attirant vers elle. Il n'est pas bien que des jeunes filles chrétiennes et modestes comme elle et moi restent auprès de démons incarnés comme vous et Tom Tyburn à cette heure de la nuit. Alors bonsoir, messeigneurs, et puissiez-vous dormir jusqu'à ce que le bourreau vous réveille, ce sera autant de gagné pour le pays!
Puis, cédant à une autre pensée, elle s'avança tranquillement vers sa mère, qui était assise auprès des charbons brûlants, dont la flamme rougeâtre se réfléchissait sur ses traits anguleux et cruels, et qui semblait être Hécate au milieu de ses rites infernaux; elle fléchit un genou devant elle, et lui dit du ton câlin d'un enfant de six ans: — Maman, veux-tu que je te dise mes prières avant d'aller me coucher, comme tu me disais autrefois : Dieu te bénisse, mon enfant! comme tu me disais autrefois?
— Que le diable t'écorche pour raccommoder ses culottes avec ta peau! dit la vieille mégère essayant de donner un soufflet à sa fille en réponse à sa respectueuse demande.
Mais Madge savait par expérience comment sa mère accueillait ses demandes de bénédiction; et elle esquiva le coup avec une merveilleuse dextérité. La vieille femme se leva toute furieuse, et saisissant une vieille paire de pincettes, elle en aurait probablement frappé sa fille, si Franck Levitt ne lui eût tout à coup empoigné le bras en s'écriant: Eh bien! mère damnée, quoi! encore une fois, et en présence de votre souverain?... Écoute, Madge la folle, vite à ton trou avec ta compagne! autrement cela va mal se passer ici.
Madge se retira aussi vite qu'elle le put entraînant Jenny avec elle, et la conduisit dans une espèce de cabinet pratiqué dans un bout de la masure; le plancher était jonché de paille sur laquelle on pouvait s'étendre à son aise. Les rayons de la lune entraient par une étroite lucarne et montraient la selle, le coussin et un ou deux paquets qui formaient tout l'avoir de Madge et de son aimable mère.
— Hein! avez-vous jamais vu plus jolie chambre? demanda Madge; voyez comme la lune se réfléchit tendre et silencieuse sur ces brins de paille! Il n'y a pas une cellule aussi belle dans tout Bedlam, quoique ce soit une noble et grande maison vue du dehors... Avez-vous jamais été mise à Bedlam?
— Non! répondit Jenny, que cette question et la manière dont elle était faite effrayaient.
— Vous n'avez jamais été mise à Bedlam! reprit Madge d'un air surpris, mais vous avez été dans les cellules à Édimbourg?
— Jamais, dit Jenny.
— Eh bien! alors, c'est que ces imbéciles de magistrats n'envoient personne que moi à Bedlam... Il faut qu'ils aient beaucoup de respect pour moi, parce que, toutes les fois que l'on me mène devant eux, ils m'envoient à Bedlam. Mais, Jenny, pour vous dire toute la vérité, — et ceci est dit d'un air de confidence, — pour vous dire tout ce que j'en pense, je crois que vous n'avez pas perdu grand'chose. Le gardien n'est pas des plus faciles et vous toujours en fuite à sa tête, ou bien, le diable m'emporte! il vaudrait mieux être en enfer... Mais qu'est-ce qu'ils ont à faire tant de bruit? Mais il n'y en aura pas qui entrera ici, je veux me tourner le dos contre la porte, et ils seront habiles s'ils me font bouger!
— Madge!... Madge!... Madge Wildfire!... Madge!... que diable avez-vous fait du cheval? répétèrent plusieurs voix d'hommes au dehors.
— Eh bien! la pauvre bête est à souper, répondit Madge; si vous étiez à souper le vôtre, et ce fût du soufre fondu, vous ne feriez peut-être pas autant de bruit.
— A souper! répliqua un des plus sauvages bandits, que voulez-vous dire? Dites-moi ce qu'il en est, ou je vous casse la tête!
— Il est dans le champ de blé de Gaffer Gabblewood, si vous voulez le savoir!
— Dans le champ de blé, infernale folle! repartit le bandit d'un ton indigné.

— Eh bien! Tom Tyburn, est-ce que les jeunes pousses de blé feront mal à la pauvre bête?

— Ce n'est pas cela, reprit le voleur, mais qu'est-ce que les paysans diront demain quand ils le verront paître là? Vas-y, Tom, et amène-le ici; tâche d'éviter la terre molle, pour ne pas laisser de traces.

— Vous me donnez toujours ces sortes de corvées-là! murmura Tom.

— Eh bien, cours, toi, Laurent, tu as de longues jambes, dit le premier bandit.

Et Laurent sortit aussitôt de la chaumière.

Pendant ce temps, Madge s'était arrangée pour passer la nuit sur la paille; elle restait appuyée contre la porte, qui s'ouvrait en dedans et qui se trouvait, pour ainsi dire, verrouillée.

— On apprend toujours quelque chose, Jenny, dit-elle à sa compagne, quoique ma mère ne veuille jamais en convenir. Qui aurait jamais cru que j'aurais pu faire un verrou de mon échine? Mais il n'est pas tout à fait aussi fort que ceux que j'ai vus dans la Tolbooth

— O mon père, s'écria-t-elle, donnez-moi votre bénédiction...

d'Edimbourg. Les forgerons d'Edimbourg sont les premiers du monde pour faire des barres, des barreaux, des serrures, des cadenas et des verrous; ils ne font pas mal les poêles pour faire les beignets non plus, cependant je crois que les chaudronniers de Cu'ross les font mieux qu'eux. Ma mère a une fois eu une poêle de Cu'ross, et je croyais que j'aurais pu faire frire des beignets pour mon pauvre petit qui est mort d'une drôle de manière... Mais il faut que nous mourions tous, vous savez, Jenny... vous autres, cameroniens, vous le savez mieux que personne, et puis vous faites votre enfer sur la terre pour ne pas avoir le regret de la quitter. Mais, pour en revenir à Bedlam, dont nous parlions, je ne le recommanderai jamais à personne, ni d'une manière ni d'une autre... Et puis vous savez ce que dit la chanson:

> A Bedlam on me conduisit
> A peine au sortir de jeunesse!
> Mais, dans ce lieu maudit,
> On eut pitié de ma faiblesse,
> On me donna des bracelets
> Du chanvre dont on fait les fouets!

Mais je suis un peu enrhumée ce soir, Jenny, et je ne peux pas chanter: vraiment, je crois que je m'en vais dormir.

Elle laissa tomber sa tête sur son sein, et Jenny, qui aurait donné tout au monde pour pouvoir s'échapper, se garda bien de la réveiller. Mais, après avoir sommeillé pendant une minute ou deux, Madge fut de nouveau en proie à son agitation perpétuelle. Elle releva la tête et dit d'un ton que la fatigue du voyage rendait de plus en plus indistinct:

— Je ne sais pas ce qui me donne tant de sommeil... Je ne dors presque jamais avant que ma bonne dame la lune aille se coucher... et puis, quand elle est dans son plein, courant sur nos têtes dans son beau char d'argent... j'ai quelquefois dansé de joie en la regardant, et puis il est venu des gens morts qui ont dansé avec moi... comme Jock Porteous, ou d'autres que j'avais connus quand ils étaient en vie... car vous ne savez pas que j'ai été morte une fois!

Et la pauvre maniaque commença à chanter du ton le plus mélancolique:

> Mes os dorment au cimetière
> Sur l'autre bord de l'Océan,
> Celle qui te parle, ma chère,
> N'est rien autre qu'un revenant!

Mais, après tout, Jenny, personne ne sait qui vit ni qui meurt... On ne connaît pas ceux qui sont allés au pays des fées... C'est une autre question, cela! Quand je pense à mon pauvre petit, qui est mort... Vous savez bien qu'il est enterré, mais cela ne fait rien à l'affaire. Je l'ai eu sur mes genoux une centaine de fois, et une centaine encore de plus depuis qu'il est enterré... Eh bien! comment pouvait-il être mort?... Vous voyez bien que c'est impossible.

Puis la triste réalité venant tout à coup frapper son imagination, elle s'écria en pleurant: — O mon Dieu! mon Dieu! jusqu'à ce qu'enfin elle s'endormit au son de ses sanglots et de ses soupirs. Sa bruyante respiration dit bientôt à Jenny qu'elle restait seule avec ses tristes pensées.

CHAPITRE XXVIII.

La faible lumière que laissait entrer la petite lucarne permit à notre prisonnière de voir qu'elle n'avait aucune chance de pouvoir s'échapper de ce côté: cette ouverture avait été pratiquée à une grande hauteur, et elle était si peu large, qu'il était permis de douter si on eût pu passer à travers. Un essai d'évasion qui n'eût pas réussi lui aurait certainement attiré quelque châtiment et l'aurait exposée à être traitée plus sévèrement, elle résolut donc de ne pas se laisser aller trop légèrement à l'espoir de pouvoir s'échapper.

Elle se tourna vers le mur d'argile qui séparait ce cabinet du reste de la chaumière et qui, desséché par le temps, tombait en poussière sous ses doigts. Petit à petit, et sans bruit, elle élargit une ancienne crevasse et put bientôt voir la vieille mégère et le bandit que l'on avait appelé Franck Levitt, assis à côté l'un de l'autre auprès du feu, discutant de choses sérieuses. La vue de la femme l'effraya tout d'abord, car ses traits portaient l'expression de la méchanceté et de la perversité portée à son plus haut degré; tandis que la figure de l'homme, naturellement moins repoussante, avait acquis le caractère de dépravation et de débauche que donne toujours la terrible profession qu'il avait adoptée.

Le bandit disait à la vieille femme:

— Voyons, la mère, reconnaissez que je tiens ma parole. Je n'ai pas oublié que vous m'avez procuré un couteau qui m'a fait passer à travers les barreaux du château d'York; et j'ai fait ce que vous m'avez demandé sans vous faire une question, parce qu'un service en demande un autre. Mais maintenant que Madge, qui fait autant de bruit que le bourdon de Lincoln, est à dormir, et que Tyburn secoue ses talons après le vieux bidet, dites-moi un peu ce que c'est que tout cela, à quoi tout cela mène? Que le diable m'emporte si je touche à cette fille-là, ou si je laisse personne lui faire quoi que ce soit, quand elle a une passe de Jim Rat!

— Tu es un honnête garçon, Franck, répondit la vieille, trop bon même pour ton métier; ton cœur te jouera un mauvais tour, et je te verrai monter Holborn à reculons, et tout cela parce que quelque pauvre imbécile aura été te dénoncer, et il n'aurait rien dit si tu lui avais passé ton couteau à travers la carotide.

— C'est selon, la vieille, repartit le voleur, j'ai connu plus d'un brave gars qui a été pincé dès sa première saison sur la route parce qu'il était un peu trop prompt à jouer du couteau. Et puis, en bonne conscience, ce n'est pas trop de deux ans pour être un peu honnête. Mais, voyons, dites-moi ce que c'est, que je voie ce que l'on peut faire de vous, raisonnablement?

— Eh bien! je m'en vais vous dire, Franck... Mais, tenez, prenez d'abord une goutte de ce genièvre.

Elle tira en même temps un flacon de sa poche et lui versa un grand verre de genièvre, qu'il déclara excellent.

— Eh bien! je dois vous dire, Franck... Mais ne voulez-vous pas recommencer? dit-elle en lui offrant de nouveau le flacon.

— Non... non! Quand une femme veut vous faire faire quelque chose de mal, elle commence toujours par vous faire boire un peu trop. Le diable emporte le courage des Hollandais! Ce que je fais, je veux le faire quand j'ai ma raison. Je serai plus longtemps sur mes jambes.

— Eh bien! alors il faut vous dire, reprit la mégère sans hésiter davantage, que cette fille s'en va à Londres...

Puis Jenny ne put entendre plus loin que le mot « sœur. »

Le voleur répondit d'un ton rauque:

— Eh bien ! c'est assez juste, cela. Que diable cela peut-il vous faire ?
— Me faire ? Diablement, je pense ! s'écria la mégère. Si la sœur échappe au nœud de chanvre, l'imbécile l'épousera.
— Eh bien ! après ? dit l'homme.
— Après ? imbécile ! Eh bien ! après je l'étranglerai de mes propres mains plutôt que de la voir préférée à Madge !
— Préférée à Madge ! Mais êtes-vous assez aveugle pour en être là ? S'il est ce que vous dites, croyez-vous qu'il épousera jamais un oiseau de lune comme Madge ? Parbleu ! vous nous la donnez belle ! Épouser Madge Wildfire !... Ha ! ha ! ha !
— Dis donc, gibier de potence, enfant de mendiant, voleur de naissance ! répliqua la mégère, en supposant qu'il n'épouse pas Madge, est-ce une raison pour qu'il en épouse une autre, et que cette autre

— Voilà ma banque, Jenny...

prenne la place de ma fille, qui restera folle, et moi qui serai ruinée, tout cela par ta faute ? Mais je sais ce qui peut le mener au nœud coulant ; oui, je le sais, quand même il aurait des cols de rechange... Je sais ce qui peut le faire pendre... pendre... pendre ! répéta-t-elle en grinçant des dents comme un démon vengeur.
— Eh bien ! alors, pourquoi ne le pendez... pendez... pendez-vous pas ? dit Franck en répétant ses paroles d'un ton de mépris ; cela serait plus raisonnable que de vous acharner après deux malheureuses filles qui ne vous ont jamais rien fait.
— Jamais rien fait ! répliqua la vieille ; et s'il épouse cette fauvette de prison quand elle sera libre ?
— Mais s'il n'y a aucune chance qu'il épouse jamais un oiseau de votre nid, je ne peux pas voir, en vérité, ce que tout cela peut vous faire, dit le voleur. S'il y avait quelque chose à gagner, je ne serais pas le dernier à mettre la main à l'œuvre ; mais je n'aime pas à faire le mal pour le mal.
— Et ne ferais-tu rien pour la vengeance ? demanda la femme ; pour la vengeance, c'est le meilleur de tout ce que nous a donné l'enfer !
— Il est malheureux que le diable ne l'ait pas gardé pour lui alors, repartit le bandit, car le tonnerre m'écrase et je m'en soucie plus que des gelées de l'an dernier !
— La vengeance ! continua la vieille femme, oh ! c'est le meilleur moyen que l'enfer nous ait donné de jouir de la vie ! Je l'ai longtemps cherchée... J'ai souffert... j'ai péché... pour l'obtenir, et je l'aurai... ou bien... c'est qu'il n'y a pas de justice au ciel ni dans l'enfer !
Levitt avait allumé sa pipe et écoutait tranquillement les exclamations frénétiques de cette mégère. Il était trop endurci dans le crime pour en être scandalisé, et n'y prenait pas assez d'intérêt pour s'animer au contact de cette colère furieuse.
— Mais, voyons, dit-il après un instant de silence, il me semble

toujours que si vous voulez vous venger, vous devriez vous attaquer au jeune homme.
— Je voudrais le pouvoir ! dit-elle en aspirant son haleine entre ses dents comme une personne qui boit ; je voudrais le pouvoir, mais je ne peux pas !... non... je ne peux pas !
— Et pourquoi pas ? Vous parlez de le dénoncer et de le faire pendre pour cette affaire d'Écosse... Le diable m'emporte, on dirait que c'est la banque d'Angleterre à dévaliser !
— Je l'ai nourri, il s'est désaltéré à mon sein, répondit la vieille femme en relevant ses bras comme si elle eût pressé un enfant contre son sein, et quoiqu'il ait été pour moi une vipère, quoiqu'il ait été la cause de ma ruine et de celle des miens, quoiqu'il m'ait vendue au diable, s'il y en a un, qu'il m'ait ouvert la porte de l'enfer, s'il existe, je ne peux pas, je ne peux pas prendre sa vie ! Non ! je ne peux pas, continua-t-elle avec une colère enragée contre sa propre faiblesse ; j'y ai pensé... je l'ai essayé... mais, Franck Levitt, je n'ai jamais pu le faire ! Non, non ! il a été le premier enfant que j'aie nourri... Ç'a a été un mauvais commencement ; mais les hommes ne savent pas ce qu'une femme ressent pour l'enfant qu'elle a tenu le premier à son sein !
— Cela, c'est vrai, dit Levitt, nous n'avons pas d'expérience de ce côté. Mais on dit que vous n'avez pas été tout à fait aussi bonne pour les autres enfants qui sont tombés dans vos mains... Allons, tonnerre de Dieu ! n'allez pas mettre la main sur le couteau, parce que, voyez-vous, je suis capitaine ici, et je n'entends pas qu'on se révolte.
Le premier mouvement de la vieille femme en entendant cette observation avait été de saisir le manche d'un coutelas ; mais elle le laissa retomber, et dit en souriant à sa manière :
— Des enfants ! Vous voulez rire, hein ? Qui est-ce qui voudrait toucher à un enfant ? Madge, la pauvre fille, a été malheureuse avec le sien, et quant à l'autre...

Jenny se retourna, et vit Dumbiedikes accourant vers elle sur son bidet sans bride ni selle...

Elle baissa la voix ; et Jenny, qui écoutait avec anxiété, ne put rien entendre, jusqu'à ce que, parlant plus haut, elle dit :
— Si bien que Madge, histoire de rire, le jeta dans le Nor' Loch.
Le sommeil de Madge, ainsi qu'il arrive souvent à ceux qui souffrent d'une faiblesse du cerveau, avait été des plus légers ; elle entendit ces derniers mots et s'écria :
— Oh ! ma mère, ce n'est pas vrai, cela, je ne l'ai pas jeté dans le Nor' Loch.
— Veux-tu te taire, diablesse incarnée ! dit la mère. Dieu du ciel ! l'autre doit être éveillée aussi !
— Cela pourrait être dangereux ! dit Franck, qui, se levant, suivit Meg Murdockson.
— Lève-toi, dit la mégère à sa fille, ou je vais t'enfoncer mon couteau dans le dos.
Il est à supposer que l'action accompagna la menace et qu'elle pi-

qua sa fille de la pointe de son couteau, car Madge se leva en jetant un petit cri et la porte s'ouvrit.

La vieille femme tenait une chandelle d'une main et un couteau de l'autre. Levitt la suivait, mais il n'était pas facile de savoir si c'était pour l'aider ou pour l'empêcher de commettre aucun acte de violence. La présence d'esprit de Jenny la sauva en cette occasion. Elle eut assez de résolution pour conserver l'attitude et l'air d'une personne qui dort profondément et de régler sa respiration, malgré sa terreur excessive, pour la faire correspondre avec son attitude.

La vieille femme lui passa la lumière devant les yeux, et, quoique la frayeur de Jenny fût extrême, elle put garder l'apparence du sommeil le plus tranquille.

Levitt la regarda attentivement, et, faisant sortir la vieille femme, il s'éloigna lui-même du coin où reposait Jenny. Quand ils furent rentrés dans l'autre chambre, ils reprirent leurs sièges auprès du feu et le bandit dit à la vieille :

— Elle dort comme trente-six marmottes. Voyons, vieille Meg, le diable m'emporte si je comprends un mot de votre histoire, si je sais quel bien cela vous fera de pendre une fille et de tourmenter l'autre ! Mais, voyez-vous, je tiens ma parole, et je vous aiderai comme vous le voulez. C'est une mauvaise affaire, cependant je crois que je pourrais l'envoyer à Surfleet sur le Wash ; on la mettrait à bord du schooner de Tom Clairlune, et on la garderait là trois ou quatre semaines si vous voulez. Mais le diable m'emporte si quelqu'un lui fait du mal ! à moins qu'il n'ait envie d'avaler des prunes de travers. C'est une mauvaise affaire, tout ensemble, et je voudrais que vous fussiez au diable, Meg !

— Allons, allons, ne vous fâchons pas, mon bon Levitt ! dit la vieille femme ; vous n'êtes pas trop facile, et il faut toujours vous céder !... C'est pas moi qui l'enverrai au ciel une heure plus tôt... Qu'est-ce que cela me fait qu'elle vive ou qu'elle meure ? C'est sa sœur... oh !... sa sœur !...

— Eh bien ! arrêté comme cela. J'entends Tom, qui revient. Nous allons nous coucher, vous ferez bien d'en faire autant.

Chacun se retira pour la nuit, et cette caverne d'iniquité devint le séjour de la tranquillité. Jenny fut longtemps sans pouvoir fermer l'œil. Quand le jour parut, elle entendit les deux bandits se préparer à quitter la masure après avoir longtemps conféré avec la vieille. Quand Jenny fut certaine qu'elle n'était plus gardée que par des personnes de son sexe elle reprit quelque confiance, et la fatigue lui amena bientôt un sommeil rafraîchissant.

Quand elle s'éveilla, le soleil était bien au-dessus de l'horizon et la matinée s'avançait rapidement. Madge Wildfire était encore sur son amas de paille, et lui souhaita le bonjour de son air habituel de joyeuse insanité.

— Vous ne savez pas, dit-elle, les drôles de choses qui ont eu lieu depuis que vous êtes venue dans la terre de Nod ? La police est venue ici, ma fille ; ils ont trouvé maman à la porte, et ils l'ont emmenée devant les magistrats à cause du blé de cet autre... Eh ! ces paysans anglais, cela fait autant de bruit pour quelques pousses de blé qu'un laird d'Écosse pour ses lièvres et ses perdrix ! Maintenant, Jenny, si tu veux, nous allons leur jouer un tour ; nous allons sortir et nous promener... Vont-ils crier quand ils ne vont plus nous trouver ici !... Mais nous serons de retour avant dîner ou au plus tard avant la nuit. Nous allons bien nous amuser et respirer l'air frais... Mais peut-être que tu aimerais mieux déjeuner et puis te recoucher ? Il y a des moments où je pourrais rester avec ma tête dans les mains toute une journée, je n'ai pas le moindre mot à dire à personne... Il y en a d'autres où je ne peux pas rester tranquille une minute. C'est alors qu'ils ont peur de moi ; mais je ne suis jamais méchante, tu n'as pas besoin d'avoir peur de venir avec moi.

Si Madge Wildfire eût été la maniaque la plus forcenée au lieu d'être une sorte de lunatique à demi raisonnable, Jenny eût encore préféré sortir avec elle plutôt que de rester dans un lieu de captivité où elle avait tant à craindre. Elle déclara à Madge qu'elle avait suffisamment dormi et n'avait aucun besoin de manger.

— Oh ! c'est ce que ce n'est pas tout non plus, dit la pauvre Madge : c'est que je crois que tu serais mieux hors des mains de ces gens-là. Ce n'est pas que ce soit tout à fait de mauvaises gens, mais ils ont d'étranges manières ; et parfois je m'imagine que ma mère et moi ne sommes pas devenues meilleures depuis que nous les fréquentons.

Jenny, pleine d'espoir, de crainte et de joie, prit son petit paquet et suivit Madge dans la campagne, regardant de tous côtés si elle ne verrait pas une maison de ferme ; mais aucune habitation n'était visible aussi loin que la vue pouvait s'étendre. Tantôt elles rencontraient des morceaux de terre cultivés, tantôt tout était à l'état sauvage ; ici croissaient d'épaisses broussailles ou s'étendaient de larges flaques d'eau, et là s'étendait un riche gazon qui aurait formé d'excellents pâturages.

Jenny commença à se demander de quel côté pouvait se trouver la route qu'elle avait suivie la veille. Elle s'imaginait que si elle eût pu suivre le grand chemin elle aurait bientôt rencontré quelque voyageur ou serait arrivée à une maison, où elle aurait dit son histoire et trouvé protection. Mais elle eut beau regarder tout à l'entour,

rien ne vint lui indiquer de quel côté elle devait diriger ses pas ; elle restait donc complétement à la merci de sa folle compagne.

— N'allons-nous pas aller sur la route ? dit-elle à Madge du ton dont une nourrice cherche à amadouer un enfant ; il fait beaucoup meilleur à marcher sur la grande route que parmi les joncs et ces épines.

Madge, qui marchait très-vite, s'arrêta à cette demande, et, regardant Jenny d'un œil scrutateur qui semblait vouloir percer jusqu'à ses plus secrètes pensées :

— Oh ! oh ! ma fille, s'écria-t-elle, est-ce par là que vous allez nous mener ? Vous allez sauver votre tête aux dépens de vos talons, je crois !

En entendant sa compagne deviner ainsi ses intentions, Jenny hésita : devait-elle essayer réellement à échapper par la course ?... Mais malheureusement elle ne savait de quel côté se diriger : peut-être ne courrait-elle pas aussi vite que sa compagne, et elle était forcée de reconnaître que la folle possédait une force musculaire bien supérieure à la sienne. Elle abandonna donc toute idée de s'échapper de cette manière, et, tâchant d'apaiser les soupçons de Madge, elle la suivit en tremblant à travers tous les champs où la folle jugea à propos de la conduire.

Madge reprit bientôt son éternel soliloque :

— C'est joli d'être dans les bois par une belle matinée comme celle-ci, j'aime cela bien mieux que d'être dans la ville, parce que je n'ai pas tous les gamins qui courent après moi comme si j'étais une bête curieuse, et c'est parce que je suis plus gentille et mieux habillée que les autres ! Cependant, Jenny, on ne devrait jamais être fière de la beauté ni des riches habits !... Oh ! mon Dieu ! ce n'est que vanité !... J'y ai cru une fois, à tout cela, et qu'en est-il résulté ?...

— Êtes-vous sûre que vous connaissez le chemin que nous avons pris ? dit Jenny, qui commença à croire que le sentier menait plus avant dans le bois et s'éloignait davantage de la grande route.

— Si je connais le chemin ? N'ai-je pas demeuré ici longtemps ? Pourquoi ne saurais-je pas le chemin ?... J'aurais certainement pu l'oublier, car c'était avant mon accident ; mais il y a des choses qu'on ne peut jamais oublier, qu'on essaye comme on voudra.

Elles arrivèrent bientôt à la partie la plus fourrée du bois ; les arbres poussaient à une petite distance les uns des autres, et au pied d'un haut peuplier s'élevait un petit tertre couvert de mousses verdâtres et de fleurs champêtres. Aussitôt que Madge put voir ce tertre elle y courut en joignant les mains, et, les élevant au-dessus de sa tête et jetant un cri sauvage, elle se jeta tout de son long sur le gazon et y resta immobile.

La première idée qui vint à l'esprit de Jenny fut de saisir cette occasion et de s'enfuir ; mais elle fut retenue par la crainte que la pauvre folle ne pérît de froid et de faim dans ces tristes bois. Faisant donc un effort héroïque, elle se baissa et, de sa voix la plus douce, elle chercha à consoler et à relever la malheureuse affligée. Quand elle eut réussi à faire lever Madge et à l'appuyer contre un arbre, elle s'aperçut qu'elle était d'une extrême pâleur et que ses joues étaient baignées de larmes. Malgré le danger où elle se trouvait Jenny fut émue de compassion pour la pauvre folle, qui, dans tout son bavardage et toute son extravagance, lui avait témoigné une assez grande bienveillance.

— Laissez-moi !... laissez-moi !... dit Madge quand sa douleur commença à se calmer, laissez-moi !... cela me fait du bien de pleurer. Je ne peux pas pleurer plus d'une fois ou deux par an, et je viens toujours sur ce gazon ; cela fait pousser les fleurs et verdir la mousse.

— Mais, qu'est-ce que vous avez, demanda Jenny, pourquoi pleurer aussi amèrement ?

— Oh ! j'ai bien raison de pleurer ! reprit la folle, c'est plus qu'on ne peut supporter. Attendez un peu, et je vais vous conter tout cela ; car je vous aime, Jenny Deans ; tout le monde disait du bien de vous quand vous demeuriez à la Plaisance ; et je me rappelle toujours le verre de lait que vous me donnâtes un jour que j'étais restée sur le mont d'Arthur pendant vingt-quatre heures, pour voir le navire à bord duquel quelqu'un était embarqué.

Jenny se souvint, en effet, qu'elle avait été effrayée, un jour de grand matin, auprès de la maison de son père, par une jeune folle pour laquelle elle avait été émue de pitié, et à qui, la voyant exténuée de faim et de fatigue, elle avait donné du lait qu'elle avait bu avec avidité.

— Oui, reprit Madge, je m'en vais vous conter tout cela, car vous êtes la fille d'un honnête homme... le bon David Deans... et peut-être vous m'apprendrez comment on peut entrer dans l'étroit sentier et dans le droit chemin ; car j'ai brûlé des briques en Égypte, et j'ai voyagé dans le grand désert du Sinaï pendant bien des jours. Mais quand je pense à mes fautes, je voudrais me cacher de honte... Elle s'arrêta, leva les yeux, et se mit à sourire. C'est étrange, reprit-elle, je vous ai dit plus de bonnes choses en dix minutes que je n'en dis à ma mère en autant d'années. Ce n'est pas que je n'y pense pas, et qu'elles ne me viennent pas aux lèvres ; mais le diable vient, il me touche la bouche de son aile noire, et puis il me met sa grosse patte sur les lèvres... elle est toute noire, sa patte, Jenny... et cela efface toutes mes bonnes pensées, me fait oublier mes bonnes paroles, et les remplace par de folles chansons et des idées de vanité.

— Essayez, Madge, dit Jenny, essayez de vous tranquilliser et de prier un peu, votre cœur en sera soulagé... Résistez au diable et il s'enfuira de vous, et souvenez-vous que, comme dit mon digne père, il n'y a pas de malin esprit aussi trompeur que nos propres pensées.

— Ah! c'est vrai, cela, ma fille, dit Madge se levant tout à coup, et je m'en vais aller où le diable n'osera pas me suivre : c'est là où vous serez bien aise de me suivre... Mais je m'en vais vous tenir la main de peur qu'Apollyon ne vienne au travers de mon chemin, comme dans le chemin du pèlerin...

Elle prit Jenny par la main, et commença à marcher à grands pas; bientôt elles entrèrent dans des sentiers battus, qu'elle semblait connaître parfaitement. Jenny essaya de lui faire confesser ses erreurs passées, mais l'idée était ailleurs.

— Il est malheureux que je n'aie pas ici mon petit chien pour nous servir de guide, dit Madge, il était si hardi, qu'il aurait aboyé à une bête dix fois plus grosse que lui : c'est cela qui l'a tué... parce qu'il mordit le talon du caporal Mac Alpine, un jour qu'on me conduisait à Lochaber, et le caporal tua le fidèle animal d'un coup de sa hache de Lochaber, que le diable lui brise les os !

— Oh ! Madge, dit Jenny, vous ne devriez pas vous exprimer ainsi.

— C'est vrai, répondit Madge en hochant la tête; mais alors je ne devrais pas penser à mon pauvre petit Snap, que j'ai vu étendu mort dans le ruisseau. Mais c'est peut-être pour le mieux; car quand il était en vie il souffrait de faim et de froid, et quand on est mort on n'a besoin de rien... ni le petit chien, ni moi ma pauvre enfant, ni moi !

— Votre enfant ? dit Jenny, qui crut pouvoir mettre la conversation sur ce sujet.

Madge rougit, et répliqua d'un ton piqué : — Mon enfant ! oui ! certainement, mon enfant ! pourquoi n'aurais-je pas eu un enfant et ne l'aurais-je pas perdu aussi bien que votre jolie sœur, le lis de Saint-Léonard ?

Cette réponse effraya Jenny, qui chercha à calmer la colère qu'elle avait excitée.

— Je regrette beaucoup pour vous...

— Regrette ! et qu'est-ce que vous regrettez ? répliqua Madge, l'enfant était une bénédiction... c'est-à-dire, Jenny, qu'il aurait été une bénédiction, si ce n'eût été ma mère : mais ma mère est une drôle de femme... Vous voyez donc qu'il y avait un vieux bonhomme qui avait un peu de terre, et pas mal d'argent... Ici elle se lança dans des citations inintelligibles du Chemin du Pèlerin ; et Jenny, qui cherchait à connaître son histoire, car quelque chose lui disait que le sort de sa sœur se trouvait étrangement lié à celui de la folle, l'interrompit en lui répétant les premiers mots de sa phrase : Il y avait donc un vieux bonhomme, dit-elle...

— Oui, reprit Madge, il y avait un vieux bonhomme... j'aurais voulu que vous le vissiez se dandinant d'une jambe sur l'autre, comme si c'eût été les jambes de deux personnes différentes... Oh ! Gentilhomme Geordie pouvait l'imiter à s'y méprendre... Eh ! oh ! comme je riais de voir Georges se dandiner comme lui !... Je ne sais pas pourquoi, mais je crois que je riais avec plus de plaisir alors que maintenant ; mais je ne riais pas autant.

— Et qu'est-ce que c'était que Gentilhomme Geordie ? demanda Jenny essayant de la ramener à son histoire.

— Oh! c'était Geordie Robertson, vous savez, quand il était à Édimbourg, mais ce n'est pas son vrai nom non plus... Il s'appelle... Mais qu'est-ce que vous avez besoin de savoir son nom ? dit-elle se ressouvenant tout à coup. Pourquoi demandez-vous le nom des gens ?... Voudriez-vous que je vous passe la lame de mon couteau entre les côtes, comme dit ma mère ?

Jenny se hâta de protester de ses bonnes intentions, et Madge, quelque peu pacifiée, reprit bientôt : — Ne demandez jamais le nom des gens, Jenny, ce n'est pas poli. J'ai vu une demi-douzaine de gens chez ma mère, tous ensemble, et il n'y en avait pas un qui appelât l'autre par son nom. Et Papa-Raton dit que c'est la chose du monde la plus malhonnête, parce que les gens du palais sont toujours à vous demander un tas de questions : quand vous avez vu celui-ci ou celui-là, et si vous ne savez pas leur nom vous ne pouvez rien dire, vous savez.

— Dans quelle étrange sphère peut avoir vécu cette pauvre folle, pensa Jenny, où l'on prend tant de précautions contre les recherches de la justice ? Qu'est-ce que diraient mon père ou Reuben Butler si leur disais qu'il existe de pareilles gens ? Oh ! que je voudrais être de retour en sûreté à la maison, auprès des miens si bons, si honnêtes ! Mais je bénirai Dieu, aussi longtemps que je vivrai, de ce qu'il m'a fait naître parmi ceux qui vivent dans sa crainte et à l'ombre de sa loi.

Ses réflexions furent interrompues par un rire convulsif de Madge, qui lui montrait du doigt une pie sautillant à travers le chemin.

— Voyez ! voyez ! voilà justement comment mon vieil amoureux allait par le pays, mais pas aussi légèrement ni il n'avait pas plutôt pour aider à ses vieilles jambes. Cependant je l'aurais épousé tout de même, Jenny ; autrement, je crois bien que ma mère m'aurait tuée. Mais quand vint l'histoire de mon pauvre enfant, ma mère crut qu'il serait assourdi de ses cris : si bien qu'elle le mit sous le petit tertre de gazon là-bas, pour qu'il ne nous ennuie plus ; et je crois bien qu'elle a enterré le meilleur de mon bon sens avec, car je n'ai plus été la même depuis. Et puis qu'est-ce qui arriva, Jenny ? Après que ma mère avait eu tout ce mal, le vieil imbécile de Jean Drottle fit le difficile et ne voulut plus de moi. Mais, qu'est-ce que cela me fait ? j'ai mené joyeuse vie depuis, et quand un beau monsieur me regarde on dirait qu'il va se pâmer d'amour sur son cheval. J'en ai vu qui ont mis la main à la poche et m'ont donné jusqu'à une pièce de douze sous pour l'amour de mes beaux yeux.

Tout cela n'apprenait pas grand'chose à Jenny : ce qu'il y avait de vrai, c'est qu'elle avait été recherchée par un riche vieillard dont la vieille Meg avait encouragé les visites malgré son âge et ses infirmités ; que Madge avait été séduite par quelque jeune galant et que pour cacher sa honte et continuer la liaison commencée avec le vieux richard sa mère n'avait pas hésité à sacrifier la preuve vivante et innocente de sa faute. C'était à la suite de ces aventures que sa tête, qui avait toujours été légère et pleine de vanité, s'était complètement dérangée.

CHAPITRE XXIX.

Jenny Deans put bientôt remarquer que le chemin que suivait Madge les conduisait vers un endroit mieux cultivé, où l'on pouvait déjà voir quelques toits de chaume et de légers tourbillons de fumée bleuâtre s'élever à quelque distance entre les touffes d'arbres. Elle résolut donc de ne faire aucune question à la pauvre folle aussi longtemps qu'elle continuerait à suivre ce sentier, car elle avait pu observer que toutes ses demandes irritaient Madge et éveillaient ses soupçons.

Madge continua donc, sans s'arrêter, l'espèce de propos interrompu qu'elle avait commencé.

— C'est une drôle de chose, dit-elle, je peux quelquefois parler du pauvre enfant, et de tout cela, comme si ce n'eût pas été le mien ; et, d'autres fois, cela me brise le cœur ! Avez-vous jamais eu un enfant, Jenny ?

Jenny répondit négativement.

— C'est vrai ! mais votre sœur en a eu un, cependant... et je sais ce qu'il est devenu !

— Au nom du ciel ! s'écria Jenny oubliant sa résolution, oh ! dites-moi ce qu'est devenu ce pauvre enfant, et...

Madge s'arrêta, la regarda fixement d'un air sérieux, et éclatant tout à coup de rire :

— Ha ! ha ! ma fille, attrapez-moi si vous pouvez.... Il n'est pas difficile de vous empêcher de trouver quelque chose... Est-ce que je peux savoir quelque chose de l'enfant de votre sœur ? Les filles ne devraient pas avoir d'enfants avant d'être mariées... parce qu'alors toutes les commères et tous les amis viennent et se régalent comme si c'était le plus beau jour du monde. On dit que les enfants des filles sont en bonnes mains... cela n'a pas été le cas de l'enfant de votre sœur ni du mien ; mais ce sont des histoires trop tristes... il faut que je chante un peu pour m'égayer. C'est une chanson que Gentilhomme Georges a faite pour moi, il y a bien longtemps, quand j'allai avec lui à la foire de Lockington, et que je le vis sur un théâtre dans de beaux habits comme les acteurs. Il aurait pu faire plus que de m'épouser cette nuit-là, comme il me l'avait promis... il vaut mieux épouser celle qu'on connaît qu'une étrangère... il ira loin avant de trouver mieux... Mais cela ne fait rien à la chanson : c'est celle que je préfère, parce que c'est lui qui l'a faite. Je la chante souvent, c'est pour cela que l'on m'appelle Madge Wildfire. Je réponds à ce nom-là, j'ai tort, car ce n'est pas le mien, mais à quoi bon faire des embarras rapport à cela ?

— Mais vous ne chantez pas le dimanche, sûrement ? dit Jenny, qui, malgré sa terreur et son anxiété, était grandement scandalisée par les manières de sa compagne.

— Tiens ! est-ce aujourd'hui dimanche ? demanda Madge. Ma mère même nous fait changer le jour en nuit ; elle dit qu'on ne reconnaît plus les jours de la semaine, et le samedi ressemble au dimanche. Et puis, tout cela, c'est votre whiguerie, en Angleterre on chante quand on veut.

Elles se trouvèrent bientôt auprès d'un village au centre duquel s'élevait l'église paroissiale avec sa petite tour gothique d'où sortaient les sons de la cloche qui appelait les fidèles à l'office.

— Nous allons rester là jusqu'à ce que tout le monde soit dans l'église, parce que, si nous allions avec eux, toutes les petites filles et tous les petits garçons courraient après moi en criant : Madge Wildfire ! et le bedeau aurait l'air de croire que ce serait ma faute. Je pourrais pourtant lui dire que je n'aime pas cela plus que lui... et je désire souvent qu'il leur tombe un charbon brûlant dans le gosier, quand ils crient comme cela.

Jenny, sachant que son costume ne pouvait pas être dans le meilleur ordre après les événements de la nuit, et reconnaissant que les étranges manières de son guide ne pouvaient manquer d'exciter l'attention, consentit volontiers à rester sous les arbres où elles se trouvaient jusqu'à ce que la congrégation fût rassemblée dans la chapelle. Elle n'avait aucune crainte d'être découverte par ses anciens geôliers, car Madge lui dit que ce n'était pas dans ce village que sa mère avait été conduite et que les deux voleurs étaient partis d'un autre côté.

Elle s'assit sur le gazon, au pied d'un vieux chêne, et se servit d'un ruisseau limpide comme d'un miroir pour arranger ses habits, et faire autant de toilette que le lieu et les circonstances le permettaient. Elle eut bientôt raison, cependant, de regretter d'avoir pensé un moment à remettre son costume en ordre ; car Madge, qui avait une haute opinion de ses charmes, ne la vit pas plutôt arranger et lisser ses cheveux, qu'elle sortit d'un petit paquet qu'elle avait apporté des pièces et morceaux de toute nature qu'elle s'attacha ici et là de manière à se rendre encore plus fantastique qu'auparavant.

Jenny soupira de regret, mais n'osa rien dire ; elle était désolée d'être obligée de traverser le village un jour de dimanche avec une folle couverte de toutes sortes de fleurs, de plumes et de vieilles friperies : mais elle ne trouvait pas le moyen de se débarrasser de sa compagnie.

Elles entrèrent dans le village sans rencontrer personne excepté une vieille femme, qui, étant presque aveugle, prit Madge pour une grande dame et lui fit une profonde révérence. Ceci accrut encore l'orgueilleuse vanité de la folle, qui se donna mille airs étranges, minaudant, souriant et gesticulant vers Jenny comme le ferait une noble douairière qui s'abaisserait jusqu'à protéger de son amitié une pauvre campagnarde.

Jenny la suivit tranquillement, tenant les yeux fixés sur le sol pour s'éviter la mortification de voir toutes ses extravagances ; mais elle fut pour s'arrêter quand, après avoir monté deux ou trois marches, elle se trouva tout à coup dans le cimetière, et qu'elle vit que Madge allait droit à la porte de l'église. Notre héroïne n'avait aucun désir d'entrer dans une chapelle qui n'appartient pas à sa secte ; elle sortit du sentier, et dit à sa compagne d'un ton décidé :

— Je vais vous attendre ici, Madge, jusqu'à la fin de l'office ; vous pouvez y aller si vous voulez.

Et elle s'approcha d'une tombe pour s'asseoir. Madge, qui était un peu en avant, se retourna, et s'approchant d'elle les yeux pleins de colère elle la saisit vivement par le bras en lui disant :

— Croyez-vous, malheureuse ingrate que vous êtes, que je vais vous laisser vous asseoir sur la tombe de mon père ? Le tonnerre vous écrase ! Si vous ne venez pas avec moi dans la maison de l'interprète, c'est-à-dire dans la maison de Dieu, je vais vous briser tous les os du corps !

L'action suivit de près la parole, car de la main qu'elle avait libre elle saisit le chapeau de paille de Jenny et une poignée de cheveux et le jeta dans un vieil if où il resta accroché aux branches. La première idée de Jenny fut d'appeler à son secours ; mais, craignant de recevoir un coup mortel avant que personne vint à son aide, elle pensa qu'il était plus prudent de suivre la folle dans l'église, où elle trouverait le moyen de s'échapper ou serait certainement à l'abri de ses violences. Mais quand elle déclara à Madge qu'elle était prête à la suivre, les idées de la folle avaient pris un autre cours. Tenant Jenny d'une main, elle lui montra de l'autre l'inscription gravée sur la tombe et lui commanda de la lire. Jenny obéit et lut ce qui suit :

« A la mémoire de Donald Murdockson, du 26e royal, ou régiment cameronien : il fut chrétien sincère, brave soldat, fidèle serviteur. Robert Staunton, son maître reconnaissant, lui a élevé ce monument. »

— C'est très-bien lu, Jenny, c'est exactement ce qu'il y a, dit Madge, dont la colère s'était changée en mélancolie ; et, à la grande joie de Jenny, elle se dirigea d'un pas triste et tranquille vers la porte de l'église.

C'était une de ces vieilles églises gothiques si communes en Angleterre, et qui sont peut-être les maisons de culte les plus propres, les plus convenables et les plus révérencieuses de toute la chrétienté. Malgré cependant la sévère solennité de ses murs extérieurs, Jenny était trop attachée aux dogmes presbytériens pour être entrée dans un édifice du prélatisme en toute autre circonstance ; elle aurait cru voir la vénérable figure de son père se tenant sous le porche et lui faisant signe de la main de se retirer, disant d'un ton solennel : — N'écoute pas, mon enfant, les paroles qui font dévier du sentier de la vérité !

Mais, dans la situation où elle se trouvait, elle crut trouver un moyen de salut dans ce lieu défendu, comme le pauvre animal que poursuit le chasseur va quelquefois chercher un refuge dans l'habitation de l'homme ou tout autre endroit étranger à ses habitudes. Les sons de l'orgue et d'un fifre ou deux qui accompagnaient les chants ne l'empêchèrent même pas de suivre son guide dans l'intérieur.

Aussitôt que Madge fut entrée dans l'église et qu'elle se vit le point de mire de toute la congrégation, elle reprit sa démarche affectée et les manières fantastiques que sa mélancolie avait chassées un instant. Elle glissa plutôt qu'elle ne marcha le long de l'allée du milieu traînant après elle Jenny, qu'elle tenait par la main. Jenny aurait bien voulu entrer dans le premier banc qu'elles trouvèrent auprès de la porte, et laisser sa compagne monter seule jusque vers les premières places de l'église ; mais celle-ci la tenait fortement et

la conduisit comme une captive en souriant à droite et à gauche et faisant de légères révérences aux personnes de sa connaissance jusqu'auprès de la balustrade. Le contraste que présentait la prisonnière qu'elle traînait en triomphe, et dont les cheveux tombaient en désordre, dont les joues étaient rouges de honte et les yeux modestement baissés, rendait cette scène encore plus grotesque.

La marche de Madge s'arrêta cependant devant le regard sévère et menaçant que lui adressa le prédicateur. Elle se hâta d'ouvrir un banc auprès duquel elle se trouvait, y entra et attira Jenny après elle, puis, lui donnant des coups de pied dans les jambes pour lui intimer de faire comme elle, elle courba la tête sur une de ses mains pendant une minute ou deux. Jenny, qui n'avait jamais vu cette pose religieuse, s'abstint de l'imiter, et regarda autour d'elle d'un air si étonné, que ses voisins pensèrent qu'elle était aussi folle que sa compagne. Chacun se recula d'elles autant que le permettaient les limites du banc ; mais un vieillard ne s'étant pas éloigné aussi vite que les autres, Madge se saisit du livre de prières qu'il tenait pour regarder quelle était la leçon du jour. Elle ouvrit alors le rituel déposé dans le banc, et avec des gestes et une vivacité exagérés elle montra à Jenny les passages de l'office que l'on récitait en faisant les réponses d'une voix qui dominait celles de toute l'assemblée.

Malgré la honte et le chagrin que ressentait Jenny en se trouvant ainsi une cause de scandale dans un lieu de culte religieux, elle ne put s'empêcher de lever les yeux et de chercher à l'entour à quelle personne elle devait s'adresser après l'office pour implorer sa protection. Sa première idée fut d'avoir recours au curé de la paroisse ; et elle s'y décida tout à fait quand elle vit que c'était un vieillard à l'air respectable qui lisait les prières d'un ton solennel et pieux de manière à rappeler l'attention de ses plus jeunes auditeurs, que l'arrivée de Madge avait quelque peu disposés à oublier la sainteté du lieu.

Jenny, il est vrai, trouvait étrange le surplis qu'il portait, et dont elle avait souvent entendu parler sans en avoir jamais vu un. Elle s'éloigna autant que possible de Madge, et chercha à montrer par une attention sérieuse et continue combien son cœur était ouvert aux idées pieuses. Peut-être sa compagne ne lui eût pas permis de rester longtemps tranquille ; mais heureusement la fatigue commençait à accabler la pauvre fille, qui s'endormit enfin dans un coin du banc.

Quoique les pensées de Jenny se tournassent souvent vers l'étrange situation dans laquelle elle se trouvait, elle écouta avec grande attention un sermon qui traitait d'une manière sensible, forte et logique, des doctrines pratiques du christianisme : elle ne put s'empêcher de l'admirer, quoiqu'il fût écrit, que le prédicateur le lût en et débitait avec des gestes et des intonations de voix bien différents de ceux de Boanerges Stormheaven, le prédicant fiancé de son père. L'attitude sérieuse et modeste de Jenny n'échappa pas au ministre ; l'arrivée extraordinaire de Madge lui avait fait craindre quelque tumulte, et, pour y remédier aussitôt que possible, il surveillait attentivement le côté de l'église où se trouvaient la folle et sa compagne. Il put bientôt remarquer que, malgré l'état désordonné de sa coiffure, qui lui prêtait un air extraordinaire, Jenny était dans une situation d'esprit toute différente de celle de Madge. Quand la congrégation se sépara il remarqua qu'elle regardait autour d'elle d'un air craintif, comme si elle ne savait quelle résolution prendre, et vit qu'elle s'approchait d'un ou deux de ses plus respectables auditeurs, qui s'éloignaient comme s'ils eussent craint d'avoir aucun rapport avec elle. Convaincu qu'il y avait quelque chose d'étrange dans la venue de ces deux femmes, il résolut de s'enquérir des détails de leur position respective.

CHAPITRE XXX.

Pendant que M. Staunton, le digne ministre de la paroisse, était à retirer son surplis dans la sacristie, Jenny en venait à une rupture ouverte avec Madge Wildfire.

— Il faut que nous retournions tout de suite à la chaumière de maman, dit Madge ; nous arriverons trop tard, et ma mère nous grondera.

— Je ne vais pas retourner avec vous, Madge, dit Jenny lui offrant une pièce d'or, je vous suis très-obligée, mais je m'en vais suivre mon chemin.

— Et moi qui suis venue aussi loin pour vous plaire, ingrate que vous êtes, répliqua Madge, et moi que ma mère va gronder quand je retournerai à la maison, et tout cela pour vous ! Mais je m'en vais vous arranger, vous !...

— Pour l'amour de Dieu ! dit Jenny à un homme qui se trouvait auprès d'elle, défendez-moi... elle est folle !

— Eh ! eh ! répondit le paysan, ce n'est pas difficile à voir, et je m'imagine que vous ne valez guère mieux... Cependant, Madge, tiens-toi tranquille, ne la touche pas, ou je te donne une taloche.

On fit cercle autour d'elles, et les petits garçons se mirent à crier :

— Voilà Madge Murdockson et une autre folle qui vont se battre !

Mais, pendant que toute la jeunesse s'amassait dans l'espoir de s'amuser autant que possible, le chapeau-tricorne du suisse s'avança à travers la foule, qui s'ouvrit pour livrer passage à l'autorité. Il s'adressa d'abord à Madge.

— Qu'est-ce qui t'a ramenée ici, lui dit-il, pauvre idiote, que viens-tu faire? As-tu apporté d'autres bâtards pour mettre à la porte d'honnêtes gens? Crois-tu que tu vas nous embarrasser de cet autre oiseau qui m'a l'air aussi folle que toi, comme si nos charges n'étaient déjà pas assez lourdes? Va-t'en retrouver ta voleuse de mère, elle est en sûreté dans la prison de Barkston... Allons, vite, sortez de la paroisse, ou je vous en chasse à coups de rotin.

Madge resta sans mot dire une minute, mais elle avait trop souvent été forcée de céder aux violents arguments du suisse pour avoir le courage d'y résister de nouveau :

— Et ma mère, dit-elle, ma pauvre vieille mère est en prison à Barkston! C'est votre faute, mademoiselle Jenny Deans; mais je vous vaudrai cela, aussi sûr que mon nom est Madge Wildfire... je veux dire Murdockson... Dieu me bénisse, j'oublie jusqu'à mon nom au milieu de tout cela!

À ces mots, elle s'ouvrit un passage dans la foule, et s'en alla suivie par tous les petits vauriens du village qui criaient :

— Madge! peux-tu dire comment on t'appelle?

Quelques-uns s'enhardissaient jusqu'à tirer le bord de ses jupes, et la plupart cherchaient par tous les moyens à exciter sa colère et son impatience.

Jenny la vit partir avec grand plaisir, quoiqu'elle regrettât de n'avoir pu lui témoigner sa reconnaissance du service qu'elle lui avait rendu. Elle s'adressa alors au suisse et lui demanda s'il n'y avait pas dans le village quelque maison où elle pourrait être logée pour son argent, et si elle ne pourrait pas parler au prêtre de la paroisse?

— Oui, oui, oui, nous allons prendre soin de toi, lui répondit le représentant de l'autorité, à moins que tu ne répondes d'une manière satisfaisante au recteur nous t'économiserons ton argent, tu seras logée aux frais de la paroisse, ma fille.

— Où faut-il aller, alors? demanda Jenny toute tremblante.

— Mais d'abord je vais te conduire devant Sa Révérence pour que tu dises ce que tu es, et t'empêcher, s'il est possible, de tomber à la charge de la paroisse.

— Je ne veux être à la charge de personne, dit Jenny, j'ai ce qu'il me faut pour payer mes dépenses, je voudrais seulement pouvoir continuer mon voyage en sûreté.

— Ah! cela, c'est autre chose, répliqua le suisse, et si tu dis vrai, je ne crois pas que tu sois si dévergondée que ta compagne de tout à l'heure, tu m'as l'air d'une fille plus tranquille... si tu étais un peu mieux attifée... allons, viens avec moi... le recteur est un bon homme.

— Est-ce le ministre qui a prêché? demanda Jenny.

— Le ministre? Dieu le bénisse, ma fille! quelle espèce de presbytérienne es-tu donc? Mais... c'est le recteur... le recteur lui-même, et il n'y en a pas un qui le vaille dans toutes les paroisses d'alentour. Allons, viens... viens... nous ne pouvons pas rester ici.

La foule, voyant qu'il n'y aurait pas d'autre occasion de tumulte ou de scandale, s'était déjà dispersée, et Jenny suivit avec sa patience habituelle l'important personnage vers la maison du recteur.

C'était un édifice spacieux et commode, car la cure était excellente, et le choix du recteur appartenait à une riche famille du voisinage dont un des fils ou neveux entrait toujours dans les ordres, pour succéder les uns après les autres à cette riche prébende. La cure de Willingham avait toujours été considérée comme une sorte d'apanage de la maison de Willingham.

Le presbytère était à une petite distance du village, et avait été construit sur la petite éminence au milieu d'un bouquet de grands arbres qui l'ombrageaient de leurs rameaux. Le suisse, évitant la porte principale de l'édifice, conduisit Jenny vers un porche surbaissé qui servait d'entrée à la partie occupée par les domestiques. Quand il frappa à la porte, un laquais en livrée amarante vint ouvrir; son port était digne et sérieux comme il convenait à un serviteur d'un riche et noble ecclésiastique.

— Comment cela va-t-il, Tummas, dit le suisse, et comment se porte le jeune M. Staunton?

— Pas trop bien... pas trop bien, monsieur Stubbs... Voulez-vous voir Sa Révérence?

— Oui, oui, Tummas, ayez la complaisance de lui dire que j'ai amené la jeune femme qui est venue à l'office aujourd'hui avec Madge Murdockson : elle paraît être une assez bonne créature; mais je ne lui ai fait aucune question. Seulement, vous pouvez dire à Sa Révérence qu'elle est d'Écosse aussi sûr que la Hollande est un pays plat.

Tummas honora Jenny Deans d'un de ces regards impertinents que les domestiques des riches, laïques ou ecclésiastiques, croient pouvoir adresser aux pauvres gens, et pria M. Stubbs d'attendre jusqu'à ce qu'il eût annoncé son arrivée à son maître. Mais, au lieu d'aller porter ce message, il invita M. Stubbs à prendre quelque chose, et ils prirent place tous deux à une table suffisamment approvisionnée de jambon et d'excellente bière. Jenny refusa de prendre sa part de ces rafraîchissements et s'assit à l'écart.

Le repas des deux amis aurait pu durer longtemps, si un coup de sonnette venant du cabinet de Sa Révérence n'eût forcé Tummas de quitter la place. Dans le but de s'épargner une seconde course, il prit occasion de sa présence auprès de son maître pour lui annoncer l'arrivée de M. Stubbs et d'une jeune fille folle. Il revint bientôt avec prière à M. Stubbs de se rendre avec la jeune femme dans la bibliothèque de Sa Révérence.

Quand ils furent dans une petite antichambre qui précédait la bibliothèque, Stubbs invita Jenny à l'attendre jusqu'à ce qu'il eût communiqué son arrivée à M. Staunton; et ouvrant la porte, il entra dans la bibliothèque.

Jenny était si près de l'appartement que, sans chercher à écouter leur conversation, elle n'en pouvait perdre un mot; car Stubbs se tenait auprès de la porte et Sa Révérence était au bout d'une longue galerie, ce qui les forçait d'élever la voix l'un et l'autre.

— Eh bien! vous m'avez enfin amené cette jeune femme, monsieur Stubbs, dit le recteur, il y a quelque temps que je vous attendais; vous savez que je ne veux pas que personne reste arrêté un seul instant sans que son interrogatoire commence aussitôt.

— Votre Révérence a raison, répliqua le suisse, mais la jeune femme n'avait encore rien mangé aujourd'hui, et M. Tummas a servi un morceau et de quoi se désaltérer.

— Thomas a bien fait, monsieur Stubbs; mais qu'est devenue l'autre malheureuse fille?

— Mais j'ai pensé, répliqua monsieur Stubbs, que vous seriez fâché de la voir, et bien que je l'ai laissée retourner à sa mère, qui est dans l'embarras dans la paroisse à côté.

— Dans l'embarras!... vous voulez dire en prison, je suppose? dit M. Staunton.

— Certainement, Votre Révérence, ou quelque chose d'approchant...

— La malheureuse femme! elle est incorrigible! dit le recteur. Et quelle sorte de personne est sa compagne?

— Une personne assez bien, Votre Révérence, répondit le suisse, autant que je puis en juger; elle n'a pas l'air méchante, et elle dit qu'elle a assez d'argent pour voyager hors du comté.

— De l'argent! c'est toujours à quoi vous veillez, Stubbs... Mais est-elle dans son bon sens? est-elle capable de prendre soin d'elle-même?

— Ah! je ne peux pas vous dire, Votre Révérence, répliqua Stubbs, je parierais bien qu'elle n'a pas inventé la poudre, dit-il, qui l'a regardée pendant tout le temps de l'office, dit qu'elle ne pouvait pas trouver une seule oraison, quoique Madge Murdockson l'aidât; mais quant à prendre soin d'elle-même, c'est une Écossaise! et Votre Révérence sait qu'on peut s'en fier à eux pour cela... Elle est décemment habillée, elle n'est pas bouchonnée comme l'autre.

— Envoyez-la-moi et restez en bas, monsieur Stubbs.

Cette conversation avait eu tant d'intérêt pour Jenny, qu'elle vit à peine que la porte vitrée qui donnait dans le jardin s'ouvrait pour donner passage à deux domestiques qui soutenaient ou plutôt portaient un jeune homme extrêmement pâle et à l'air maladif, qu'ils assirent sur un canapé, comme pour lui faire prendre un peu de repos. Au même instant, Stubbs sortit de la bibliothèque et invita Jenny à entrer. Elle obéit, non sans crainte; car, outre la nouveauté de la situation où elle se trouvait, elle comprenait que le succès de son voyage pouvait dépendre de l'impression qu'elle ferait sur M. Staunton.

Le recteur lui parla d'un ton bienveillant, lui disant qu'il l'avait fait venir parce qu'il était juge de paix en même temps qu'ecclésiastique.

— Son Honneur était bien bon! fut tout ce que Jenny put dire tout d'abord en faisant une profonde révérence.

— Qui êtes-vous, ma jeune femme? dit le magistrat d'une voix plus sévère; que faites-vous de ce pays et en compagnie de gens sans aveu? nous ne permettons à aucun mendiant ni vagabond de circuler ici?

— Je ne suis pas une mendiante, monsieur, répondit Jenny offensée de cette supposition, je suis une honnête fille d'Écosse qui voyage à mes frais et pour mes affaires; mais j'ai eu le malheur de faire une mauvaise rencontre hier au soir, c'est ce qui m'a fait dévier de mon chemin ; cette pauvre fille, dont la tête est un peu légère, m'a fait sortir ce matin.

— Une mauvaise rencontre! dit le recteur. Je crains bien, jeune femme, que vous n'ayez pas essayé de l'éviter comme vous l'auriez dû...

— Vraiment, monsieur, reprit Jenny, on m'a toujours appris à éviter le mal. Mais ceux que j'ai rencontrés étaient des voleurs qui m'ont arrêtée par force et violence.

— Des voleurs! répéta M. Staunton; alors vous les accusez de vous avoir volée, je suppose?

— Non, monsieur, ils ne m'ont pas pris un liard, repartit Jenny. La seule chose qu'ils m'ont faite a été de me retenir toute la nuit.

Le magistrat s'informa de tous les détails de cette aventure, qu'elle lui raconta de point en point.

— C'est une histoire extraordinaire et assez improbable, ma jeune femme! dit M. Staunton quand elle eut fini. D'après ce que vous dites, on vous a violemment entraînée hors de votre chemin sans avoir aucune raison suffisante pour le faire. Connaissez-vous la loi de ce pays, savez-vous que, si vous faites une dénonciation, vous serez obligée de vous engager à poursuivre cette bande devant les tribunaux?

Jenny répondit qu'elle avait une affaire d'une extrême urgence à Londres, et que tout ce qu'elle voulait c'était que, par charité chrétienne, on voulût bien lui procurer des chevaux et un guide pour aller à la ville voisine; et enfin qu'elle ne se croyait pas libre de donner témoignage dans une cour de justice d'Angleterre, pays qui, d'après ce que lui avait enseigné son père, n'était pas sous la loi des Ecritures.

M. Staunton, tout étonné de cette déclaration, lui demanda si son père était quaker?

— Dieu nous en préserve, monsieur! dit Jenny. Il n'est ni sectaire ni schismatique, et n'approuve aucune de leurs doctrines. Tout le monde sait cela.

— Et comment s'appelle-t-il? demanda M. Staunton.

— David Deans, monsieur, le nourrisseur à Saint-Léonard auprès d'Edimbourg.

Un profond soupir, qui de l'antichambre retentit jusque dans la bibliothèque, empêcha le recteur de répondre; il s'écria :

— Grand Dieu! ce malheureux enfant!

Et laissant Jenny dans la bibliothèque, il sortit en grande hâte.

On entendit quelque bruit et des pas précipités, mais pendant près d'une heure personne ne vint dans la bibliothèque.

CHAPITRE XXXI.

Pendant ce temps Jenny cherchait anxieusement quelle résolution elle devait prendre, il semblait y avoir quelque confusion dans la maison; mais, comme elle supposa qu'elle ne pouvait avoir été complétement oubliée, elle pensa qu'il valait mieux rester où elle était jusqu'à ce qu'on vînt la trouver.

La première personne qui entra était une femme assez âgée, qui semblait avoir soin des affaires domestiques. Jenny lui expliqua sa position en peu de mots et lui demanda son appui.

La dignité de la vieille dame l'empêchait de montrer aucune familiarité à une personne amenée par la police au presbytère, elle se montra polie mais réservée.

— Son jeune maître, dit-elle, était tombé de cheval par accident, cela le faisait tomber quelquefois en faiblesse, il était très-mal en ce moment, et il était impossible que Sa Révérence pût voir Jenny de sitôt ; mais elle pouvait être certaine qu'il lui ferait tout ce qui serait juste et convenable aussitôt qu'il pourrait s'occuper de son affaire.

Elle finit en offrant de lui montrer une chambre où elle pourrait attendre que Sa Révérence pût l'entendre.

Jenny saisit cette opportunité pour changer et arranger son costume et sa coiffure. Ce changement, qui la faisait voir sous un jour beaucoup plus favorable, fit une bonne impression sur la gouvernante, qui l'invita à venir partager son dîner, et fut heureusement frappée de ses manières tranquilles et modestes pendant le repas.

— Peux-tu lire ce livre, ma fille? demanda la vieille dame en mettant la main sur une Bible quand le repas fut fini.

— J'espère que oui, madame, répondit Jenny toute surprise de cette question, mon père se serait refusé bien des choses avant d'avoir économisé mes mois d'école.

— C'est un bon signe, jeune femme. Il y a des hommes ici qui sont assez à leur aise qui ne voudraient pas perdre leur part d'un plumpudding quand il ne faudrait faire que ce sacrifice pour que leurs pauvres enfants pussent lire la Bible d'un bout à l'autre. Prends ce livre alors, car mes yeux commencent à se fatiguer... Tu liras où tu voudras, c'est le seul livre où tu ne peux pas te tromper de passage.

Jenny pensa d'abord à lire la parabole du bon Samaritain; mais sa conscience lui reprocha de vouloir faire servir l'Ecriture non pas à son instruction, mais à influencer l'esprit d'une autre pour la secourir dans ses malheurs terrestres : ce scrupule lui fit choisir un chapitre du prophète Isaïe, qu'elle lut, malgré son accent écossais, avec une piété et une attention qui édifièrent grandement madame Dalton.

— Oh! dit-elle, si toutes les Ecossaises étaient comme toi! Mais nous avons eu le malheur de n'avoir que de vrais diables dans ton pays : l'une était pire que l'autre. Si tu connaissais une bonne et décente fille comme toi qui eût besoin d'une place, qui ait ses certificats, qui voulût pas aller danser aux foires et aux assemblées et qui portât des bas et des souliers tout le long du jour... eh bien ! peut-être que je pourrais lui donner une place au presbytère. Tu n'as pas de cousine ou de sœur à qui cela pourrait convenir?

C'était toucher à une corde sensible, mais Jenny n'eut pas l'embarras de répondre ; elle en fut empêchée par l'arrivée du domestique qu'elle avait déjà vu.

— Mon maître voudrait voir la jeune femme d'Ecosse, dit Tummas.

— Allez trouver Sa Révérence, ma fille, aussi vite que vous pourrez, dit madame Dalton. Dites-lui toute votre histoire. Sa Révérence est pleine de bonté. Je vais faire une marque à la page, et j'aurai une bonne tasse de thé et du pain rôti tout prêts pour quand vous reviendrez.

— Mon maître attend, répéta Tummas.

— Eh bien ! monsieur l'important, ne faites pas tant l'impatient. Et puis combien faut-il que je vous répète de fois qu'il faut appeler M. Staunton Sa Révérence, et non pas dire mon maître par-ci et mon maître par-là comme s'il n'était qu'un gentillâtre?

Comme Jenny était à la porte, prête à accompagner Tummas, celui-ci ne répondit rien jusqu'à ce qu'il fut dans le corridor; alors il murmura entre ses dents:

— Il y a plus d'un maître dans la maison, et je crois que nous aurons aussi une maîtresse et madame Dalton continue sur ce pied-là !

Tummas conduisit Jenny le long de corridors qu'elle n'avait pas encore vus, et la fit entrer dans une chambre dont les contrevents étaient à demi fermés et dans laquelle se trouvait un lit dont les rideaux étaient tirés.

— Voici la jeune femme, monsieur? dit Tummas.

— Très-bien, répondit une voix qui sortait du lit et n'était pas celle de Sa Révérence ; soyez prêt à répondre quand je sonnerai, et laissez-nous.

— Il y a quelque erreur, dit Jenny étonnée de se trouver dans l'appartement d'un invalide; le domestique m'a dit que le ministre...

— Ne vous inquiétez pas, dit l'invalide, il n'y a pas d'erreur. Je connais vos affaires mieux que mon père, et je peux vous aider mieux que lui. Laissez-nous, Tom.

Le domestique se retira.

— Nous n'avons pas de temps à perdre, dit l'invalide ; ouvrez ce contrevent.

Elle lui obéit, et quand il releva les rideaux de son lit et que la lumière tomba pâle sur sa figure tout entourée de linges :

— Regardez-moi, Jenny Deans, lui dit-il, est-ce que vous ne me reconnaissez pas?

— Non, monsieur, répondit-elle toute surprise, je ne suis jamais venue ici auparavant.

— Mais je suis allé dans votre pays. Essayez... tâchez de vous souvenir. Je succomberais s'il fallait que je prononçasse le nom que vous devez détester et haïr le plus. Essayez... vous vous rappellerez !

Un souvenir terrible vint tout à coup épouvanter Jenny.

— N'ayez pas peur, reprit l'invalide ; souvenez-vous du cairn de Muschat et du clair de lune.

Jenny se laissa tomber sur une chaise en joignant les mains dans son extrême détresse.

— Oui! c'est moi que voici enchaîné ici, dit-il, qui me roule comme un serpent à demi écrasé, dévoré d'impuissance et d'impatience! Me voici ! quand j'aurais dû être à Edimbourg, quand j'aurais dû être occupé à la sauver par tous les moyens possibles ! Comment va votre sœur?... Comment est-elle?... Condamnée à mort... je suppose? Oh ! dire que le cheval qui m'a porté en toute sûreté dans mille entreprises de folie et de crime m'ait failli la seule fois peut-être que mon but était saint et respectable ! Mais je ne peux pas me laisser emporter par la colère ; mes forces ne le supporteraient pas, et j'ai beaucoup de choses à vous dire. Donnez-moi un peu de cet élixir qui est sur la table... Pourquoi tremblez-vous ?... Mais, oui, vous avez raison... Merci... Je n'en ai pas besoin.

Jenny s'était approchée de la table dans laquelle elle avait versé un peu de l'élixir, et ne put s'empêcher de lui dire :

— Il y a un remède pour tous maux, monsieur, si les méchants voulaient abandonner leur voie d'iniquité et s'adresser au médecin des âmes.

— Silence! lui dit-il d'une voix sévère... Et cependant je vous remercie. Mais dites-moi, et ne perdez pas de temps, ce que vous êtes venue faire en ce pays ! Rappelez-vous que, quoique j'aie été le pire ennemi de votre sœur, la dernière goutte de mon sang est à son service, et je vous aiderai pour l'amour d'Effie. Personne ne peut vous être aussi utile que moi, car personne ne connaît mieux toute l'affaire. Ainsi parlez sans crainte.

— Je ne crains rien, monsieur, dit Jenny reprenant sa fermeté habituelle, j'ai confiance en Dieu, et s'il lui plaît de faire cesser la captivité de ma sœur c'est tout ce que je demande quel que soit l'instrument dont il veuille se servir. Mais, monsieur, je dois être franche avec vous : je n'ose pas suivre vos conseils, à moins que je ne voie clairement qu'ils sont tout à fait conformes à la loi sur laquelle je m'appuie.

— Le diable emporte la puritaine ! s'écria Georges Staunton, ainsi que nous l'appellerons maintenant. Pardonnez-moi... mais je suis naturellement très-impatient, et vous me rendez fou. Quel mal cela peut-il vous faire de me dire dans quelle position se trouve votre sœur et comment vous espérez lui venir en aide ? Il sera temps de refuser mes avis quand je vous en offrirai que vous ne croirez pas convenables. Je vous parle avec calme, quoique je sois contre ma nature... Mais ne me poussez pas à bout... vous me rendriez incapable de servir Effie utilement.

Après un moment de réflexion, il sembla à Jenny qu'il pouvait être important de lui confier le but de son voyage et de lui avouer les fatales conséquences du crime qu'il avait commis. Elle lui raconta donc en aussi peu de mots que possible le procès et la condamnation de sa sœur, et les incidents de son voyage jusqu'à Newark. Staunton écoutait avec une impatience mal déguisée, que trahissaient seulement les contorsions de ses traits et l'agitation nerveuse de ses membres tremblants. Il redoubla d'attention quand elle lui rapporta les circonstances qui l'avaient forcée d'interrompre son voyage, et lui fit plusieurs questions sur la tournure et l'apparence des deux voleurs; ainsi que sur la conversation du plus grand des deux avec la vieille femme, conversation qu'elle avait entendue dans la chaumière.

Quand Jenny raconta ce que la mégère avait dit de l'enfant qu'elle avait nourri :

— C'est trop vrai, dit-il, le sein qui m'a nourri quand j'étais enfant doit m'avoir communiqué cette malheureuse, cette fatale propension au vice, qui n'était pas dans mon sang!... Mais continuez.

Jenny passa légèrement sur sa promenade avec Madge, elle ne voulait pas donner trop d'importance à ce qui n'était peut-être que le résultat des impressions éphémères d'un cerveau frappé de folie.

Staunton resta un instant à réfléchir; et parlant enfin d'un ton plus tranquille, il lui dit :

— Vous êtes aussi bonne que prudente, Jenny Deans, et je vais vous ouvrir mon cœur plus que je ne l'ai encore ouvert à personne : mon histoire est un tissu de folies, de crimes et de malheurs. Mais rappelez-vous que si j'ai confiance en vous c'est parce que je désire que vous ayez confiance en moi, c'est-à-dire que je veux que vous suiviez mes conseils pour remédier aux terribles conséquences de ma faute. C'est pour cela que je vais m'ouvrir à vous.

— Je ferai tout ce que peut faire une sœur, une fille et une femme chrétienne, dit Jenny, mais ne me dites aucun de vos secrets, il peut ne pas me convenir de suivre vos avis ni d'écouter des doctrines coupables.

— Pauvre imbécile! dit le jeune homme. Regardez-moi. Je suis sans cornes, mon pied n'est pas fourchu, et mes mains ne sont pas armées de griffes; et puisque je ne suis pas Satan lui-même, quel intérêt puis-je avoir à détruire l'espoir dont vous vous bercez? Écoutez-moi avec patience, et quand vous m'aurez entendu vous reconnaîtrez que vous pourrez aller jusqu'au septième ciel sans que mes avis vous barrent la voie.

Nous sommes obligé de condenser sa narration en quelques lignes, pour ne pas être accusé de prolixité : il lut une partie de ce qui suit dans un manuscrit qu'il avait probablement préparé pour expliquer sa conduite à sa famille s'il succombait à la maladie qui le tenait alité.

— Cette misérable femme, dit-il, cette Marguerite Murdockson, était la femme d'un serviteur favori de mon père... Elle avait été ma nourrice... Son mari était mort... Elle demeurait dans une chaumière voisine de cette maison... Elle avait une fille qui était aussi étourdie que belle. Sa mère recherchait pour elle l'alliance d'un riche et vieux fermier des environs. Je voyais souvent cette fille... nous étions sur un pied d'intimité que semblait autoriser notre liaison d'enfance... et je... en un mot, j'eus les plus grands torts envers elle. Ma conduite à son égard fut moins coupable que ne le furent mes rapports avec votre sœur... elle lui fut cependant cruelle... son insanité aurait dû la protéger. Quelque temps après, mon père me fit voyager à l'étranger... Je dois lui rendre cette justice que si je suis devenu un démon, ce n'est pas lui qu'il faut en blâmer; il fit tout ce qu'il put. A mon retour, la malheureuse mère et sa fille avaient été chassées honteusement du pays... La part que j'avais prise à leur misère et à leur honte était connue, mon père m'accabla de reproches violents... Une querelle s'ensuivit. Je quittai cette maison et menai une vie remplie d'étranges aventures, résolu à ne jamais revoir mon père ni sa maison.

Et maintenant vient un terrible secret! Jenny, c'est ma vie que je vous confie, et non-seulement ma vie, qui ne vaut pas que je cherche à la sauver, mais c'est le bonheur d'un vieillard respectable, l'honneur d'une famille justement considérée. Mes inclinations me portaient à fréquenter la plus mauvaise compagnie, mais elles avaient un certain côté généreux qui indiquait une nature capable des meilleures choses si elle n'eût été dépravée de bonne heure. Ce n'était pas les seuls amusements, les orgies honteuses de ceux que j'avais faits mes compagnons que j'aimais et que je recherchais, c'est l'esprit aventureux, la hardiesse, le sang-froid et la prudence qu'ils montraient dans leurs entreprises contre les agents du trésor ou dans des aventures du même genre... Avez-vous regardé ce presbytère ,... n'est-ce pas une demeure telle que l'on peut en désirer une?...

Jenny, que cette interruption inattendue effrayait, se hâta de répondre par l'affirmative.

— Eh bien! je voudrais qu'il eût été à cent mille pieds sous terre, avec ses glèbes, ses dîmes et tout le reste! C'est ce damnable presbytère qui m'a empêché de suivre la voie où m'entraînait mon caractère, qui m'a empêché d'entrer dans l'armée, et la moitié de l'adresse et du courage que j'ai montrés parmi les contrebandiers et les braconniers m'aurait élevé à un rang des plus honorables... Pourquoi ne suis-je pas retourné à l'étranger quand je quittai cette maison?... pourquoi l'ai-je quittée?... pourquoi?... Mais il y a de quoi devenir fou en pensant au passé, et mourir de douleur en pensant à l'avenir!...

Il s'arrêta un instant et reprit bientôt d'un ton plus tranquille :

— Mes courses vagabondes me menèrent en Ecosse, et là je pris malheureusement part à des entreprises plus criminelles que tout ce que j'avais fait jusqu'alors. Je fis la connaissance de Wilson, qui était un homme remarquable dans sa sphère : tranquille, prudent, résolu, d'un coup d'œil juste, d'une force corporelle extraordinaire, et doué d'une éloquence naturelle qui lui donnait une grande supériorité sur ses compagnons. Notre rencontre lui fut aussi fatale qu'à moi, car, malgré la différence de rang et d'éducation, il acquit une influence irrésistible sur moi; peut-être, je crois, parce que sa froide résolution en imposait à mon excessive impétuosité. Je me croyais obligé de le suivre partout où il me proposait d'aller, tant étaient grands le courage et l'adresse qu'il montrait en toutes occasions. Ce fut pendant que je suivais l'exemple et les leçons d'un précepteur aussi dangereux que je fis la connaissance de votre sœur à quelques assemblées du voisinage où elle se rendait en secret, sa ruine fut un intermède des scènes tragiques auxquelles je me trouvais mêlé. Cependant, permettez-moi de le dire, ce ne fut pas un acte d'infamie prémédité, j'étais sincèrement résolu à réparer mes torts par une union légitime aussitôt que j'aurais pu abandonner la conduite déplorable que je menais pour adopter un genre de vie mieux en rapport avec ma naissance. Je bâtissais d'étranges châteaux en Espagne... Je voulais la conduire d'abord à quelque humble et pauvre retraite, pour l'introduire tout à coup, plus tard, dans une sphère de richesse et de bien-être dont elle n'avait jamais rêvé. A ma demande, d'effectuer ma réconciliation avec mon père... La négociation dura quelque temps et se continua à différents intervalles. Enfin, au moment où j'attendais mon pardon, il apprit mon infamie d'une manière ou d'une autre; on m'avait même peint sous des couleurs exagérées. Dieu sait que c'était inutile. Il m'écrivit une lettre... je ne sais comment elle me parvint... il m'envoyait une somme d'argent et me reniait à toujours! Je fus pris de désespoir... c'était une vraie frénésie... Je consentis volontiers à aider Wilson dans une entreprise de contrebande des plus dangereuses... nous ne réussîmes pas, et je me laissai facilement persuader que les arguments qu'il me fit valoir pour me prouver que le vol du collecteur des douanes du comté de Fife ne serait que de justes représailles. Je m'étais tenu jusqu'alors dans une certaine ligne de modération, je m'étais gardé de toute attaque contre les propriétés personnelles; mais je ressentis une sorte de plaisir sauvage à me dégrader aussi vite que possible.

Ce n'était pas pour acquérir de l'or, je l'abandonnais à mes camarades; je n'ambitionnais que le poste le plus dangereux. Je me rappelle encore que quand je me tenais à la porte, mon épée nue à la main, pendant qu'ils commettaient le vol, je ne pensai pas un instant au risque que je courais; je réfléchissais aux torts dont j'accusais ma famille, je cherchais les moyens de me venger, et je caressais l'idée d'humilier les fiers Willinghan en faisant périr par la main d'un bourreau écossais l'un des membres de leur orgueilleuse famille, pour avoir volé un collecteur de taxes d'une somme qui ne s'élevait pas au quart de celle qu'il avait dans son portefeuille. Nous fûmes pris... je m'y attendais. Nous fûmes condamnés... ce devait être. Mais à mesure que la mort s'approcha , elle me parut moins engageante ; l'idée que je laisserais votre sœur sans ressources me décida à faire un effort pour la sauver. J'ai oublié de vous dire que j'avais retrouvé à Edimbourg la femme Murdockson et sa fille. Dans sa jeunesse elle avait suivi le camp, et, sous prétexte d'un petit commerce, elle avait repris des habitudes de vol qui lui étaient trop familières. Notre première rencontre fut orageuse; mais je distribuai généreusement l'argent que j'avais, et elle oublia ou parut oublier mes torts envers sa fille. La pauvre fille elle-même parut à peine reconnaître son séducteur, loin de se rappeler les reproches qu'elle était en droit de lui faire. Son esprit est tout à fait dérangé, et sa mère prétend que c'est quelquefois la conséquence d'un accouchement laborieux. Mais c'était toujours par ma faute. J'avais donc une autre pierre au cou pour me retenir au fond de l'abîme de perdition. Chaque coup d'œil, chaque mot de cette malheureuse créature, sa fausse joie, ses souvenirs confus, ses allusions à des choses qu'elle avait en partie oubliées, mais dont ma conscience se souvenait, étaient autant de coups de poignard... coups de poignard, ai-je dit? c'étaient des tenailles rougies qui me déchiraient en morceaux, c'était du soufre fondu qui coulait sur mes blessures! Je devais supporter tout cela cependant, et je le supportai. Mais il faut revenir aux pensées qui m'agitaient en prison...

Ce qui me tourmentait le plus, c'était de savoir que l'heure des couches de votre sœur s'approchait. Je savais combien elle vous craignait et craignait son père. Elle me disait souvent qu'elle aimerait mieux mourir mille morts que de vous laisser connaître sa honte... J'avais donc à préparer tout pour le moment fatal. Je croyais que cette femme Murdockson était une infernale mégère, mais je croyais qu'elle m'aimait et que l'argent me la rendrait fidèle. Elle avait procuré une lime à Wilson, et m'avait donné une petite scie : elle accepta volontiers d'avoir soin d'Effie pendant sa maladie ; elle avait assez d'expérience pour lui être du plus grand secours. Je lui donnai l'argent que mon père m'avait envoyé : il fut convenu qu'elle recevrait Effie dans sa maison, et attendrait de nouveaux ordres que je lui ferais passer aussitôt que je me serais échappé. J'écrivis à la pauvre Effie pour lui recommander cette mégère, et je me rappelle que je m'efforçai d'affecter du courage, de l'insouciance et de la gaieté.... Cependant j'étais décidé à abandonner le genre de vie que je menais, si j'étais assez heureux pour échapper au gibet. Mon intention était d'épouser votre sœur et de m'embarquer pour l'Amérique. J'avais encore une assez forte somme d'argent, et j'espérais trouver, d'une manière ou d'une autre, les moyens de vivre honorablement.

Nous essayâmes de nous échapper, mais l'entêtement de Wilson, qui voulut sortir le premier, nous fit échouer dans cette tentative.

— Je vous souhaite une bonne nuit, Jenny Deans!

Vous avez dû entendre raconter comment il se sacrifia généreusement pour réparer sa faute, et favorisa mon évasion dans l'église de la Tolbooth.... Toute l'Écosse en a parlé. Ce fut un acte d'héroïsme. On l'admira partout ; même dans les rangs de ceux qui réprouvaient le plus sévèrement sa vie et ses crimes, il n'y eut qu'une voix pour vanter ce sacrifice à l'amitié. J'ai beaucoup de vices, mais je ne suis ni lâche ni ingrat ; je résolus de récompenser cette générosité, et, pour un temps, le salut de votre sœur elle-même n'occupa plus mes pensées exclusivement. Je voulais à tout prix sauver Wilson, et j'espérais en trouver les moyens.

Je n'oubliais pas cependant Effie. Les chiens courants de la loi me pourchassaient, et je n'osais me montrer dans aucun de mes anciens lieux de refuge. Mais la vieille Murdockson vint à un rendez-vous que je lui donnai et m'apprit que votre sœur était heureusement accouchée d'un garçon. Je recommandai à cette femme d'avoir le plus grand soin d'Effie, de lui procurer tout ce dont elle pourrait avoir besoin ; je lui remis de l'argent et je passai dans le comté de Fife, où je trouvai à me cacher dans les endroits où les associés de Wilson déposaient leurs dangereuses marchandises. Les hommes qui ne respectent ni les lois humaines ni les lois divines ne sont pas toujours insensibles aux droits du courage et de la générosité, on nous affirmait que la populace d'Édimbourg, fortement impressionnée par la hardiesse et la générosité de Wilson, seconderait l'effort qui pourrait être fait pour l'enlever à ses gardiens au pied même du gibet. Malgré l'impossibilité évidente du succès, aussitôt que j'eus déclaré que j'étais prêt à me mettre à la tête de ce mouvement je reçus de toutes parts des offres de concours ; et retournant dans le Lothian, j'y retrouvai d'anciens et fidèles camarades qui étaient tout prêts à agir comme les circonstances nous le permettraient.

Et, je n'en doute pas, continua-t-il avec une ardeur qui montrait tout l'intérêt qu'il avait pris à ces sortes d'exploits, nous l'aurions sauvé malgré toutes leurs gardes urbaines et leurs hallebardiers ;

mais les magistrats, d'après le conseil de Porteous, prirent une résolution extraordinaire, qui déconcerta toutes mes mesures. Ils avancèrent de trente minutes l'heure fixée pour l'exécution : et comme nous étions convenus, pour ne pas attirer l'attention, de ne nous trouver dans la rue qu'au moment même de l'action, tout était fini avant que nous pussions commencer. Nous commençâmes cependant, j'arrivai jusqu'au pied de l'échafaud et je coupai la corde moi-même ! Il était trop tard ! le hardi, le généreux Wilson n'était plus ! et il ne nous restait que la vengeance,... la vengeance qui m'était imposée comme un devoir, puisque Wilson m'avait donné la liberté et la vie au lieu de penser à lui-même !...

— O monsieur, dit Jenny, vous ne vous êtes pas souvenu de ce que dit l'Écriture : « La vengeance m'appartient et je m'en rassasierai ! »

— L'Écriture ? oh ! je n'avais pas ouvert une Bible depuis plus de cinq ans ! répondit Staunton.

— Quel malheur, monsieur, reprit Jenny, vous le fils d'un ministre !

— Votre réflexion est très-naturelle ; cependant ne m'interrompez pas, et laissez-moi finir ma terrible histoire. Cet animal de Porteous continua à faire tirer sur le peuple quand il n'en était plus besoin ; on commença à le haïr, il y avait déjà longtemps que je l'exécrais. Nous, c'est-à-dire les amis de Wilson et moi, nous décidâmes de nous venger ; mais il fallait user de prudence. Je craignais d'avoir été reconnu ; je me tins donc dans les environs d'Édimbourg, sans oser entrer dans ses murs. Enfin, au hasard de ma vie, j'allai à la maison où j'espérais trouver celle dont je voulais faire ma femme, et mon fils... Ils n'y étaient plus. La vieille Murdockson me dit qu'Effie avait eu une attaque de fièvre cérébrale en apprenant que nous n'avions pu sauver Wilson et que l'on me pourchassait : elle ajouta que votre sœur s'était échappée un jour qu'elle avait été obligée de sortir et de la laisser seule, et qu'elle ne l'avait plus revue. Je l'accablai de reproches, elle m'écouta de l'air le plus tranquille et le plus indifférent ; je menaçai de la dénoncer, elle me répondit que

M. Stubbs.

j'avais plus de raisons qu'elle de craindre la justice. C'était vrai, je dus me taire. Je lui dis que je me vengerais, et de nouveau elle répondit que j'avais plus de raisons de craindre sa vengeance ; que je l'avais cruellement traitée. C'était encore vrai, et je ne pus rien dire. Je la quittai plein d'indignation, et je priai un de mes amis de prendre quelques informations dans le voisinage de Saint-Léonard ; mais avant que j'aie pu recevoir sa réponse j'appris que l'on était sur mes traces, et je fus forcé de m'éloigner davantage d'Édimbourg. Un camarade m'annonça enfin la condamnation de Porteous et l'emprisonnement de votre sœur, accusée d'infanticide. Je revins vers Édimbourg, j'accusai de nouveau Murdockson d'avoir causé le malheur d'Effie et la mort de son enfant ; je n'y voyais d'autre motif que le désir de s'approprier tout l'argent que je lui avais confié. Mais ce que vous m'avez dit m'en montre un autre : c'est le désir de se venger du séducteur de sa fille, de celui qui a ruiné sa raison et sa réputation. Grand Dieu! pourquoi, si elle voulait se venger, ne m'a-t-elle pas plutôt vendu au bourreau?...

— Mais, demanda Jenny, qui cherchait toujours le dernier mot de ce secret qui avait causé la condamnation d'Effie, que vous a-t-elle dit d'Effie et de son enfant?

— Rien, répondit Staunton; elle déclara que la mère s'était enfuie de chez elle, emportant son enfant dans ses bras; qu'elle ne les avait pas revus, et que peut-être elle l'avait jeté dans le Loch du Nord ou dans une ancienne carrière; qu'il était même probable qu'elle s'en était débarrassée de cette manière.

— Et comment avez-vous su qu'elle ne vous disait pas la vérité? demanda Jenny toute tremblante.

— Parce que je vis sa fille, et j'appris d'elle que l'enfant avait été enlevé ou détruit pendant la maladie de la mère; mais tout ce que l'on peut savoir d'elle est si incertain et si indirect, que je ne pus obtenir d'autres détails. Seulement le caractère diabolique de la vieille Murdockson me fait craindre que l'enfant n'ait été tué.

— C'est bien là l'histoire que raconte ma pauvre sœur, dit Jenny; mais continuez votre histoire, monsieur.

— Je suis certain d'une chose, dit Staunton, c'est qu'Effie, dans son bon sens, et sciemment, n'a jamais fait de mal à qui que ce soit. Mais que pouvais-je faire pour l'innocenter? Rien... Et cependant elle était le but constant de toutes mes pensées. J'étais malheureusement obligé de cacher ce que j'éprouvais devant la vieille Murdockson, qui tenait ma vie dans ses mains; je n'y tenais pas, à ma vie; mais celle de votre sœur en dépendait. Je parlai à cette mégère avec bonté; je parus me fier à elle, et elle me donna des preuves extraordinaires de sa fidélité. Je ne savais d'abord quelles mesures adopter pour obtenir la liberté de votre sœur : la colère excitée dans toutes les classes de la population d'Édimbourg par le pardon accordé à Porteous me donna l'idée d'attaquer hardiment la prison pour arracher votre sœur aux griffes de la loi et punir un misérable qui avait torturé le malheureux Wilson jusqu'à sa dernière heure. Je me jetai au milieu de la foule indignée; il y avait plusieurs camarades de Wilson, qui étaient voisins,

Jenny, aux pieds de la reine, implore la grâce d'Effie.

comme moi, dans l'espoir de se repaître de la vue de l'exécution de Porteous. Tout fut organisé : on me nomma capitaine. Je ne ressentis et je ne ressens encore aucun remords, à cause de ce qu'il y avait à faire, de ce qui a été fait...

— Oh! que Dieu vous pardonne, monsieur, et vous inspire de meilleurs sentiments! s'écria Jenny épouvantée d'un aveu aussi franc.

— Amen, répondit Staunton, si j'ai tort! Mais, je le déclare quoique je fusse tout disposé à donner l'aide de mon bras, j'aurais désiré qu'ils eussent pris un autre chef; car je prévis que cela m'empêcherait de m'occuper de sauver Effie comme je le désirais. Je chargeai un ami cependant de la conduire en un lieu de sûreté aussitôt que la fatale procession aurait quitté la prison. Mais les quelques paroles que je pus adresser à Effie au moment de la confusion, les prières de mon camarade, qui alla ensuite la tourmenter, ne purent décider la malheureuse fille à fuir de la prison. Il fut obligé de la quitter pour pourvoir à son propre salut. Du moins, c'est là ce qu'il m'a dit; mais peut-être aurait-il dû persister plus longtemps auprès d'Effie...

— Elle a eu raison de rester, dit Jenny, et je ne l'en aime que mieux!

— Pourquoi? demanda Staunton.

— Vous ne comprendriez pas mes raisons, monsieur, si je vous les disais, répondit tranquillement Jenny.

— Mon espoir fut donc déçu de nouveau, dit Staunton. J'essayai ensuite de la sauver par une déclaration que vous auriez faite. Vous n'avez pu oublier combien je vous ai suppliée. Je ne vous blâme pas de votre refus, vous l'avez fait par principes et non par indifférence pour votre sœur. Quant à moi, j'étais désespéré : je ne savais plus que faire, tous mes efforts étaient inutiles. Dans cette situation, pourchassé de tous côtés, je pensai à ce que je pourrais obtenir par l'entremise de ma famille et de son influence. Je quittai l'Écosse et je vins ici : l'état misérable dans lequel je me trouvais me gagna le pardon de mon père; car un père refuse rarement de pardonner, même au plus coupable des fils. Et j'ai attendu ici dans les plus cruelles angoisses la fin du procès de votre sœur.

— Sans rien essayer pour la sauver? dit Jenny.

— J'avais espéré jusqu'à la fin que le résultat serait plus favorable, et il n'y a que deux jours que la fatale nouvelle m'est parvenue. Mon parti fut bientôt pris. Je montai mon meilleur cheval pour aller en toute hâte à Londres acheter de sir Robert Walpole la vie de votre sœur en lui livrant, dans la personne de l'héritier des Willingham, le fameux Georges Robertson, le complice de Wilson, le chef de l'émeute de Porteous...

— Et comment cela aurait-il sauvé ma sœur? demanda Jenny tout étonnée.

— J'en aurais fait une condition, dit Staunton. Les reines aiment à se venger autant que leurs sujets, les ministres aiment à pouvoir satisfaire les passions de leurs souverains. Qu'était la vie d'une pauvre fille de village? J'aurais pu demander le plus précieux des joyaux de la couronne, on me l'aurait accordé en échange du chef que j'allais dénoncer. Tous mes autres plans avaient failli, celui-ci était certain de réussir... Mais le ciel est juste, et il ne voulut pas que je payasse ainsi le mal que j'ai causé à votre sœur... Je n'étais pas à dix milles d'ici, quand mon cheval, le plus sûr de tout le pays, tomba, au milieu d'un beau chemin, comme s'il eût été tué sur place. Cette chute me blessa sévèrement, et je fus rapporté ici dans le misérable état où vous me voyez.

Au moment où le jeune Staunton finissait son histoire, le domestique ouvrit la porte et dit presque tout bas : — Monsieur, Sa Révérence monte les escaliers pour venir ici.

— Pour l'amour de Dieu! s'écria Staunton, cachez-vous, Jenny, dans ce cabinet de toilette.

— Non, monsieur, répondit Jenny, je ne suis pas ici pour faire le mal, je ne peux pas me cacher quand le maître de la maison vient.

— Mais, juste ciel! dit Georges Staunton, rappelez-vous donc... Son père entra avant qu'il pût achever.

CHAPITRE XXXII.

Jenny se leva et fit une profonde révérence quand M. Staunton entra. Il parut extrêmement étonné de la trouver dans l'appartement de son fils.

— Je vois, madame, lui dit-il, que je me suis trompé, et que j'aurais dû laisser à ce jeune homme, qui semble vous connaître de longue date, le soin de vous interroger.

— Si je suis ici, c'est contre ma volonté, répondit Jenny, le domestique m'a conduite en me disant que son maître voulait me parler.

— Bon! adieu à mon bel habit galonné! murmura Thomas. Que le diable l'emporte! Ne pouvait-elle trouver une autre cause?

— Georges, dit M. Staunton, si vous êtes encore, comme vous l'avez toujours été, dénué de tout respect humain, vous auriez pu épargner à votre père et à la maison de votre père une scène aussi honteuse.

— Sur ma vie, monsieur, sur mon âme!... s'écria Georges se relevant tout à coup sur son lit.

— Votre vie, monsieur! interrompit son père en le regardant d'un air sévère et mélancolique. Quelle vie avez-vous menée? Votre âme! y avez-vous jamais pensé? Songez sérieusement à ce qu'elles valent l'une et l'autre avant de les offrir en gage de votre sincérité.

— Sur mon honneur, monsieur, je ne mérite pas cela! répondit Georges Staunton. J'ai été tout ce que vous pouvez imaginer de méchant, mais en ce moment vous m'accusez injustement. Sur mon honneur, vous n'avez pas raison!

— Votre honneur! dit son père en lui jetant un regard de mépris et se tournant vers Jenny. Quant à vous, jeune femme, ajouta-t-il, je ne vous demande aucune explication; mais, comme père et comme prêtre, je désire que vous quittiez immédiatement cette maison. Si votre étrange histoire était autre chose qu'un prétexte pour vous introduire ici, et tout me porte à le croire, vous trouverez à deux milles d'ici un magistrat qui pourra recevoir votre déclaration.

— Cela ne se peut pas, dit Georges se mettant sur ses pieds; vous êtes naturellement bon et plein d'humanité, monsieur, vous ne serez pas cruel à cause de moi. Renvoyez ce témoin bavard, dit-il en se tournant vers Thomas; donnez-moi quelques gouttes d'élixir pour m'empêcher de m'évanouir, et je vous expliquerai en deux mots quels rapports il y a entre cette jeune femme et moi. Je ne veux pas qu'on la soupçonne par ma faute. J'ai déjà causé trop de mal à sa famille, et je sais trop ce que c'est que de perdre la réputation.

— Laissez-nous, dit le recteur au domestique, qui se retira et ferma la porte, et maintenant, monsieur, ajouta-t-il en se tournant vers son fils, quelle nouvelle histoire d'infamie avez-vous à me conter?

Au moment où le jeune Staunton allait répondre, Jenny s'avança.

— Monsieur, dit-elle au vieillard, vous avez sans doute le droit de vous informer de la conduite de votre fils; mais, quant à moi, je voyage pour mes affaires. Je ne vous ai aucune obligation sauf pour un repas que dans mon pays riches et pauvres donnent volontiers à ceux qui en ont besoin, et pour lequel je payerais, en outre, volontiers si je ne croyais vous offenser en vous offrant de l'argent... Seulement je ne sais pas quelle est l'habitude du pays.

— Tout cela est très-bien, jeune femme, dit le recteur excessivement surpris et ne sachant s'il devait admirer la simplicité de Jenny ou se fâcher de son impertinence, tout cela c'est bien... Mais dites-moi pourquoi vous empêchez ce jeune homme de parler, pourquoi vous ne voulez pas qu'il donne à son père, à son meilleur ami, l'explication d'une circonstance assez suspecte?

— Il peut dire tout ce qu'il voudra sur ses propres affaires, répondit Jenny, mais il ne peut s'expliquer sur le compte de ma famille et de mes amis sans leur consentement exprès, et comme ils ne sont pas là pour répondre eux-mêmes je vous prie de ne rien demander à M. Georges Rob...... je veux dire Staunton sur moi ou mes parents; et je dois ajouter qu'il ne se conduira ni comme un chrétien ni comme un gentilhomme s'il vous répond contrairement à ce que je désire.

— Voilà la chose la plus extraordinaire que j'aie jamais vue! dit le recteur regardant fixement la modeste et tranquille figure de Jenny. Et se tournant tout à coup vers son fils, il lui demanda :

— Et vous, monsieur, qu'avez-vous à dire?

— Je vois que je vous ai promis plus que je ne le devais, monsieur, répondit Georges, je n'ai pas le droit de vous raconter l'histoire de cette jeune femme sans sa permission.

M. Staunton, au comble de l'étonnement, les regarda tour à tour.

— Ceci est plus sérieux que je ne le craignais, dit-il à son fils. Il y a plus qu'une de vos intrigues habituelles. Je veux connaître le mot de cette énigme.

— Je vous ai déjà dit, monsieur, répondit le fils, que je n'ai pas le droit de vous raconter l'histoire de cette jeune femme sans sa permission.

— Et je n'ai pas d'énigme à expliquer, monsieur, ajouta Jenny, seulement j'ai à vous prier, comme vous êtes un ministre de l'Evangile et un gentilhomme, de me permettre d'aller jusqu'à la première auberge qu'il y a sur la route de Londres.

— J'aurai soin qu'il ne vous arrive rien, dit Georges; vous n'avez pas besoin de réclamer la protection de personne.

— Osez-vous le dire devant moi? dit le père justement irrité. Peut-être entre-t-il dans vos intentions de mettre le comble à votre désobéissance et à votre folie en contractant un mariage honteux. Mais prenez garde!

— Si vous craignez que ce soit avec moi, monsieur, dit Jenny, je peux seulement vous assurer que je ne naquis pas être la femme qu'épousera votre fils quand on me donnerait toutes les terres qui se trouvent entre un pied d'arc-en-ciel et l'autre.

— Il y a quelque chose de bien extraordinaire dans tout cela, reprit le vieillard. Venez de ce côté avec moi, jeune femme.

— Laissez-moi dire un mot auparavant! s'écria Georges en se tournant vers Jenny. J'ai toute confiance dans votre prudence; dites à mon père autant ou si peu que vous voudrez, il n'en saura pas un mot de plus par ma bouche.

Son père lui jeta un coup d'œil d'indignation qui se changea en pitié quand il le vit retomber tout épuisé sur le lit. Le vieillard sortit de l'appartement, et Jenny le suivit; quand elle passa auprès de Georges, il se souleva et lui dit : « Souvenez-vous! » d'un ton aussi solennel que l'avait dit Charles Ier sur l'échafaud.

— Jeune femme, dit le vieillard quand ils furent entrés dans une petite salle et qu'il eut fermé la porte, vos traits et votre air impliquent beaucoup de bons sens, une grande simplicité, et si je ne me trompe pas, la plus complète innocence. S'il en est autrement, je dois dire que vous êtes l'hypocrite la plus accomplie que j'aie jamais vue. Je n'ai aucun désir d'apprendre des secrets que vous voudriez cacher, surtout s'ils ont trait à la conduite de mon fils. Elle m'a causé trop de chagrin, et quand je le puisse jamais espérer quelque consolation de sa part. Si vous êtes ce que je suppose, croyez-moi, quelles que soient les circonstances qui vous aient mis en rapport avec Georges Staunton, brisez là avec mon malheureux fils.

— Je crois vous comprendre, monsieur, repartit Jenny, et puisque vous avez la franchise de me parler avec tant d'ouverture du pauvre jeune homme, je vous avouerai que je ne lui ai parlé que deux fois dans ma vie, et que ce que j'ai entendu chaque fois m'a ôté toute envie de jamais lui parler de nouveau.

— Alors vous avez réellement l'intention de quitter ce pays et d'aller à Londres? dit le recteur.

— Certainement, monsieur, car je puis presque dire que l'épée vengeresse du sang est derrière moi; et si je pouvais être certaine qu'il ne m'arrivât plus...

— J'ai fait prendre des informations, dit le vieillard, et les personnes qui vous ont parlé ont quitté leur lieu de rendez-vous; mais comme ils peuvent être cachés dans le voisinage, et que vous semblez avoir raison de craindre une nouvelle attaque, je vous ferai accompagner par une personne de confiance qui vous conduira jusqu'à Stamford, où elle vous mettra dans la voiture qui va à Londres.

— Une voiture, monsieur! s'écria Jenny, qui n'avait aucune idée d'un coche public, que l'on ne voyait encore que dans les environs de Londres.

M. Staunton lui expliqua en quelques mots qu'elle trouverait cette manière de voyager plus facile, plus prompte, et moins chère que le louage de chevaux de poste. Il fut si frappé de la manière dont elle lui exprima sa reconnaissance, qu'il crut devoir lui demander si elle n'avait pas besoin de quelque peu d'argent pour son voyage. Jenny le remercia en lui assurant qu'elle en avait bien assez. Cette réponse acheva de dissiper les doutes qui restaient à M. Staunton sur son caractère et le but de son voyage, et, le convainquit que, s'il le trompait, ce ne pouvait être dans l'intention de lui soutirer de l'argent. Il lui demanda ensuite vers quelle partie de Londres elle désirait aller.

— J'irai trouver une honnête marchande, monsieur, une cousine de mon père, une madame Glass, qui vend du tabac à l'enseigne du Chardon dans quelque quartier de la ville.

Jenny avait espéré qu'une parenté aussi respectable fût d'une certaine importance aux yeux du recteur; elle fut donc surprise de l'entendre lui répondre :

— Et ne connaissez-vous d'autre personne à Londres que cette dame, ma pauvre fille? Ne savez-vous réellement pas dans quelle rue elle doit demeurer?

— J'ai besoin d'aller voir le duc d'Argyle, outre madame Glass, répondit Jenny; et si Votre Honneur croyait que je dusse aller là tout d'abord et prier un des gens de Sa Grâce de me montrer la boutique de ma cousine...

— Connaissez-vous quelques-uns des gens du duc d'Argyle? demanda M. Staunton.

— Non, monsieur.

— Décidément, pensa-t-il, sa tête est un peu dérangée; autrement elle ne compterait pas sur des introductions de ce genre. Eh bien! lui dit-il tout haut, je ne veux pas vous demander la cause de votre voyage; je ne puis donc vous donner aucun conseil pour vous aider. Mais la maîtresse de la maison où la voiture s'arrête est une très-bonne personne, et comme j'y vais quelquefois, je vais vous donner un mot de recommandation. Il est probable que vous désirez partir aussitôt que possible.

— Si j'eusse été dans une auberge, monsieur, ou dans tout autre lieu de repos, répondit Jenny, je n'aurais pas pensé à voyager pendant le jour du Seigneur; mais comme le but de mon voyage est une œuvre de charité, j'espère que cela me sera pardonné.

— Vous pouvez rester ce soir chez madame Dalton si vous le désirez; mais je ne veux pas que vous ayez aucun autre rapport avec mon fils, qui ne peut être un bon conseiller pour une personne de votre âge, quelles que soient les difficultés que vous ayez à surmonter.

— Votre Honneur a parfaitement raison, dit Jenny, ce n'était pas de ma faute si je l'ai vu tout à l'heure, et tout en lui désirant tout le bien possible, je n'ai aucun désir de le revoir jamais.

— Comme vous semblez avoir reçu une bonne instruction religieuse, dit le recteur, vous pourrez, si vous voulez, assister aux devoirs religieux de ma maison ce soir.

— Je vous remercie, monsieur, répliqua Jenny, mais je ne sais si ma présence serait une cause d'édification.

— Comment! s'écria le ministre, si jeune et déjà pleine de doutes sur l'efficacité des prières?

— Dieu nous en préserve, monsieur! reprit Jenny, ce n'est pas pour cela; mais j'ai été élevée dans la foi du reste militant de l'Église presbytérienne d'Ecosse, et je ne sais si je puis légalement suivre vos formes religieuses, contre lesquelles tant de précieuses âmes de notre Eglise, et entre autres mon digne père, ont porté témoignage.

— Eh bien! ma bonne fille, répondit le recteur en souriant avec bonté, je ne veux pas violenter votre conscience; et cependant vous devriez vous rappeler que la même grâce divine s'étend sur d'autres pays que l'Ecosse. Comme elle est aussi essentielle à notre salut que l'eau l'est à notre vie, ses sources peuvent être d'un caractère différent, et cependant être partout efficaces et couler en abondance dans tout le monde chrétien.

Il fit alors venir madame Dalton et lui confia Jenny, qui devait partir le lendemain de bonne heure sous l'escorte d'un guide qui l'accompagnerait jusqu'à Stamford. Quand M. Staunton se fut retiré, Jenny se trouva de nouveau seule avec la gouvernante, qui la conduisit à son appartement. Mais, dans le courant de la soirée, le fidèle Tummas lui remit un petit billet en disant que son jeune maître désirait la voir immédiatement, et que toutes les précautions étaient prises pour qu'ils ne fussent pas interrompus.

— Dites à votre maître, répondit Jenny malgré tous les signes que lui faisait Tummas, que j'ai promis à son digne père de ne pas le revoir.

— Tummas, dit madame Dalton, vous pourriez être occupé d'une manière plus digne, rappelez-vous l'habit que vous portez et la maison que vous servez; il ne convient pas que vous portiez des messages de votre jeune maître aux jeunes femmes qui peuvent être dans la maison.

— Mais, madame Dalton, répondit Tummas, il est de mon devoir de porter des messages sans m'occuper d'autre chose : ce n'est pas à moi à refuser de faire ce que me dit mon jeune maître. Dans tous les cas, il n'y a pas de mal jusque-là.

— C'est bien, reprit madame Dalton; mais je vous déclare, Tummas, que, si je vous y reprends, j'en avertirai Sa Révérence.

Tummas se retira confus et en grondant.

Le lendemain Jenny se leva de bonne heure, madame Dalton avait préparé un excellent déjeuner, après lequel notre héroïne monta en croupe derrière un bon paysan du Lincolnshire, qui était armé d'une paire de pistolets pour repousser toute attaque.

Ils chevauchèrent en silence pendant un mille ou deux, le long de chemins et de sentiers jusqu'à la grande route, qu'ils rejoignirent un peu au-dessus de Grantham. Le paysan lui demanda enfin si elle ne s'appelait pas Janette ou Jenny Deans. Sur sa réponse affirmative :

— Voici, lui dit-il, un petit mot qui vous regarde (et il le lui donna en même temps); cela vient, je crois, de notre jeune maître. Tout le monde à Willingham est bien aise de lui plaire d'une manière ou de l'autre, parce que, après tout, c'est lui qui aura tout cela après les autres.

Jenny ouvrit le billet qui lui était adressé, et lut ce qui suit :

« Vous refusez de me voir? je vous ai probablement fait horreur. Vous devez néanmoins reconnaître que j'étais sincère, car je ne me suis pas flatté. Cependant vous refusez de me voir, c'est peut-être très-naturel, mais c'est maladroit. Je vous ai dit combien je désirais réparer mes torts envers votre sœur, aux dépens de mon honneur, de l'honneur de ma famille, de ma propre vie. Me croyez-vous trop vil pour que le sacrifice que je veux faire de mon honneur, de ma réputation et de ma vie pour la sauver ne puisse être accepté? N'importe, vous pouvez me mépriser, je n'en persiste pas moins dans ma résolution. Peut-être le ciel est-il juste en décrétant que je n'aurai pas l'honneur apparent de m'être volontairement offert en expiation. Puisque vous refusez de suivre mes conseils, c'est à vous d'en répondre. Allez donc trouver le duc d'Argyle, et quand vous verrez que vos arguments ne font aucune impression, dites-lui que vous pouvez lui dénoncer le chef des conspirateurs qui ont mis Porteous à mort. Il vous écoutera, quand même il vous aurait jusqu'alors rudoyée. Faites vos conditions, vous pourrez les dicter comme vous voudrez. Vous savez où l'on peut me trouver. Vous pouvez compter que je ne vous fuirai pas, comme au cairn de Muschat. Je n'ai aucune intention de quitter le toit sous lequel je suis né, je serai pris, comme le lièvre, dans le sillon d'où je pris mon essor. Je le répète, faites vos conditions. Je n'ai pas besoin de vous dire de demander la vie de votre sœur, mais mettez en outre pour condition que vous aurez une récompense, que l'on vous fera riche, que Butler aura un emploi... Demandez ce que vous voudrez . vous aurez ce que vous demanderez... tout, si vous remettez aux mains du bourreau un homme qui depuis longtemps lui est destiné, un homme qui, bien que jeune, est couvert d'iniquités, et dont le plus grand désir, après une vie des plus orageuses, est de dormir et de rester en repos. »

Au bas de cette étrange lettre se trouvaient les initiales G. S.

Jenny la lut deux fois très-attentivement, et la déchira ensuite en petits morceaux, qu'elle jeta à diverses reprises, afin qu'un document aussi compromettant fût anéanti à toujours.

Il lui sembla qu'elle n'avait pas le droit de sauver la vie de sa sœur au prix de celle d'une autre personne. Elle n'avait pas le droit de troquer la vie de Staunton contre celle d'Effie, et de sacrifier l'un pour sauver l'autre. Le crime de Georges, le crime qui le rendait passible de pénalités portées par la loi, était un crime contre l'Etat ou contre la société, elle n'était pas le vengeur de l'Etat ni de la société.

Pendant que ces pensées occupaient les méditations de Jenny, son guide commençait à montrer quelque désir d'entrer en conversation. C'était un brave et honnête homme, assez ignorant des usages du monde, et qui pensa naturellement à donner tous les détails possibles sur la famille des Willingham.

Nous dirons en quelques mots ce qu'il conta à Jenny pendant le reste du voyage.

Le père de Georges Staunton avait été éduqué pour le service militaire, et pendant qu'il tenait garnison aux Antilles, il avait épousé une riche créole qui lui présenta un seul fils, Georges Staunton.

Georges resta confié aux soins d'une mère trop indulgente pendant sa première jeunesse. Son père était un homme supérieur, mais il était à peu près le seul officier de son régiment qui conservât sa santé : il dut donc remplacer tous ses camarades, et ne put s'occuper que rarement de l'éducation de son fils.

Quand Georges eut environ dix ans, quand déjà son esprit eut reçu des esclaves auxquels il était confié tout le jour les mauvaises impressions que se développèrent plus tard, sa mère mourut, et son père revint en Angleterre à demi mort de chagrin. Cette imprudente mère avait laissé une portion considérable de sa fortune à la libre disposition de son fils : il n'y avait pas longtemps qu'il était en Angleterre quand il apprit qu'il était maître de ses actions et qu'il avait de l'argent à volonté. Son père voulut remédier aux défauts de son éducation en le mettant dans une pension des meilleures : mais la conduite de Georges ne put être tolérée par ses maîtres, et il fut renvoyé à son père, pour que son mauvais exemple ne ruinât pas les autres enfants.

Le vieux M. Staunton, en proie à la mélancolie depuis la mort de sa femme, était entré dans les saints ordres, et son frère, sir William Staunton, lui avait donné la cure de Willingham. Le revenu de cette cure lui était d'un grand secours, car il ne retirait que peu d'avantages des biens de sa femme, et sa fortune personnelle était celle d'un cadet de famille.

Son fils vint demeurer avec lui au presbytère, mais ses désordres rendirent bientôt sa présence intolérable. Ainsi que Georges l'avait dit à Jenny, il avait voyagé quelque temps sur le continent, mais il était revenu avec plus de vices qu'il n'était parti. La fortune de sa mère fut bientôt dissipée, et ses dettes s'accumulaient.

— Et cependant c'est malheureux, continua l'honnête paysan; car, après tout, M. Georges a bon cœur, et il est toujours prêt à rendre service.

Le guide de Jenny la conduisit jusqu'à Stamford, où elle trouva une place dans le coche accéléré qui, traîné par six chevaux, n'arrivait à Londres que dans l'après-midi du second jour.

Sur la recommandation du vieux M. Staunton, l'hôtesse de la maison où s'arrêtait la voiture reçut Jenny avec bonté et l'aida à trouver madame Glass, qui l'accueillit avec la plus grande bienveillance.

CHAPITRE XXXIII.

Le duc d'Argyle était dans son cabinet de travail quand un de ses domestiques vint lui dire qu'une jeune paysanne d'Ecosse désirait parler à Sa Grâce.

— Une paysanne d'Ecosse! s'écria le duc, qui diable peut avoir amené la sotte à Londres? Un amoureux envoyé au service, ou bien de l'argent placé dans quelques-unes des belles opérations du jour, ou toute autre aventure pareille, et Georges ne peut arranger cette affaire que Mac Callum More... Ah! la popularité a bien ses inconvénients! Cependant, Archibald, introduisez notre compatriote, il est de mauvais genre de faire attendre.

Une jeune femme à l'air très-modeste, aux traits agréables quoique hâlés par le soleil, entra dans la superbe bibliothèque. Elle portait un plaid tartan arrangé de manière à lui couvrir la tête et à retomber sur ses épaules. Ses cheveux blonds étaient bouclés avec simplicité autour de son front et tombaient le long de ses joues, que venait colorer une rougeur pleine d'émotion, car elle ressentait toute l'importance de sa visite au grand seigneur.

Elle s'arrêta auprès de la porte, fit une de ses plus profondes révérences, se croisa les mains sur son sein, et attendit en silence. Le duc s'approcha d'elle, et il admira sa démarche gracieuse, l'élégance de son costume décoré des ordres nombreux qu'il avait justement mérités, ses manières courtoises et l'expression d'intelligence qui brillait dans ses yeux, il ne fut pas moins frappé de la modeste simplicité des habits, des manières et de l'apparence de la jeune Ecossaise.

— Vous désiriez me parler, ma gentille enfant, dit le duc mettant dans son accent autant d'écossais que possible, ou peut-être vous désiriez voir la duchesse?

— C'est à Votre Honneur que je voulais parler, milord... je veux dire... Votre Grâce!

— Et qu'est-ce que c'est, ma bonne fille? reprit le duc du ton le plus encourageant.

Jenny jeta un regard vers le domestique.

— Laissez-nous, Archibald, dit le duc, vous attendrez dans l'antichambre.

Le domestique se retira.

— Et maintenant, asseyez-vous, mon enfant, dit le duc; n'ayez pas peur, prenez votre temps, et dites-moi ce que vous voulez. Je vois par votre costume que vous arrivez de notre pauvre vieille Ecosse. Etes-vous sortie dans les rues avec votre plaid?

— Non, monsieur, dit Jenny, une amie m'a amenée ici dans une de leurs voitures des rues; une très-honnête femme, ajouta-t-elle prenant courage en s'entendant parler, Votre Seigneurie la connaît, c'est madame Glass, à l'enseigne du Chardon.

— Oh! mon excellente marchande de tabac... J'ai toujours un petit bout de conversation avec madame Glass quand je lui achète mon véritable tabac d'Ecosse... Mais voyons, de quoi s'agit-il, mon enfant?... le temps et la marée n'attendent personne, vous savez.

— Votre Honneur... je demande pardon à Votre Seigneurie... je veux dire Votre Grâce.

Nous devons noter ici que madame Glass n'avait cessé de recommander à Jenny de toujours dire Votre Grâce en parlant au duc, et Jenny, qui n'avait jamais adressé la parole à de plus grand personnage que le laird de Dumbiedikes, éprouvait une assez grande difficulté à s'accoutumer à ces formes de politesses.

Le duc, qui vit combien elle était embarrassée, lui dit avec son affabilité ordinaire:

— Ne vous occupez pas de Ma Grâce, mon enfant, dites-moi votre histoire tout simplement, montrez que vous avez une langue écossaise.

— Je vous suis bien obligée, monsieur... Monsieur, je suis la sœur de cette pauvre malheureuse Effie Deans, qui est condamnée à mort à Edimbourg.

— Ah! ah! dit le duc, j'ai entendu parler de cette triste affaire, je crois... un infanticide, n'est-ce pas?... condamnée d'après un acte spécial du parlement... Duncan Forbes en parlait l'autre jour à dîner.

— Et j'étais venue d'Ecosse, monsieur, pour voir s'il n'y avait pas moyen d'obtenir un sursis, ou un pardon, ou quelque chose comme cela, monsieur.

— Hélas! ma pauvre fille, dit le duc, vous avez entrepris un long voyage, qui, je le crains bien, sera complètement inutile... Votre sœur est condamnée à mort?

— Mais on m'a dit que la loi permettait de ne pas l'exécuter si le roi voulait lui pardonner, répliqua Jenny.

— C'est vrai, reprit le duc, mais cela dépend du cœur du roi. Le crime n'a été que trop commun; les magistrats écossais prétendent qu'il faut faire un exemple. Et puis les malheureux troubles d'Edimbourg ont excité quelques préjugés contre tout le pays, et le gouvernement semble croire qu'il faut de toute nécessité agir par intimidation. Quelles raisons avez-vous, ma pauvre fille, outre l'excellence de votre affection de sœur, à produire en sa faveur? Quelle recommandation avez-vous? Qui connaissez-vous à la cour?

— Personne excepté Dieu et Votre Grâce, dit Jenny.

— Hélas! répondit le duc, je pourrais presque dire avec le vieil Ormond, qu'il n'y a personne dont l'influence soit aussi nulle auprès du roi ou de ses ministres. Nous sommes dans une terrible situation, ma pauvre enfant, je veux parler de la situation d'hommes dans ma position, le public leur attribue une influence qu'ils ne possèdent pas, et l'on s'attend à ce que nous donnions un appui bien au delà de nos forces. Mais on peut toujours agir avec candeur et sincérité, et je ne puis pas vous laisser croire que j'aie le pouvoir de détourner le coup qui est venu frapper votre sœur... Elle devra mourir.

— Nous devons tous mourir, monsieur, dit Jenny, c'est là notre sort commun depuis la faute de notre premier père; mais nous ne devons pas cependant nous pousser les uns les autres hors de la vie, Votre Honneur sait cela mieux que moi.

— Ma chère enfant, dit le duc avec bonté, nous sommes tous prêts à blâmer la loi qui vient nous frapper; mais vous semblez avoir reçu une éducation supérieure à celle des personnes de votre rang, et vous devez savoir que les lois divines et humaines condamnent à mort le meurtrier.

— Mais, monsieur, Effie... ma pauvre sœur, monsieur... on n'a pas pu prouver qu'elle fût coupable; et si elle est innocente, et que néanmoins la loi prenne sa vie, de quel côté se trouve le meurtrier?

— Je ne suis pas jurisconsulte, dit le duc, et j'avouerai que je crois la loi trop sévère.

— Vous êtes législateur, monsieur, vous devez donc avoir pouvoir sur la loi, reprit Jenny.

— Non pas individuellement, dit le duc, ce n'est que comme membre du parlement que j'ai à me prononcer sur la législation. Mais cela ne peut vous être d'aucune utilité, et je n'ai réellement pas, à présent, assez d'influence auprès du souverain pour lui demander même la faveur la plus légère. Qui a pu vous engager, ma jeune fille, à vous adresser à moi?

— Vous-même, monsieur.

— Moi-même? répliqua-t-il, mais vous ne m'aviez jamais vu.

— Non, monsieur, mais tout le monde sait que le duc d'Argyle est l'ami de son pays, que vous combattez, et que vous tenez bon pour ce qui est juste, et qu'il n'y en a pas un autre comme vous dans Israël, si bien que ceux qui se croient injuriés cherchent l'abri de votre protection; et si vous ne voulez pas vous occuper de sauver la vie d'une pauvre innocente qui appartient à votre peuple, qu'avons-nous à espérer des Méridionaux et des étrangers? Mais, outre cela, j'ai une autre raison d'espérer l'appui de Votre Honneur.

— Et quelle est cette raison? demanda le duc.

— J'ai entendu dire à mon père que la maison de Votre Grâce, et particulièrement votre père et son père, avaient versé leur sang sur l'échafaud dans le temps de la persécution. Mon père eut l'honneur de rendre témoignage, sous les barreaux de fer et au pilori, ainsi qu'on le voit écrit dans les livres de Pierre Walker le portebaille, que Votre Honneur connaît probablement. Et puis, monsieur, il y a quelqu'un qui porte un intérêt qui a désiré que je vienne trouver Votre Grâce, parce que son grand-père avait rendu service à votre gracieux grand-père, comme vous le verrez dans ces papiers.

Elle remit en même temps au duc les papiers qu'elle avait reçus de Butler. Il les ouvrit et sur l'enveloppe : « Rôle de l'effectif de la troupe de ce saint gentilhomme, le capitaine Salathiel Trouvetexte... Obadiah Muggleton... Méprise-péché Deux-coups, Persiste-en-ta-foi Gipps, Tourne-à-droite Tapefort... » Que diable avons-nous là?... C'est, je crois, une liste du parlement. « Loue-Dieu Osrongés, ou bien le rôle de l'armée évangélique du vieux Olivier... » Ce dernier a dû bien comprendre le commandement de droite et de gauche, si on en juge par son nom... » Mais qu'est-ce que tout cela veut dire, mon enfant?

— C'est l'autre papier, monsieur, dit Jenny toute honteuse de cette méprise.

— Ah! oui, c'est bien là l'écriture de mon infortuné grand-père.

« Je certifie par les présentes à tous ceux qui ont quelque affection pour la maison d'Argyle que Benjamin Butler, du régiment de dragons de Monk, m'a, après Dieu, sauvé de quatre soldats anglais qui étaient sur le point de me tuer. N'ayant en ce moment d'autres moyens de le récompenser, je lui donne ce présent certificat dans l'espoir qu'il pourra lui être utile, à lui ou aux siens, pendant ces temps de troubles. Et je conjure mes amis, tenanciers, parents ou tous autres qui ont quelque regard pour moi, soit dans la plaine, soit dans les montagnes, d'aider et protéger ledit Benjamin Butler, et ses amis ou sa famille, en toute occasion honnête, leur donnant tout appui, assistance et secours qui pourra compenser le service qu'il m'a rendu. En foi de quoi j'ai signé.

» LORNE. »

— C'est là une excellente recommandation. Ce Benjamin Butler était votre grand-père, je suppose: vous paraissez trop jeune pour avoir été sa fille?

— Il ne m'était pas parent, monsieur, il était grand-père de... du fils d'un voisin... de quelqu'un qui me veut beaucoup de bien, monsieur, dit-elle en faisant une révérence.

— Oh! je comprends, dit le duc, il y a un peu d'amour là-dessous. Il était grand-père de quelqu'un qui a votre parole?

— Il avait ma parole, monsieur, reprit Jenny en soupirant, mais cette malheureuse affaire de ma sœur.

— Quoi? dit le duc aussitôt, il ne vous a pas abandonnée à cause de cela, j'espère?

— Non, monsieur, il n'est pas homme à déserter un ami qui se trouve dans l'embarras, répondit Jenny, mais il doit songer à sa position aussi bien qu'à la mienne. Il est dans les ordres, monsieur, et il ne conviendrait pas qu'il épousât une femme comme moi, qui ai éprouvé ce malheur.

— Vous êtes une jeune femme bien extraordinaire, repartit Argyle; vous semblez penser à tout le monde avant de penser à vous. Et êtes-vous réellement venue d'Edimbourg à pied pour essayer de sauver votre sœur en sollicitant mon appui?

— Je n'ai pas fait tout le chemin à pied, monsieur, dit Jenny, parce que quelquefois j'ai pu monter dans une charrette, et puis j'ai pris un cheval à Ferrybridge, et ensuite la voiture.

— Bien, bien, cela ne fait rien, interrompit le duc; mais quelles raisons avez-vous de croire votre sœur innocente?

Jenny lui remit les extraits des témoignages et les copies des déclarations de sa sœur, que Butler s'était procurés après son départ, et que Saddletree avait envoyés à Londres à l'adresse de madame Glass.

— Asseyez-vous, mon enfant, que je jette un coup d'œil sur ces papiers, dit le duc.

Elle obéit, et étudia avec anxiété tous les sentiments qui venaient se peindre sur sa physionomie à mesure qu'il parcourait les documents et prenait quelques notes. Quand il les eut lus rapidement, il releva la tête comme pour parler; puis, craignant probablement de se prononcer trop hâtivement, il se remit à lire de nouveau les passages qu'il avait annotés. Il se leva enfin, et après quelques minutes de réflexion :

— Votre sœur, lui dit-il, semble traitée bien cruellement.

— Dieu vous bénisse, monsieur, pour cette bonne parole! répondit Jenny.

— Cela me semble contraire à l'esprit des lois anglaises, continua le duc, on ne peut pas supposer prouvé ce dont on n'a pas de preuves, ou ne peut pas punir un crime qui peut-être n'a jamais été commis.

— Dieu vous bénisse, monsieur! répéta Jenny, qui s'était levée de son siége, avait joint les mains, et recueillait pieusement les moindres paroles qui tombaient de la bouche du duc.

— Mais, hélas! ma pauvre enfant, continua-t-il, quel bien vous fera la bonne opinion que je puis avoir de cette affaire, à moins que je ne puisse la faire partager à ceux qui en leurs mains la vie de votre sœur? Et puis je ne suis pas légiste; il faut que je parle à quelques-uns de nos jurisconsultes écossais de cette affaire.

— Oh! monsieur, ce qui semble raisonnable à Votre Honneur, leur paraîtra juste aussi, reprit Jenny.

— Je n'en suis pas certain, dit Argyle, vous connaissez le proverbe : Chacun ferme sa boucle à sa guise. Mais votre confiance en moi ne sera pas tout à fait déçue. Laissez-moi ces papiers, et je vous ferai prévenir demain ou le jour après. Ayez soin d'être chez madame Glass et prête à venir quand je vous ferai appeler. Il ne sera pas nécessaire que madame Glass vous accompagne.... Et, à propos, ayez le même costume qu'aujourd'hui.

— J'aurais mis un bonnet, monsieur, dit Jenny, mais Votre Honneur sait que les filles de mon pays n'en mettent pas; et j'ai pensé que Votre Grâce, qui est si loin de ses montagnes, verrait un tartan avec plaisir.

— Vous avez eu raison, répondit le duc, je sais ce que vaut un plaid, et le cœur de Mac Callum More sera plus froid que le marbre avant que la vue d'un tartan cesse de le faire battre. Maintenant, retournez, et soyez prête à venir quand je vous enverrai quérir.

— Ne craignez rien, monsieur, répliqua Jenny, car je n'ai pas grand désir d'aller voir ce grand désert de maisons noires. Mais si Votre Grâce me le permettait, je vous dirais que si vous daignez parler à quelqu'un qui soit de plus haut lignage que vous, quoique ce ne soit peut-être pas poli de ma part de vous le dire, il vous plaira seulement vous rappeler qu'il n'y a pas autant de différence entre vous et eux qu'entre la pauvre Jenny Deans de Saint-Léonard et le duc d'Argyle : ainsi donc, tenez bon et ne vous découragez pas à la première réponse défavorable.

— Je n'ai pas l'habitude, dit le duc en souriant, de faire beaucoup d'attention aux réponses défavorables. Cependant, que ce que je vous ai dit ne vous fasse pas trop espérer. Je ferai de mon mieux, mais Dieu tient le cœur des rois dans sa main.

Jenny fit une révérence et se retira, suivie par le domestique du duc jusqu'à la voiture qui l'avait amenée : la longueur de l'audience qu'elle avait obtenue d'Argyle lui valut des attentions respectueuses que l'on n'aurait peut-être pas accordées à son costume.

CHAPITRE XXXIV.

La bonne et attentive madame Glass interrogea soigneusement Jenny pendant leur retour au Strand, où le chardon de la bonne dame s'étalait dans toute sa splendeur, avec la devise : *Nemo me impuné lacessit*, au-dessus de la porte d'une boutique bien connue alors de tous les Ecossais que leurs affaires ou leurs plaisirs retenaient à Londres.

— Êtes-vous bien sûre que vous lui avez toujours dit Votre Grâce? demanda la bonne dame, car on ne doit pas confondre Mac Callum More avec tous ces individus d'ici qu'ils appellent lords... Il y en a tant, Jenny, que cela ferait croire qu'il n'est guère difficile d'en créer... Il y en a à qui je ne voudrais pas faire crédit pour une pièce de douze sous de tabac... Il y en a d'autres pour lesquels je me donnerais pas la peine d'en peser pour un sou... Mais j'espère que vous n'avez pas oublié mes leçons; car qu'est-ce qu'il penserait de vos amies de Londres si vous l'aviez traité comme un lord, lui qui est duc?

— Il n'a pas semblé y faire attention, dit Jenny, il savait que je n'étais pas de ce pays.

— Oui! oui! répondit la bonne dame, Sa Grâce me connaît très-bien : si bien que cela me gêne moins. Il ne vient jamais pour faire remplir sa tabatière sans me dire : Comment allons-nous, ma bonne madame Glass? Comment se portent tous nos amis de là-bas? Ou bien encore : Avez-vous eu des nouvelles du Nord depuis quelques jours? Alors je lui tire ma meilleure révérence et je lui réponds : Milord duc, j'espère que la noble duchesse de Votre Grâce et les jeunes demoiselles de Votre Grâce sont en bonne santé; et j'espère que mon tabac continue à plaire à Votre Grâce! Alo s il faut voir tous ceux qui sont dans la boutique regarder autour d'eux, et s'il y a des Ecossais (il y en a quelquefois une demi-douzaine), tout le monde retire son chapeau, tout le monde le regarde, et quand il s'en va, on s'écrie : « Le voilà le véritable prince d'Ecosse, Dieu le bénisse! » Mais vous ne m'avez pas encore raconté ce qu'il vous a dit.

Jenny était pleine de prudence et de discrétion; elle répondit en peu de mots que Votre Grâce l'avait reçue avec bonté, lui avait promis de faire quelques démarches en faveur de sa sœur, et l'enverrait chercher le lendemain ou le jour suivant. Madame Glass fut obligée de se contenter de cette explication; tous ses efforts furent inutiles, elle ne put rien apprendre davantage.

Le lendemain, ainsi qu'il est facile de le supposer, elle refusa toute invitation de sortir pour voir la ville.

— Cela vous aiderait à passer le temps, ma cousine, lui disait la bonne marchande, le chagrin n'empêche pas de voir ce qu'il y a de curieux..,

Tout le jour s'écoula dans un espoir tristement déçu : les minutes s'écoulèrent, les heures s'enfuirent les unes après les autres, et il se fit enfin si tard, qu'elle fut obligée de s'avouer à regret qu'elle n'apprendrait rien de nouveau ce jour-là.

Le lendemain, vers midi, un domestique entra dans la boutique de madame Glass, et désira parler à une jeune femme d'Ecosse.

— C'est ma cousine Jenny Deans, monsieur Archibald, répondit aussitôt madame Glass, avez-vous quelque chose à lui dire de la part de Sa Grâce le duc d'Argyle, monsieur Archibald? je vais le lui dire dans une minute?

— J'aurais besoin de la voir elle-même, madame Glass.

— Jenny! Jenny Deans! s'écria madame Glass du bas de l'escalier, Jenny! Jenny Deans! descendez tout de suite! Voici un gentilhomme de la chambre du duc d'Argyle qui veut vous voir tout de suite!

Jenny ne tarda guère à répondre à cet appel.

— Je suis chargé de vous prier de m'accompagner, lui dit Archibald.

— Est-ce que ma cousine va sortir, monsieur Archibald, demanda madame Glass, alors je vais aller avec elle? James Rasper!... Aie l'œil à la boutique, James... Monsieur Archibald, ajouta-t-elle en lui présentant une de ses vases de tabac, vous usez du même que Sa Grâce, je crois? Refaites votre provision pendant que je m'apprête.

M. Archibald refit modestement sa provision, mais il se trouva obligé en même temps d'avouer à madame Glass qu'il avait ordre de n'emmener que la jeune personne.

— Seulement la jeune personne, répéta madame Glass, n'est-ce pas bien extraordinaire, monsieur Archibald? Mais si Sa Grâce vous l'a ordonné... Et puis vous êtes un brave et honnête homme, monsieur Archibald. Je ne confierais pas ma cousine à tous ceux qui viennent de chez les grands... Mais, Jenny, vous ne pouvez pas aller dans les rues avec ce... comment l'appelez-vous?... ce plaid sur vos épaules, comme si vous arriviez avec un troupeau de bétail des montagnes. Attendez un peu, je vais vous descendre mon mantelet de soie; vous feriez courir tous les gamins après vous.

— J'ai une voiture ici près, madame, dit Archibald, et je crains que mademoiselle n'ait le temps de changer.

Il se hâta en même temps de conduire Jenny à la voiture, et faisant asseoir Jenny sur le siège du fond, il se plaça vis-à-vis, et les chevaux partirent. A la grande surprise de Jenny, la voiture ne suivit pas le chemin qu'elle avait pris la première fois pour aller chez le duc, et quand elle s'arrêta, ils étaient sur une grande route en dehors de Londres, à un endroit où se trouvait un carrosse à quatre chevaux; les portières étaient sans armoiries, le cocher et les autres domestiques étaient sans livrée.

— Vous êtes très-exacte, Jenny, lui dit le duc quand Archibald eut ouvert la portière, il faut maintenant que vous m'accompagniez : Archibald vous attendra ici avec la voiture de place.

Avant que Jenny pût répondre, elle se trouva assise à côté d'un duc dans une magnifique voiture qui roulait beaucoup plus légèrement que l'informe fiacre dans lequel elle était venue.

— Ma chère enfant, lui dit le duc, j'ai réfléchi avec beaucoup d'attention à cette affaire de votre sœur, et je suis frappé de cette idée, que ce serait peut-être commettre une grande injustice que de mettre la sentence à exécution. C'est aussi l'opinion d'un ou deux profonds jurisconsultes que j'ai consultés... Ecoutez jusqu'à la fin, avant de me remercier. Je vous ai déjà dit que mon opinion n'avait guère d'importance, et qu'il fallait que je la fisse partager à d'autres. Si bien que j'ai fait pour vous ce que je n'aurais certainement pas fait pour moi-même, j'ai demandé une audience à une dame qui a tout pouvoir sur le roi. Cette audience m'est accordée, et je voudrais que vous vissiez cette dame qu'elle vous entendît. Vous n'avez rien à craindre : contez-lui votre histoire aussi simplement que vous me l'avez racontée.

— Je suis très-reconnaissante à Votre Grâce, dit Jenny se rappelant les leçons de madame Glass, et puisque j'ai eu le courage de parler à Votre Grâce en faveur de ma pauvre Effie, je n'ai aucune raison d'avoir peur de parler à une dame. Seulement, monsieur, je voudrais savoir comment l'appeler? Faut-il dire Votre Grâce, Votre Honneur ou Votre Seigneurie? et je tâcherai de ne pas l'oublier, car je sais que les dames tiennent plus que les messieurs à leurs titres honorifiques.

— Vous n'avez pas besoin de l'appeler autre chose que madame. Dites ce que vous croirez devoir produire la meilleure impression... Regardez de mon côté de temps en temps... Si je mets ma main à ma cravate, vous vous arrêterez; mais je ne le ferai que quand vous direz quelque chose qui pourrait déplaire.

— Mais, monsieur, reprit Jenny, si ce n'était pas abuser de votre bonté, ne vaudrait-il pas mieux me dire ce que je dois répéter, et je l'apprendrais par cœur?

— Non, Jenny, cela n'aurait pas le même effet, ce serait comme quand on lit un sermon. Vous savez, nous autres presbytériens, nous ne croyons pas qu'il y ait autant d'onction que s'il est prononcé sans avoir recours au manuscrit. Parlez à cette dame avec autant de franchise et de hardiesse que vous m'avez parlé avant-hier, et si vous vous faites écouter, je vous parie six blancs, comme on dit dans le Nord, que vous aurez le pardon du roi.

Il sortit alors quelques papiers de sa poche, et Jenny eut le bon sens de comprendre que cela lui disait de ne plus faire de questions.

Ils arrivèrent bientôt à une petite porte construite dans un long mur de briques; la voiture s'arrêta, le duc descendit, et frappa un ou deux légers coups. On ouvrit de l'intérieur un petit guichet, et, à la vue du duc, la porte elle-même s'ouvrit, et le duc entra suivi de Jenny. Ils étaient dans un parc, à l'extrémité d'une longue allée, formée par des arbres séculaires dont les rameaux se penchaient les uns vers les autres, et se joignaient pour suspendre dans les airs une admirable voûte de verdure.

CHAPITRE XXXV.

Quittant bientôt l'étroite allée qu'ils avaient suivie depuis leur entrée dans le parc, ils entrèrent dans une autre plus large et plus longue encore; quelques personnes s'approchaient de leur côté. Il y avait deux dames, dont l'une marchait un peu derrière l'autre, mais assez près pour qu'elles pussent converser sans en être la première fût obligée de se retourner. Comme elles s'approchaient très-lentement, Jenny eut le temps d'étudier leurs physionomies. Le duc ralentit son pas pour lui donner le temps de se remettre, et lui dit à plusieurs reprises de ne pas avoir peur. La dame qui marchait la première avait une noble figure, sur laquelle la petite vérole avait malheureusement laissé ses traces : ses yeux étaient pleins de vivacité, ses dents blanches comme l'ivoire, et elle semblait pouvoir prendre à volonté un air plein de dignité ou de courtoisie. Elle était un peu grasse, son costume était riche et ses manières dignes.

L'autre dame était plus petite, ses cheveux étaient châtain clair, et ses yeux d'un bleu ravissant. Il eût été impossible de dire que ses traits étaient tout à fait réguliers, cependant leur expression était des plus agréables. Quand elle se taisait, un air de mélancolie se répandait sur sa figure; mais quand elle parlait, sa bouche s'ornait des plus doux sourires.

Quand le duc fut à dix ou douze pas de ces dames, le duc fit signe à Jenny de rester où elle était, et, s'avançant avec toute l'élégance qui lui était naturelle, il fit un profond salut, que la dame lui rendit, d'un air étudié, mais plein de dignité.

— J'espère, lui dit-elle souriant avec bonté, que le duc d'Argyle, qui est depuis si longtemps étranger à la cour, se porte aussi bien que ses amis d'ici et de partout peuvent le désirer?

Le duc répondit qu'il s'était bien porté, et ajouta que les nombreuses affaires qui l'avaient occupé dans le parlement, et l'embarras d'un voyage qu'il avait fait en Ecosse, l'avaient seuls empêché d'être aussi attentif à s'acquitter de ses devoirs à la cour qu'il l'aurait désiré.

— Quand Votre Grâce pourra trouver un moment pour remplir des devoirs aussi frivoles, répliqua la reine, vous savez que vous avez le droit d'être toujours bien accueilli. J'espère que la promptitude que j'ai mise à accéder au désir que vous avez exprimé hier à lady Suffolk vous est une preuve suffisante qu'une personne au moins de la famille royale n'a pas oublié d'anciens et importants services : je n'ai aucune rancune de ce que vous avez semblé nous négliger dernièrement.

Argyle répondit qu'il se croirait le plus malheureux des hommes si on pouvait le supposer capable de négliger ses devoirs dans des moments ou dans des circonstances où l'on aurait désiré sa présence. Il était profondément reconnaissant de l'honneur que Sa Majesté voulait bien lui faire personnellement en ce moment, et elle verrait bientôt, il l'espérait, que c'était pour une affaire qui intéressait Sa Majesté, autrement il n'aurait pas été assez hardi que de l'importuner à ce point.

— Vous ne pouvez pas m'obliger davantage, duc, répliqua la reine, qu'en me donnant l'appui de vos conseils et de votre expérience sur ce qui regarde le service du roi. Votre Grâce sait que je ne puis être que l'intermédiaire qui peut soumettre ce dont il s'agit à la suprême sagesse de Sa Majesté; mais s'il est question d'une affaire qui vous intéresse personnellement, elle aura tout l'appui dont je puis disposer.

— Ce n'est pas de moi qu'il s'agit, madame, repartit le duc, et je n'ai aucune supplique personnelle à présenter; mais je sens néanmoins combien je suis l'obligé de Votre Majesté. C'est une affaire qui intéresse Sa Majesté, car il est juste et clément; et je n'en doute pas, elle lui sera hautement utile pour apaiser cette malheureuse irritation qui règne parmi les loyaux sujets de Sa Majesté en Ecosse.

Cette réponse ne fut pas des plus agréables à Caroline : elle s'était flattée que le duc d'Argyle avait enfin consenti à employer son influence pour faire sa paix avec le ministère, et être réintégré dans toutes les fonctions dont il avait été privé : puis elle pensait que l'irritation de l'Ecosse était un mécontentement qu'il fallait réprimer plutôt qu'apaiser.

Elle se hâta donc de lui répondre :

— Si Sa Majesté a de loyaux sujets en Angleterre, milord, il doit en remercier Dieu et la loi; s'il a des sujets en Ecosse, il le doit, je crois, à Dieu et à son épée.

Tout courtisan qu'il était, le duc rougit légèrement; la reine, voyant aussitôt l'erreur qu'elle venait de commettre, ajouta, sans changer de ton, et comme si elle eût achevé sa phrase :

— Et à l'épée de ces vrais Ecossais qui, comme Sa Grâce le duc d'Argyle, sont les amis de la maison de Brunswick.

— Mon épée, madame, comme celle de mes pères, répliqua le duc, a toujours été aux ordres de mon roi légitime et de mon pays : il est impossible, je crois, de diviser leurs intérêts et leurs droits. Mais l'affaire dont il s'agit n'est pas de si haute importance, et n'a de rapports qu'à une pauvre et obscure personne.

— Quelle est cette affaire, milord? demanda la reine. Voyons un peu de quoi nous parlons, de peur que nous ne nous méprenions.

— Cette affaire, madame, répondit le duc, regarde une malheureuse jeune femme qui est maintenant condamnée à mort en Ecosse pour un crime dont il est probable qu'elle est innocente. Et je viens humblement prier Votre Majesté de vouloir bien intercéder auprès du roi pour obtenir son pardon.

Ce fut au tour de la reine à rougir, ses joues, son front, ses bras et sa gorge devinrent pourpres. Elle resta un moment en silence, comme si elle eût voulu retarder l'expression de son haut déplaisir, et prenant un air de dignité, elle lui dit enfin :

— Je ne vous demanderai pas, milord, quelles raisons ont pu vous porter à m'adresser une requête que les circonstances rendent si extraordinaire. Comme pair d'Angleterre, comme conseiller privé, vous avez le droit de demander une audience de moi, et vous ne m'auriez pas donné le désagrément de cette discussion. J'ai eu, je crois, assez de pardons écossais!

Le duc s'attendait à cette explosion de colère et n'en parut pas effrayé. Il n'essaya pas de répondre à la reine aussi longtemps qu'il la vit indignée : il resta dans la même attitude de respect qu'il avait prise dès le commencement de l'entrevue. La reine vit bientôt qu'elle lui donnerait tous avantages en se laissant aller à la colère, et elle ajouta du ton bienveillant qu'elle avait pris tout d'abord :

— Vous devez m'accorder quelques-uns des privilèges de mon sexe, milord, et ne pas me juger sur l'émotion éphémère que m'a causée le souvenir de l'indigne insulte faite à l'autorité royale dans votre capitale, au moment même où j'en étais dépositaire. Votre Grâce doit comprendre combien je l'ai ressentie alors, et comme je me la rappelle en ce moment.

— C'est une chose qui ne peut certainement pas être oubliée de sitôt, répondit le duc. Il y a longtemps que j'ai confié à Votre Majesté mon humble opinion là-dessus, et si je me serais exprimé bien maladroitement si je n'ai pas fait comprendre à Votre Majesté toute l'horreur que j'ai éprouvée pour un meurtre commis dans des circonstances aussi extraordinaires. Je puis, il est vrai, avoir été assez malheureux pour ne pas me rencontrer avec les conseillers de Sa Majesté sur la question de savoir s'il était juste ou politique de punir l'innocent au lieu du coupable; mais j'espère que Votre Majesté me permettra d'éviter une discussion dans laquelle j'ai le regret de ne pas être d'accord avec ces prudents ministres.

— Nous laisserons de côté ce chapitre, sur lequel nous différerions probablement, dit la reine, je puis cependant vous dire un mot en secret.... Vous savez que notre excellente lady Suffolk est un peu dure d'oreille... Quand le duc d'Argyle sera disposé à prendre connaissance avec son roi et sa reine, il trouvera difficilement un chapitre sur lequel il y aura matière à discussion.

— Permettez-moi d'espérer, dit le duc en saluant profondément à cette flatteuse intimation, que je ne l'aurai pas trouvé en cette occasion.

— Je dois d'abord vous faire faire votre confession, milord, dit la reine, autrement je ne pourrais vous donner d'absolution. Pourquoi prenez-vous un aussi grand intérêt à cette jeune femme? Elle ne me paraît pas pouvoir alarmer la jalousie de mon amie la duchesse.

— Je crois que Votre Majesté, répliqua le duc en souriant, me croit trop bon juge pour cela.

— Eh bien! alors, quoiqu'elle n'ait pas trop l'air d'une grande dame, elle tient la place d'un trentième cousin dans le terrible chapitre d'une généalogie écossaise.

— Non, madame, dit le duc, mais je serais heureux que certains de mes plus proches parents aient la moitié de sa candeur, de sa bonté, de son affection.

— Allons, ce doit pour le moins être une Campbell? dit la reine.

— Non, madame, elle n'a pas cet honneur, si je puis m'exprimer ainsi, répondit le duc.

— Vraiment? Mais elle vient d'Inverary ou du comté d'Argyle? reprit la reine.

— Elle n'a de sa vie été plus au nord qu'Edimbourg, madame.

— Alors, je ne sais plus qu'imaginer, dit la reine, et Votre Grâce doit avoir la complaisance de m'expliquer ce que cela veut dire.

Le duc dit en quelques mots comment Effie Deans se trouvait condamnée à mort aux termes d'une loi extraordinaire, et raconta tout ce que Jenny avait fait pour sa sœur tout en refusant de pallier la vérité et de mentir à sa conscience. La reine l'écouta attentivement: elle aimait assez à discuter, et elle trouva bientôt quelques raisons à objecter à la requête du duc.

— Il me semble réellement, milord, lui dit-elle, que la loi est bien sévère. Cependant, on a dû avoir quelques raisons de l'adopter: c'est la loi du pays, et la jeune fille a été légalement condamnée. Les présomptions que la loi accepte comme preuves positives existent toutes entières: et ce que Votre Grâce a dit touchant la possibilité de l'innocence de l'accusée peut offrir une excellente raison pour abolir cette loi; mais aussi longtemps qu'elle existe, on ne peut pas arguer de cela en faveur de la personne frappée par la loi.

Le duc se garda de suivre la reine dans une discussion où elle se serait entêtée dans son opinion.

— Si Votre Majesté, dit-il, daignait entendre ma pauvre compatriote elle-même, peut-être trouverait-elle dans votre cœur un allié qui combattrait les doutes que vous inspire votre sagesse plus heureusement que je ne puis le faire.

La reine sembla y consentir, et le duc fit signe à Jenny de s'approcher.

Jenny pria d'une voix douce et mélodieuse Sa Seigneurie d'avoir pitié d'une pauvre créature égarée.

— Levez-vous, jeune femme, lui dit la reine d'un ton compatissant, et dites-moi quelle espèce de barbares sont vos compatriotes pour qu'il soit besoin de lois pareilles pour empêcher les infanticides.

— S'il plaît à Votre Seigneurie, répondit Jenny, ce n'est pas seulement en Ecosse que les mères sont cruelles pour leurs enfants.

Ceci se passait au moment où les querelles entre Georges II et son fils Frédéric, le prince de Galles, étaient à leur plus haute intensité. La partie charitable du public en rejetait tout le blâme sur la reine. Elle rougit profondément et jeta un regard perçant sur Jenny, puis sur le duc. Ni l'un ni l'autre ne parurent émus: Jenny ignorait le coup qu'elle avait porté; le duc était courtisan, mais il se dit à part lui: Ma malheureuse protégée vient de s'enlever la seule chance de succès qu'elle avait.

Lady Suffolk vint habilement et généreusement au secours de Jenny.

— Exposez à cette dame, dit-elle à Jenny, quelques-unes des raisons qui rendent ce crime si commun dans votre pays.

— Il y en a qui croient que c'est l'assemblée de l'Eglise... c'est-à-dire... c'est le... c'est le petit banc, sauf le respect de Votre Seigneurie, dit Jenny faisant une révérence et baissant les yeux.

— Le petit quoi? demanda lady Suffolk, qui était un peu sourde.

— Le banc de repentir, madame, sauf le respect je vous dois, répondit Jenny, quand on a eu une vie trop légère, et que l'on a failli au septième commandement.

Ici notre héroïne leva les yeux vers le duc, et voyant qu'il avait la main à son menton, elle s'arrêta court, et ne sachant ce qu'elle avait dit de répréhensible, elle donna de force à l'allusion en paraissant quelque peu embarrassée.

Lady Suffolk se retira en arrière comme aurait fait une personne qui voulant intervenir entre deux combattants se serait attiré la colère du plus dangereux.

— Bon! pensa le duc, encore une mauvaise affaire sur les bras. Elle tire à droite et à gauche sur amis et alliés. Il advint, cependant, que la dernière maladresse de Jenny répara la première, car Sa Majesté n'était pas tellement reine qu'elle eût tout à fait oublié ses prérogatives d'épouse, et elle aimait les brocards qui s'adressaient à la bonne Suffolk. Elle se tourna vers le duc en souriant et lui dit:

— Vos Ecossais sont un peuple très-moral.

Puis se tournant de nouveau vers Jenny, elle lui demanda comment elle était venue d'Ecosse.

— A pied presque tout le long du chemin, madame, répliqua Jenny.

— Quoi! toute cette immense route à pied? Quelle distance pouvez-vous parcourir en un jour?

— Vingt-cinq milles et un bout.

— Et en quoi? dit la reine en se tournant vers le duc.

— Probablement cinq milles de plus, répliqua le duc.

— Je croyais être une bonne marcheuse, dit la reine, mais je n'approche pas de cela.

— Puisse Votre Seigneurie n'avoir jamais un cœur si triste qu'elle ne puisse ressentir la fatigue du corps! dit Jenny.

— Ah! se dit le duc, ceci vaut mieux: c'est la première bonne chose qu'elle ait dite.

— Mais, ajouta-t-elle, je n'ai pas précisément fait toute la route à pied non plus: parfois j'ai fait un bout en charrette, puis à Ferrybridge j'ai eu un cheval, et d'autres aisances de ce genre, dit Jenny, qui coupa court à l'histoire de son voyage, car elle vit le duc porter la main à sa cravate.

— Avec tout cela, reprit la reine, vous avez fait un voyage bien fatigant, et je crains bien qu'il ne reste inutile; car, si le roi pardonnait à votre sœur, il est probable que cela ne lui servirait guère, votre peuple d'Edimbourg la pendrait par contradiction.

— Allons, se fit le duc, elle va se couler complétement: mais il se trompait. Les dangers qu'elle n'avait pu éviter se trouvaient au-dessous de l'eau, celui-ci était visible et elle sut s'en garer.

— Elle avait la certitude, dit-elle, que la ville et la campagne se réjouiraient de voir Sa Majesté prendre compassion d'une pauvre créature abandonnée.

— Sa Majesté n'a pas trouvé qu'il en fût ainsi dernièrement, dit la reine; mais milord lui conseillerait peut-être de demander à la canaille qui l'on doit pendre et qui l'on doit pardonner.

— Non, madame, répliqua le duc, mais je conseillerais à Sa Majesté de suivre les inspirations de son cœur et du cœur de sa royale compagne, et alors, j'en suis sûr, les coupables seront châtiés, quoiqu'à regret.

— Cependant, milord, dit Sa Majesté, tous ces beaux discours ne me convainquent pas de la nécessité de donner sitôt une preuve de faveur à vos... je ne dois pas dire rebelles, n'est-ce pas?... à votre métropole grondeuse et intraitable. Voyez! toute la nation semble s'être entendue pour protéger et cacher les féroces et abominables meurtriers de ce malheureux. Comment serait-il possible autrement que l'on n'en eût pas trouvé un seul après tant de recherches? Cette fille elle-même peut savoir où sont les coupables! Dites-moi, jeune femme, aviez-vous quelques amis parmi les émeutiers de l'affaire de Porteous?

— Non, madame, répondit Jenny heureuse que la question fût posée de manière à lui permettre de répondre négativement.

— Mais, continua la reine, si vous en connaissiez, vous croiriez que votre conscience vous ferait un devoir de ne pas révéler leurs noms?

— Je demanderais à Dieu de me diriger et de me montrer mon devoir, madame, répliqua Jenny.

— Oui, et vous prendriez le parti qui flatterait le plus vos inclinations.

— Oh! madame, reprit Jenny, je serais allée jusqu'au bout du monde pour sauver Porteous, ou tout autre malheureux dans sa position; mais je pourrais honnêtement douter s'il m'est imposé de chercher à venger sa mort, quoique ce puisse être le devoir des magistrats. Il est mort, il est allé à son lieu de repos, et ceux qui l'ont tué sont responsables de ce qu'ils ont fait. Mais ma sœur... ma pauvre sœur Effie, vit encore, quoique ses jours et ses heures soient comptés! Elle vit encore, et un mot des lèvres du roi pourrait la rendre à un pauvre vieux père, qui, dans ses prières du soir et du matin, n'a jamais oublié de demander au ciel que Sa Majesté eût un règne long et prospère, et que son trône et le trône de sa postérité puisse être fondé sur la justice. Oh! madame, si vous saviez ce que c'est que de pleurer et de se lamenter avec une faible et coupable créature, dont l'esprit est si troublé que l'on ne peut dire si elle vit ou si elle est morte, vous auriez pitié de nos souffrances! Détournez le déshonneur de la maison d'un honnête homme! épargnez à une malheureuse fille, qui n'a pas encore dix-huit ans, une mort terrible et prématurée! Hélas! ce n'est pas quand nous dormons sur l'édredon et que nous nous réveillons tout joyeux que nous pensons aux souffrances des autres! Nos cœurs battent légers alors, et nous voulons nous rendre justice et que partout on nous cède et nous obéisse! Mais quand vient l'heure de la détresse du corps ou de l'esprit... puisse-t-elle ne venir jamais pour Votre Seigneurie!... et quand vient l'heure de la mort... cette heure qui vient aux puissants et aux faibles... puisse-t-elle ne venir que bien tard pour vous!... ô milady! ce n'est plus à ce que nous avons fait pour notre plaisir que nous pensons alors, c'est à ce que nous avons fait pour le bonheur des autres. Et l'idée que vous êtes intervenue pour sauver la vie de la pauvre enfant vous sera plus douce que si un mot de vos lèvres pouvait faire pendre toute l'émeute de Porteous à un bout de chanvre!

Les pleurs se suivaient chauds et rapides sur les joues de Jenny, qui tremblait et rougissait d'émotion pendant qu'elle plaidait ainsi la cause de sa sœur.

— Voilà de l'éloquence, dit Sa Majesté au duc d'Argyle. Jeune femme, continua-t-elle en s'adressant à Jenny, je ne peux pas pardonner à votre sœur, mais je vous promets d'intercéder vivement auprès de Sa Majesté. Prenez ce souvenir, ajouta-t-elle en lui donnant un petit portefeuille, vous l'ouvrirez plus tard, à votre loisir, et vous y trouverez quelque chose qui vous rappellera votre entrevue avec la reine Caroline.

Jenny, voyant ses soupçons confirmés, tomba à genoux, et allait exprimer toute sa reconnaissance, quand, levant les yeux, elle vit le duc, qui craignait qu'elle en dît trop ou trop peu, porter la main à son menton.

— Nous avons fini cette affaire pour le présent, je crois, milord, dit la reine, et à votre complète satisfaction. J'espère qu'à l'avenir j'aurai le plaisir de voir Votre Grâce plus fréquemment à Richmond et à Saint-James. Allons, lady Suffolk, nous allons souhaiter le bonjour à Sa Grâce.

Le duc fit un profond salut, et aussitôt que les dames commencèrent à s'éloigner, il aida Jenny à se relever et la conduisit hors du parc.

Un souvenir terrible vint tout à coup épouvanter Jenny.

CHAPITRE XXXVI.

Le duc d'Argyle se dirigea en silence vers la petite porte par laquelle ils avaient été admis dans le parc de Richmond, qui fut si longtemps la demeure favorite de la reine Caroline. Ils étaient en dehors des murs de la propriété royale, qu'ils n'avaient pas encore échangé un mot. Le duc désirait donner le temps à Jenny de se remettre de ses émotions, et Jenny était trop absorbée par ce qu'elle avait vu, entendu ou deviné, pour faire quelques questions.

La voiture du duc était à l'endroit même où ils l'avaient laissée, et les emporta bientôt rapidement vers la capitale.

— Il me semble, Jenny, dit enfin le duc, que vous avez toute raison de vous féliciter de l'heureuse issue de votre entrevue avec Sa Majesté.

— Et cette dame était la reine elle-même? dit Jenny : j'en ai eu l'idée quand j'ai vu que Votre Grâce ne remettait pas son chapeau... Et cependant je peux à peine le croire, quoiqu'elle me l'ait dit elle-même!...

— C'était bien certainement la reine Caroline, répliqua le duc. N'avez-vous pas envie de voir ce qu'il y a dans le portefeuille?

— Croyez-vous que le pardon sera dedans? demanda vivement Jenny.

— Oh! non, répondit Argyle, ce n'est pas probable. Ils ne portent pas ces choses-là dans leur poche, à moins qu'ils ne supposent en avoir besoin; et puis Sa Majesté vous a dit que c'était le roi, et non pas elle, qui devait le donner.

— Ah! c'est vrai, dit Jenny, mais je suis encore si troublée! Mais Votre Grâce croit-elle que le pardon d'Effie est certain? ajouta-t-elle tenant encore le portefeuille sans l'ouvrir.

— Ah! dit le duc, les rois sont des bêtes qu'on ne ferre pas toujours facilement, comme nous disons dans le Nord; mais sa femme connaît son humeur, et je n'ai pas le moindre doute que c'est une chose certaine.

— Oh! Dieu soit loué! Dieu soit loué! s'écria Jenny, et Dieu veuille que la bonne dame n'ait jamais besoin de ressentir la joie que j'éprouve en ce moment!... Et que Dieu vous bénisse aussi, milord! Si je n'eusse eu votre aide, je n'aurais jamais pu l'approcher.

Le duc la laissa exprimer sa joie et sa reconnaissance tout à son aise; peut-être voulait-il voir si la curiosité ne revendiquerait pas enfin ses droits. Mais Jenny était si peu faible de ce côté, que Sa Grâce, qui semblait un peu femme sous ce rapport, fut obligée de lui rappeler de nouveau le présent de la reine. Le portefeuille fut donc ouvert.

Il contenait l'assortiment ordinaire de soies, d'aiguilles, de ciseaux, de passe-lacets, etc. Dans une petite poche intérieure, il y avait un billet de banque de cinquante livres sterling.

Le duc n'eut pas plutôt dit à Jenny la valeur de ce billet, qu'elle exprima le regret qu'elle ressentait de l'erreur qui avait eu lieu. Le portefeuille est bien assez beau pour un souvenir : voilà le nom de la reine écrit dedans, de sa propre main, sans doute... Caroline... et puis une couronne au-dessus.

Elle présenta donc le billet au duc, en le priant de trouver le moyen de le retourner à son royal propriétaire.

— Non, non, Jenny, fit le duc, il n'y a pas d'erreur. Sa Majesté sait que ce voyage vous aura beaucoup coûté, et elle désire compenser vos dépenses.

— Oh! elle est bien trop bonne, dit Jenny, et je suis heureuse de pouvoir rendre l'argent de Dumbiedikes sans avoir recours à mon père, honnête homme!

— Dumbiedikes? Ah!... N'est-ce pas un propriétaire du Mid-Lothian? demanda le duc, qui résidait quelquefois dans ce comté et connaissait la plupart des propriétaires. Il a une maison qui n'est pas loin de Dalkeith; il porte perruque surmontée d'un tricorne galonné?

— Oui, monsieur, répondit Jenny, qui désirait être sobre de communications sur ce sujet.

— Ah! mon vieil ami Dumbie! dit le duc. Je l'ai vu trois fois dans les vignes du Seigneur, et je n'ai entendu le son de sa voix qu'une seule fois.

— Non, monsieur... milord.

— Alors, c'est un de ceux qui vous désirent du bien, je suppose?

— Oui... oui... milord, répondit Jenny en hésitant et en rougissant

— Ah! si le laird s'en mêle, mon ami Butler pourrait bien n'y pas trouver son compte!

— Oh! non, monsieur! répliqua Jenny aussitôt et rougissant encore plus.

— Allons, Jenny, dit le duc, vous êtes une fille à laquelle on peut avoir toute confiance, et je n'ai pas à m'enquérir de vos affaires. Mais quant à ce pardon, il faut que je m'occupe de le faire expédier en due forme. Et j'aurai occasion d'envoyer un exprès en Écosse qui voyagera plus vite et plus sûrement que vous ne pourriez faire; j'aurai soin que le pardon arrive en lieu utile. En attendant, vous pouvez annoncer votre heureuse réussite à vos amis par la poste.

— Votre Honneur pense-t-elle, dit Jenny, que cela fera aussi bien que si je me remettais en route pour retourner à la maison?

— Beaucoup mieux, certainement. Vous savez que les routes ne sont pas sûres pour une femme qui voyage seule. Et puis, j'ai un plan qui vous regarde. Une des femmes de la duchesse, et un de mes gens, Archibald, que vous connaissez, doivent aller à Inverary dans une de mes voitures, avec quatre chevaux que j'ai achetés dernièrement : il y aura une place pour vous jusqu'à Glasgow, et là Archibald trouvera le moyen de vous envoyer en sûreté à Édimbourg. Quand vous serez en route, je voudrais que vous apprissiez à la femme qui vous accompagnera tout ce que vous savez de l'art de faire des fromages, parce qu'elle aura soin de ma laiterie, et je parierais que vos poêles de lait sont ce qu'il y a de plus propre au monde.

— Est-ce que Votre Honneur aime le fromage? demanda Jenny avec empressement.

— Si je l'aime? dit le duc prévoyant la réponse qui allait suivre : des galettes et du fromage sont un dîner d'empereur, à plus forte raison d'un montagnard.

— Parce que, reprit Jenny d'un air de satisfaction et de modeste confiance, nous avons une certaine réputation pour nos fromages; on dit même parfois qu'ils sont aussi bons que le vrai dunlop; et si Votre Grâce voulait en accepter une vingtaine de livres, cela nous rendrait bien heureux! Mais peut-être que vous aimez mieux le fromage de Buckholmside, fait avec du lait de brebis, ou peut-être, comme vous êtes des montagnes, vous préférez celui qui est fait de lait de chèvre, et je ne sais pas les faire tout à fait aussi bien; mais je pourrais dire un mot à ma cousine Jenny, qui demeure à Lockermachus dans le Lammermuir... et...

— Oh! ce n'est pas la peine, dit le duc, c'est le dunlop que je préfère, et je vous serai très-obligé si vous pouvez m'en envoyer un à Parc-Caroline. Mais faites-en tout honneur, Jenny, qu'il n'y ait que vous qui y mettiez la main, car je suis un excellent connaisseur.

— Oh! je ne crains rien, repartit Jenny, je suis sûre que Votre Grâce sera contente, car vous avez l'air d'être de ceux qui sont tou-

jours satisfaits quand on fait de son mieux, et sous ce rapport je saurai vous contenter.
Le duc était un agriculteur distingué, et ils commencèrent une discussion sur les diverses qualités des vaches laitières d'Ecosse, qu'il cessa à regret, quand la voiture s'arrêta à l'endroit où Archibald attendait avec le fiacre. Pendant que le cocher préparait ses maigres chevaux, le duc recommanda à Jenny de ne pas être trop communicative avec son hôtesse.
— Il est inutile, lui dit-il, de parler d'affaires qui ne sont pas encore terminées, et si elle vous fait trop de questions, renvoyez-la à Archibald. Ce sont de vieilles connaissances, et il sait comment il faut la prendre.

— Voici, lui dit-il, un petit mot qui vous regarde; cela vient, je crois, de notre jeune maître.

Il lui souhaita affectueusement le bonjour, et lui disant de se tenir prête à partir pour l'Ecosse la semaine suivante, remonta dans sa voiture, qui s'éloigna rapidement.
Le fiacre partit aussi, et arriva bientôt au signe du Chardon. Madame Glass, qui avait été sur des épines, commença une série d'interrogations, qui tomba comme une avalanche sur la pauvre Jenny. Avait-elle vu le duc, Dieu le bénisse!... la duchesse... les jeunes demoiselles?.. Avait-elle vu le roi, Dieu le bénisse!... la reine... le prince de Galles... la princesse... ou tout autre membre de la famille royale?... Avait-elle obtenu le pardon de sa sœur?... Était-ce un pardon absolu... ou seulement une commutation de peine?... Avait-elle été loin?... Où avait-elle été?... Qui avait-elle vu?... Qu'avait-elle dit?... Pourquoi était-elle restée si longtemps?...
Archibald, qui avait probablement reçu des instructions à ce sujet, vint au secours de Jenny.
— Madame Glass, dit-il, Sa Grâce m'a chargé de vous prier de ne faire aucune question à la jeune personne, parce qu'il désire vous expliquer lui-même la position des affaires, et vous consulter sur quelques points qui lui semblent un peu obscurs. Le duc viendra après demain ou le jour suivant.
— Sa Grâce est trop bonne, dit madame Glass, sa grâce sait que je suis pour ainsi dire responsable de la conduite de ma jeune parente, et sans doute Sa Grâce sait mieux que personne comment toute cette affaire-là doit être conduite.
— Le duc m'a chargé de vous assurer en même temps, ajouta Archibald, que tout allait aussi favorablement que vous pouviez le désirer.
— Sa Grâce est bien bonne, pleine d'attention, certainement, monsieur Archibald, les désirs de Sa Grâce sont des ordres pour moi, et... mais vous avez fait une longue promenade, monsieur Archibald, si j'en juge par le temps que vous avez mis à aller et revenir, et un verre de vrai rosa-solis ne vous fera pas de mal.
— Je vous remercie, madame Glass, répondit Archibald, mais je suis obligé de retourner immédiatement.

Il prit poliment congé des deux cousines, et quitta la boutique du Chardon.
— Ah! je suis bien aise d'apprendre que vos affaires sont en si bon chemin, dit madame Glass après son départ. Oh! du moment que le duc d'Argyle était assez bon pour s'en charger, il n'y avait pas grand'chose à craindre. Je ne veux pas vous adresser de questions là-dessus, puisque Sa Grâce, qui est la prudence en personne, m'a recommandé d'attendre qu'il vienne me dire tout lui-même. Ainsi, s'il y a quelque chose qui vous embarrasse ou vous préoccupe, vous pouvez très-bien me le confier, puisque je saurai tout de Sa Grâce elle-même; que je le sache par vous ou par le duc, il n'y a pas grande différence, vous savez. Si je sais ce qu'il a à me dire, je serai toute prête à lui donner mon avis, vous pouvez donc me conter tout ce que vous voudrez, seulement je ne vous fais pas de questions, vous savez.
Jenny se trouvait dans un grand embarras : le seul moyen qu'elle avait de reconnaître la généreuse hospitalité de madame Glass était peut-être de satisfaire sa curiosité, mais sa prudence lui disait que son entrevue avec la reine avait eu un certain air de mystère, qu'il pouvait y avoir un secret qu'il n'était pas convenable de confier à une bavarde aussi invétérée que l'était sa cousine. Elle répondit donc que le duc avait eu l'extrême bonté de s'occuper activement de l'affaire de sa sœur, et qu'il croyait avoir trouvé le moyen d'obtenir le pardon. Ceci ne put satisfaire l'impatience de madame Glass, qui, en dépit de sa promesse, accabla bientôt Jenny de nouvelles questions.
— Avait-elle été tout le temps à l'hôtel d'Argyle? Le duc était-il resté avec elle tout le temps? Avait-elle vu la duchesse? et les jeunes demoiselles? et particulièrement lady Caroline Campbell?

— Vous désiriez me parler, ma gentille enfant, dit le duc mettant dans son accent autant d'écossais que possible...

Jenny répondit qu'elle connaissait si peu la ville, qu'elle pouvait à peine dire où elle était allée; qu'elle ne croyait pas avoir vu la duchesse; qu'elle avait vu deux dames, dont l'une, pensait-elle, s'appelait Caroline, et que c'était là tout ce qu'elle pouvait dire.
— Ce doit être la fille aînée du duc, lady Caroline Campbell, cela ne fait pas de doute, dit madame Glass, mais je le saurai au juste quand Sa Grâce viendra. Mais il est plus de trois heures, voilà plus d'une heure que je vous attends, la table est mise là-haut, et il est temps d'aller dîner.

CHAPITRE XXXVII.

Le lendemain, Jenny confia trois lettres à la poste : la première était adressée à M. Georges Staunton, au presbytère de Willingham, et contenait ce qui suit :

« Monsieur, la présente a pour but d'empêcher de nouveaux malheurs, il y en a déjà eu bien assez. J'ai obtenu, monsieur, le pardon de ma sœur, par l'entremise de Sa Majesté la reine, vous serez probablement heureux de l'apprendre, je n'ai eu à dire rien de ce que vous savez. Ainsi, monsieur, je prie pour le bien-être de votre corps et de votre âme ; et je vous adjure de ne plus jamais venir voir ma sœur, le passé est de trop. Ne vous désirant aucun mal, mais tout ce qui peut vous advenir de mieux, que vous voyiez l'erreur de votre iniquité, je suis votre humble servante,

» *Vous savez qui.* »

La seconde était adressée à son père ; nous n'en donnerons que quelques extraits.

« Très cher et très-honoré père, c'est pour moi un devoir et un plaisir de vous informer que Dieu a daigné mettre fin à la captivité de ma pauvre sœur, car Son Excellente Majesté la reine, pour laquelle nous devrons toujours prier, a obtenu son pardon. J'ai parlé à la reine face à face ; elle est à peu près comme toutes les autres grandes dames, excepté qu'elle a un air de majesté et un œil de faucon qui me perçait comme une épée de montagnard. C'est au duc d'Argyle, après Dieu, que nous devons ce bienfait ; c'est un franc et honnête Ecossais, qui n'est pas fier comme d'autres gens que nous connaissons ; il se connaît aussi en fait de bétail, et m'a promis de me donner deux vaches du Devonshire, dont il dit un grand bien, quoique je lui aie fortement vanté nos bonnes laitières d'Ayrshire. Je lui ai promis un fromage ; et si notre vache Gowans a un veau, je voudrais l'élever pour lui, car il n'en a pas de cette espèce, et, comme il n'est pas fier, il acceptera ce que nous lui offrirons, dans le but de nous permettre de montrer notre reconnaissance. Il acceptera donc aussi un de nos fromages de Dunlop, et ce sera ma faute si on en a jamais fait un meilleur..... Oh ! mon cher père, puisqu'il a plu à Dieu de se montrer généreux envers la pauvre Effie, ne lui refusez pas votre pardon, elle peut être encore une grande source de consolation pour vos vieux jours. Voudriez-vous dire au laird, mon cher père, que nous avons heureusement rencontré des amis, et que le talent qu'il m'a prêté lui sera scrupuleusement rendu. J'en ai encore une partie, et le reste n'est pas noué dans une bourse ni dans le coin d'un mouchoir, mais c'est dans un petit morceau de papier, et l'on me dit ici que c'est aussi bon que de l'argent. C'est à cause de M. Butler, cher père, que j'ai obtenu l'appui du duc, parce qu'il y avait eu une grande amitié entre leurs grands-pères dans les années de troubles d'autrefois. Madame Glass a eu pour moi la bonté d'une mère. Elle a une belle maison ici, et vit bien à son aise, avec deux servantes, un homme de boutique et un jeune garçon. Elle doit vous envoyer une livre de son meilleur tabac, et il faudra penser à lui offrir quelque chose, car elle a eu bien des bontés pour moi. Elle doit envoyer le pardon par un exprès, parce que je ne peux pas voyager assez vite, et je reviendrai en Ecosse avec deux des domestiques de Sa Seigneurie ; l'un est Jean Archibald, un honnête homme déjà sur l'âge ; il dit vous avoir vu il y a bien longtemps, un jour que vous achetiez du bétail dans l'Ouest, chez le laird d'Aughtermuggitie... Mais vous ne vous en rappellerez peut-être pas ; dans tous les cas, c'est un très-honnête homme... L'autre est madame Dolly Dutton, qui aura soin de la laiterie à Inverary. Je viendrai avec eux jusqu'à Glasgow, d'où il me sera facile d'arriver à la maison, où je voudrais être déjà. Que le dispensateur de toutes choses vous ait en sa sainte garde, c'est le vœu le plus fervent de votre fille affectionnée,

» Jenny Deans. »

La troisième lettre était à l'adresse de Butler.

« Monsieur Butler. — Monsieur, vous serez heureux d'apprendre que, grâce à Dieu, j'ai réussi dans ce que j'étais venue entreprendre : la lettre de votre grand-père a été bien accueillie par le duc d'Argyle, et il a écrit votre nom avec un crayon dans un livre de cuir, ce qui semble promettre qu'il vous donnera une école ou une cure : on m'assure qu'il n'en manque pas. J'ai vu la reine, qui m'a donné un portefeuille : elle n'avait ni sa couronne ni son sceptre ; on les tient en réserve quand elle en a besoin, comme l'on fait des beaux habits des enfants. Tout cela est gardé dans une tour qui n'est pas comme la tour de Libberton ni de Craigmillar, mais qui ressemble plutôt au château d'Edimbourg, si le tout était transporté au milieu du Nord-Loch. La reine a été très-généreuse : elle m'a donné un papier qui, dit-on, vaut cinquante livres, pour payer mon voyage. Aussi, monsieur Butler, comme nous sommes enfants de voisins, sans même parler de ce qui a été dit entre nous, j'espère que vous ne vous refuserez pas ce qui peut être nécessaire pour votre santé, car cela ne fait aucune différence, que ce soit l'un ou l'autre qui ait l'argent, quand l'un des deux en a besoin. Et souvenez-vous que je ne dis pas cela pour vous rappeler rien que vous aimeriez mieux oublier si vous obteniez une cure ou une école, comme j'ai dit ci-dessus. Seulement j'espère que ce sera une école plutôt qu'une église, à cause des difficultés que pourrait faire mon père au patronage et le reste. Mais si vous pouviez être appelé par la paroisse de Skeegh-me-Dead, comme vous l'avez quelquefois espéré, cela lui plairait beaucoup mieux : car je lui ai entendu dire que la bonne doctrine était plus profondément enracinée dans cette contrée presque déserte et à demi sauvage que dans la Canongate d'Edimbourg. J'aurais bien voulu savoir quels sont les livres dont vous avez besoin, monsieur Butler, car ils en ont des maisons toutes pleines ici, et ils sont obligés d'en empiler dans la rue, et sans aucun doute ils les vendent à bon marché pour qu'ils ne s'abîment pas à la pluie. C'est une bien grande ville, et j'en ai tant vu, que ma pauvre tête en est fatiguée. Et puis vous savez s'il y a longtemps que je ne suis pas forte aux exercices de la plume, et il est presque onze heures du soir. Je retournerai en bonne compagnie et en toute sûreté : j'ai eu des embarras en venant, et cela me rend heureuse de voyager avec des personnes que je connais. Ma cousine, madame Glass, a une belle maison ici, mais tout est empoisonné de tabac, de sorte que j'en suis presque confite. Mais tout cela n'est rien auprès de la grande bénédiction qui vient de descendre sur la maison de mon père, et dont vous et nos autres amis se réjouiront sincèrement, j'en suis sûre. Et croyez, mon cher monsieur Butler, que je vous souhaite toutes sortes de bonheurs en ce monde et dans l'autre.

» J. D. »

Le lendemain et le jour suivant, madame Glass put à peine réprimer son impatiente curiosité, tant il lui tardait d'apprendre tout ce qu'elle voulait savoir.

Dans la matinée du troisième jour, une voiture magnifique avec quatre laquais en livrée brune et jaune s'arrêta sa porte, et le duc en personne, en habit brodé, une canne à pomme d'or à la main, décoré de l'Etoile et de la Jarretière, entra majestueusement dans la boutique.

Il s'informa auprès de madame Glass de la santé de la jeune protégée, mais ne demanda pas la voir, de peur peut-être de donner naissance à quelque histoire scandaleuse que l'on aurait pu construire sur leur apparente intimité.

— La reine, dit-il à madame Glass, avait eu la bonté de penser à l'affaire de sa parente, et frappée du caractère résolu et affectionné de sa sœur aînée, avait daigné employer son influence auprès de Sa Majesté ; le pardon d'Effie Deans avait été envoyé en Ecosse, mais on y avait mis pour condition qu'elle quitterait l'Ecosse pendant quatorze ans. L'avocat du roi, ajouta-t-il, avait insisté sur cette condition, parce que dans un espace de sept ans il y avait eu vingt et un infanticides dans le pays.

— Oh ! le vilain ! s'écria madame Glass, qu'avait-il besoin de dire cela de son propre pays, et surtout de le dire aux Anglais ? J'avais toujours cru que c'était un brave et honnête homme, mais c'est un oiseau de mauvaise augure, Votre Grâce, sauf votre pardon. Mais qu'est-ce que la pauvre fille pourra faire dans un pays étranger ? Ah ! c'est lui dire de recommencer ce qu'elle a fait, loin des conseils ou des exemples de sa famille.

— Allons, allons, dit le duc, n'anticipons pas sur les événements. Elle peut venir à Londres ou bien aller en Amérique, et faire un bon mariage, malgré tout ce qui s'est passé.

— Ah ! cela, c'est possible, Votre Grâce a parfaitement raison, répliqua madame Glass. Et quand j'y pense, y a-t-il un vieux correspondant de Virginie, Ephraïm Buckskin, qui a vendu tout le tabac débité au Chardon pendant quarante ans, et cela se monte à quelque chose ; voilà bientôt dix ans qu'il m'écrit de lui envoyer une femme. Il ne doit pas avoir beaucoup plus de soixante ans. Il est fort et bien portant, c'est à son aise ; je n'aurais qu'à écrire un mot pour que l'affaire se fasse. Le malheur qu'Effie a eu, il ne serait pas bien utile d'en parler, et puis là-bas on n'y tient pas beaucoup...

— Est-elle jolie ? demanda le duc. Sa sœur n'est pas mal, mais ce n'est pas une beauté.

— Oh ! Effie est bien plus jolie que Jenny, dit madame Glass. Il y a bien longtemps cependant que je ne l'ai vue ; mais quand mes parents de Lowden reviennent à Londres, ils m'apportent toujours des nouvelles des Deans, car vous savez qu'en Ecosse on tient à sa famille.

— C'est là un de nos avantages, répliqua le duc, et un des désavantages de ceux qui nous cherchent querelle, comme le veut être votre vieille bonne enseigne, madame Glass. J'espère que vous approuverez toutes les mesures que j'ai prises pour rendre votre parente à sa famille.

Il eut alors l'obligeance de raconter ses démarches à madame Glass, qui approuva hautement tout ce qu'il avait fait, souriant et saluant à chaque phrase.

— Et maintenant, madame Glass, vous aurez la bonté de dire à Jenny que je compte sur le fromage qu'elle m'a promis. J'ai donné ordre à Archibald de payer partout dans le voyage.

— J'en demande humblement pardon à Votre Grâce, dit madame Glass, mais il n'est pas nécessaire que Votre Grâce s'occupe de ce détail ; les Deans sont très à leur aise, et Jenny a de l'argent dans sa poche.

— C'est très-vrai, répondit le duc, mais partout où Mac Callum More se trouve, il paye pour tous : c'est un de nos privilèges des montagnes de prendre à tous ce dont nous avons besoin, et de donner à tous ceux qui ont besoin.

— Votre Grâce sait mieux comment donner que prendre, dit madame Glass.

— Pour vous montrer combien vous vous trompez, repartit Arelle, je vais remplir ma tabatière de cet excellent tabac, pour lequel je ne vous donnerai pas un liard.

Désirant de nouveau être rappelé au souvenir de Jenny, le duc quitta la boutique de madame Glass, dont la joie vaniteuse était sans bornes.

Le séjour de Londres commençait à peser beaucoup à la pauvre Jenny, dont le cœur était plein d'ardents désirs de revoir Effie, son père et Reuben, quand enfin elle reçut avis de se préparer à partir dans deux jours.

CHAPITRE XXXVIII.

Le séjour de Jenny Deans à Londres avait duré environ trois semaines.

Au matin de son départ, elle prit affectueusement congé de madame Glass, qu'elle avait trouvée pleine d'attentions et de bonté, et elle alla à l'hôtel d'Argyle pour joindre ses compagnons de voyage. Pendant que l'on apprêtait la voiture, un domestique lui dit que le duc désirait lui parler; on l'introduisit dans un magnifique salon, où le duc lui témoigna le désir de la présenter à sa femme et à ses filles.

— Je vous amène ma jeune compatriote, duchesse, lui dit-il; si j'avais une armée d'hommes aussi braves et aussi prudents et une bonne cause à défendre, je ne craindrais rien d'ennemis qui vinssent deux contre un.

— Ah! papa, dit une active petite fille d'environ douze ans, rappelez-vous que vous étiez au moins un contre deux à Sheriffmuir, et cependant...

Elle commença à chanter la ballade :

On dit que nous avons gagné,
Mais on dit aussi le contraire :
A Sheriffmuir on s'est cogné,
Mais sait-on lequel a gagné
De nous ou de notre adversaire?

— Eh bien, quoi! voilà ma petite Marie qui devient aussi tory? Ce sera du nouveau pour nos amis d'Ecosse quand notre compatriote le leur dira !

— Nous pourrions très-bien devenir tous tories, tant on nous sait de gré d'être restés whigs, dit une autre jeune fille.

— Allons, taisez-vous! vous êtes de petites mécontentes, qui feriez mieux d'aller habiller vos poupées!... Et quant à l'affaire de Dumblane,

Si par hasard elle n'est pas gagnée,
Nous recommencerons.

— Papa commence à baisser, dit lady Mary, le pauvre duc répète ses vieilles plaisanteries... C'était là ce qu'il chantait sur le champ de bataille quand on lui dit que les montagnards avaient coupé son aile gauche.

Le duc se contenta de tirer l'oreille de la jeune critique.

— Ah! mes braves montagnards, et leurs claymores d'un poli si brillant, reprit-il, ce n'est pas peu de bruit que je leur devais, malgré tout le mal qu'ils m'ont fait. Mais, voyons, mesdemoiselles, dites quelque chose d'agréable à votre compatriote. Je voudrais que vous eussiez la moitié de son bon sens : peut-être êtes-vous aussi loyales et aussi franches.

La duchesse s'avança et exprima à Jenny en peu de mots, aussi bienveillants que flatteurs, tout le respect qu'elle éprouvait pour elle et combien elle admirait son caractère si plein d'affection et de fermeté.

— Quand vous arriverez chez vous, ajouta-t-elle, vous aurez probablement de mes nouvelles.

— Et des miennes... Et des miennes... Et des miennes aussi, Jenny, dirent les trois jeunes demoiselles l'une après l'autre, car vous faites honneur au pays que nous aimons tant!

Jenny, toute confuse de ces compliments, auxquels elle était loin de s'attendre, put seulement rougir, faire des révérences à chaque mot, et répéter de temps en temps :

— Bien obligée! bien obligée!

— Jenny, dit le duc, il faut que vous preniez le *doch an' dorroch* avant de vous mettre en route.

Il y avait sur la table un plateau couvert de gâteaux et de carafons de vin. Le duc prit un verre et but à la santé de tous les amis de l'Ecosse! Puis il offrit un verre de vin à Jenny. Elle le remercia en disant qu'elle n'avait jamais goûté de vin de sa vie.

— Et pourquoi, Jenny? demanda le duc : le vin réjouit le cœur de l'homme, vous savez.

— Oui, monsieur; mais mon père est comme Jonadab, le fils de Rechab, qui commanda à ses enfants de ne pas boire de vin.

— Je croyais que votre père avait plus de bon sens, dit le duc, à moins cependant qu'il ne préfère l'eau-de-vie. Mais, si vous ne voulez pas boire, il faut manger quelque chose pour sauver ma réputation d'hospitalité.

Il la força de prendre un gros morceau de gâteau, en lui disant :

— Mettez-le à votre poche, Jenny, vous serez bien aise de le trouver avant que vous revoyiez le clocher de Saint-Gilles. Je voudrais bien le voir aussitôt que vous! Rappelez-moi au souvenir de tous mes amis dans notre vieille cité d'Edimbourg, et que Dieu vous conduise!...

Puis, avec une franchise de soldat et un air d'affabilité qui lui était naturel, il prit et pressa la main de sa protégée et la remit aux soins d'Archibald, convaincu que la manière bienveillante dont il l'avait traitée lui assurait les plus grandes attentions de la part de ses domestiques.

Elle trouva, en effet, ses deux compagnons de voyage tout disposés à lui faire oublier la longueur de la route et à rendre leur société des plus agréables.

Ils allaient à petites journées pour ne pas fatiguer les jeunes chevaux que le duc envoyait en Ecosse; il se passa donc plusieurs jours avant qu'ils arrivassent aux environs de Carlisle.

Au moment d'entrer dans cette ville, ils virent une grande foule qui couvrait une petite colline à une courte distance de la route. Archibald demanda à quelques personnes qui se hâtaient de courir à ce rendez-vous ce que l'on y allait voir.

— C'est une vieille sorcière écossaise, qui ne voir que la moitié de ce qu'elle mérite, car on ne va que la pendre, et on aurait dû la brûler en vie!

— Oh! monsieur Archibald, dit madame Dolly Dutton, je n'ai jamais vu pendre une femme! je n'ai vu que quatre hommes que l'on pendait, et c'était bien curieux!

Mais M. Archibald était Ecossais comme la malheureuse que l'on allait exécuter, et le sentiment national l'empêchait de trouver aucun plaisir à la mort de cette pauvre femme; il connaissait en outre la cause du voyage de Jenny à Londres, et il répondit sèchement qu'il lui était impossible de s'arrêter; il lui fallait être à Carlisle de bonne heure pour affaires dont le duc l'avait chargé; il dit donc aux postillons de continuer leur chemin.

La voiture ne s'était encore guère éloignée du lieu fatal d'où l'on pouvait voir la potence qui s'élevait haut dans les airs et la malheureuse victime qui s'agitait dans les dernières convulsions de l'agonie, quand une foule de garçons, de filles et de gens de la lie du peuple s'avança en criant autour d'une grande femme habillée d'une manière fantastique, qui dansait, sautait et gesticulait au milieu d'eux. Un terrible souvenir vint effrayer Jenny quand elle jeta les yeux sur cette infortunée, qui de son côté sembla aussi se rappeler quelque événement passé. C'était Madge Wildfire, qui, faisant un effort extraordinaire, réussit à se faire jour à travers le cercle de ceux qui la tourmentaient, et, saisissant la portière de la voiture, s'écria d'une voix qui tenait du rire et du râle :

— Eh! eh! vous ne savez pas, Jenny Deans, ils ont pendu notre mère!...

Puis, changeant tout à coup de ton, elle reprit de l'air le plus piteux :

— Oh! dites-leur de me laisser aller couper la corde! de me laisser aller couper la corde! C'est ma mère, quand même elle serait pire que le diable, et elle aura toujours le cou aussi droit que la demi-pendue Maggie Dickson, qui a crié : Du sel! du sel! si longtemps après sa pendaison. Sa voix était rude et enrouée, et son cou était un peu de travers, autrement elle était tout comme les autres créatures de sel.

M. Archibald ne voyant aucun représentant de l'autorité auquel il pût avoir recours pour se débarrasser de la folle, s'efforça de faire lâcher prise à Madge, afin que la voiture pût continuer sa route. Il aurait eu à employer une certaine violence; Madge tenait bon, et s'écriait d'une voix frénétique qu'elle voulait aller couper la corde qui tenait sa mère. Ce n'était, disait-elle, qu'une corde de deux sous, et qu'est-ce que c'était en comparaison de la vie d'une femme?

Il survint en ce moment un groupe de forcenés, la plupart bouchers ou marchands de bœufs, qui avaient perdu depuis peu une assez grande quantité de bétail, et leur profonde sagesse attribuait cette perte aux maléfices de quelque sorcière. Ils saisirent violemment Madge, et l'arrachèrent d'auprès de la voiture en s'écriant :

— Quoi! tu oses arrêter les gens sur le grand chemin du roi, est-ce que tu n'as pas encore fait assez de mal avec tes meurtres et tes diableries?

— Oh! Jenny Deans! Jenny Deans! s'écria la pauvre folle, sauvez ma mère, et je vous mènerai de nouveau à la maison de l'interprète... et je vous apprendrai mes plus jolies chansons... et je vous dirai ce que je suis devenu...

La voix de la foule couvrit les derniers mots qu'elle prononça.

— Oh! pour l'amour de Dieu! sauvez-la, sauvez-la de ces gens! s'écria Jenny en s'adressant à Archibald.

— Elle est folle, messieurs, dit Archibald, mais elle n'a rien fait de mal; ne la maltraitez pas, conduisez-la devant le maire.

— Oui! oui! nous allons en prendre soin, répondit un des bouchers; suis ton chemin, mon ami, et occupe-toi de tes affaires.

— C'est un Ecossais comme l'autre, s'il veut descendre de sa carriole, je vais lui donner toute une brassée d'os brisés.

On ne pouvait rien faire de plus pour Madge; Archibald ordonna aux postillons de gagner promptement Carlisle, où il pourrait obtenir que l'on allât à son secours. Ils entendaient derrière eux les cris tumultueux de la foule que dominaient les éclats de voix plaintive de la pauvre victime. Peu à peu ce bruit diminua ; mais ils ne furent pas plutôt dans les rues de Carlisle, que, cédant aux prières de Jenny, Archibald alla trouver un magistrat pour lui dénoncer le cruel traitement auquel la pauvre folle était exposée.

Il revint au bout d'une heure et demie et annonça à Jenny que le magistrat s'était rendu en personne sur les lieux avec une escorte pour sauver cette malheureuse, que lui, Archibald, les avait accompagnés, et que quand ils arrivèrent à l'endroit où la foule l'avait jetée dans une mare, ils l'avaient trouvée couverte de contusions et tout à fait insensible. On l'avait cependant portée à l'hôpital, où elle avait repris ses sens et semblait devoir être bientôt tout à fait mieux.

Ceci n'était pas tout à fait exact, car on n'espérait pas que Madge pût en réchapper ; mais Jenny parut si agitée, que M. Archibald crut prudent de ne pas lui dire toute la vérité. Il fallut même, à cause d'elle, passer la nuit à Carlisle. Jenny se félicita de ce retard, qui lui donnerait peut-être la possibilité de voir Madge encore une fois. La narration que lui avait faite Georges Staunton, rapprochée de quelques expressions de la pauvre folle, lui faisait espérer qu'elle pourrait apprendre ce qu'était devenu le malheureux enfant qui avait failli causer la mort de sa sœur.

Elle représenta à Archibald qu'elle avait autrefois connu Madge, et qu'elle voudrait voir quel soin on prenait d'elle. Mais ce ne fut que le lendemain que Jenny put être admise auprès de la folle, qui n'avait plus, lui dit-on, qu'une heure ou deux à vivre.

Quand elle entra, Madge chantait, d'une voix plaintive, quelques stances de ses vieilles ballades. On comprenait qu'elle était sous l'étreinte de la mort en entendant le son tremblant et triste qui semblait pouvoir à peine sortir de sa poitrine. La chanson dont elle récitait le refrain avait probablement été un chant de moissonneurs :

Nous sommes au dernier sillon,
Nous avons fini notre ouvrage :
Le travailleur sèche son front,
Et retourne aux jeux du jeune âge...

Le soleil descend sous la mer,
Avec le jour finit l'ouvrage :
Après l'automne vient l'hiver,
Retournons aux jeux du jeune âge...

Jenny s'approcha du lit, et appela Madge par son nom ; mais elle ne parut pas se souvenir. Elle s'écria, au contraire, comme si elle eût été impatientée par cette interruption :

— Tournez-moi du côté du mur, que je n'entende plus jamais ce nom-là, que je ne voie plus un monde méchant.

La femme qui en prenait soin l'arrangea dans son lit comme elle le désirait, et lui tourna la figure vers le mur. Aussitôt qu'elle se trouva dans cette nouvelle position, elle recommença à chanter ; mais, cette fois, ce fut des hymnes religieuses dites sur un ton solennel et respectueux. Archibald se sentit ému, madame Dutton sanglota, et Jenny sentit ses pleurs couler à l'écho de cette voix qui s'éteignait par degrés.

Madge devenait plus faible à chaque instant ; mais l'habitude de chanter en toutes occasions, habitude qu'elle avait acquise depuis plusieurs années, survivait à ses forces corporelles : il était remarquable d'ailleurs que son chant avait toujours un rapport direct ou indirect avec la situation où elle se trouvait :

Lord Archibald, froid est mon lit,
Mon sommeil est baigné de larmes :
Tu m'as trompée, et tout est dit,
Mais je te lègue mes alarmes !

Enfants, ne pleurez pas pour moi,
La mort me presse, mais qu'importe !
Celui qui sut tromper ma foi
Demain viendra me pleurer morte !

Puis elle changea de nouveau de ballade, et prenant un air moins monotone et moins correct elle chanta :

Au bois s'en va la belle fille,
Au bois si matin :
Elle est accorte, elle est gentille,
Son œil est mutin !

Dis-moi, gentil oiseau, dit-elle,
Ton nom si joli ?
Est-il noble et riche et fidèle !
Il est si poli !

Hélas ! non, pas de mariage :
C'est l'amour d'un jour !
Puis le trépas bien avant l'âge
Vient à son tour !

Près du tombeau la luciole
Resplendit la nuit :
Un insecte a cette auréole
Qui partout le suit !

Sa voix s'éteignit avec les dernières notes, et elle tomba dans un assoupissement que la garde-malade assura qu'elle ne sortirait pas. C'était vrai, la pauvre folle expira sans prononcer un autre mot, sans donner d'autres signes de vie. Mais Jenny ne vit pas ses derniers moments, elle quitta l'hôpital aussitôt qu'elle vit tout espoir perdu.

CHAPITRE XXXIX.

Les fatigues du voyage et l'agitation que lui causèrent les diverses scènes dont elle venait d'être témoin eurent un effet si évident sur la santé de Jenny, qu'Archibald jugea nécessaire de prendre un jour de repos dans le petit village de Longtown. Ce fut en vain qu'elle affirma pouvoir continuer, Archibald, trente ans auparavant, avait, pendant six mois, manœuvré le pilon du mortier du vieux Mungo Mangleman, médecin-apothicaire de Greenock, et prétendait, en conséquence, posséder certaines connaissances médicales.

Il assura qu'elle avait quelques symptômes de fièvre, et toute résistance fut inutile : Jenny dut se mettre au lit, et prendre des calmants et des potions rafraîchissantes.

Archibald avait observé que l'exécution de la vieille femme et la mort malheureuse de la fille avaient fait une impression plus profonde sur l'esprit de Jenny qu'il n'était naturel de l'attendre de ses sentiments de compassion et d'humanité. Ignorant les rapports qui avaient existé entre la protégée de son maître et ces infortunées, sachant seulement qu'elle avait vu autrefois Madge en Écosse, il supposa que leur sort lui avait seulement rappelé les malheureuses circonstances dans lesquelles sa sœur s'était trouvée tout dernièrement. Il chercha donc à empêcher que rien ne vînt de nouveau raviver ces tristes souvenirs.

Il eut bientôt occasion d'exercer sa sagacité. Un crieur parcourut Longtown pendant la soirée, offrant à grands cris « la mort et la confession de Marguerite Murdockson, et l'horrible assassinat de sa fille Madeleine ou Madge Murdockson, autrement dite Madge Wildfire, et la pieuse conversation avec Sa Révérence l'archidiacre Fleming. » Cette publication avait paru le jour même à Carlisle ; comme c'était de vente facile dans les campagnes, un porteballe en avait apporté une forte provision. Le marchand trouva bientôt une pratique, Archibald acheta tous les exemplaires qu'il avait, moyennant deux shillings neuf pence ; et le crieur, content du succès de sa spéculation, retourna immédiatement renouveler sa provision à Carlisle.

Le prudent monsieur Archibald allait jeter tout son achat au feu, mais il en fut empêché par l'économe madame Dutton, qui prétendait avoir mille occasions d'employer tout ce papier, et promit fidèlement de n'en rien montrer à Jenny.

Ils se remirent en route le lendemain matin, et voyageant à travers les comtés de Dumfries et de Lanark, ils arrivèrent dans la petite ville de Rutherglen, à environ quatre milles de Glasgow. Il était survenu quelque tumulte dans cette cité et les environs ; la campagne n'était plus sûre, et il était imprudent de laisser Jenny aller seule de Glasgow à Édimbourg. Mais, en continuant un peu plus loin, ils devaient rencontrer un des sous-agents de Sa Grâce, qui, revenant des montagnes avec sa femme, retournait à Édimbourg, et ils seraient enchantés de lui tenir compagnie.

Jenny fit mille objections à ce plan.

— Il y avait longtemps, dit-elle, qu'elle était loin de chez elle... Son père et sa sœur devaient avoir hâte de la revoir. Elle payerait volontiers pour avoir un cheval et un guide à Glasgow, et bien certainement personne ne lui ferait le moindre mal. Elle était très-reconnaissante de l'offre que lui faisait M. Archibald, mais elle ne pouvait pas rester plus longtemps sans retourner chez son père.

Archibald fit un signe à madame Dutton ; signe qui sembla si expressif, que Jenny s'écria :

— Oh ! monsieur Archibald, madame Dutton, si vous savez quelque chose, si quelque malheur est arrivé à Saint-Léonard, pour l'amour de Dieu ! dites-le-moi, ne me tenez pas dans le doute !

— Je ne sais vraiment rien, mademoiselle, dit Archibald.

— Et je... je ne sais rien non plus, dit madame Dutton se pressant les lèvres comme pour retenir quelque chose.

Jenny vit facilement qu'on lui cachait un secret ; les affirmations réitérées d'Archibald, que son père, sa sœur et tous ses amis se portaient bien, purent seules faire cesser ses alarmes. Enfin Archibald usa d'un moyen de persuasion qu'il tenait en réserve, c'était un billet qui contenait ces mots :

« Jenny Deans,

» Vous me rendrez service en accompagnant Archibald et madame Dutton une journée de chemin au delà de Glasgow, sans faire de questions, ce sera obliger votre ami,

» Argyle. »

Ce billet fit taire toutes les objections de Jenny, mais il accrut considérablement sa curiosité. Il n'y avait plus de nécessité d'aller à

Glasgow; nos voyageurs prirent le bord de la Clyde, et arrivèrent au point où cette rivière commençait alors à être navigable.

— Alors nous n'irons pas à Glasgow? fit Jenny quand elle vit que les postillons détournaient leurs chevaux de l'ancien pont par lequel on accédait alors à la capitale de Saint-Mungo.

— Non, répondit Archibald, il y a quelque tumulte, et comme notre duc est en opposition à la cour, nous serions peut-être trop bien reçus. Ou bien ils pourraient se rappeler que le capitaine Carrick vint leur faire une visite avec ses montagnards à l'époque de l'émeute de Shawfield en 1725, et alors nous serions certainement très-mal reçus. Dans tous les cas, nous ferons bien de ne les encourager ni les provoquer par notre présence.

À mesure qu'ils s'avancèrent le long de la rivière, la Clyde s'élargit de plus en plus, et vers son embouchure présenta bientôt l'apparence d'un bras de mer.

— De quel côté se trouve Inveray? demanda Jenny regardant les hautes montagnes qui bordaient l'horizon vers le nord. Est-ce le château du duc?

— Cela, mademoiselle, Dieu vous bénisse! répondit Archibald, c'est le vieux château de Dumbarton, le point le plus fort de toute l'Europe. Sir William Wallace en était le gouverneur du temps des vieilles guerres avec l'Angleterre, Sa Grâce occupe cet emploi maintenant. C'est toujours le meilleur Écossais auquel on confie ce poste.

— Est-ce que le duc demeure sur cette pointe de rocher quand il vient ici? demanda Jenny.

— Non, il y a un député gouverneur qui commande en son absence, et demeure dans cette maison blanche que vous voyez au pied du rocher. Le duc ne demeure jamais ici.

— C'est fort heureux, dit madame Dutton, qui n'était guère flattée par l'aspect du pays depuis qu'ils avaient quitté le comté de Dumfries, c'est fort heureux, car je n'aurais jamais resté à son service, fût-il le seul duc d'Angleterre. Je n'ai pas quitté mes anciens maîtres et ma famille pour venir voir des vaches mourir de faim sur des rochers inabordables, ni pour être perchée moi-même au haut d'un roc à je ne sais combien d'étages.

Archibald se contenta de répondre qu'il n'avait pas fait les montagnes, et qu'il lui était impossible de les changer; mais qu'ils seraient bientôt arrivés à une très-jolie maison que le duc possédait dans une île appelée Roseneath : c'était là qu'ils iraient attendre le bateau qui devait les porter à Inveray, et où Jenny devait rencontrer les personnes qui l'accompagneraient à Edimbourg.

— Une île! dit Jenny, qui, malgré ses longues pérégrinations, n'avait pas eu occasion de traverser la mer, alors nous serons obligés d'aller dans un de ces bateaux, ils ont l'air bien petits, les vagues sont un peu fortes, et...

— Monsieur Archibald, ajouta madame Dutton, ce ne sera pas avec mon consentement, je ne me suis pas louée pour quitter le pays, et je vous prie d'ordonner aux postillons nous conduire par l'autre chemin.

— Il y a là une île tout près d'ici, répondit Archibald, une très-bonne péniche qui appartient à Sa Grâce, et vous n'avez rien à craindre.

— Mais j'ai grand'peur, repartit madame Dutton, et je veux aller par terre quand même cela nous allongerait de dix milles.

— Il m'est impossible de vous satisfaire là-dessus, reprit Archibald; vous avez déjà dit que Roseneath est une île.

— Quand ce serait dix îles! fit la dame irritée, ce n'est pas une raison pour me noyer dans la mer.

— Ce n'est certainement pas une raison pour vous noyer, répondit Archibald, mais c'est une raison suffisante pour ne pas y aller par terre.

Les postillons avaient quitté la grande route, et la voiture avançait vers un hameau de pêcheurs auprès duquel on voyait une grande chaloupe élégamment ornée et portant un pavillon aux armes des Argyle : deux ou trois matelots et autant de montagnards attendaient auprès. La voiture s'arrêta, on détela les chevaux, et Archibald fit transporter les effets dans la péniche.

— Y a-t-il longtemps que *la Caroline* est arrivée? demanda-t-il à l'un des matelots.

— Il y a cinq jours qu'elle est venue de Liverpool et à l'ancre auprès de Greenock, répondit le marin.

— On conduira les chevaux et la voiture à Greenock, reprit Archibald, et on les embarquera pour Inveray quand je le dirai : en attendant, qu'on les mette chez mon cousin Duncan Archibald l'aubergiste. Mesdames, ajouta-t-il, j'espère que vous êtes prêtes, il ne faut pas perdre la marée.

— Mademoiselle Deans, dit madame Dutton, vous pouvez faire comme vous voudrez, mais je resterai là toute la nuit plutôt que d'entrer dans cette coquille de noix. L'ami... l'ami, ajouta-t-elle en se tournant vers un montagnard qui emportait une malle, cette malle est à moi, avec ce carton, ce coussin-là, ces sept paquets que voici, et celui-ci en papier, je vous défends d'y toucher.

Le montagnard la regarda fixement, et se tourna vers Archibald; puis, ne voyant aucun contre-ordre, il chargea tranquillement la malle sur ses épaules, prit le carton et quelques-uns des sept paquets, et les porta dans la péniche, malgré toutes les réclamations de madame Dutton. Quand tous les bagages furent embarqués, Archibald offrit la main à Jenny, pour l'aider à descendre de la voiture, et la fit porter à bord du bateau. Mais quand il se présenta pour rendre le même service à madame Dutton, la future laitière le reçut avec indignation : déclarant que son contrat de louage était annulé et qu'elle avait droit à des dommages-intérêts pour lui permettre de retourner dans son pays. Archibald ne s'arrêta pas à discuter avec elle : il dit seulement deux ou trois mots aux montagnards, qui, s'approchant de la voiture, saisirent la bonne dame, avant qu'elle eût la moindre idée de leur intention, et, la mettant sur leurs épaules, coururent avec elle vers la péniche, où ils la déposèrent, sans autre mésaventure que d'avoir un peu chiffonné ses robes et jupons. La surprise, l'indignation et la terreur la rendirent muette pendant quelques minutes. Les hommes sautèrent à bord; un des plus grands resta au bas pour pousser le bateau à flot, puis s'embarqua auprès de ses compagnons. Les avirons firent voler le bateau, et bientôt la voile aida à l'emporter à travers le Frith.

— Misérable Écossais! s'écria enfin madame Dutton en s'adressant à Archibald, comment pouvez-vous traiter ainsi une personne comme moi?

— Madame, dit tranquillement Archibald, il est grand temps que vous sachiez que vous êtes maintenant dans le pays du duc, et que tous ces hommes sont tout prêts à vous jeter hors du bateau aussi volontiers qu'ils vous ont mise à bord si tel était le bon plaisir du duc.

— Que Dieu ait pitié de moi! reprit madame Dutton; pourquoi me suis-je engagée à votre service?

— Il est un peu tard pour le regretter, madame Dutton, dit Archibald, mais vous verrez, je le crois, qu'on vit bien dans les montagnes. Vous aurez le soin de douze laitières à Inveray, et vous pourrez en faire jeter dans le lac si vous voulez; car les gens du duc sont presque aussi puissants que lui.

— C'est une étrange chose que tout cela, monsieur Archibald, dit la dame, enfin il faut en prendre son parti... Mais êtes-vous sûr que nous n'allons pas couler? Nous sommes tout d'un côté.

— N'ayez pas peur, répondit M. Archibald prenant une prise de tabac, cette péniche nous connaît, ou nous la connaissons; ce qui revient au même.

— Est-ce que vous n'avez pas peur, mademoiselle Deans, dit madame Dutton, est-ce que vous n'avez pas peur de ces hommes sauvages avec leurs genoux nus et cette écaille de noix qui danse comme une petite jatte sur un bol de lait?

— Non, non, madame, répondit Jenny avec une certaine hésitation, je n'ai pas peur, car j'ai vu des montagnards auparavant, quoique je ne les aie jamais approchés. Quant au danger de la mer... je crois qu'il y a une Providence sur mer comme sur terre.

— Ah! dit madame Dutton, c'est une belle chose que de savoir lire et écrire, on peut toujours trouver de grands mots dans quelque situation que l'on se trouve.

CHAPITRE XL.

Quand nos voyageurs arrivèrent au lieu de débarquement, il y avait deux ou trois personnes qui attendaient l'arrivée de la péniche. A l'extrême surprise de Jenny, quand les rameurs l'eurent portée à terre, elle se trouva dans les bras de son père.

Était-ce une réalité? était-ce un songe?... Elle se retira des bras qui la pressaient avec amour, et, le regardant des pieds à la tête, elle se convainquit que ce n'était pas une illusion. Il était impossible d'en douter : c'était le bon David Deans lui-même, vêtu de ses habits du dimanche; ses yeux étaient pleins de larmes de joie, et ses traits, habituellement sévères et stoïques, exprimaient de mille manières son bonheur et sa reconnaissance.

— Jenny, ma Jenny, mon enfant, ma chère enfant! que le Dieu d'Israël soit ton père, car je suis à peine digne de toi! Tu nous as rachetés de la captivité, tu as rendu l'honneur à notre maison! Sois bénie, mon enfant! Que les bénédictions du ciel descendent sur toi!

Ce fut en pleurant que David accueillit sa fille. Archibald avait fait éloigner tous les spectateurs; le ciel fut seul témoin de cet échange de caresses.

— Effie?... et Effie, mon cher père? demanda plusieurs fois Jenny tout en exprimant sa joie et sa tendresse.

— Tu le sauras... tu le sauras... dit vivement David, qui renouvelait sans cesse ses actions de grâces au ciel pour le retour de Jenny, malgré les dangers qu'elle avait courus dans la terre des prélatistes et des schismatiques.

— Mais... Effie? demanda de nouveau la tendre sœur, et... et... Elle aurait bien voulu dire Butler, mais elle ne put qu'ajouter :

— Et M. et madame Saddletree... et Dumbiedikes, et tous nos amis?

— Bien, bien, ils se portent tous bien, grâce à Dieu!

— Et... et M. Butler? il était souffrant quand je suis partie.

— Oh! il est mieux... tout à fait bien, répondit David.

— Dieu soit loué!... Mais, mon cher père, Effie?... Effie?...

— Tu ne la reverras plus, mon enfant, répondit le vieillard d'un ton solennel, tu es la seule branche qui reste au vieux chêne... nous ne sommes plus que deux!

— Morte!... tuée!... oh! mon Dieu!... le pardon est arrivé trop tard! s'écria Jenny en se tordant les mains.

— Non, Jenny, dit David du même ton solennel, elle vit, et elle est en liberté; plût à Dieu qu'elle vécût dans la foi, et qu'elle fût libre des entraves de Satan!

— Que Dieu nous protége! reprit Jenny. Est-ce que la malheureuse enfant vous aurait quitté pour aller avec ce bandit?

— Tu l'as dit, répliqua David : elle a quitté son vieux père, qui a pleuré et prié pour elle... elle a laissé sa sœur, qui s'est fatiguée et mise en danger pour elle comme l'aurait fait une mère... elle a laissé les os de sa mère, la terre de son peuple, et elle a passé la frontière avec ce fils de Bélial... elle s'est enfuie de nuit.

Il s'arrêta, car le chagrin et la colère l'étouffaient.

— Et avec cet homme... cet homme terrible? s'écria Jenny, elle nous a quittés pour aller avec lui?... Oh! Effie! Effie! qui aurait pu le croire après être échappée à un danger comme celui que tu courais?

— Elle nous a quittés, mon enfant, parce qu'elle n'était pas une des nôtres, reprit David. C'est une branche desséchée qui ne portera jamais le fruit de la grâce; elle est comme le bouc émissaire qui s'éloigne, chargé, je l'espère, des péchés de notre petite congrégation. Que la paix du monde l'accompagne, et qu'une meilleure paix descende sur elle quand l'heure sera venue! Si elle est un de ses élus, son heure viendra. Qu'aurait dit sa mère, cette digne et remarquable femme, Rebecca Mac Naught, dont la mémoire est encore pleine d'une sainte odeur à Newbattle, et douce comme la myrrhe à Lugton? Mais qu'il en soit ainsi... qu'elle s'en aille... qu'elle suive son chemin.. le Seigneur connaît son heure. Elle était l'enfant de mes prières; peut-être n'es'-elle pas irrévocablement perdue. Mais qu'il n'en soit ainsi, Jenny, que jamais son nom ne soit plus prononcé entre nous. Elle est comme le torrent d'hiver qui disparaît aux beaux jours. Qu'elle s'en aille et soit oubliée!

Jenny aurait bien voulu demander quelques détails sur la fuite de sa sœur, mais la défense que venait de prononcer le vieillard était positive. Il lui vint à l'idée de raconter son entrevue avec Staunton, mais il lui sembla que cela n'aurait d'autre résultat que d'accroître encore la douleur de son père. Elle se tut donc, décidée à ne faire d'autres questions sur le départ de sa sœur que lorsqu'elle pourrait les adresser à Butler.

Mais quand verrait-elle Butler?

Le vieux David, comme pour détourner ses pensées sur un autre sujet, lui montra la rive opposée en lui demandant si ce n'était pas là un beau pays, et déclara qu'il allait y faire transporter tout ce qu'il possédait pour y demeurer.

— Sa Grâce le duc d'Argyle, ajouta-t-il, sachant combien il était expert aux choses d'agriculture et dans l'élève du bétail, lui avait fait demander s'il voulait venir prendre charge d'une ferme modèle, où Sa Grâce voulait améliorer les races de ses troupeaux.

Jenny se sentit saisie de désespoir :

— C'est un bon et beau pays, dit-elle, et sans aucun doute les pâturages y seront bons pour le bétail; mais c'est bien loin du pays et je regretterai, je crois, souvent les rochers de Saint-Léonard.

— Ne m'en parle pas, Jenny, répondit son père, je ne veux plus en entendre parler après que la vente aura eu lieu et que je serai bien payé. Mais j'ai amené les vaches que je croyais que tu préférais. Il y a Gowans,'et puis la petite vache à longues cornes, et la petite sans cornes, que tu appelais... je n'ai pas besoin de te dire comment tu l'appelais... je sais je n'ai pas pu me décider à la vendre, quoique sa vue m'attriste toujours; mais ce n'est pas la faute de la pauvre bête.

Jenny apprit bientôt que le duc d'Argyle, désirant établir une sorte de ferme modèle à l'extrémité de ses immenses propriétés, avait cherché quelque peu embarrassé pour trouver un homme capable d'en prendre soin. La discussion qu'il avait eue avec Jenny en revenant de Richmond lui avait fait penser que le vieux David était l'homme qu'il cherchait. Quand il lut le pardon d'Effie lui imposait l'obligation de quitter l'Ecosse, il pensa que toute la famille serait assez disposée à s'éloigner des lieux où tous les événements que nous avons racontés venaient de se passer. Il écrivit à son homme d'affaires à Edimbourg de s'informer du caractère, des habitudes et du savoir de David Deans, le nourrisseur de Saint-Léonard, et si ce qu'il apprenait était favorable, comme il l'espérait, et le chargeait de lui proposer des conditions très-avantageuses pour aller se mettre à la tête de sa ferme du comté de Dumbarton.

Ce fut le lendemain du jour où le pardon d'Effie arriva à Edimbourg que l'homme d'affaires alla trouver le vieux David, qui s'était déjà décidé à quitter Saint-Léonard. Il se trouva très-flatté de l'honneur qui lui était fait; il accepta avec empressement, dans l'idée qu'il s'acquitterait en partie, par là, des obligations que sa famille avait au duc d'Argyle. Les conditions qu'on lui faisait étaient très-favorables, et il avait en outre quelques pâturages pour son propre bétail.

Il y avait cependant deux points qui l'embarrassaient. Il voulait d'abord savoir quelle était la persuasion du prêtre de la paroisse;

l'homme d'affaires leva bientôt cette difficulté, comme nous le verrons présentement. Puis il se demandait ce que deviendrait Effie, qui était obligée de quitter l'Ecosse pendant plusieurs années.

L'homme de loi sourit et lui dit :

— Il n'est pas besoin d'interpréter cette condition d'une manière aussi stricte : la jeune personne pourrait aller en Angleterre pendant quelques mois, et revenir par mer chez son père; personne ne s'inquiéterait de savoir où elle était. Sa Grâce d'ailleurs avait droit de justice sur ses terres, et donnerait tous ordres nécessaires pour que personne ne s'occupât de cette affaire.

Le vieux David ne se serait peut-être pas contenté de cette explication, mais la fuite d'Effie, qui survint pendant la troisième nuit qui suivit sa mise en liberté, lui fit accepter immédiatement les propositions du duc.

Le père et la fille, en se communiquant toutes leurs nouvelles, s'avançaient lentement vers la maison que l'on voyait à travers les arbres, à environ un demi-mille de l'endroit où la péniche avait pris terre. David, s'efforçant de sourire, dit à Jenny quand ils furent tout près de la porte, qu'il y avait un digne gentilhomme et un digne révérend qui demeuraient là. Le digne gentilhomme était le laird de Knocktarlitie, cet ancien montagnard qui ressemblait aux autres : il était d'un caractère violent et emporté, et très-porté à s'approprier diverses choses qui ne lui appartenaient guère. C'était cependant un brave gentilhomme plein d'hospitalité, avec lequel il était prudent de vivre en bons termes; car les montagnards étaient prompts à la colère, trop prompts. Quant au digne révérend dont il avait parlé, il recherchait la faveur du duc pour l'église de la paroisse dans laquelle il se trouvait la ferme modèle; et il serait d'un grand secours aux âmes chrétiennes qui avaient faim de la manne spirituelle : il y avait longtemps qu'ils n'avaient eu que des drogues nauséabondes de M. Duncan Mac Faitrien, le dernier prédicant, qui ne manquait jamais de commencer sa journée par un verre d'usquebaugh.

— Mais je n'ai pas besoin d'en dire plus de notre nouveau ministre, ajouta-t-il en souriant de nouveau, je crois que tu l'as déjà vu, et le voici qui vient à notre rencontre.

Elle l'avait déjà vu sans aucun doute, car il n'était autre que Reuben Butler.

CHAPITRE XLI.

C'était encore au duc d'Argyle que Jenny était redevable de cette seconde surprise : il n'était pas homme à oublier de payer un service rendu; et il avait à s'acquitter envers le petit-fils du vieux Butler la Bible de la dette de son grand-père. Le ministre de Knocktarlitie venait de mourir; il résolut de nommer Reuben à cette cure, et son agent le trouvait capable d'en remplir les devoirs : toutes les informations prises furent des plus favorables : Butler fut nommé, et sa nomination acheva de détruire les objections que le vieux David faisait depuis longtemps à l'union de Butler et de sa fille.

Nous avons déjà vu que le vieux presbytérien nourrissait quelques préjugés contre Butler et ne voyait pas d'un œil favorable son amour pour Jenny; c'était, pensait-il, de la présomption. Mais les attentions que Butler lui avait montrées dans son malheur et depuis le départ de Jenny, attentions qu'il attribua au respect que Reuben ressentait pour lui, l'avaient grandement prédisposé en sa faveur : puis un autre événement survint, qui eut une grande influence sur l'esprit du vieillard.

Quelques jours après la fuite d'Effie, David s'occupa de rassembler de l'argent pour rendre au laird de Dumbiedikes la somme qu'il avait prêtée pour le procès d'Effie et le voyage de Jenny. Il y avait plusieurs jours que l'on n'avait vu, à Saint-Léonard, le laird, le petit bidet, le chapeau à trois cornes et la pipe vide, de sorte que David fut obligé de se rendre en personne à Dumbiedikes pour s'acquitter de sa dette.

Tout y était en confusion. Des tapissiers retiraient les vieilles tentures, et les remplaçaient par de nouvelles; d'autres lavaient les murs, peignaient les portes et remettaient tout en état. La maison, si longtemps le séjour du silence et de la saleté, semblait devoir se métamorphoser.

Le laird lui-même n'était plus le vieil homme; la réception qu'il fit au vieux David, quoique respectueuse et polie, n'avait pas la franche cordialité d'autrefois. L'extérieur de Dumbiedikes était pareillement changé, ses habits semblaient mis avec plus de soin, le vieux chapeau avait été retapé, le galon était renouvelé, et il était mis un peu sur l'oreille avec une certaine prétention à l'élégance.

David expliqua la cause de sa venue et compta l'argent. Dumbiedikes l'écouta tranquillement et compta l'or avec soin, en faisant observer qu'une ou deux des guinées étaient un peu légères. Mettant cependant le tout dans sa poche, il écrivit un reçu et dit à David avec quelque hésitation :

— Jenny a dû vous écrire quelque chose, mon vieil ami?

— A cause de cet argent, répliqua David, oui, sans doute.

— Ne vous a-t-elle pas dit quelque chose sur mon compte? demanda le laird.

— Rien que des compliments, et vous assurer de sa reconnaissance... que vouliez-vous qu'elle dit? répondit le vieillard, qui s'attendait à voir le laird déclarer enfin son amour.
— Ah! elle connaît mieux son idée que personne. Je me suis débarrassé de Jenny Balchristie et de sa nièce. C'était une mauvaise engeance : elles me volaient de tous côtés, et elles laissaient les charbonniers écraser le charbon. Je me marie demain matin.

David était trop fier et trop maître de lui-même pour montrer la moindre surprise.
— Puissiez-vous être heureux, monsieur, lui dit-il, le mariage est un état honorable.
— J'entre dans une famille honorable, David, j'épouse la plus jeune fille du laird de Lickpelf, elle s'asseyait auprès de moi à l'église, et voilà comment j'y ai pensé.

Tout était dit, il ne s'agissait plus que de boire un coup à la santé du laird et de revenir à Saint-Léonard en réfléchissant sur l'incertitude des choses humaines et la frivolité des résolutions des hommes. David s'était toujours flatté, pour ainsi dire à son insu, de voir sa fille lady Dumbiedikes. Cet espoir était déçu à toujours, il revint donc de plus mauvaise humeur qu'il n'était parti.

A son retour il avait trouvé l'homme d'affaires du duc, qui venait conclure l'arrangement qu'il lui avait proposé. Quand toutes les questions relatives à la ferme eurent été débattues et épuisées, David s'informa des divers points concernant le culte sur lesquels il était ordinairement intraitable. L'homme de loi l'informa que le duc voulait mettre à la tête de la paroisse un excellent jeune ministre appelé Reuben Butler.
— Reuben Butler, s'écria David, Reuben Butler, le maître d'école de Libberton?
— Lui-même, répondit l'agent du duc, Sa Grâce a une très-haute opinion de M. Butler, et depuis longtemps son obligé. M. Butler aura là une des meilleures cures de l'Ecosse.
— Le duc? l'obligé de Reuben Butler?... Reuben Butler, ministre prédicant de l'église d'Ecosse? s'écria de nouveau David au comble de l'étonnement, car il avait fini par croire que Reuben ne pourrait jamais s'élever au-dessus de son humble profession actuelle.

Quand David fut bien certain que Butler allait enfin être quelque chose, il ajouta :
— C'est moi qui ai conseillé à sa grand'mère, qui n'était qu'une pauvre femme sans beaucoup d'esprit, d'en faire un ministre; je lui prédis qu'avec la bénédiction du ciel, il deviendrait un des piliers du temple. Il est peut-être un peu fier de son savoir mondain, mais c'est un bon garçon, et, après tout, à voir les prêtres que l'on fait aujourd'hui, vous en trouverez dix pour un qui ne vaudront pas Reuben Butler.

Après son entrevue avec l'homme d'affaires du duc, David se demanda sérieusement si Reuben Butler pouvait consciencieusement accepter une cure dont la nomination dépendait d'un laïque; n'était-ce pas se rendre coupable d'érastianisme?...

Hélas! l'église d'Ecosse n'était plus ce qu'elle avait été, elle avait perdu sa beauté, son innocence, son autorité : cependant elle comptait encore des pasteurs zélés et pleins de foi. David s'était souvent trouvé en communion d'idées avec quelques membres du clergé établi dont les principes se rapprochaient du modèle établi en 1640. Et, quoique tout ne fût pas conforme aux dogmes qu'il préférait, il pouvait encore donner une main fraternelle aux ministres de l'Eglise actuelle, donc Reuben Butler pouvait, sans mériter sa réprobation, accepter la cure de la paroisse de Knocktarlitie.

La nomination par le duc d'Argyle semblait, sans aucun doute, une grande énormité, mais si les paroissiens demandaient eux-mêmes Reuben il était évident que cela justifierait son acceptation.

Il y avait bien encore quelques autres objections qu'il était difficile de résoudre d'une manière satisfaisante, mais David se décida à les discuter avec Reuben lui-même; il lui fit donc savoir qu'il désirait l'entretenir.

Butler se rendit volontiers à cette invitation : il connaissait ce que le duc d'Argyll voulait faire pour lui, mais il résolut de laisser au vieillard le plaisir que sans doute il se promettait en lui annonçant la bonne nouvelle.

David le reçut d'un air des plus graves et des plus importants, et lui annonça qu'il allait quitter le pays pour aller prendre soin d'une ferme du duc d'Argyle dans le comté de Dumbarton. Puis il exprima le regret qu'il avait d'éprouver d'être séparé de son jeune ami, qu'il avait connu depuis tant d'années.
— Mais il n'y a pas de remède, ajouta-t-il en essayant de sourire, comment y en aurait-il? Vous ne savez peut-être pas? Il faut s'en rapporter à d'autres, Reuben, laissez faire le duc d'Argyle et le vieux David. Il fait bon d'avoir des amis en ce monde, mais il vaut mieux en avoir là-haut!

Et David, malgré toute la sincérité de ses sentiments religieux, leva les yeux au ciel et s'arrêta. Butler lui répondit qu'il recevrait avec plaisir les communications qu'il pourrait lui faire sur un sujet aussi important.
— Eh bien! Reuben, que diriez-vous d'une église?... d'une église suivant l'établissement actuel?... si on vous en offrait une, croiriez-vous pouvoir l'accepter et à quelles conditions?... ce que je vous en dis, c'est seulement en cas que cela se présente.
— Si une telle offre m'était faite, répondit Butler, je chercherais d'abord à savoir si je pourrais être utile à la paroisse où j'aurais à exercer; et si je trouvais que je pourrais y rendre quelques services, vous savez que, personnellement, cela me serait très-avantageux.
— C'est bien, Reuben, très-bien, mon ami! reprit le vieillard. Il faut d'abord que votre conscience soit tranquille, car comment pourrait-il enseigner, celui qui aurait retiré assez peu de fruit des Ecritures pour être l'esclave d'un désir mondain de lucre, celui qui fait de sa prêtrise un moyen d'obtenir émoluments et salaires? Mais j'espère beaucoup pour vous... particulièrement si vous ne vous laissez pas guider entièrement par votre propre jugement, car on se trompe souvent quand l'intérêt est en jeu. Si l'heure de se décider était venue, Reuben, vous qui êtes encore jeune, quoique vous soyez versé dans l'étude des langues de ce monde, de celle qui était autrefois parlée à Rome, Rome! qui est aujourd'hui le siége de l'abomination, et de celle des Grecs, qui n'ont jamais connu la bonne parole, vous devrez prendre conseil de ceux qui désirent votre bien, et qui ont acquis de l'expérience, qui ont su ce que c'était que d'errer dans les marais, dans les bois, les marais et les cavernes, et qui ont risqué leur vie plutôt que de renoncer à leur foi.

Butler répondit que, puisqu'il avait le bonheur de posséder un conseiller comme son respectable ami, qui avait vu tous les événements du siècle passé, il se croirait bien coupable s'il n'avait pas recours à son bon conseil et à son expérience.
— C'est assez, c'est assez, Reuben, dit David hautement gratifié ; si ce dont nous parlons arrivait, ce serait un devoir pour moi de peser scrupuleusement cette affaire et de vous exposer mes doutes et mes idées.

Le vieux presbytérien commença alors une interminable discussion dans laquelle il raconta tout ce qu'il avait souffert dans le temps de la persécution et ses nombreuses pérégrinations avec tous les saints de son époque. Quand il eut fini, il fut tout étonné de trouver que ses conclusions n'étaient pas aussi explicites ni décisives que celles qu'il avait précédemment obtenues en débattant la même question à part lui. Il ajouta enfin qu'en définitive l'affaire n'était pas aussi hypothétique qu'il l'avait présentée tout d'abord, car Reuben aurait à se décider très-prochainement sur ce qu'il devait faire. Ce fut, pour ainsi dire, avec regret qu'il entendit Butler déclarer, en réponse à cette ouverture, qu'il y penserait pendant la nuit, et lui dirait le lendemain ce qu'il en pensait. David céda à ses affections de père : il pressa Butler de passer la soirée avec lui, et arrosa par extraordinaire son repas du soir, que son jeune ami partagea, de deux bouteilles de vieille et bonne bière. Il parla de sa fille, de ses vertus, de son économie, de ses talents et de sa bonté. Il amena enfin Butler à déclarer si ouvertement ses sentiments à l'égard de Jenny, qu'il fut clairement convenu avant la nuit qu'elle serait la femme de Reuben. Sans avancer le délai que Butler avait fixé pour donner la solution de tous les doutes religieux soulevés par le vieillard, il fut entendu qu'il accepterait probablement la cure de Knocktarlitie si les paroissiens l'acceptaient pour ministre sur la présentation du duc. Quant aux serments qui seraient demandés, ils convinrent qu'il serait temps de s'en occuper quand leur teneur leur serait communiquée.

CHAPITRE XLII.

Reuben informa Jenny que pendant trois jours après être sortie de prison, Effie avait résidé sous le toit de son père à Saint-Léonard. La première entrevue de David et de sa fille coupable avait eu lieu dans les murs de la Tolbooth : la scène avait été des plus déchirantes. Mais Butler dut avouer que pendant qu'il vivait avec elle, il y avait à redouter qu'elle souffrit l'extrême pénalité à laquelle elle était condamnée, il lui avait montré une sévérité qui avait fait accroître l'irritabilité d'un tempérament naturellement impatient et pétulant.

C'était dans le cours de la troisième nuit après sa mise en liberté qu'Effie avait disparu de Saint-Léonard sans indiquer où elle allait. Butler s'était mis à sa recherche, et avait eu quelque difficulté à découvrir qu'elle s'était rendue à un point du rivage situé entre Musselburgh et Edimbourg. On avait vu un navire à une petite distance de la côte; et un bateau était venu pendant la nuit, à bord duquel une femme s'était embarquée. Comme le navire était parti aussitôt après sans rien mettre à terre, c'était, à n'en pas douter, Robertson qui l'avait engagé pour emporter sa maîtresse.

Cette supposition devint une certitude quand, quelques jours après, Butler reçut par la poste une lettre sans date et signée E. D. La malheureuse Effie, qui évidemment l'avait écrite alors qu'elle souffrait du mal de mer, disait dans cette lettre : « Qu'elle ne pouvait se faire à l'idée de voir son père et sa sœur s'exiler à cause d'elle et partager sa honte; que si son lot était misérable, c'était de sa faute, et que c'était son devoir de n'en rejeter la responsabilité sur personne. Ils ne pouvaient lui procurer aucune consolation : chaque mot, chaque coup d'œil de son père lui rappelait sa faute et la jetait dans le désespoir. Pendant les trois jours qu'elle avait passés à Saint-

Léonard, elle était prête à devenir folle ; elle ne pouvait pas faire de reproches à son père, mais il ne savait pas combien il l'avait fait souffrir en lui reprochant ce qui était arrivé. Si Jenny avait été à Saint-Léonard, il en eût été autrement ; Jenny était comme un ange du ciel qui pleure sur les pécheurs et ne leur reproche pas leurs transgressions. Mais elle ne verrait jamais plus Jenny, et c'était ce qui lui causait la douleur la plus poignante. Elle prierait à genoux nuit et jour pour Jenny, à cause de ce qu'elle avait fait et de ce qu'elle n'avait pas voulu faire pour elle. Quels remords elle aurait eus si cette sainte fille s'était parjurée pour la sauver ! Elle priait son père de donner à Jenny tout ce qu'il possédait, tout ce que sa mère, à elle, avait jamais eu. Elle avait signé un acte qui était entre les mains de M. Novit, par lequel elle renonçait à ce qui pouvait lui revenir ; les biens du monde ne lui importaient plus. Son vœu le plus

Mistress Glass.

sincère était que sa sœur pût s'établir honorablement, et elle remerciait Butler avec effusion de toutes les bontés qu'il avait eues pour elle. Elle savait, ajoutait-elle, que son sort serait misérable, mais elle l'acceptait volontiers et sans regret. Cependant, pour la satisfaction de ses amis, elle voulait qu'ils sussent qu'elle n'était pas perdue à toujours ; que ceux qui avaient causé ses malheurs voulaient lui faire toutes les réparations qui étaient en leur pouvoir, et que, aux yeux du monde, elle serait dans une situation que peut-être elle ne méritait pas. Sa famille, disait-elle, devait se contenter de cette affirmation, et ne pas chercher à savoir ce qu'elle était devenue. »
Cette lettre ne satisfit guère David ni Butler ; car que pouvaient-ils attendre de l'union de la pauvre fille avec Robertson, union à laquelle elle faisait évidemment allusion à la fin de sa lettre ? Allait-elle devenir l'associée ou la victime de ses crimes ? Jenny, qui connaissait mieux le caractère et le rang de Georges Staunton, vit l'avenir de sa sœur sous un jour plus favorable. Elle crut qu'il y avait une preuve de générosité dans l'empressement qu'il avait mis à réclamer ses droits sur Effie, et elle espéra qu'il en avait fait sa femme. Il lui semblait alors improbable qu'il pensât à reprendre la vie aventureuse qu'il avait menée, puisqu'il lui fallait changer d'habitudes et éviter tous ceux qu'il avait connus autrefois s'il voulait sauver sa tête.
Elle pensa qu'ils iraient passer quelques années à l'étranger et ne reviendraient que quand l'affaire de Porteous serait tout à fait oubliée. Mais elle ne crut pas pouvoir communiquer à Butler ni à son père les raisons qui lui donnaient un meilleur espoir pour l'avenir d'Effie. Elle ne leur confia pas le secret de l'identité de Georges Robertson et de Georges Staunton. Jamais, pensait-elle, il ne permettra à Effie de revoir celle qui connaît son terrible secret ! Après avoir lu et relu la lettre d'adieux de sa sœur elle éclata en pleurs, que Butler essaya en vain d'arrêter. Mais elle fut obligée de les sécher, car son père venait interrompre leur conversation ; et il était

accompagné du capitaine de Knockunder, ou, comme on l'appelait par abréviation, Duncan Knock.
Ce Duncan Knockunder était un personnage des plus importants dans l'île de Roseneath et les paroisses de Knocktarlitie, Kilmun et autres lieux circonvoisins. C'était le descendant d'une ancienne famille : il avait environ cinquante ans, il était gros, petit et gras, et il aimait à combiner ensemble sur sa personne le costume de la plaine et des montagnes. Sa tête était couverte d'une perruque noire à marteaux, sur laquelle il plantait un tricorne galonné, et le reste de son costume se composait d'une veste de montagnard, le jupon de rigueur et la blague en fourrure.
On eût dit à le voir qu'un magicien avait fait revivre l'un des insurgés de 1715 et avait par erreur mis une tête d'Anglais de cette époque sur un corps de montagnard. Ses manières étaient brusques, il faisait l'important, et l'extrémité protubérante de son nez, de couleur rubiconde, indiquait qu'il était quelque peu colérique et fin connaisseur en usquebaugh.
Quand il fut près de nos deux amoureux :
— Je prendrai la liberté, monsieur Deans, dit-il d'un ton très-sentencieux, d'embrasser votre fille... je présume que cette jeune personne est votre fille... j'embrasse toutes les jolies filles qui viennent à Roseneath : c'est un des privilèges de ma place.
Après avoir débité ce compliment, il retira sa chique de tabac, et embrassant Jenny sur les deux joues, lui dit qu'elle était la bienvenue dans le pays d'Argyle. Puis, se tournant vers Butler, il ajouta :
— Il faut aller voir le vieux ministre demain matin, parce qu'on voudra le voir vous mettiez à l'ouvrage, et sans aucun doute il faudra l'arroser d'usquebaugh... on ne fait rien sans cela dans notre pays...
— Et le laird... dit David pour expliquer davantage à Butler.
— Dites le capitaine, interrompit Duncan ; on ne saura pas de qui vous parlez si vous ne donnez pas aux gens leur vrai titre.

Le lendemain, Jenny confia trois lettres à la poste...

— Eh bien ! alors, le capitaine m'assure, reprit David, que les paroissiens vous demandent à l'unanimité... c'est un appel harmonieux, Reuben.
— C'est aussi harmonieux que possible, dit Duncan, vu que la moitié parle en anglais et l'autre en gaëlique ; c'est comme un concert de mouettes et d'oies sauvages à l'approche d'une tempête. Il aurait fallu avoir le don des langues pour savoir exactement de quoi il s'agissait ; mais, autant que j'ai pu comprendre, ils criaient vive Mac Callum More et Knokdunder ! Et quant à leur appel à l'unanimité, je serais curieux de savoir ce qu'ils ont à appeler, excepté que nous voulons le duc et moi ?
— Néanmoins, dit Butler, si quelques-uns des paroissiens ont quelques scrupules, ce qui arrive aux hommes les plus religieux, je serais heureux de pouvoir essayer...

— Ne vous occupez pas de cela le moins du monde, interrompit Duncan Knock, c'est mon affaire. Des scrupules! Le diable m'emporte s'il y en a un qui ait le moindre scrupule à faire tout ce qu'on lui dit! S'il y en avait un de ces hommes religieux, comme vous les appelez, qui voulût dire quelque chose, je le remorquerais de quelques encablures derrière ma péniche. J'essayerais de voir si les eaux de Holy Loch ne guériraient pas des scrupules aussi bien que des puces! Nom de Dieu!

David aurait certainement réclamé en faveur du droit que devaient posséder tous les chrétiens de choisir leur pasteur, mais il était très-occupé à demander à Jenny des détails sur son voyage.

— Et maintenant, messieurs, ajouta Duncan, j'ai à vous prier tous de venir prendre votre part du souper, car il y a là-bas M. Archibald qui est à moitié mort de faim, et une femme anglaise qui semble à demi folle de peur et d'étonnement, comme si elle n'avait jamais vu auparavant un homme en jupon et avec une blague!

— Et sans aucun doute, dit David, Reuben voudra se retirer de bonne heure, afin de se préparer pour demain; il faut que l'œuvre soit digne du jour, et que l'offrande puisse paraître acceptable à la congrégation.

— Bah! bah! vous ne les connaissez guère, reprit le capitaine, le diable m'emporte s'il y en a un seul qui voulût quitter le bon pâté de venaison qui nous attend là-bas pour tout ce que M. Putler ou Butler, ou vous tout le premier, pourriez leur débiter.

David soupira; mais pensant qu'il avait affaire à un nouveau Gallion, il jugea inutile d'entrer en discussion avec lui. Ils suivirent donc le capitaine, et s'assirent tous en grande cérémonie autour d'une table somptueusement servie. La seule chose qui nous reste à noter, c'est que David appela la bénédiction du ciel sur le repas qu'ils allaient prendre, que Knockdunder trouva qu'il en disait trop, et que David pensa qu'il aurait pu en dire davantage. Le lecteur croira probablement, comme nous, qu'il en avait dit justement assez.

CHAPITRE XLIII.

C'était le lendemain que Butler devait être solennellement installé ministre de Knocktarlitie par la fabrique de ***, suivant les règles et le rituel de l'Église d'Écosse. Tout le monde, excepté madame Dutton, était debout de très-bonne heure, tant l'affaire semblait importante.

Le déjeuner auquel ils furent bientôt appelés était des plus substantiels; le lait y paraissait sous une douzaine d'espèces ou de préparations; il était appuyé de solides viandes froides, d'œufs préparés de toutes les manières, de beurre, de harengs frais, salés et saurs, de thé et de café, ad libitum; car leur hôte, indiquant un petit cotre qui croisait à une petite distance de l'île, les avertit que cela leur coûtait à peine les frais de débarquement.

— Est-ce que la fraude se fait ici d'une manière aussi publique? demanda Butler, ce doit être d'un mauvais exemple pour le peuple.

— M. Butler, répondit le magistrat, ne nous a donné aucun ordre pour la faire cesser.

Il sembla que cette réponse impliquait tout ce qu'il y avait à dire là-dessus. Butler était prudent, et savait qu'on n'obtient jamais rien si on ne s'y prend en temps opportun; il crut donc devoir remettre à un autre moment les observations qu'il avait à faire.

Quand le déjeuner fut presque fini, madame Dutton entra dans toute la splendeur de ses fichus et de ses rubans roses.

— Bonjour, madame, lui dit le maître des cérémonies; j'espère que vous ne serez pas indisposée d'avoir été réveillée aussi matin.

La dame présenta ses excuses au capitaine et ajouta :

— Mais, comme nous disons dans le Theshire, j'étais comme le maire d'Altringham, qui se tient au lit pendant que l'on raccommode ses culottes, car la fille ne m'a apporté le paquet dont j'avais besoin qu'après m'avoir présenté tous les autres... Ah! eh bien! nous allons tous à l'église aujourd'hui, me dit-on... Puis-je prendre la liberté, capitaine Knockunder, de vous demander si vos messieurs vont à l'église en jupon?

— Capitaine Knockdunder, s'il vous plaît, madame, répondit-il, j'irai à l'église tel que je suis, à votre service, madame, que, si j'avais à rester couché comme votre major... comment l'appelez-vous?... jusqu'à ce que mes culottes fussent raccommodées, je pourrais y rester à toujours, vu que je n'en ai mis que deux fois dans ma vie. Et je dois me le rappeler : parce que c'est quand le duc amena la jeune duchesse ici, et il fallait faire son plaisir. Ainsi j'en empruntai une paire au ministre pour les deux jours que le duc passa ici. Jamais je ne me remettrai en de telles entraves ni pour homme ni pour femme excepté toujours Sa Grâce, à qui il est de mon devoir d'obéir.

Quand le déjeuner fut fini, le capitaine proposa une partie en bateau pour montrer à madame Jenny sa future demeure, et pour qu'il pût lui-même voir si l'on avait fait au presbytère toutes les réparations qu'il avait ordonnées.

On s'embarqua donc dans une grande péniche que six forts rameurs firent voler rapidement vers l'antique église de Knocktarlitie. Plusieurs des habitants du village vinrent respectueusement saluer le capitaine Knockdunder et faire connaissance avec les nouveaux venus. La plupart étaient des hommes de la trempe de David, d'anciens professeurs de la foi des comtés de Lennox, de Lanark et d'Ayr, auxquels le père du présent duc avait donné quelques terres sur ses domaines, parce qu'ils avaient répondu à l'appel de son père dans sa malheureuse levée de bouchers en 1686. Cette rencontre réjouit le cœur de David, qui autrement pensait à abandonner le pays, tant il était affreux d'entendre le capitaine Knockdunder proférer les plus terribles imprécations à la moindre chose qui venait le contrarier.

Retour de Jenny.

Il y avait encore, parmi les paroissiens de Butler, quelques montagnards des défilés voisins, qui parlaient gaélique et ne marchaient qu'armés. Mais les ordres du duc avaient été si précis, que Gaëls et Saxons vivaient en bonne intelligence.

On visita d'abord le presbytère : c'était une vieille maison, chaudement abritée sous un groupe de sycomores, et entourée d'un jardin potager, au pied duquel coulait une petite rivière. L'intérieur n'était pas aussi confortable qu'on aurait pu le supposer, car le dernier occupant ne s'était guère occupé de tenir tout en ordre; mais des ouvriers étaient employés à faire les réparations nécessaires. Les meubles, envoyés tout exprès par le duc, étaient simples, mais propres et suffisants.

Le capitaine conduisit ensuite tous les nouveaux venus vers la demeure destinée à David. A la grande satisfaction de Jenny, elle n'était qu'à une centaine de pas du presbytère. La maison et les bâtiments d'exploitation étaient construits d'après les meilleurs principes de l'époque, et le tout ensemble était d'un caractère bien supérieur à l'habitation et aux pauvres étables que le vieux presbytérien avait si longtemps occupées à Saint-Léonard. Jenny fut enchantée de voir la vieille May Hettly lui ouvrir la porte, habillée comme elle l'était quand elle lui avait dit adieu en partant pour Londres. Ce fut May qui la conduisit dans tout l'établissement, et lui montra quel soin elle avait pris de ses anciennes favorites.

Pendant ce temps, David et Butler étaient allés à l'église pour s'entendre avec les membres de la fabrique et les prêtres du synode à l'occasion de la cérémonie du jour.

Au moment donc où Jenny était dans la chambre qui lui était réservée et admirait le contenu d'une boîte, qui était pleine de présents de la part de la duchesse et de ses filles, et dans laquelle se trouvait aussi une belle robe de soie blanche que le duc lui donnait pour le jour où elle prendrait un autre nom, madame Dutton, qui examinait le tout d'un œil d'envie, dit à l'oreille d'Archibald que c'était une bonne chose que d'être Ecossaise, car toutes ses sœurs, et elle en avait une demi-douzaine, auraient pu être pendues et personne ne lui aurait envoyé la valeur d'un mouchoir de poche.

— Et sans que vous ayez rien fait pour les sauver, repartit sèchement Archibald ; mais il est étonnant que nous n'entendions pas encore la cloche, ajouta-t-il en regardant à sa montre.

— Que diable, monsieur Archibald ! répliqua le capitaine, vous ne voudriez pas que l'on sonnât la cloche avant que je fusse prêt à aller à l'église ? Je forcerais le bedeau à avaler la corde, s'il se permettait pareille chose. Mais si vous voulez entendre sonner, je vais me montrer au bout du chemin et on va commencer tout de suite.

On se mit en marche, et aussitôt que le tricorne galonné du capitaine commença à dépasser la haie du chemin le cloche commença à jeter ses sons fêlés : Duncan recommandant à ses amis de ne pas se presser, car on ne commencerait pas qu'il ne fût là. Quand ils se furent tous placés dans le banc du duc, la cloche, qui avait tinté dès leur entrée dans la vieille église, cessa tout à coup. Le vieux David avait pris place parmi les anciens.

Le sermon fut de nature à plaire au strict presbytérien, seulement David le trouva trop court. Le prédicateur s'excusa en disant qu'il avait été obligé de couper court à son homélie, car il avait vu que le capitaine devenait impatient ; et s'il l'eût retenu plus longtemps, il aurait pu attendre son prochain trimestre pendant six mois.

David soupira de voir que de telles raisons pouvaient influencer un prédicateur aussi éloquent : une autre circonstance encore l'avait scandalisé.

Aussitôt que la congrégation s'était assise après avoir récité les prières du jour, et que le ministre eut lu le texte dont il avait fait choix, le capitaine fouillant dans la blague de cuir qui pendait devant son jupon, en tira une petite pipe de fer et dit presque à haute voix :

— J'ai oublié mon tabac... Lachlan, cours au village, et apporte-m'en pour deux sous.

Six mains lui présentèrent à la fois six blagues de tabac. Il en prit une en faisant un signe de tête, remplit sa pipe, l'alluma à l'aide d'amadou et d'une pierre à feu, et la fuma jusqu'à la fin du sermon. Quand le prédicateur eut fini, il fit tomber les cendres de sa pipe, la remit dans son sac, rendit la blague à celui qui la lui avait offerte, et pria avec ferveur et attention comme le reste de la congrégation.

Quand après l'office Butler eut été reçu et reconnu ministre de Knocktarlitie, David, qui avait gémi, froncé le sourcil et murmuré à la vue de la conduite irrévérencieuse de Knockunder, dit ce qu'il en pensait à Isaac Meiklehose, un des anciens dont les dehors sévères et l'immense perruque grise semblaient indiquer des dispositions à fraterniser sur ces matières : — Il ne convient pas qu'un Indien sauvage, voire un chrétien, un gentilhomme, se mette à pousser des bouffées de tabac dans une église comme s'il était dans une taverne.

Meiklehose secoua la tête, et reconnut que c'était inconvenant : — Mais, que peut-on dire ? le capitaine est un drôle de corps, et si on lui dit quelque chose qui le vexe, c'est mettre le feu aux étoupes. Il est le maître de tout le pays, et nous ne pourrions rien faire des montagnards sans sa protection : il a toutes les clefs du pays dans sa poche ; ce n'est pas un méchant homme après tout, et quand on a le pouvoir on fauche la prairie.

— Cela peut être très-vrai, voisin, dit David, mais Reuben Butler n'est pas l'homme pour qui je le prends ni l'apprend pas au capitaine à fumer sa pipe ailleurs que dans la maison de Dieu avant qu'il soit trois mois.

— On va loin en allant doucement, répondit Meiklehose ; et si un pauvre simple vieux comme moi pouvait lui donner un avis, je lui conseillerais d'y regarder à deux fois avant de s'attaquer à Knock-dunder. Il faut qu'il ait une cuiller à long manche, celui qui veut goûter à la soupe du diable. Mais les voilà tous partis pour dîner à la taverne, et nous n'allons pas plus vite nous arriverons trop tard.

David le suivit sans mot dire ; il commençait à s'apercevoir que la paroisse de Knocktarlitie était, comme le reste du monde, bien éloignée de la perfection qu'il recherchait partout. Il était si occupé à chercher le moyen d'apprendre à Duncan à montrer plus de respect à la maison de Dieu, qu'il oublia complètement de demander si Butler avait prêté le serment exigé par le gouvernement.

On a prétendu que cet oubli avait été intentionnel ; mais nous ne croyons pas devoir justifier sur ce point notre ami David, dont le caractère repousse naturellement une pareille accusation.

CHAPITRE XLIV.

Le dîner, préparé par les ordres du duc à l'occasion de l'installation de Reuben, était offert aux membres de la fabrique, aux révérends qui étaient venus assister à la cérémonie et aux paroissiens les plus considérables. Nous ne donnerons pas le menu de ce repas, où abondaient les viandes, le poisson, le gibier et les légumes que pouvaient fournir les propriétés d'Argyle et les vins que ses privilèges le long de la côte lui fournissaient gratis en grande quantité.

La santé du duc fut proposée et le toast accueilli au milieu des bravos les plus enthousiastes, David lui-même se laissant aller à l'ardeur de sa reconnaissance et acclamant le nom d'Argyle à haute voix. On proposa ensuite la santé du nouveau ministre de Knocktarlitie, et l'un de ses collègues ajouta :

— Puisse-t-il prendre bientôt une bonne et digne femme pour tenir sa maison en ordre !

Ce fut à cette occasion que David inventa son premier calembour.

— Il vient de prendre une épouse spirituelle, dit-il, il serait malheureux de lui en donner une autre qui ne le serait pas.

Jenny, madame Dutton et les deux ou trois femmes de ministre qui avaient honoré ce repas de leur présence laissèrent bientôt les messieurs boire en toute liberté. Ils restèrent à table encore longtemps ; mais enfin David et quelques-uns des invités les plus sérieux commencèrent à se retirer, et quelques instants après Archibald et Butler purent aussi abandonner le champ de bataille au capitaine Knockdunder et à quelques autres intrépides.

Archibald proposa de les reconduire dans l'île, car il n'était pas probable que le capitaine quittât la partie de toute la nuit. On accepta ; et, pendant que l'on préparait le bateau qui devait les transporter, Jenny, qui avait pris congé pour la nuit de Butler et de son père, se dirigea vers le rivage pour admirer la beauté du paysage au clair de lune. Pendant qu'elle pensait à tous les événements qui étaient venus traverser sa vie depuis quelques mois, une personne sembla sortir de dessous les ombrages qui s'étendaient vers la droite. Jenny s'arrêta, et une voix qu'elle reconnut bien vite répéta deux fois... Jenny !... Jenny !... Etait-ce réellement sa voix d'Effie ? Etait-elle encore parmi les vivants, ou la tombe s'était-elle rouverte pour elle ? Avant qu'elle eût pu résoudre ces doutes, Effie la prenait dans ses bras, la pressait sur son sein et la dévorait de baisers.

— Je suis venue, lui dit-elle, comme un fantôme pour te voir ! Je ne voulais que te voir passer et entendre le son de ta voix ! car je ne méritais pas, Jenny, de te parler encore une fois, c'est plus que je n'osais espérer !

— Oh ! Effie !... Mais comment es-tu venue seule ici... à cette heure de la nuit, sur un rivage presque désert ?... Es-tu sûre que c'est bien toi-même... et en vie ?

Effie était toujours Effie, et ne répondit à cette question qu'en pinçant le bras de Jenny d'une manière tout autre que n'aurait pu le faire un fantôme. Et les deux sœurs s'embrassèrent de nouveau, se mirent à rire et à pleurer tout ensemble.

— Mais il faut venir avec moi à la maison, Effie, dit Jenny, tu me raconteras toute ton histoire. Il y a ici de bonnes gens qui te recevront bien pour l'amour de moi.

— Non, non, Jenny, répondit Effie tristement, tu oublies qui je suis, une pauvre femme exilée qui vient à peine d'être sauvée du gibet par le meilleur et le plus brave des sœurs. Je n'irai pas chez tes grands amis, quand même il n'y aurait pas de danger.

— Il n'y a aucun danger, dit vivement Jenny, il ne peut y en avoir. Oh ! Effie, ne sois pas entêtée... écoute-moi une fois... Nous serons si heureuses ensemble !

— Je suis aussi heureuse que je mérite de l'être, maintenant que je t'ai vue, répondit Effie, et qu'il y ait danger ou non, personne ne dira jamais que je suis venue, avec ma tête sauvée du gibet, faire honte à une sœur parmi toutes ses grandes connaissances.

— Je n'ai pas de grandes connaissances, Effie, dit Jenny, je n'en ai aucune que tu ne connaisses... Reuben Butler et mon père... Oh ! malheureuse enfant, ne sois pas opiniâtre, ne fuis pas de nouveau le bonheur ! Reviens à nous, nous sommes tes meilleurs amis... Il vaut mieux s'abriter derrière une vieille haie que sous une nouvelle plantation.

— C'est impossible, Jenny... Je dois boire ce que j'ai brassé... je suis mariée, et je dois suivre mon mari quoi qu'il arrive.

— Mariée, Effie ? s'écria Jenny, malheureuse fille ! mariée à cette affreuse...

— Tais-toi, tais-toi, dit Effie en portant un doigt à ses lèvres et montrant de l'autre l'ombrage d'où elle était sortie, il est là.

Ceci fut dit d'un ton qui montra que son mari avait su lui inspirer autant de terreur que d'affection. Au même instant un homme sortit de la futaie. C'était Georges Staunton. Jenny put voir à la clarté de la lune qu'il était magnifiquement habillé et avait l'apparence d'un homme de qualité.

— Effie, dit-il, le temps dont nous pouvons disposer est écoulé, le sloop va prendre terre dans la crique, et je n'ose pas rester plus longtemps... J'espère que votre sœur me permettra de lui souhaiter le bonsoir?

Jenny s'éloigna de lui instinctivement.

— N'importe, dit-il, si vous éprouvez une certaine répulsion à mon égard, vous n'agissez pas en conséquence, et je vous remercie d'avoir respecté mon secret, quand un mot, mot que la plupart des gens auraient prononcé, m'aurait coûté la vie. On dit généralement que les maris doivent cacher à leurs femmes le secret d'où dépend leur sûreté... Ma femme et sa sœur connaissent le mien, et je n'en dormirai pas moins tranquillement.

— Mais êtes-vous réellement marié à ma sœur, monsieur? demanda Jenny.

— Je suis marié réellement et légalement, répliqua Staunton, et sous mon véritable nom.

— Et votre père... et vos amis?

— Mon père et mes amis auront à accepter ce qui est fait et ne peut être empêché, répondit Staunton. Cependant, pour mettre fin à d'anciens rapports et donner le temps à mes amis de se réconcilier avec moi, j'ai l'intention de tenir mon mariage secret pour le présent, et de passer quelques années à l'étranger. Ainsi donc vous n'aurez aucune nouvelle de nous d'ici longtemps... peut-être n'en aurez-vous plus jamais. Il serait dangereux, vous le savez, de correspondre, car tout le monde devinerait que le mari d'Effie est le..... que dirai-je?... le meurtrier de Porteous.

— Malheureux homme ! pensa Jenny... Quel époux elle a choisi ! Elle a semé les vents et ne peut récolter que les tempêtes !

— Ne crois pas qu'il soit méchant, dit Effie entraînant Jenny deux ou trois pas plus loin, ne crois pas qu'il soit bien méchant ! Il est plein de bonté pour moi, Jenny... Il est aussi bon que je le mérite... Il est tout à fait décidé à abandonner son ancien genre de vie... Ainsi donc ne te chagrine pas pour moi... Effie aura plus de bonheur qu'elle ne le mérite... Mais toi... oh ! toi !... quand pourras-tu être assez heureuse ? Jamais... jusqu'à ce que tu ailles au ciel, où ils sont tous aussi bons que toi. Jenny, si je ne meurs pas, je t'écrirai... Si je n'écris pas, oublie que j'ai jamais vécu... Adieu, adieu... porte-toi bien,... adieu !...

Elle s'arracha des bras de sa sœur, et rejoignit son mari... Ils s'enfoncèrent sous les ombrages et disparurent. Ce fut comme une vision : Jenny aurait pu croire que ses sens l'avaient trompée, si, une minute ou deux après, elle n'eût entendu le son des avirons et n'eût vu une voile qui glissait sur le Frith et faisait voile pour le sloop qui croisait à l'entrée de la baie. C'était à bord d'un pareil sloop qu'Effie s'était embarquée à Porto-Bello, et Jenny dut en conclure que c'était là le navire qui devait les transporter à l'étranger.

CHAPITRE XLV.

Quelque temps après, Jenny et Reuben Butler reçurent enfin la bénédiction nuptiale : le vieux David protesta, à cette occasion, contre l'usage profane qui faisait engager des joueurs de musette, de cornemuse et de violon pour encourager la danse; et le capitaine Knockdunder déclara, plein d'indignation, que s'il eût pu penser que cela se passerait sans réjouissances d'aucune sorte, il les aurait envoyés au diable avant d'accepter leur invitation.

Dans l'espace de cinq ans madame Butler présenta trois enfants à son mari : deux garçons et une fille. Les garçons furent appelés David et Reuben, et la mère désira expressément que la fille fût nommée Euphémie. Mais on ne l'appela pas Effie comme sa tante, on lui donna, par une autre abréviation, le nom de Feinie.

Si nous en exceptons les divers scrupules religieux qui venaient de temps en temps tourmenter le vieux David à l'occasion de quelques expressions dont Reuben pouvait s'être servi, scrupules que Jenny savait toujours apaiser, rien ne venait plus troubler la tranquillité de cette famille si cruellement éprouvée. Seulement Jenny se demandait toujours ce que pouvait être devenue sa sœur, qui avait promis de lui écrire si elle vivait encore. Le silence d'Effie était étrange et inexplicable, et causait la plus grande anxiété à la pauvre Jenny.

Le mystère fut enfin partiellement éclairci.

Le capitaine Knockdunder, arrivant un jour au presbytère, dit à Butler après avoir pris un mélange de lait, d'eau-de-vie, de miel et d'eau :

— A propos, ministre, j'ai là une lettre pour vous ou votre bonne petite femme ; je l'ai eue la dernière fois que j'étais à Glasgow. J'ai payé huit sous pour le port ; vous me les rendrez si vous voulez, ou nous jouerons quitte ou double au trictrac.

Butler accepta la partie proposée, et donnant la lettre à sa femme, il se mit à jouer avec le capitaine.

Madame Butler se retira dans sa chambre pour lire cette lettre, qui venait bien certainement d'Effie, quoiqu'elle ne portât d'autre signature que la lettre E. Seulement l'orthographe, le style et l'écriture étaient bien supérieurs à ce qu'Effie pouvait produire précédemment.

« Ma très-chère sœur, je me hasarde à t'écrire. Je veux t'apprendre que je suis encore de ce monde, et dans une position plus élevée que je ne pouvais l'espérer. Si la richesse, les honneurs et le rang pou-

vaient donner le bonheur, je serais heureuse : mais tu es plus heureuse que moi, Jenny, quoique le monde regarde ta position comme bien inférieure à la mienne. J'ai eu occasion de temps en temps d'entendre parler de vous tous, ma chère Jenny, autrement je crois que je serais morte de chagrin. J'ai appris avec bonheur que ta famille s'accroissait. Le ciel n'a pas voulu nous donner cette bénédiction, et nous avons perdu deux enfants l'un après l'autre... Nous n'en avons plus !... que sa volonté soit faite ! Mais si nous avions un enfant, cela le détournerait peut-être de ces pensers terribles qui en font un objet d'épouvante pour lui-même et pour les autres. Cependant je ne veux pas t'effrayer, Jenny, il est toujours bon pour moi, et je suis plus heureuse que je ne mérite. Tu dois être étonnée des progrès que j'ai faits dans l'art épistolaire : mais quand nous avons été à l'étranger j'ai eu des meilleurs maîtres, et je me suis mise à étudier pour lui plaire. Il est plein de bonté, Jenny ; seulement il a de grandes raisons d'être triste, particulièrement quand il pense au passé. Quand je pense au passé moi-même, je trouve toujours un point de consolation : je pense avec bonheur à la générosité d'une sœur qui ne m'abandonnera pas quand tous m'abandonnaient. Tu as eu ta récompense. Tous ceux qui te connaissent te respectent et t'aiment; et moi je mène une vie de déception, je dois le respect que l'on me témoigne à un tissu de mensonges et de fraude que le moindre accident peut mettre en pièces. Il m'a présentée à ses amis, depuis qu'il a hérité des propriétés, comme la fille d'un gentilhomme écossais expatrié à la suite des guerres du vicomte de Dundee : c'est, tu le sais, Clavers, le vieil ami de notre père. Il ajoute que j'étais sortie d'un couvent écossais : j'ai effectivement résidé assez longtemps dans un couvent pour pouvoir jouer ce rôle. Mais quand un compatriote vient me parler, comme ils le font tous, les diverses familles qui se sont trouvées engagées dans l'affaire de Dundee, et s'informe de ma parenté, et lorsque je vois son œil qui me guette plein de terreur, je suis sur les charbons, de peur de laisser découvrir notre secret. La politesse m'a sauvée jusqu'ici, elle a empêché les personnes que j'ai vues de m'adresser des questions trop directes. Mais cela durera-t-il toujours ?... Et si je suis cause de son déshonneur, il me haïra, il me tuera, malgré tout son amour. Il est aussi jaloux de l'honneur de sa famille maintenant que cela lui importait peu autrefois. Voilà quatre mois que je suis en Angleterre, et j'ai souvent pensé à t'écrire ; mais j'ai craint que ma lettre ne fût perdue, et que... Aujourd'hui je suis forcée d'écrire coûte que coûte. J'ai vu la semaine passée ton excellent ami le D. d'A. Il vint dans ma loge, et prit place auprès de moi. Quelque chose qui se passa sur le théâtre se rappela à son souvenir... Juste ciel! il raconta à tous ceux qui se trouvaient là, et particulièrement à celle qui en avait été cause, toute l'histoire de ton voyage à Londres. S'il avait su tout, s'il avait pu deviner auprès de qui il était assis, et à qui il racontait cette histoire !... J'ai eu le courage d'un Indien que l'on torture à qui l'on arrache les yeux... J'ai, comme lui, souri et applaudi quand le D. me parlait ! Cependant on lui fit trop, Jenny... je m'évanouis : on attribua ma faiblesse à la pesanteur de l'air, à ma grande sensibilité, et j'ai été assez hypocrite pour accepter cette explication... tout plutôt que la vérité ! Heureusement qu'il n'était pas là. Mais cet accident a eu des suites. Je suis forcée de voir souvent votre noble ami, il est rare qu'il me voie sans parler d'E. D., de J. D., et de R. B. et de D. D., comme de personnes auxquelles mon extrême sensibilité prend le plus grand intérêt. Mon extrême sensibilité !!!!... Et puis voir le ton d'indifférence avec lequel les gens du monde parlent des choses qui me touchent le plus près ! Les entendre raconter dans leur élégant verbiage mes erreurs, mes folies, mon agonie, les faiblesses de mes amis , et même les efforts héroïques, Jenny ! Tout ce que j'ai souffert autrefois n'est rien auprès de cette irritation perpétuelle... c'étaient des coups de massue, ce n'est aujourd'hui que des pointes d'épingle et d'aiguille. Le D. part le mois prochain pour aller passer la saison de la chasse en Ecosse, il a pour habitude, dit-il, de dîner une fois au presbytère, ainsi sois sur tes gardes, et ne te trahis pas s'il te parle de moi. Quant à toi, hélas ! tu n'as rien à cacher, rien à craindre, la pureté de ta foi est pure et sans tache, tu n'as rien à craindre du monde et de ses plus fiers courtisans. La vie d'E. est encore une fois entre tes mains : il faut que tu l'empêches de perdre les plumes dont elle s'est parée, autrement elle serait foulée aux pieds tout d'abord par celui qui l'a élevée à la hauteur où elle est arrivée ! Ce que j'ai mis sous cette enveloppe m'a été envoyé deux fois par an : ne le refuse pas ; je le prends sur mes épingles, et je peux envoyer le double si tu le désires. Cet argent profitera avec toi, jamais avec moi.

» Écris-moi bientôt, Jenny, je te craindrai que cette lettre soit tombée en des mains bien dangereuses. Adresse tes lettres à L. S. sous enveloppe, au révérend Georges Whiterose, Minsterclose, York. Il croit que je suis du nombre d'amateur avec quelques-uns de mes parents jacobites en Ecosse. Comme ses joues jacobites brûleraient de honte et de vexation s'il savait qu'au lieu d'être l'agent d'Euphémie Seton de l'honorable maison de Winton, il se prêtait seulement à la correspondance d'E. D. fille d'un nourrisseur cameronien !... Jenny, je puis encore rire quelquefois... mais que Dieu me garde de pareille joie !... Mon père... je veux dire ton père, dirait que c'est comme le

6.

pétillement des épines dans le feu.... Adieu, ma bonne Jenny... Ne montre ma lettre à personne, pas même à M. Butler.... J'ai le plus grand respect pour lui, mais ses principes sont trop stricts et mon histoire ne peut pas être jugée aussi sévèrement. Crois-moi toujours ton affectionnée sœur.

» E. »

Cette longue lettre surprit et chagrina Jenny. Comment Effie, sa sœur Effie, pouvait-elle se trouver sur un pied d'égalité avec le duc d'Argyle ? Cela semblait si extraordinaire qu'elle eût à se demander si elle avait lu correctement. Puis il était surprenant qu'elle eût tant appris en quatre ans. Jenny savait qu'Effie aurait été plus savante qu'elle dans les livres si elle eût voulu étudier, mais la paresse l'avait toujours empêchée de faire aucun progrès. L'amour, la crainte ou la nécessité avaient suppléé à son manque d'éducation.

Ce que Jenny aimait le moins dans cette lettre c'était l'incontestable égoïsme qui l'avait dictée d'un bout à l'autre.

— Elle ne nous aurait pas écrit, se disait Jenny, si elle n'eût craint que le duc eût appris ce qu'elle était et qu'elle a de pauvres parents ici : mais la pauvre Effie a toujours pensé plus à elle qu'aux autres... Je ne sais pas trop si je devrais garder cet argent, ajouta-t-elle en ramassant un billet de banque de cinquante livres qui s'était échappé de l'enveloppe. Nous n'en avons pas besoin, et cela a l'air d'être pour payer notre silence... Elle devait pourtant être bien sûre que je n'aurais rien dit qui pût lui faire de la peine pour tout l'or de Londres. Il faut que je consulte Butler là-dessus. Je ne vois pas pourquoi elle craindrait tant de perdre son mari, et que je manquerais d'égards à Reuben : ainsi donc je lui dirai tout, aussitôt que le capitaine sera parti....

Elle fit deux ou trois pas pour sortir de la chambre; puis revenant tout à coup, elle reprit :

— Mais pourquoi donc serais-je vexée ? Je ne suis pas assez folle pour être jalouse de voir Effie devenue une grande dame, tandis que je ne suis que la femme d'un ministre. Et, cependant, je suis pleine d'irritation comme un enfant, quand je devrais remercier Dieu qui l'a retirée de la honte, de la pauvreté et du crime!

S'asseyant aux pieds de son lit, elle croisa les bras sur son sein en disant :

— Je ne quitterai pas ce siége avant d'être de meilleure humeur.

Petit à petit elle apaisa ce sentiment d'irritation et de jalousie qu'elle avait éprouvé contre Effie; et refrénant son amour-propre, qui s'était trouvé piqué, elle retourna auprès de Reuben et du capitaine, qui finissaient leur partie de trictrac.

Le capitaine lui annonça que l'on attendait prochainement le duc à Roseneath :

— Il trouvera assez de gibier sur les bruyères d'Auchingower, ajouta-t-il, et, sans aucun doute, il prendra son dîner et son lit au presbytère, selon son habitude.

— C'est son droit, capitaine, dit Jenny.

— Le diable m'emporte s'il y en a un supérieur au sien dans tout le pays! reprit Duncan. Et vous ferez bien de dire à votre père, pauvre vieux, de mettre tout son bétail en ordre et de se défaire de ses folles notions cameroniennes pendant deux ou trois jours, si c'était un effet de sa bonté : car, quand je lui parle de bêtes brutes, il me répond avec des bouts de versets de la Bible; ce n'est pas convenable quand on discute entre hommes honorables, à moins que ce ne soit avec une personne de votre caractère, monsieur Butler.

Jenny se contenta de sourire, et quand le capitaine eut pris congé de ses hôtes elle réfléchit de nouveau sur ce qu'elle devait faire relativement à la lettre d'Effie. Elle se décida à n'en pas parler à son mari : c'était vrai, il avait raison de supposer qu'Effie s'était enfuie avec Robertson, qui avait été à la tête de l'émeute de Porteous, et qui était condamné à mort pour le vol de Kirkaldy ; mais il ignorait que ce Robertson fût le même que Georges Staunton, qui, évidemment, avait repris son rang dans le monde. Jenny n'avait communiqué à personne le secret que Staunton lui avait confié, elle résolut de ne rien dire de la lettre de sa sœur.

En relisant la lettre d'Effie, elle ne put s'empêcher d'observer combien ceux qui s'élèvent par la fraude et la déception rencontrent de difficultés pour maintenir leur position. Mais ce n'était pas à elle, pensait-elle, à publier l'histoire de sa sœur.... Effie n'usurpait la place ni le titre de personne... une révélation aurait seulement détruit son bonheur, et l'aurait dégradée devant le monde. Jenny pensa que si elle eût été sage elle serait restée dans la retraite et l'obscurité, au lieu de rechercher le monde et une vie de plaisirs... Mais peut-être n'était-ce pas de son choix ! Renvoyer l'argent accuserait de la fierté et de la froideur : Jenny résolut donc de l'employer à donner une meilleure éducation à ses enfants, et à les établir plus tard. Effie était riche et semblait obligée d'aider Jenny par tous les moyens en son pouvoir, et cet arrangement paraissait si naturel qu'elle crut ne pas devoir le repousser par excès de délicatesse.

Jenny écrivit donc à Effie, accusant réception de sa lettre, et la priant d'écrire aussi souvent qu'elle le pourrait : elle lui raconta toutes ses affaires en détail ; et adressant sa lettre sous enveloppe à M. Whiterose, elle l'envoya à la poste de Glasgow.

La semaine suivante, le duc vint à Roseneath ; et quelques jours après il annonça qu'il irait chasser dans le voisinage et qu'il prendrait ses quartiers au presbytère, comme il l'avait déjà fait précédemment.

Effie avait prévu ce qui arriva. Le duc avait à peine pris sa place à la droite de madame Butler, qu'il commença à lui parler de lady Staunton de Willingham, dans le Lincolnshire, et du bruit que sa beauté et son esprit faisaient dans les salons de Londres. Jenny s'attendait en partie à cette déclaration, mais l'esprit d'Effie ! la surprenait outre mesure.

— Elle est la perle des salons, l'étoile de nos soirées, son éloge est sur toutes les lèvres, dit le duc, et vraiment c'est la plus jolie femme que l'on ait jamais vue à la cour.

A la cour ! pensa Jenny, qui se rappela son entrevue avec la reine et toutes les circonstances qui l'avaient précédée.

— Elle vous parle de cette dame, madame Butler, dit le duc, parce qu'il y a quelque chose dans le son de sa voix et dans ses traits qui vous rappelle toujours à mon souvenir... non pas quand vous êtes pâle comme en ce moment... vous vous êtes fatiguée... faites-moi l'honneur de prendre un verre de vin avec moi.

Jenny accepta l'invitation, et Butler fit remarquer qu'il était dangereux de flatter la femme d'un pauvre ministre comme venait de le faire Sa Grâce en lui disant qu'elle ressemblait à une beauté de la cour.

— Oh ! monsieur Butler, dit le duc, deviendriez-vous jaloux ? Vous commenceriez un peu tard, car vous savez combien il y a longtemps que j'admire votre femme. Mais, vraiment, il y a entre ces deux dames une ressemblance inexplicable, quoi qu'elles soient bien différentes l'une de l'autre.

Jenny, qui sentait toute l'étrangeté de son silence, s'efforça de dire que peut-être la dame était sa compatriote, et que le langage prêtait à la ressemblance.

— Vous avez raison, répliqua le duc, elle est Ecossaise et parle avec l'accent écossais : de temps en temps elle emploie une expression provinciale qui acquiert un charme inexprimable, c'est dorique, vous savez, monsieur Butler.

— J'aurais cru, dit le ministre, que cela aurait paru commun dans la grande ville.

— Non pas, répondit le duc, car vous ne devez pas supposer que c'est ce patois vulgaire que l'on parle dans le Cowgate d'Édimbourg ou dans les Gobarls. Cette dame est restée très-peu de temps en Ecosse, elle a été élevée dans un couvent à l'étranger, et son écossais est pur écossais dont on usait dans ma jeunesse, mais qui est oublié maintenant.

Malgré toute son anxiété, Jenny ne put s'empêcher de remarquer combien les meilleurs juges se laissaient aller à leur fantaisie. Le duc continua :

— Elle appartient, je crois, à cette malheureuse maison de Winton, mais elle a perdu à l'étranger les occasions d'apprendre sa généalogie, et j'ai été obligé de lui dire qu'elle devait descendre des Seton de Windygoul. Rien n'égalait l'amabilité de son sourire et sa rougeur en confessant son ignorance. Malgré l'élégance de ses manières, elle montre de temps en temps une certaine rusticité conventuelle qui la rend admirablement délicieuse ; on voit que c'est une rose qui a fleuri à l'ombre du cloître, monsieur Butler.

Jenny s'enhardit à faire quelques questions au duc sur le mari de la dame qu'il admirait tant.

— Il est très-riche, répliqua le duc ; il appartient à une ancienne famille, ses manières sont excellentes ; mais il n'est pas aussi recherché que sa femme. On dit cependant qu'il peut se rendre très-aimable, mais je n'en ai pas eu de preuves. Je croirais plutôt qu'il est froid, sévère et capricieux. Sa jeunesse a été très-orageuse, dit-on, il a été très-souffrant aussi, mais c'est un bon homme, et il est grand ami du haut commissaire de l'église, monsieur Butler.

— Alors c'est l'ami d'un digne et honorable gentilhomme, dit Butler.

— Admire-t-il sa femme autant que les autres ? demanda timidement Jenny.

— Qui ?... sir Georges ? on dit qu'il l'aime beaucoup, répondit le duc ; mais je l'ai vue trembler quand il la regardait, et c'est mauvais signe. Mais c'est étonnant comme votre ressemblance à lady Staunton me poursuit : c'est le même regard, le même son de voix ; on jurerait que vous êtes sœurs.

L'agonie de Jenny devint intolérable ; elle ne put cacher davantage son embarras : le duc attribua naturellement son agitation qu'elle montra au souvenir des malheurs de sa sœur, et se hâta de changer de conversation.

CHAPITRE XLVI.

Les deux sœurs correspondirent pendant plusieurs années, échangeant leurs lettres deux fois par an : celles de lady Staunton donnaient de tristes détails sur la santé de son mari et sur la sienne. Elle se plaignait aussi amèrement de n'avoir pas d'enfants. Sir Georges Staunton haïssait son héritier, qu'il accusait d'avoir excité ses amis contre lui pendant son absence à l'étranger, et il déclarait qu'il léprenait Willingham et toutes ses terres à un hôpital plutôt que de laisser cet espion en posséder jamais une acre.

— S'il avait un enfant, disait sa malheureuse femme, ou si notre infortuné fils eût survécu, il aurait une raison de vivre et de se roidir contre le sort ; mais le ciel nous a refusé une bénédiction que nous ne méritions pas.

Tel était le contenu de presque toutes les lettres qui s'échangeaient de Willingham au presbytère de Knocktarlitie.

Le temps s'écoulait. Le duc d'Argyle mourut en 1743, regretté de tous ceux qui le connaissaient ; mais surtout des Butler et de sa femme. Ce fut son frère Archibald qui lui succéda.

David Deans mourut à son tour, plein d'années et d'honneurs. Il était âgé de près de cent ans, car il parlait d'événements qu'il avait vus vers l'époque où se livra la bataille du pont de Bothwell. Il expira dans les bras de sa fille, remerciant le ciel pour toutes les bénédictions dont il l'avait comblé. Sa fortune s'élevait à près de quinze cents livres et vint augmenter l'avoir des Butler, qui se trouvèrent embarrassés sur l'emploi qu'ils devaient donner à cet argent.

— Si nous le donnons à intérêt, dit Butler, nous n'en retirerons peut-être rien, car il y a l'hypothèque sur la terre de Lounsdeck dont son père n'a jamais pu avoir ni capital ni intérêts. Si nous le mettons dans les fonds publics, nous pourrions perdre tout : comme ceux qui ont pris des intérêts dans les actions de la mer du Sud. Il y a bien la petite propriété de Craigsture qui est à vendre, c'est à deux milles d'ici, et Knock me dit que Sa Grâce n'a aucune intention de l'acheter, mais on en demande deux mille cinq cents livres et elle les vaut ; je ne saurais trop où emprunter la différence pour que ma famille ne soit pas embarrassée si je venais à mourir.

— Si donc nous avions plus d'argent, dit Jenny, nous pourrions acheter ces belles prairies où l'herbe est si verte ?

— Certainement, ma chère, et Knockdunder, qui s'y connaît, me conseille fortement de les acheter... Il est vrai de dire que c'est son neveu qui veut les vendre.

— Eh bien ! Reuben, reprit Jenny, cherche un texte dans la Bible, comme quand tu as eu besoin d'argent autrefois... cherche un texte dans la Bible.

— Ah ! Jenny, dit Butler en souriant et lui prenant la main, on ne fait ces miracles-là qu'une fois.

— Nous verrons, dit tranquillement Jenny.

Et allant au buffet où elle renfermait son sucre, son miel et ses pots de confiture, elle en retira un pot de terre brune fermé d'un couvercle de papier. Ce vase semblait plein de vieux papiers, mais Jenny en retira en outre une vieille Bible à fermoir qui avait accompagné David dans ses pérégrinations d'autrefois, et qu'il avait donnée à Jenny quand l'âge l'avait forcé d'user de caractères d'imprimerie plus forts. Elle donna ce livre à Butler, qui la regardait faire tout surpris, et lui dit de voir s'il pouvait lui être de quelque utilité.

Il ouvrit le fermoir, et, à son grand étonnement, un paquet de billets de banque de cinquante livres chacun tomba d'entre les feuillets.

— Je ne voulais te confier le secret de mes richesses, Reuben, dit Jenny souriant de sa surprise, que sur mon lit de mort ou bien si nous avions été bien pressés par le besoin ; mais il vaudrait mieux avoir avec cela les belles prairies de là-bas que de le laisser à rien faire dans le vieux pot.

— Mais, comment as-tu eu tout cet argent, Jenny ?... mais il y a plus d'un millier de livres ! dit Butler contemplant les billets.

— Quand même il y en aurait dix mille, je l'ai eu honnêtement, répondit Jenny, et vraiment je ne sais pas combien il y a, mais tout ce que j'ai eu s'y trouve. Quant à la manière dont je l'ai eu, Reuben, je l'ai eu honnêtement, comme je te l'ai dit. Tu l'aurais su il y a longtemps si le secret était le mien, mais je ne peux pas t'en dire davantage et il ne faut pas me faire de questions.

— Dis-moi seulement une chose, dit Butler : est-ce bien réellement à toi pour en faire ce que tu voudras, personne autre ne peut-il en réclamer une part ?

— C'était à moi pour en faire ce que je voudrais, répondit Jenny, et j'en ai déjà disposé, car c'est maintenant à toi, Reuben. Tu es maintenant Butler la Bible comme ton grand-père, mais tu n'es pas pauvre père détestait tant. Seulement, si tu veux, je désirerais que Feinie et moi une bonne part quand nous ne serons plus.

— Certainement : ce sera comme tu voudras... Mais qui aurait jamais pensé à cacher un trésor en pareille place ?

— C'est là une de mes vieilles habitudes, Reuben. J'ai pensé que si Donacha Dhu venait ravager de ce côté, il ne penserait jamais à regarder dans une Bible. Mais s'il me vient d'autre argent, comme c'est probable, je te le donnerai, tu en disposeras comme tu voudras.

— Et je ne peux pas réellement savoir d'où vient tout cet argent ? dit Reuben.

— Réellement cela ne se peut pas ; j'aurais tort de le dire.

— Mais, dis-moi, reprit Butler, y a-t-il quelque chose qui tourmente ?

— Les biens du monde ne viennent jamais sans embarras et sans plaisir, Reuben ; mais ne me demande plus rien. Cet argent ne m'oblige à rien, et je ne peux pas te le rendre.

— Alors, jamais homme n'eut une femme comme la mienne, dit Butler, les bénédictions la suivent en tout temps.

On sut bientôt dans toute la paroisse que le ministre avait acheté Craigsture ; et ses collègues, apprenant qu'il était obligé d'aller à Edimbourg pour recueillir la succession de David, prirent cette occasion de le nommer délégué à l'assemblée générale de l'église d'Ecosse, qui se tient ordinairement vers la fin de mai.

Un jour ou deux après le départ de Butler, il arriva que Jenny eut à intervenir pour apaiser une querelle qui s'était élevée entre ses enfants. Feinie, qui n'avait pas encore dix ans, accusait David et Reuben d'avoir voulu lui prendre par force un livre qu'elle avait. David et Reuben répondirent : l'aîné, que ce n'était pas un livre que Feinie dût lire ; l'autre, que c'était l'histoire d'une méchante femme.

— Et où avez-vous eu ce livre ? demanda la mère. Comment osez-vous toucher aux livres de votre papa quand il est absent ?

La petite fille, présentant une feuille de papier toute chiffonnée, déclara que ce n'était pas un des livres de son papa, que May Hettly l'avait retiré d'autour du gros fromage qui leur était venu d'Inverary.

Jenny prit le papier des mains de l'enfant pour voir ce que c'était, et, à sa grande surprise, vit que le titre était : les Aveux, la confession et les dernières paroles de Marguerite Mac Craw, ou Murdockson, pendue sur le mont de Harabee, auprès de Carlisle, le ... de l'année 1737. C'était un de ces imprimés qu'Archibald avait achetés à Longtown quand il avait débarrassé le porteballe de toute sa marchandise, et que madame Dutton avait empêché de brûler par économie. Il s'était trouvé que son frère en avait enveloppé un fromage qu'elle avait envoyé en présent à madame Butler.

Le contenu de ce papier sembla si important à Jenny, qu'elle se débarrassa des enfants, et courut à sa chambre, où elle s'enferma pour lire sans interruption.

Le papier, qui semblait avoir été écrit ou corrigé par le prêtre qui avait donné à la malheureuse femme les dernières consolations de la religion, commençait par raconter le crime pour lequel elle était condamnée : c'était un meurtre abominable, commis près de deux ans auparavant auprès de Halthwistle, et pour lequel le fameux Franck avait été condamné aux assises de Leicester. L'histoire de la malheureuse Marguerite venait ensuite : il était dit qu'elle était née en Ecosse ; qu'elle avait épousé un soldat du régiment cameronien. Elle avait longtemps suivi le camp, et son mari étant devenu domestique d'un riche ecclésiastique dans le Lincolnshire, elle avait obtenu la confiance et l'estime de cette famille. Mais, quelques années après la mort de son mari, elle avait été chassée pour avoir prêté la main aux amours de celui avec l'héritier de la maison, et aussi parce que l'on supposa qu'elle avait caché la naissance d'un enfant et l'avait peut-être tué pour sauver la réputation de sa fille. Elle avait ensuite erré de côté et d'autre en Angleterre et en Ecosse, où tantôt elle disait la bonne aventure et tantôt vendait des objets de contrebande. Quand elle demeurait dans un des faubourgs d'Edimbourg pendant l'été précédent, elle fut chargée de soigner une jeune fille qui avait été séduite par un de ses confédérés et qui accoucha chez elle d'un garçon. Sa fille, qui était devenue folle après avoir perdu son enfant, avait, disait-elle, emporté ce petit garçon, croyant que c'était le sien, qu'elle ne pouvait croire mort.

Marguerite Murdockson ajoutait qu'elle avait cru pendant quelque temps que sa fille avait tué cet enfant dans un de ses accès de folie, mais qu'elle avait appris plus tard qu'une autre femme le lui avait pris. Elle montrait quelque regret d'avoir séparé la mère de l'enfant, parce que cela avait manqué d'être exécutée pour infanticide. Quand on lui avait demandé quel intérêt elle avait eu à exposer une malheureuse fille à souffrir pour un crime dont elle était innocente, elle avait répondu qu'elle n'avait pas voulu faire courir aucun danger à sa fille pour sauver une étrangère. L'imprimé disait encore qu'après son exécution, dont tous les détails étaient donnés, sa fille, la folle connue sous le nom de Madge Wildfire, avait été maltraitée par la populace, qui l'avait prise pour une sorcière, et n'avait été arrachée qu'avec difficulté des mains de ses bourreaux par la police de Carlisle.

Cette narration contenait des informations de la plus haute importance, car madame Butler y trouvait la preuve évidente de l'innocence de sa sœur.

Après avoir remercié Dieu d'une découverte aussi précieuse, Jenny se mit à réfléchir sur ce qu'elle devait faire : elle pensa d'abord à en informer son mari ; mais il était absent, et il était difficile de lui communiquer tout cela par lettre. Elle pensa qu'il valait mieux en écrire à sa sœur, et la laisser décider avec son mari sur ce qu'il y avait à faire. Elle envoya donc un exprès à Glasgow pour jeter à la poste un pli qui contenait les aveux de Marguerite Murdockson, sous enveloppe adressée, comme toujours, à M. Witherose de York. Ce fut avec une grande anxiété qu'elle attendit la réponse ; mais la poste revint sans rien rapporter, et elle ne sut que conclure du silence de lady Staunton. Elle commençait à regretter d'avoir envoyé ce papier et se préparait à consulter Reuben sur ce qu'elle devait faire, quand il survint de nouveaux incidents.

Jenny était allée par une belle matinée se promener avec ses enfants vers le bord de la mer, quand ils aperçurent la péniche du capitaine s'approchant de l'endroit ordinaire où l'on débarquait. Il y avait deux dames sur l'arrière du bateau, et Duncan dans son plus beau costume était lui-même au gouvernail. Jenny, s'approchant pour le recevoir, vit qu'il usait du plus grand respect envers les dames : le capitaine s'avança devant les dames ; l'une plus grande que l'autre s'appuyait sur cette dernière, qui semblait être une compagne ou femme de chambre.

Duncan, prenant son air le plus respectueux, demanda la permission de présenter à madame Butler lady... — Eh !... eh !... j'ai oublié le nom de Votre Seigneurie !

— N'importe mon nom, monsieur, dit la dame, cela ne fait rien à madame Butler. La lettre du duc...

Voyant que madame Butler avait l'air de ne pas comprendre, elle se tourna vivement vers Duncan en disant :

— N'avez-vous pas envoyé ma lettre hier au soir, monsieur ?

— Vraiment non ! J'en demande bien pardon à Votre Seigneurie. Mais vous voyez, madame, j'ai cru que cela ferait la même chose aujourd'hui, parce que madame Butler est toujours préparée... toujours... Une des chaloupes était à la pêche, l'autre était allée chercher un baril d'eau-de-vie à Greenock... et... Mais voici la lettre de Sa Grâce.

— Donnez-la-moi, monsieur, dit la dame la lui prenant des mains, puisque vous n'avez pas jugé à propos de me rendre le service de l'envoyer hier je la remettrai moi-même.

— Ce sera comme Votre Seigneurie le voudra, répondit humblement le capitaine.

La dame portait un riche costume ; elle était passablement grande, un peu grasse, admirablement faite ; son bras et sa main étaient délicieusement sculptés ; ses manières étaient gracieuses et pleines de dignité. Deux domestiques en livrée sortirent de la péniche une malle et un portemanteau qui semblaient lui appartenir.

— Puisque vous n'avez pas reçu la lettre, madame, qui aurait dû me servir d'introduction, car je présume que vous êtes madame Butler, je ne vous la remettrai que lorsque vous aurez eu la bonté de me recevoir chez vous sans cette formalité.

— Certainement, madame, dit Knockdunder, vous ne pouvez pas douter de l'empressement de madame Butler... Madame Butler, c'est lady... lady... Ces diables de noms saxons s'échappent de ma mémoire aussi vite qu'une pierre qui roule du haut d'une montagne... mais je crois qu'elle est née en Ecosse... tant mieux pour nous !... et je crois que Sa Seigneurie est de la maison de...

— Le duc d'Argyle sait qui je suis, monsieur, dit la dame d'un ton qui voulait lui intimer l'ordre de se taire, puis se tournant vers les enfants elle ajouta :

— Voilà deux jolis petits montagnards !... ce sont vos enfants, je suppose, madame ?

Jenny répondit affirmativement, et l'étrangère soupira : elle soupira de nouveau quand elle les entendit appeler par leur nom.

— Viens, ma petite Femie, dit madame Butler, et regarde madame.

— Comment appelez-vous votre fille, madame ? demanda l'étrangère.

— Euphémie, madame, répondit Jenny.

— Je croyais que l'abréviation ordinaire de ce nom était Effie, dit la dame d'une voix qui alla droit au cœur de Jenny.

Quand on arriva au presbytère, la dame donna à Jenny la lettre qu'elle avait reprise au capitaine ; et en la lui donnant elle lui pressa légèrement la main en disant tout haut :

— Seriez-vous assez bonne, madame, pour me donner un peu de lait ?

— Et à moi une goutte d'usquebaugh, s'il vous plaît, madame Butler ? ajouta Duncan.

Madame Butler, confiant à May Hettly le soin de porter le lait et l'usquebaugh que demandaient ses hôtes, se retira dans sa chambre pour lire la lettre. La première enveloppe contenait un mot du duc d'Argyle, qui priait madame Butler de vouloir bien accueillir avec bonté une dame de haut rang, lady Staunton de Willingham, qui allait à Roseneath de sa présence pour boire du lait de chèvre, qui lui était recommandé, pendant que son mari ferait une excursion en Ecosse. La seconde renfermait une lettre de lady Staunton qui annonçait à Jenny son arrivée, et qu'elle aurait reçue la veille si le capitaine eût été moins négligent. Effie lui disait aussi que sa dernière lettre leur avait communiqué des nouvelles si importantes, que son mari s'était décidé à commencer la recherche de son enfant, d'après ce qu'il savait des aveux faits à Carlisle, et que comme il avait déjà obtenu quelques éclaircissements elle avait obtenu de lui qu'elle irait, sous le plus strict incognito, passer une semaine ou deux avec sa sœur pendant qu'il continuerait l'exploration qu'il avait entreprise.

Il y avait un post-scriptum dans lequel Effie disait qu'elle espérait que Jenny s'en remettrait à lady Staunton du soin de régler leurs rapports, et se contenterait d'approuver ce qu'elle proposerait.

Jenny lut et relut cette lettre, et se hâta de descendre tremblant de trahir ce secret et brûlant cependant du désir de se jeter au cou de sa sœur. Effie l'accueillit d'un œil plein d'affection et qui intimait la plus grande discrétion.

— Je disais à monsieur... au capitaine... à ce monsieur, madame Butler, dit-elle, que si vous pouviez me donner un appartement dans votre maison et un lit pour Ellis, avec une chambre pour mes deux domestiques, j'aimerais mieux cela que d'être à Roseneath, que Sa Grâce a eu la bonté de mettre à ma disposition. On m'a ordonné de me loger aussi près que possible des chèvres.

— Je répondais à madame, madame Butler, dit Duncan, que, bien que vous seriez enchantée de recevoir une amie de Sa Grâce ou de moi, elle serait cependant beaucoup mieux à Roseneath. Et quant aux chèvres, on peut les amener ici ; il est plus convenable qu'elles se dérangent pour madame que madame pour elles.

— Je ne veux pas que l'on fasse venir les chèvres, reprit lady Staunton ; je suis certaine que le lait sera meilleur ici.

Cela fut dit d'un ton de langueur impérieuse et indolente qui ne souffre pas de réplique. Madame Butler se hâta de dire que toute sa maison était aux ordres de lady Staunton ; mais le capitaine ne se tint pas pour battu.

— Le duc a écrit, dit-il...

— J'arrangerai cela avec Sa Grâce.

— Il y a beaucoup de choses que l'on a envoyées de Glasgow...

— On peut envoyer tout ce qu'il y a de nécessaire ici ; et si madame Butler voulait avoir la complaisance de me montrer un appartement, le capitaine voudrait bien envoyer tout le bagage qui est resté à Roseneath.

Le pauvre Duncan fut obligé de partir pour s'occuper de ce soin ; il s'en alla disant :

— Que le tonnerre brûle Son Impertinence ! elle s'établit au presbytère comme si c'était à elle, et elle me parle comme si j'étais son domestique ! que le diable l'enlève !... J'avais fait tuer un daim... il faudra que je l'envoie au presbytère. Ce ne sera que juste, puisque j'ai amené une pareille pécore à la bonne madame Butler !

Il alla donc donner des ordres en conséquence.

Pendant ce temps les deux sœurs s'embrassaient avec effusion : Jenny était si frappée d'étonnement, et même de crainte, qu'elle en était tout accablée. Effie pleurait, riait, sanglotait, criait de joie, et frappait ses mains l'une contre l'autre avec une franchise et une vivacité qu'elle savait comment refréner au besoin.

Après qu'elles eurent passé une heure à s'assurer réciproquement de leur bonne affection, lady Staunton aperçut le capitaine qui arpentait le jardin d'un air impatient.

— Voilà cet imbécile de montagnard revenu, dit-elle, je m'en vais le prier de nous laisser.

— Non ! non ! s'écria Jenny, n'offense pas le capitaine.

— L'offenser ! reprit lady Staunton, personne ne s'offense jamais de ce que je fais ou de ce que je dis, ma chère. Mais, puisque tu le veux, je vais le laisser tranquille.

Le capitaine fut donc prié de rester à dîner.

— Je n'ai pas pu persuader à madame Butler, dit lady Staunton au capitaine quand sa sœur sortit un instant, de me laisser parler d'indemnité pour l'embarras que je lui cause en prenant sa maison d'assaut et y mettant garnison.

— Assurément, madame, répondit Duncan, il ne conviendrait pas que madame Butler acceptât une indemnité d'une dame qui vient de chez moi ou de chez le duc, ce qui est la même chose. Quant à ce qui est de mettre garnison, dans l'année quarante-cinq je fus mis en garnison avec vingt huit hommes dans la maison d'Inver Garry...

— Je vous demande pardon, monsieur ; mais je voudrais pouvoir trouver un moyen de reconnaître cette peine.

— Oh ! il n'est pas nécessaire de la récompenser... ce n'est rien pour elle, rien du tout... Si bien qu'étant dans la maison d'Inver Garry, et les gens des environs étant...

— Pourriez-vous me dire, monsieur, dit lady Staunton, si ces jeunes gens, les jeunes Butler, ont quelque goût pour l'armée ?

— Je ne pourrais vraiment pas vous dire, madame, répondit Duncan. Les gens des environs étant donc mécontents, difficiles à mener, on entendit une cornemuse qui retentissait dans le bois, je dis à mes gens de veiller à leurs amorces et...

— Parce que, reprit lady Staunton sans s'occuper le moins du monde de son histoire, si cela était, sir Georges pourrait très-facilement demander au ministre de la guerre une paire d'épaulettes pour eux, nous avons toujours soutenu le gouvernement et nous n'avons jamais rien sollicité.

— Et s'il plaisait à Votre Seigneurie, madame, dit Duncan, qui sembla trouver la proposition de son goût, j'ai un beau et brave neveu du nom de Duncan Mac Gilligan, qui est aussi gros et grand que les deux Butler mis ensemble, si sir Georges pourrait demander en même temps pour lui, cela ne coûterait pas plus.

Lady Staunton ne lui répondit que par un de ces regards étonnés qui ne donnent aucun espoir.

Effie, après avoir passé de longs moments auprès de sa sœur, visité dans le plus grand détail tout son établissement, commença à prendre plus d'intérêt aux courses et aux promenades dans la campagne. Les deux fils de Jenny, qui l'accompagnaient, lui firent connaître toutes les montagnes des environs, qu'ils avaient souvent parcourues.

Un jour, David promit de lui montrer une cascade de torrent plus grande, plus imposante que toutes celles qu'elle avait encore vues. C'était à une distance de cinq milles; mais quand on y était arrivé, on était grandement payé de la fatigue qu'il avait fallu encourir. Une immense nappe d'eau se précipitait d'un seul jet du haut d'un noir rocher sur lequel se découpait hardiment l'écume blanche de la cascade, puis un autre rocher s'avançait sur l'abîme et en cachait le fond. L'eau, tournoyant au-dessous, contournait la base du roc, et se précipitait de nouveau dans des gorges impénétrables.

Quand on aime ces beautés de la nature, on veut les voir jusque dans leurs plus petits détails : lady Staunton demanda à David s'il n'y avait pas moyen de découvrir le fond de l'abîme; l'enfant répondit qu'il y avait de l'autre côté du torrent une pointe de rocher d'où l'on pouvait tout apercevoir, mais qu'il était difficile et dangereux d'y descendre. Décidée à satisfaire sa curiosité, lady Staunton lui dit de lui montrer le chemin : il passa devant, s'accrochant aux aspérités du roc, aux racines des arbrisseaux, lui montrant à chaque pas où elle devait poser les pieds.

Ils arrivèrent ainsi sur la petite plate-forme d'où l'on voyait la masse d'eau se jeter haletante, frémissante, et toute blanche d'écume, dans un trou obscur où mille tonnerres retentissaient, et que l'on eût dit être le cratère d'un volcan. Le bruit, la course incessante des eaux qui semblaient tout entraîner avec elles, l'ébranlement continu du roc sur lequel ils se tenaient, agirent d'une manière si puissante sur l'imagination et les nerfs de lady Staunton, qu'elle s'écria qu'elle allait tomber, et elle serait en effet tombée dans l'abîme si David ne l'eût saisie. L'enfant était fort et hardi pour son âge; mais il avait à peine quatorze ans, et son aide ne donna pas assez de confiance à lady Staunton pour la rassurer entièrement. Il y avait danger qu'un étourdissement ne les fît tomber ensemble. Elle jeta des cris de peur, quoiqu'elle n'eût aucun espoir d'être entendue. Cependant elle fut tout étonnée d'entendre un coup de sifflet répondre à ses cris.

Dans ce moment de doute et de terreur, une figure humaine, aux cheveux rouges et en désordre qui pendaient sur le front et se mêlaient à une barbe aussi inculte, parut au sommet du rocher.

— C'est le diable ! dit David, qui devint incapable de retenir lady Staunton.

— Non, non, s'écria-t-elle, c'est un homme ! Pour l'amour de Dieu, mon ami, aidez-nous !

L'homme les regarda sans répondre, et une seconde après une figure plus jeune, mais aussi sauvage que la première, parut auprès de lui.

Elle renouvela sa prière; les lèvres du jeune homme remuèrent, mais elle ne put entendre sa réponse. Ce dernier disparut un instant, et revint bientôt avec une échelle d'osier tressé dont il laissa tomber un bout en faisant signe à David de la retenir en bas. Le désespoir inspire le courage, lady Staunton n'hésita pas à grimper à cette échelle; elle atteignit le sommet du rocher en toute sûreté, et son neveu la suivit.

Ils se trouvèrent sur une plate-forme entourée de précipices de tous côtés, et, sous un rocher suspendu dans sa chute par les aspérités des autres, il y avait un amas de feuilles et de mousse sèches où s'étendaient évidemment les malheureux qui avaient choisi ce désert pour demeure. Ils étaient deux. L'un, le plus jeune, celui qui avait procuré l'échelle, avait l'air d'un sauvage fort, grand et nerveux : il était à demi couvert d'un reste de plaid, il n'avait ni souliers, ni bas, ni chapeau, ni bonnet. Ses cheveux étaient tressés et mêlés sur le haut de sa tête de manière à tenir lieu de toute coiffure. Il regarda à peine David; mais il ouvrit de grands yeux à la vue de lady Staunton, dont la beauté probablement dépassait tout ce qu'il avait imaginé. Le vieillard, celui qu'ils avaient aperçu le premier, était resté couché dans la même position, et semblait ne prendre aucun intérêt à ce qui se passait.

Quand le jeune sauvage eut assez regardé lady Staunton, il alla chercher un vase de corne et une coupe de corne, et versant de l'usquebaugh encore tout chaud, il l'offrit à la dame et à David, qui, tous les deux, le burent d'un trait, et prenant une échelle un peu plus solide, il l'appliqua contre le rocher suspendu, et la tenant assujettie il fit signe à lady Staunton de monter. Quand ce fut au tour de David, il s'amusa à secouer l'échelle comme pour s'amuser de sa frayeur; de sorte que lorsqu'ils se trouvèrent tous les trois sur le haut, ils se regardèrent d'un œil quelque peu hostile.

Ce fut un nouveau sujet de terreur pour lady Staunton, car, quoique David fût au moins de deux ans plus jeune, il était fort et hardi.

— Vous êtes le fils de l'homme noir de Knocktarlitie, dit le jeune sauvage; si vous revenez ici encore une fois, je vous pousserai dans le trou comme un galet.

— Oui, mais tu es trop court pour être aussi long, lui répondit David le toisant de la tête aux pieds, je m'imagine que tu es un des gars de Donacha le Noir; si tu viens dans notre vallée, je t'enverrai une charge de plomb comme à un canard sauvage.

— Tu peux dire à ton père, reprit le sauvage, que c'est la dernière feuille qu'il voit : il nous payera ce qu'il nous a fait souffrir.

— J'espère qu'il vivra encore bien des étés et te fera encore souffrir, répondit David.

Lady Staunton s'avança entre eux la bourse à la main, et prenant une pièce d'or au milieu de pièces d'argent que l'on voyait à travers les mailles, elle l'offrit à son libérateur.

— L'argent blanc, madame, l'argent blanc, dit le jeune sauvage, qui probablement ignorait la valeur de l'or.

Lady Staunton lui donna ce qu'elle avait d'argent. Il le saisit avidement, et fit une sorte de demi-salut.

— Dépêchons-nous, lady Staunton, dit David, nous aurons du mal à nous en tirer puisqu'ils ont vu votre bourse.

Ils s'éloignèrent aussi vite que possible; mais ils n'étaient pas descendus deux cents pas, qu'ils entendirent crier après eux! et, se retournant, virent le vieillard et le jeune homme qui les poursuivaient, le premier portant un fusil. Heureusement qu'un des gardes-chasse du duc, qui poursuivait des daims, passa sur le penchant de la colline. Les bandits s'arrêtèrent à sa vue, et lady Staunton se hâta de se mettre sous sa protection. Il les escorta jusqu'au presbytère, et ne les quitta que lorsqu'il les vit en sûreté.

CHAPITRE XLVII.

Nous devons maintenant dire ce qui se passait à Edimbourg, où se tenait l'assemblée générale du clergé.

Le haut commissaire choisi pour présider cette assemblée était un ami intime de sir Georges Staunton, qui parut à ses côtés dans les rues d'Edimbourg la première fois qu'il osa s'y aventurer publiquement après la nuit fatale de l'exécution de Porteous.

Sir Georges, nous devons le rappeler, s'était rendu à Carlisle au reçu de la lettre de Jenny qui contenait la confession de Marguerite Murdockson. L'archidiacre Fleming, qui avait assisté cette malheureuse à ses derniers moments, vivait encore. Sir Georges raconta au digne vieillard une partie de son histoire, et se reconnut le père de ce pauvre enfant que Madge Wildfire avait fait disparaître.

En fouillant dans ses souvenirs, l'archidiacre se rappela que la vieille Marguerite avait écrit une lettre à Georges Staunton junior, au presbytère de Willingham, par Grantham; que cette lettre avait été envoyée, mais qu'elle était revenue avec une note du révérend Staunton : portant qu'il ne connaissait pas la personne à qui la lettre pouvait être adressée. Cela avait eu lieu à l'époque où Georges avait pour la seconde fois abandonné le toit de son père pour aller enlever Effie. S'il fût resté quelques jours de plus à Willingham, il eût reçu cette lettre, dans laquelle Marguerite Murdockson lui disait où trouver Annaple Bailzon, à qui l'enfant avait été remis. La vieille Marguerite s'était décidée à cette révélation dans l'espoir que Georges obtiendrait de son père le salut de sa protégée Madge la folle.

L'archidiacre ajouta qu'après le retour de cette lettre il avait écrit à un ami à Edimbourg pour qu'il s'informât de ce qu'était devenue l'infortunée jeune fille dont l'enfant avait été volé, et que son correspondant lui avait répondu qu'elle avait reçu son pardon et quitté le pays avec toute sa famille. L'affaire en était restée jusqu'au moment où sir Georges était venu prendre des informations. L'archidiacre lui remit la lettre de Marguerite Murdockson et les autres documents qui pouvaient s'y rattacher.

Le seul désir de sir Georges fut donc de recouvrer son enfant, qui, d'après la loi d'Écosse, était légitime par le mariage de ses père et mère. Mais où le trouver ? sur quels grands chemins errait-il ? sous quels haillons traînait-il une misérable existence ?...

Quelques personnes se rappelaient qu'Annaple Bailzon avait parcouru le pays en mendiant sa vie et disant la bonne aventure. D'autres se souvenaient qu'elle avait un enfant avec elle vers 1737 ou 1738. Mais il y avait plus de dix ans qu'on ne l'avait revue; et elle annonçait alors qu'elle allait se rendre en Écosse, dans le pays dont elle était originaire. Sir Georges Staunton se décida donc à visiter l'Écosse, et il arriva à Edimbourg au moment où l'assemblée générale allait s'ouvrir.

Cette coïncidence lui donna l'occasion de connaître Butler et de converser avec lui sans en être connu. Butler acquit une haute place dans son estime, et sir Georges vit avec plaisir qu'il était généralement respecté par ses collègues de l'assemblée. Son orgueil nobiliaire fut flatté de reconnaître que la sœur de lady Staunton avait épousé un ecclésiastique distingué par ses confrères et tenant un haut rang dans l'Église d'Écosse.

Ce fut donc dans le but d'accroître leur intimité que, sous prétexte de faire quelques recherches sur un point de jurisprudence ecclésiastique, sir Georges invita un jour Butler à venir prendre une tasse de thé à son appartement. En montant la haute rue, ils passèrent auprès du tronc ouvert pour le bénéfice des pauvres prisonniers. Sir Georges s'y arrêta un instant, et le lendemain on y trouva une offrande d'un billet de banque de vingt livres.

Quand ils rejoignit Butler, celui-ci regardait la grande porte de la prison et semblait absorbé par ses souvenirs.

— Voilà une porte solide, dit sir Georges pour dire quelque chose.

— Oui, monsieur, répondit Butler, et cependant j'ai eu le malheur de voir un jour qu'elle ne l'était pas assez.

Sir Georges devint si pâle, que Butler lui demanda s'il ne se trouvait pas indisposé.

— Non, lui fut-il répondu ; mais j'ai été assez imprudent pour prendre une glace, et elles me font mal quelquefois.

Butler se hâta de conduire sir Georges chez un ami qui demeurait auprès de la prison et où il avait résidé depuis son arrivée à Édimbourg. Cet ami n'était autre que notre ancienne connaissance Bartolin Saddletree, et la maison celle où lady Staunton avait été en service. Tous ces souvenirs revinrent en foule à la mémoire du mari, et la honte le fit rougir aussi profondément que l'émotion l'avait fait pâlir.

La bonne madame Saddletree fit son possible pour montrer tout son respect au riche baronnet anglais et pria une vieille femme, qui, couverte d'une antique robe noire, était assise dans la boutique, de ne pas se déranger, d'un ton qui voulait lui intimer de quitter la place. En même temps, elle courut chercher quelque spécifique souverain contre les faiblesses. Pendant son absence la vieille femme en noir s'était levée et serait sortie du magasin sans, pour ainsi dire, être vue, si elle n'eût fait un faux pas sur le seuil. Sir Georges, qui se trouvait auprès d'elle, se hâta de la soutenir pour l'empêcher de tomber.

— Madame Porteous est devenue bien infirme, pauvre femme ! dit madame Saddletree, qui rentrait, ce n'est pas qu'elle soit bien âgée, mais elle est souffrante depuis la mort de son mari... Vous rappelez-vous quels embarras cette affaire-là vous a donnés, monsieur Butler ? Je crois, monsieur, ajouta-t-elle en se tournant vers sir Georges, que vous feriez bien de boire tout le verre, vous paraissez encore plus souffrant qu'en entrant.

Il était en effet devenu aussi pâle qu'un mort au nom de celle que son bras venait de supporter, de celle qu'il avait aidé à rendre veuve.

— Il y a prescription pour cette affaire de Porteous, maintenant, dit Saddletree, que la goutte tenait enchaîné sur son fauteuil, il y a prescription depuis longtemps.

— Je ne suis pas très-certain de cela, voisin, dit Plumdamas, car j'ai toujours entendu dire qu'il fallait vingt ans sonnés ; nous ne sommes qu'à l'an 51, l'affaire de Porteous était en 37...

— Mais vous n'allez pas m'apprendre la loi, voisin, reprit Saddletree, moi qui ai quatre procès à la cour et qui en aurais eu quatorze si ma femme ne s'y fût opposée ? Je vous dis que si le chef de l'émeute de Porteous se trouvait ici en ce moment, l'avocat général le laisserait en paix ; c'est tombé sous la prescription.

— Laissez-nous tranquilles avec vos discussions, dit madame Saddletree, et laissez monsieur prendre une tasse de thé tranquillement.

Mais sir Georges avait eu assez de leur conversation : il prit congé, et Butler l'accompagna à son appartement. Ils trouvèrent là un homme que sir Georges avait fait demander et qui l'attendait : c'était le fameux Ratcliffe.

Elle l'avait déjà vu sans aucun doute, car il n'était autre que Reuben Butler.

Depuis son entrée dans la police, il avait montré tant de zèle, de vigilance et d'activité, qu'il était peu à peu arrivé à être gouverneur de la Tolbooth. Un homme de loi l'avait recommandé à sir Georges comme l'homme qui pourrait lui donner les informations les plus exactes sur Annaple Bailzon, qui, d'après l'histoire qu'il présenta, était accusée d'avoir volé l'enfant d'une riche famille de l'ouest de l'Angleterre. L'homme de loi l'avait seulement indiqué comme le gouverneur de la prison ; de sorte que lorsque l'on annonça à sir Georges que le capitaine de la Tolbooth l'attendait, il n'avait aucune idée que ce pût être son ancienne connaissance James Ratcliffe.

Ce fut une nouvelle et désagréable surprise, car il se rappela aussitôt qu'il le vit qui il était. Ratcliffe, de son côté, ne retrouva pas Georges Robertson sous les dehors de sir Georges Staunton. Il salua profondément, et demanda à M. Butler la permission de se rappeler à son souvenir.

— Et vous avez rendu un fameux service à ma femme, dit M. Butler ; j'espère que vous avez dûment reçu un petit présent qu'elle vous a adressé en preuve de reconnaissance ?

— Sans doute, sans doute, dit Ratcliffe, mais vous êtes changé pour le mieux depuis que je ne vous ai vu, monsieur Butler.

— Je suis si changé, que je m'étonne que vous m'ayez reconnu.

— Ah !... Le diable m'emporte si j'oublie jamais ceux que j'ai vus, répondit Ratcliffe ; et cependant les plus habiles se trompent quelquefois. Il y a une figure ici, sauf votre respect et si je ne connaissais pas l'honorable personne qui la porte, avec laquelle je pourrais, je crois, renouer connaissance.

— Je ne serais guère flatté, répondit sèchement sir Georges, qui vit le danger qu'il courait, si c'est à moi que vous vouliez faire ce compliment.

— Du tout, du tout, monsieur, dit Ratcliffe en saluant avec respect, je suis venu pour recevoir les instructions de Votre Seigneurie et non pas pour fatiguer Votre Seigneurie de mes pauvres observations.

Le capitaine Duncan de Knockdunder, laird de Knocktarlitie.

— Eh bien ! monsieur, reprit sir Georges, on m'assure que vous êtes très-actif en matière de police : moi aussi. Pour vous en convaincre, voici dix guinées pour arrhes, je vous en donne cinquante si vous pouvez me donner quelques détails sur une personne, morte ou en vie, dont vous trouverez la description dans ce papier. Je vais partir immédiatement, mais vous m'enverrez vos réponses par écrit, par l'entremise de M...., mon homme de loi, ou de Sa Grâce le lord haut commissaire.

Ratcliffe salua et se retira.

— J'ai excité la colère de l'orgueilleuse bête, se dit-il en trouvant qu'il ressemblait... mais si le père de Georges Robertson avait vécu à un mille ou deux de là où vivait sa mère, le diable m'emporte si je ne saurais pas quoi penser, malgré toute sa fierté !

Quand il fut seul avec Butler, sir Georges fit monter le thé, et réfléchissant pour une minute, demanda à Butler s'il avait reçu des nouvelles dernièrement de Knocktarlitie. Butler, surpris de cette question, répliqua qu'il y avait quelque temps qu'il n'avait reçu de lettres, mais que sa femme écrivait rarement.

— Alors, dit sir Georges, c'est moi qui vous annoncerai que votre maison s'est remplie dans votre absence. Ma femme, pour laquelle le duc d'Argyle avait eu la bonté de mettre Roseneath à sa disposition pour y passer quelques semaines, a traversé le lac et est allée s'établir au presbytère pour être plus près des chèvres dont elle boit le lait. Mais je crois que c'est plutôt parce qu'elle préfère la société de madame Butler à celle du respectable capitaine qui commande à Roseneath.

Elle donna ce livre à Butler, qui la regardait faire tout surpris.

M. Butler répondit qu'il avait souvent entendu le duc parler avec respect de lady Staunton, et il se trouvait heureux de voir que sa maison était à sa convenance.

— Pourrais-je vous demander, continua sir Georges, si vous avez l'intention de retourner bientôt chez vous?

— L'assemblée générale sera close dans deux jours, répondit Butler, mes autres affaires sont finies, et je désirerais retourner dans le Dumbarton aussitôt que possible; mais comme j'emporterai une assez forte somme d'argent, je voyagerai avec un ou deux autres membres de l'assemblée.

— Mon escorte sera plus sûre, dit sir Georges, et j'ai l'intention de partir demain ou le jour après. Si vous voulez me faire l'honneur de m'accompagner, je me chargerai de vous conduire en toute sûreté jusqu'au presbytère à condition que vous m'y receviez.

Butler accepta volontiers cette proposition, et sir Georges envoya un exprès pour annoncer leur venue : tous les habitants de Knocktarlitie surent bientôt que le ministre revenait avec un riche gentilhomme anglais et tout l'argent qu'il fallait pour payer la ferme de Craigsture.

Sir Georges avait reconnu qu'il avait un peu trop risqué en revenant sur la scène de ses anciens exploits, et il connaissait trop bien la finesse de Ratcliffe pour oser le rencontrer de nouveau.

Il écrivit au haut commissaire pour s'excuser de ce prompt départ, laissa ses instructions avec son homme de loi, et ordonna qu'on lui adressât à Knocktarlitie toutes les informations que l'on pourrait obtenir.

Le voyage se fit dans la voiture de sir Georges, et cependant il se trouva si fatigué après un jour, qu'ils furent obligés de s'arrêter à Mid-Calder et de rester un autre jour à Glasgow.

Ils arrivèrent à Dumbarton, où ils devaient quitter la voiture et prendre un bateau qui les conduirait au rivage auprès du presbytère. Le valet de sir Georges, dans lequel il avait toute confiance, et un autre domestique les accompagnèrent, les autres restèrent avec la voiture.

Dans l'après-midi de cette même journée, un exprès arriva d'Édimbourg avec un pli que sir Georges ouvrit et lut avec beaucoup d'attention. Sir Georges écrivit une réponse, et payant libéralement le courrier, lui recommanda de la remettre sans le moindre délai.

Pendant qu'ils étaient dans le bateau, que les rameurs avaient peine à faire avancer contre la marée, sir Georges fit beaucoup de questions à Butler sur les bandits montagnards qui infestaient le pays depuis 1745.

Dans le cours de cette conversation, qui semblait du plus haut intérêt pour le baronnet, Butler nomma par hasard Donacha Dhu na Dunaigh, dont nous avons déjà parlé. Sir Georges répéta le nom et désira savoir dans le plus grand détail tout ce qui le concernait. Butler répondit que ses exploits étaient grandement exagérés, qu'il n'avait jamais eu plus de trois ou quatre hommes avec lui, mais qu'il ne l'avait jamais vu et n'avait aucun désir de faire sa connaissance.

— Je voudrais bien le voir un de ces jours, dit sir Georges.

— Ce serait assez dangereux, répondit Butler, à moins que vous ne voulussiez dire que vous voudriez le voir être traité comme il le mérite, et ce serait une triste chose.

— Si chacun était traité comme il le mérite, monsieur Butler, qui de nous échapperait au fouet? Mais je vous parle en énigmes, je vous expliquerai cela tout au long quand j'en aurai eu conféré avec lady Staunton. Allons, mes amis, du courage, ajouta-t-il en s'adressant aux rameurs, nous allons avoir un orage.

Le ciel s'était en effet couvert de nuages qui semblaient s'enflammer aux rayons du soleil couchant, et tout annonçait l'imminence d'une tempête. Déjà le vent soufflait impétueux sur le Frith et ralentissait leur sillage. Ils n'avaient plus qu'à doubler une petite langue de terre pour arriver au lieu de débarquement ordinaire; mais dans l'état où se trouvait la mer, et avec le vent qui s'élevait, il était évident que cela prendrait du temps et qu'ils ne pourraient échapper à l'orage.

Le Siffleur.

— Ne pourrions-nous pas débarquer de ce côté-ci de la pointe, demanda sir Georges, et nous mettre à l'abri?

Butler ne connaissait aucune crique où le bateau pût arriver sans danger.

— Cherchez bien, reprit sir Georges, la tempête va être des plus violentes.

— Mais, dit un des marins, il y a la crique de Caird : le ministre ne la connaît pas, et je ne suis pas sûr de pouvoir l'aborder, la baie est si pleine de sables et de roches sous l'eau !

— Essayez, dit sir Georges, et je vous donne une demi-guinée.

Le vieux marin prit le gouvernail et dit que, s'ils pouvaient y aborder, il y avait un sentier qui menait au haut de la falaise, d'où l'on pouvait se rendre au presbytère en une demi-heure.

— Êtes-vous sûr que vous pouvez nous piloter? demanda Butler.

— Je connaissais mieux le passage il y a une quinzaine d'années,

quand Dandie Wilson avait son joli lougre dans le Frith. Je me rappelle que Dandie avait avec lui un endiablé d'Anglais qu'on appelait...
— Si vous ne faites pas attention, dit le baronnet, vous allez nous mettre sur les meules; amenez cette pointe en ligne avec le clocher.
— Nom de Dieu! dit le marin, je crois que Votre Honneur connaît la baie aussi bien que moi... Le nez de Votre Seigneurie s'est frotté aux meules avant ce soir, je crois.
Comme ils débarquaient dans la petite crique, un coup de tonnerre prolongé retentit dans le lointain.
— Voilà qui est de mauvais augure, monsieur Butler, dit le baronnet.
— *Intonuit lævum*, c'est un bon présage, répondit Butler en souriant.
Les marins reçurent ordre de conduire le bateau comme ils le pourraient au port ordinaire, et les domestiques accompagnant sir Georges et Butler, on se mit en marche à travers un petit bois qui avoisinait le presbytère, où on les attendait impatiemment.
Les deux sœurs commençaient à douter qu'ils arrivassent ce soir-là. Effie recommandait instamment à Jenny de ne pas paraître reconnaître son mari, de le recevoir comme un étranger, car elle savait combien sa fierté souffrirait de se trouver en contact avec une belle-sœur qui savait toute son histoire. Jenny attendait anxieusement l'arrivée de son mari et de son beau-frère, et, pourquoi ne le dirions-nous pas? commençait à regretter la plupart des mets du grand dîner qu'elle avait préparé et qui avait été reculé déjà de deux jours.
Tout à coup le capitaine Knockdunder arriva au presbytère avec une demi-douzaine de hardis montagnards complétement armés.
— Bonjour, lady Staunton: j'espère que j'ai le plaisir de vous voir en bonne santé. Et bonjour, madame Butler; seriez-vous assez bonne pour faire donner un morceau de quelque chose et un verre de n'importe quoi à mes gens, car nous avons été sur la grève et sur la bruyère dès avant le jour, et tout cela pour rien!... Nom d'un diable!... C'est quelque chose, continua-t-il s'adressant à lady Staunton de l'air le plus galant, quand on s'est bien fatigué, de pouvoir dire que c'est pour le service d'une belle dame, ou d'un gentilhomme qui a une belle dame, ce qui est la même chose, puisque rendre service au mari, c'est rendre service à la femme, comme le sait très-bien madame Butler.
— Vraiment, monsieur, dit lady Staunton, si c'est à moi que vous adressez ce compliment, je ne comprends pas comment sir Georges ou moi nous avons pu vous faire lever si matin.
— Oh! nom d'un tonnerre! c'est être trop cruelle, madame, comme si je n'avais pas reçu de l'agent de Sa Grâce un mandat de prendre et d'amener Donacha Dhu na Dunaigh, et le faire paraître devant moi et devant sir Georges pour lui donner ce qu'il mérite, c'est-à-dire la potence, qu'il a bien gagnée en effrayant Votre Seigneurie et par autre chose encore plus important!
— En m'effrayant? répéta lady Staunton, mais je n'ai pas écrit un seul mot de cela à sir Georges.
— Alors il en aura été informé d'une autre manière : car pourquoi aurait-il tant de désir de voir ce bandit, puisque je suis obligé de courir les bruyères et les marais du pays pour le prendre ou recevoir une balle dans la tête, ce qui pourrait bien m'arriver?
— Mais est-ce réellement dans l'intérêt de sir Georges que vous avez essayé de prendre cet homme?
— Pardieu! je n'ai pas d'autre raison de lui en vouloir aussi long-temps qu'il aurait respecté ce qui est au duc; mais c'est le diable s'il n'a pas voulu jouer un tour à un ami du duc de le faire pendre, c'est une autre affaire. J'ai eu l'ordre hier au soir, j'ai averti une demi-douzaine de mes hommes, et nous sommes mis en marche avant le soleil.
— Mais je m'étonne que vous leur ayez fait prendre ce costume quand vous savez qu'il est prohibé par acte du parlement, dit madame Butler.
— Bah! bah! madame Butler, ne vous inquiétez pas de cela! La loi n'a encore que deux fois trois ans, et c'est trop peu pour venir jusqu'à nous. Et puis comment mes pauvres gars pourraient-ils grimper dans les défilés avec ces diables de culottes? Cela soulève le cœur. Mais je croyais connaître tous les refuges et les repaires de Donacha; j'ai trouvé la place où il avait couché, car il y avait encore les feuilles étendues et les cendres chaudes à côté. Il faut qu'ils aient eu vent de ce qui allait se passer. J'ai fouillé tous les défilés et tous les trous, comme si j'eusse braconné un daim, mais le diable m'emporte si j'ai vu seulement son ombre!
— Il aura descendu le Frith jusqu'à Cowal, dit David.
Reuben, qui avait été sur les falaises, ajouta qu'il avait vu un bateau qui se dirigeait vers la crique de Caird, que lui et son frère connaissaient bien.
— Nom d'un tonnerre! s'écria Duncan, je bois ce verre d'eau-de-vie et je pars, car il est très-possible qu'ils soient dans le bois. Donacha est très-fin, et il pourra se croire en sûreté auprès de la cheminée qui fume quand on le cherche à la montagne. Je ne pensais pas qu'on le chercherait si près. Je vous demande pardon de vous quitter, mesdames, mais je vais bientôt revenir et vous amènerai Donacha en vie ou mort, ce qui sera la même chose.
Duncan rassembla ses hommes et les mena vers le bois. David, qui était le favori du capitaine, à cause de l'ardeur et du courage qu'il montrait, s'arrangea pour s'esquiver de la maison et accompagner ce grand homme dans son expédition.

CHAPITRE XLVIII.

Duncan et ses hommes n'étaient encore qu'à une petite distance du presbytère quand ils entendirent un coup de fusil, puis deux ou trois autres.
— Il y a quelque scélérat de maraudeur après les daims, mes amis, dit le capitaine, alerte! alerte!
Ils entendirent bientôt un cliquetis d'épées, et Duncan, se hâtant avec sa troupe, trouva Butler et le domestique de sir Georges aux mains avec quatre bandits. Sir Georges lui-même était étendu sur le sol, et tenait encore son épée à la main. Duncan, qui était brave comme un lion, tira un de ses pistolets sur le chef de la bande, puis son épée, cria à ses hommes: *Claymore, en avant!* et traversa de part en part l'homme qu'il venait de blesser, et qui n'était autre que Donacha Dhu na Dunaigh lui-même. On eut bientôt raison des autres bandits, excepté un jeune homme qui se défendit d'une manière désespérée et fut enfin fait prisonnier.
Aussitôt que Butler fut débarrassé du bandit qui l'avait attaqué, il courut à sir Georges Staunton, et voulut le relever, mais c'en était fait : il était mort!
— Quel malheur! dit Duncan, je crois qu'il serait bon d'aller l'annoncer tout de suite à sa bonne dame. David, mon garçon, tu as senti l'odeur de la poudre aujourd'hui pour la première fois; prends mon épée et coupe la tête de Donacha : ce sera autant d'appris pour quand tu voudras rendre le même service à une personne bien portante. Attends! ton père ne l'approuverait pas, laisse-le; il est probable d'ailleurs que lady Staunton préférera le voir entier, et j'espère qu'elle reconnaîtra que je peux venger un gentilhomme en aussi peu de temps que possible.
Nous n'essayerons pas de dépeindre la douleur de lady Staunton quand le cadavre de son mari fut apporté tout sanglant, elle oublia tout, tout, excepté son amour et l'affection sans bornes qu'il lui avait témoignée.
Jenny expliqua à son mari le secret de sa parenté avec le baronnet, et, pour prévenir l'intervention du capitaine, prit possession, au nom de lady Staunton, des papiers que sir Georges avait sur lui. Quand on prépara le corps pour l'ensevelir, on reconnut qu'il portait sur lui un cilice de crin, et qu'il avait un crucifix avec un chapelet. Depuis qu'il avait reconnu l'erreur de sa conduite, il avait adopté les dogmes d'une religion qui prétend laver les crimes de l'âme par la macération du corps. Butler trouva dans le paquet que l'exprès avait apporté d'Édimbourg de nouvelles raisons de se féliciter d'en avoir pris possession.
Ratcliffe, excité par l'importance de la récompense qui lui avait été promise, avait trouvé la trace de l'enfant que l'on cherchait. La femme qui avait acheté ce petit être de Meg Murdockson lui avait fait partager sa vie errante et vagabonde, et l'avait vendu à son tour à Donacha Dhu na Dunaigh quand il eut sept ou huit ans. Ratcliffe pensait que Donacha pourrait dire ce que l'enfant était devenu.
L'homme de loi de sir Georges lui avait envoyé ces détails par un exprès, et avait adressé au capitaine Knocdunder un mandat d'amener contre Donacha.
Butler alla trouver le capitaine, et le pria de lui communiquer les interrogatoires des prisonniers. Ses appréhensions les plus cruelles furent bientôt confirmées. Voici quel résulta de ses recherches:
Donacha Dhu avait réellement acheté l'enfant d'Effie dans l'intention de le revendre à des planteurs américains, car ce misérable s'occupait aussi de voler des hommes et des femmes pour les plantations des colonies; mais il ne se présenta de longtemps aucun acheteur et l'enfant, qui était connu sous le nom du *Siffleur*, devint cher au bandit, qui reconnut en lui la fierté et l'amour de la vengeance qui le tourmentaient. Quand Donacha le frappait ou seulement le menaçait, et cela arrivait assez souvent, il ne répondait pas par des pleurs et des plaintes, comme les autres enfants, mais il jurait et blasphémait en essayant de se venger.
Donacha Dhu disait donc que le Siffleur était de la vraie race de Satan et ne le quitterait jamais. A partir de la onzième année, l'enfant prit part à tous les brigandages de la bande. Donacha, poussé au désespoir par les efforts que l'on faisait de tous côtés pour supprimer les gens de sa sorte, était décidé à quitter le pays et à passer en Amérique, mais il voulait finir sa carrière par un coup d'éclat.
Sa cupidité d'ailleurs était excitée par la rumeur qui courut qu'un riche Anglais allait venir au presbytère. Il n'avait pas oublié l'or que le Siffleur disait avoir vu dans la bourse de lady Staunton, ni les serments de vengeance qu'il avait faits contre le ministre. Il crut donc devoir saisir l'occasion du retour de Butler, qui, disait-on encore, devait rapporter d'Édimbourg le prix de sa nouvelle acquisition.
Donacha, dont l'intention avait tout d'abord été d'attaquer le presbytère pendant la nuit, voyant ceux qu'il avait marqués pour victimes passer à quelques pas de lui quand il attendait son heure dans

le bois, et qu'un domestique portait une cassette qu'il supposa contenir de grandes valeurs, les assaillit aussitôt sans la moindre hésitation. Sir Georges s'était bravement défendu, mais il était tombé mortellement blessé et probablement par la main de ce fils qu'il avait si longtemps cherché et si malheureusement trouvé.

Le capitaine, en dépit des prières et des remontrances de Butler, s'était décidé à pendre le Siffleur le lendemain matin, réservant les deux autres prisonniers pour les envoyer devant les assises. Le malheureux enfant fut séparé de ses compagnons, fortement garrotté et enfermé dans une chambre dont le capitaine prit la clef.

Madame Butler se leva cependant au milieu de la nuit dans le but de retarder le sort qui menaçait son neveu, si elle ne pouvait le détourner; particulièrement si après avoir vu elle avait quelque espoir de l'amener à bien. Elle avait un passe-partout qui ouvrait toutes les serrures de la maison ; et, quand tout dormait dans la maison, elle se présenta au jeune sauvage, qui était étendu sur de la paille, lié de cordes, comme une brebis destinée à la boucherie. Ce fut en vain que Jenny essaya de trouver dans ses traits la plus légère ressemblance avec ses père et mère : et cependant comment pouvait-elle ne pas avoir pitié d'un être aussi jeune et aussi misérable, d'autant plus misérable qu'il s'était rendu coupable, sans le savoir, d'un parricide?

Elle lui présenta quelque nourriture, le souleva, et détachant un peu les cordes qui le liaient, elle lui dit de manger. Il avança une main encore teinte de sang, peut-être celui de son père, et il mangea sans mot dire, d'une manière gloutonne.

— Quel est votre premier nom? dit Jenny pour entrer en conversation.
— Le Siffleur.
— Mais votre nom de baptême ?
— Je ne sais pas si j'ai été baptisé... Je n'ai pas d'autre nom que le Siffleur.
— Pauvre malheureux enfant! dit Jenny. Que feriez-vous si vous pouviez vous échapper d'ici et éviter la mort qui vous attend demain ?
— J'irais trouver Rob Roy ou le sergent More Cameron (célèbres maraudeurs du temps) et je vengerais la mort de Donacha envers et contre tous.
— Oh! malheureux enfant! s'écria Jenny, savez-vous ce que vous deviendrez quand vous mourrez !
— Je n'aurai ni froid ni faim, dit l'enfant.
— Ce serait détruire l'âme en même temps que le corps de te laisser exécuter demain, et je n'ose pas te laisser échapper... Que faire?... Mais c'est le fils de ma sœur, c'est mon neveu, notre chair et notre sang... et voilà ses mains et ses pieds coupés par des cordes... Siffleur, les cordes te blessent-elles ?
— Beaucoup.
— Mais si je les détachais, me ferais-tu du mal ?
— Non, je ne vous en ferais pas... Vous n'avez jamais fait de mal ni à moi ni aux miens.
— Il y a quelque chose de bon en lui, pensa Jenny; je vais essayer ce que la douceur peut faire.

Elle coupa ses liens, il se releva, regarda autour de lui en riant de plaisir, frappa ses mains l'une contre l'autre, et sauta jusqu'au plancher à l'idée de se sentir en liberté. Il avait l'air si sauvage, que Jenny commença à trembler.

— Laisse-moi sortir, dit-il.
— Je ne veux pas, à moins que tu ne promettes...
— Eh bien! tu vas être aise de sortir avec moi.

Il saisit la chandelle et la jeta dans la paille, qui prit feu en un instant. Jenny s'écria et courut hors l'appartement : le prisonnier s'élança après elle, ouvrit une croisée du corridor, sauta dans le jardin, franchit le mur extérieur, gagna le bois avec la rapidité d'un cerf et disparut le long du rivage. Pendant ce temps on éteignit le feu, mais ce fut en vain que l'on chercha le prisonnier. Jenny n'avoua pas la part qu'elle avait prise à son évasion. Butler apprit ensuite qu'il avait réussi à s'embarquer sur le navire à bord duquel Donacha voulait s'expatrier.

Le capitaine, accoutumé par son vil métier à toutes sortes de trahisons, et désappointé de la part du riche butin que Donacha devait lui donner, le transporta en Amérique, où il le vendit comme esclave à un planteur de Virginie. Butler envoya en Amérique une somme suffisante pour le racheter, et donna des ordres pour qu'on l'instruisît et que l'on cherchât à développer le peu de bonnes qualités qu'il pouvait avoir. Mais tout cela vint trop tard : l'esclave s'était mis à la tête de quelques conspirateurs, qui mirent leur maître à mort et s'enfuirent parmi les Indiens. On n'en entendit jamais plus parler; et il est à présumer qu'il vécut et mourut parmi les peuples sauvages, dont les habitudes lui étaient familières.

Lady Staunton ne sut jamais cette histoire d'horreurs : elle resta au presbytère encore plus d'un an, accablée de la douleur la plus excessive. Mais enfin elle partit, et son départ fut un soulagement pour les deux sœurs.

Les habitants du presbytère de Knocktarlitie apprirent bientôt que la belle et riche lady Staunton avait repris sa place dans le monde élégant. Ils en eurent bientôt une preuve évidente, car David reçut un brevet de sous-lieutenant et devint l'envie de cinq cents jeunes cadets d'Écosse.

Reuben étudia la loi et fit des progrès lents mais des plus satisfaisants.

Euphémie Butler, dont la fortune avait généreusement été augmentée par sa tante, et dont la beauté était des plus remarquables, épousa un laird montagnard et reçut à cette occasion de lady Staunton des présents qui excitèrent l'envie de toutes les beautés des comtés de Dumbarton et d'Argyle.

Après avoir brillé pendant près de dix ans comme reine de la mode, et avoir refusé les partis les plus avantageux, lady Staunton se retira sur le continent, et s'enferma dans le couvent où elle avait été élevée. Elle ne prit jamais le voile, mais elle vécut dans la plus grande retraite et dans la pratique des austérités et des pénitences de la religion catholique.

Jenny regretta cette apostasie aussi amèrement que son père aurait pu le faire, et Butler partagea ses regrets. Cependant, heureux du respect qu'ils se portaient, de la prospérité de leurs enfants, de l'amitié et de l'estime de tous ceux qui les connaissaient, ils vécurent aimés et moururent regrettés.

FIN DE LA PRISONNIÈRE D'ÉDIMBOURG.

NOTES.

I.

L'auteur de la *Prisonnière d'Édimbourg*, qui fut publiée pour la première fois dans le commencement de l'année 1817, sous le titre de *Heart of Mid-Lothian*, dans la seconde série des chroniques de la Canongate, nous a révélé où il avait puisé la première idée de cet ouvrage. Cette idée se trouvait en germe dans une lettre que lui avait adressée une de ses amies, miss Helen Lawson, et dont il donna le texte dans l'édition de 1830. En voici la traduction :

« J'étais allée passer l'été dans une chaumière auprès de la vieille abbaye de Lincluden. Une vieille dame, qui prenait plaisir à orner des chaumières qu'elle trouvait humbles et mesquines, m'avait précédée dans cette demeure, que je trouvai plus élégante, plus confortable que ne le sont ces sortes d'habitations en Écosse, où une chaumière n'aspire jamais à plus que n'indique son nom.

» De ma porte, je pouvais voir quelques pans des murs de la vieille abbaye : les plus hautes ogives dépassaient les arbres les plus hauts, on en voyait d'autres à travers les rameaux qui ombrageaient un petit chemin conduisant aux ruines, et les formes étranges et fantastiques des vieux hêtres s'harmonisaient merveilleusement avec les restes de l'édifice qu'ils avaient autrefois orné et ombragé.

» Vue de ma porte, l'abbaye semblait être sur le même plateau que ma chaumière ; mais en arrivant au bout du chemin, on voyait qu'elle était située sur un tertre élevé, au pied duquel coulent les eaux limpides du Cluden, qui semblent empressées d'aller se perdre dans le Nith,

» Dont on entend le murmure lointain.

» Comme ma cuisine et ma salle à manger se donnaient la main, j'allai un jour acheter quelques poulets d'une personne qui en avait à vendre. C'était une petite vieille, assez grassouillette et qui pouvait avoir soixante-dix ou peut-être quatre-vingts ans. Elle était presque entièrement couverte d'un plaid tartan, et un capuchon de soie noire, noué sous le menton, était rabattu sous son bonnet ; on voit encore cette coiffure chez quelques parties de l'Écosse. Ses yeux étaient noirs, pleins de vie et d'intelligence. Je cherchai à entrer en conversation avec elle, je lui demandai comment elle gagnait sa vie, etc.

» Elle me dit que dans l'hiver elle ravaudait, c'est-à-dire tricotait de nouveaux pieds aux bas des gens du pays ; ce qui est au tricotage de bas ce que le ressemelage est à l'art du bottier ; c'est moins profitable et moins distingué. Elle enseignait à lire à quelques enfants, et dans l'été elle élevait quelques poules. Je lui dis que je croyais pouvoir deviner par son apparence qu'elle n'avait jamais été mariée. Cela la fit beaucoup rire, et elle me dit :

» — Il faut que j'aie la plus drôle figure du monde, pour que vous deviniez cela. Dites-moi donc, madame, ce qui a pu vous donner cette idée ?

» Je lui dis que c'était son air de franchise et de contentement. Elle reprit alors :

» — N'avez-vous pas plus de raisons que moi d'être heureuse, madame ? vous avez un bon mari, de beaux enfants et tout ce qu'il vous faut : et moi, je suis aussi pauvre que je puisse être, et je peux à peine trouver de quoi vivre dans tout ce que je peux faire !

» Notre conversation ne resta pas là, et plus elle me parlait, plus j'étais frappée de la justesse de ses observations et de la naïveté de ses sentiments. Quand je lui demandai comment on l'appelait, elle se leva pour se retirer ; son front sembla s'obscurcir, et elle me dit tristement en rougissant un peu :

» — Je m'appelle Hélène Walker ; votre mari me connaît bien.

» Dans la soirée, je racontai ma visite à cette pauvre vieille, et je m'informai s'il y avait quelque chose d'extraordinaire dans son histoire. M..... répondit qu'il y avait peu de personnes plus dignes d'attention qu'Hélène Walker. La mort de ses parents l'avait laissée orpheline, et elle avait élevée une sœur beaucoup plus jeune qu'elle, à laquelle elle avait servi de la mère la plus tendre. Il est difficile d'imaginer quelle dut être sa douleur quand il advint que cette sœur, sur laquelle toutes ses affections s'étaient concentrées, était accusée d'infanticide et quelle serait la personne qui était principal témoin à charge.

Le défenseur de la jeune fille dit à Hélène que si elle pouvait déclarer que sa sœur avait fait quelques préparatifs, même les plus légers, ou lui avait dit quelque chose à ce sujet, cette déclaration ferait acquitter sa sœur, contre laquelle il n'y avait pas d'autres charges. Hélène répondit qu'il lui était impossible de dire ce qui n'était pas la vérité, et que, quelles que fussent les conséquences, elle déposerait suivant sa conscience.

» L'affaire vint devant la cour, et la jeune sœur d'Hélène fut déclarée coupable et condamnée à mort. Mais une exécution ne peut avoir lieu en Écosse que six semaines après le prononcé de la sentence, et Hélène Walker mit ce temps à profit. Le jour même de la condamnation de sa sœur, elle fit écrire une pétition qui relatait les circonstances extraordinaires de cette affaire, et partit à pied la même nuit pour Londres.

» Sans aucun moyen d'introduction, sans aucune lettre de recommandation, n'ayant avec elle que la pétition qu'elle avait fait faire par quelque greffier de bas étage, elle alla trouver, dans son plaid-tartan et son costume du pays, le dernier duc d'Argyle, qui obtint pour elle immédiatement le pardon qu'elle était allée solliciter, et elle la rapporta à pied juste à temps pour sauver sa sœur.

» Cette histoire m'avait intéressée au plus degré, et j'aurais, sans plus tarder, fait plus ample connaissance avec Hélène Walker si je n'avais été obligée de quitter son voisinage dès le lendemain ; mais je me promis de la voir aussitôt que je serais de retour au printemps suivant. Je me rendis donc, à ma première sortie, à la chaumière d'Hélène Walker. Elle était morte il y avait quelques semaines. Je regrettai beaucoup sa mort, et je m'informai d'elle et de ses derniers moments auprès d'une vieille femme qui demeurait dans le bout de la même chaumière. Je lui demandai si Hélène parlait jamais de son histoire, de son voyage à Londres, etc.

» — Non, répondit la vieille femme, Hélène avait ses volontés, et quand quelques voisines lui en parlaient, elle changeait toujours de conversation.

» Tout ce que j'appris, en un mot, ne fit qu'accroître mon regret de ne l'avoir pas mieux connue, car peu de femmes joignent à la prudence d'Hélène Walker un courage et une persévérance aussi héroïques.

» Un billet, ajoute l'auteur, était annexé à la lettre.

« Monsieur, l'incident qui fait le sujet de ma lettre date de vingt-six ans. Hélène Walker est inhumée dans le cimetière d'Irongray, à » environ six mille de Dumfries. J'ai eu quelquefois l'intention de » lui faire élever un petit monument qui eût perpétué en quelques » mots l'héroïsme de cette noble fille ; maintenant je préfère vous » laisser glorifier sa mémoire d'une façon plus durable. »

Le lecteur peut maintenant juger quel parti l'auteur a su tirer d'un exemple de rectitude et d'affection aussi remarquable ; c'est à lui de dire si Jenny Deans représente fidèlement ce que dut être Hélène Walker.

Miss Helen Lawson, l'auteur de la lettre sur laquelle est fondée l'histoire de la *Prisonnière d'Édimbourg*, épousa M. Thomas Goldie. A sa mort, quand le voile derrière lequel se cachait l'auteur des romans dits de *Waverley* fut complétement levé, elle laissa une fille, miss Goldie, qui, plus tard, fournit de nouveaux détails à sir Walter Scott sur l'héroïne de l'Abbaye de Lincluden.

« Ma mère, dit miss Goldie, s'était efforcée d'obtenir de nouveaux détails sur Hélène Walker ; elle avait cherché à connaître les divers incidents de son voyage à Londres, mais il lui avait été impossible de rien apprendre sur ce sujet. La dignité naturelle de son caractère, la haute opinion qu'elle avait de l'honneur de la famille l'empêchaient de penser aux efforts qu'elle avait faits pour sauver sa sœur sans se rappeler en même temps la condamnation infamante qui l'avait portée à montrer ce courage surhumain. Aussi ses voisins n'osaient jamais lui en parler. La vieille femme, qui est quelque peu parente d'Hélène et qui vit encore, raconte qu'elle fit une fois la moisson avec elle, mais qu'elle n'osa lui rien demander concernant l'affaire de sa sœur ou son voyage à Londres.

» — Hélène, dit-elle, était une femme peu commune, et avait un langage plus recherché que celui de ses connaissances.

» La même vieille femme ajoute qu'Hélène recevait tous les ans un fromage de sa sœur, qui demeurait à Whitehaven, et qu'elle lui en envoyait un gros morceau, ainsi qu'aux parents de son père. Cette anecdote, quelque peu intéressante qu'elle puisse paraître, prouve toute l'affection des deux sœurs et la conviction qui se forma la plus jeune, que la manière dont sa sœur rendit témoignage provenait seulement de la rectitude de ses principes et non d'un manque d'affection. Je puis citer une autre particularité à l'appui de cette opinion. Un jour qu'un parent de madame Goldie voyageait dans le nord de l'Angleterre, il arriva à une petite auberge, où la servante, l'introduisant dans la salle à manger, l'y suivit et, fermant soigneusement la porte, lui dit :

» — Monsieur, je suis la sœur d'Hélène Walker, que vous connaissez.

» Elle reconnaissait ainsi que sa sœur était mieux connue à cause de son héroïsme qu'elle ne pouvait l'être elle-même par la célébrité qui s'attache aux criminels. »

Madame Goldie désirait extrêmement pouvoir faire élever un petit monument et graver une inscription sur la tombe d'Hélène dans le cimetière d'Irongray, et si sir Walter Scott voulait avoir la bonté de donner l'inscription, il serait facile de recueillir, au moyen d'une souscription, une somme suffisante pour remplir le vœu de madame Goldie.

« Il est à peine nécessaire d'ajouter, dit sir Walter Scott, que le désir exprimé dans la note de miss Goldie sera accompli sans qu'il soit nécessaire de recourir à une souscription. »

C'est dans ces deux lettres que se trouvent tous les matériaux dont s'est servi le romancier écossais pour écrire l'histoire de Jenny Deans et du lis de Saint-Léonard.

II.

EXÉCUTION POPULAIRE DE PORTEOUS.

Le gouvernement anglais fit faire de sérieuses et profondes enquêtes pour connaître les auteurs et les complices de l'émeute qui donna satisfaction à la rancune du peuple en mettant à exécution l'arrêt de mort prononcé contre Porteous. Le secret des conspirateurs fut si bien gardé, que la justice ne put en découvrir aucun, et que l'on finit par abandonner les recherches, ainsi qu'on le verra dans une espèce de compte rendu de ces poursuites, fait par l'avocat général Charles Erskine en 1737.

Voici ce document :

« L'avocat et le procureur général étaient absents d'Edimbourg le 7 septembre dernier quand le malheureux capitaine Porteous fut assassiné. L'avocat général était au delà d'Inverness, et l'autre dans l'Annandale, aux environs de Carlisle : ils ne connaissaient ni l'un ni l'autre l'envoi du pardon, et n'avaient pas la moindre idée qu'il pouvait survenir aucun désordre.

» Quand l'émeute arriva, les magistrats municipaux semblèrent tous frappés de terreur et d'impuissance, et soit qu'ils aient pensé que, vu la grande frayeur que montraient tous les habitants, une enquête n'amènerait aucun résultat, ou soit qu'ils aient cru qu'ils ne devaient pas s'occuper de cette affaire qui leur paraissait une attaque directe aux prérogatives de la couronne, le fait est qu'on ne commença aucune instruction. Seulement, on envoya un exprès au procureur général : il se rendit immédiatement à Édimbourg, mais les plus coupables avaient pris la fuite avant son arrivée, ou s'étaient mis à l'écart pour voir en sûreté quelles mesures le gouvernement prendrait.

» Le procureur général reconnut aussitôt après son arrivée combien était profonde la consternation des bons citoyens. Personne ne lui fournit d'informations : les habitants craignaient de passer pour délateurs, si bien que peu de personnes osaient lui parler dans la rue. Cependant le duc de Newcastle lui ayant transmis les ordres de Sa Majesté, il se mit à l'œuvre résolûment, et commença une enquête sérieuse. Les magistrats ne lui furent pour ainsi dire d'aucun secours : il fit venir témoin après témoin, avec le plus grand mystère, chez lui, dans sa maison, et continua cette instruction pendant six semaines, du matin jusqu'au soir, sans s'occuper d'aucune autre affaire.

» Il essaya d'abord ce que l'on pouvait obtenir par des déclarations : il promit le plus grand secret, s'engagea à ne jamais divulguer le nom de ceux qui lui révéleraient quelque chose : il ne se servit même pas de greffier, et écrivit toutes les dépositions de sa propre main pour encourager les témoins. Mais il ne recueillit bientôt qu'il n'obtenait que des bouts d'histoires dont le fil échappait peu après irrévocablement : ceux des témoins qui semblaient savoir quelque chose de l'affaire étaient paralysés de frayeur; ils ne voulaient à aucun prix que l'on pût dire qu'ils avaient accusé celui-ci ou celui-là.

» Cependant, dans le cours de cette enquête, les préventions des citoyens s'apaisèrent un peu, et quand ils virent les magistrats décidés à faire leur devoir, la plupart de ceux qui d'abord avaient chaudement pris la défense des émeutiers commença à ne rien dire, et ceux qui avaient pris part à l'affaire se mirent en lieu de sûreté.

» Enfin l'enquête s'avançait, et il devenait nécessaire de prendre d'autres mesures; le procureur général se trouva dans un grand embarras.

» Il était évident que le premier mandat de comparution donnerait des ailes à toute la bande, et comme ce qu'il avait appris ne lui permettait pas de faire saisir les plus coupables, il hésitait à commencer les arrestations sur le peu de faits à charge qu'il connaissait.

» Cependant le général Moyll lui ayant déclaré qu'un nommé King, boucher dans la Canongate, s'était vanté, en présence de Brigitte Knell, femme d'un soldat, le lendemain de l'exécution du capitaine Porteous, d'avoir pris une part active à l'émeute ; un mandat fut lancé contre lui; il fut arrêté et emprisonné dans la Tolbooth.

» Cette arrestation obligea le procureur général à faire arrêter pareillement tous ceux contre lesquels s'élevaient quelques charges accusatrices. William Sterling, apprenti de James Sterling, marchand à Édimbourg, était accusé de s'être trouvé dans le Nether-Bow armé d'une hache de Lochaber après la fermeture des portes, d'avoir proféré des cris séditieux et marché à la tête de l'émeute.

» James Braidwood, fils d'un fabricant de chandelles, s'était trouvé, disait-on, auprès de la porte de la prison, et avait donné des ordres pour y mettre le feu; la foule, ajoutait-on, l'avait nommé plusieurs fois, et avait semblé prendre ses ordres.

» Un nommé Stoddart, ouvrier maréchal, était accusé de s'être vanté publiquement dans une boutique de maréchal à Leith d'avoir aidé à enfoncer la porte de la Tolbooth.

» Pierre Traill, garçon menuisier, avait, disait-on, fermé à clef la porte du Nether-Bow quand l'émeute s'en empara.

» Quand le procureur général eut réuni toutes ces déclarations, il eut recours à l'aide secrète de quelques personnes sur lesquelles il pouvait compter, et le nombre de celles en qui il pouvait avoir confiance était des plus restreints. Mais il reçut un concours actif et fidèle d'un nommé Webster, soldat dans le régiment des Gallois, que lui avait recommandé le lieutenant Alshton : cet homme employa une adresse infinie à s'informer des habitudes des prévenus et à découvrir où on pourrait les arrêter. Par suite des informations qu'il obtint, il fut convenu qu'un détachement de gardes occuperait la Canongate à une heure qui devait être fixée plus tard. Le procureur général écrivit une lettre qu'il confia à un sergents de ville qui étaient aux ordres du capitaine Maitland, un des officiers urbains promu à cette place depuis le malheureux accident de Porteous, et qui a montré le plus grand zèle dans toute cette affaire. Sterling et Braidwood ayant été arrêtés, il envoya la lettre à l'officier des gardes; ils commencèrent leur marche, et avant que le procureur eût à moitié interrogé ces deux accusés dans la salle du tribunal, un détachement de cinquante hommes arriva au son du tambour et se rangea dans la cour du palais : ce fut la première chose qui inspira quelque terreur, et depuis ce temps la peur remplaça l'insolence.

» Stirling et Braidwood furent immédiatement emprisonnés dans le château : Stoddart, le maréchal, arrêté pendant l'émeute et envoyé aussi au château, ainsi que Trayll, le menuisier ; cependant ils protestèrent tous de leur innocence.

» Pendant ce temps, l'enquête continuait, et comme il ressortit des déclarations de certain témoin qu'il se trouvait un bossu dans les rangs de ceux qui gardaient Porteous, armés de fusils, quand on le conduisait au marché à la toile, on chargea la personne qui avait fait cette déposition de parcourir les rues, pour voir si elle ne rencontrerait pas ce bossu. La personne revint trouver le procureur général, et lui déclara que le bossu était retrouvé et demeurait dans telle maison. On lança un mandat d'amener : le bossu fut arrêté et envoyé au château ; c'était un nommé Birnie, il était employé dans les écuries de la comtesse de Wemyss.

» On accusa ensuite William Mac Laughlan, valet de ladite comtesse, d'avoir été l'un des principaux instigateurs de l'émeute : il se tint caché pendant quelque temps, mais enfin il fut arrêté et envoyé aussi au château.

» Les autres prisonniers furent mis dans la Tolbooth, mais il y en eut beaucoup contre lesquels on lança des mandats d'amener qui ne purent être arrêtés, nous en parlerons plus loin.

» Les amis de Stirling adressèrent une requête au comte d'Islay, grand juge d'Ecosse, disant qu'il était souffrant d'un flux de sang, que sa vie était en danger, et qu'ils étaient en mesure de prouver par des témoins, dont ils donnaient les noms, qu'il n'avait pu faire partie de l'émeute dont il s'agissait.

» Sa Seigneurie remit cette pétition au procureur général, qui fit venir les témoins, et il fut reconnu, d'après leurs déclarations, que le jeune homme, qui n'avait guère que dix-huit ans, était cette nuit-là avec une demi-douzaine de ses compagnons dans la taverne d'Etienne Law, derrière le corps de garde, où ils restèrent jusqu'à ce que l'on vint annoncer que l'émeute avait fermé les portes et s'était emparée du poste : à cette nouvelle on se sépara, et l'accusé alla avec un de ses amis vers la maison de son maître. Il y eut un témoin qui déclara dans le cours de l'enquête, ou plutôt qui jura, que le procureur général reconnut la nécessité de faire prêter serment, qu'il avait rencontré le prévenu dans l'allée où demeure son maître, allant vers sa maison ; un autre témoin, apprenti du même maître, déclara qu'après que l'émeute se fut emparée du corps de garde, il était rentré à la maison, et y avait trouvé Stirling. Il déclara, en outre, que son maître avait fermé la porte à clef et les avait retenus à la maison jusqu'après minuit. En conséquence de ces témoignages, et vu qu'il n'était accusé que par une seule personne, qui ne paraissait pas mériter toute confiance, et vu que sa vie était réellement en danger, il fut mis en liberté sous caution.

» Les amis de Braidwood firent une requête pareille, mais, comme plusieurs témoins s'accordaient à l'accuser, il ne fut pas remis en liberté, quoique les témoins qui sont venus déposer en sa faveur aient détruit plusieurs charges : il ne paraît pas avoir été l'un des instigateurs du complot. Un des témoins déclare l'avoir accompagné à la porte de la Tolbooth, et nie les propos qu'on lui attribue, comme d'avoir conseillé de brûler la porte. Cependant il est encore en prison.

» Le seul témoin qui accuse Traill le menuisier est celui qui accusait Stirling, et rien ne vient corroborer son témoignage. Le prévenu a semblé être un des plus francs de tous ceux que le procureur général a interrogés, et a indiqué un témoin qui a pu faire découvrir un des principaux coupables, qui s'est enfui avant que le mandat pût être mis à exécution. Traill nie formellement avoir fermé la porte, et il semble juste de le mettre en liberté sous caution.

» Quant à Birnie, il est accusé par un seul individu qui ne l'avait jamais vu auparavant, et qui ne savait pas son nom, et, quoique je sois convaincu que le témoin est de bonne foi, il est possible qu'il fasse erreur. Plus de deux cents témoins ont été interrogés, et il n'y en a pas un second qui accuse ce pauvre bossu, qui est un être insignifiant.

» Par rapport à Mac Laughlan, nous avons un témoin qui affirme positivement qu'il commandait une troupe qui se tenait au haut du Luckenbooths, au nord de la rue, pour empêcher d'approcher de la prison : d'autres témoins déclarent qu'il était à la porte de la Tolbooth, tenant une torche à la main, pendant qu'on la brûlait, et qu'il suivit la foule, armé d'une hallebarde, jusqu'à la pierre de la potence du Marché aux herbes, où il planta sa hallebarde ; qu'ensuite il suivit l'émeute quand elle entraîna le capitaine Porteous, sous l'enseigne du teinturier ; de sorte que les preuves sont très-claires contre lui.

» En résumé, à l'égard des prisonniers détenus au château, les preuves sont très-fortes contre Mac Laughlan : il y a aussi quelques preuves contre Braidwood. Mais comme on l'accuse seulement de quelques paroles qu'il aurait dites auprès de la porte de la Tolbooth, que c'est un pauvre hère inoffensif, qui trouvera beaucoup de gens qui viendront déposer en sa faveur, on peut douter si le jury le condamnera.

» A l'égard de ceux qui sont détenus dans la prison d'Edimbourg; Jean Crawford, qui a été pendant quelque temps sonneur de cloches de la nouvelle église, se trouvant en compagnie d'un soldat, lui déclara, la conversation étant venue à discuter le meurtre de Porteous, qu'il connaissait bien plus de coupables qu'on en avait encore mis en prison ; mais il paraît avoir une tête très-légère. Crawford a été pris et interrogé : il résulte de ses interrogatoires que, comme il descendait du clocher, les émeutiers prirent ses clefs, et qu'il alla de divers côtés pendant cette nuit : il a indiqué plusieurs personnes, quand les mandats ont été lancés pour leur arrestation, il a été reconnu qu'elles s'étaient cachées ou avaient pris la fuite. Mais il n'y a aucune charge contre lui. Il paraît, au contraire, qu'il s'est rendu à la taverne où étaient les magistrats et leur a rapporté ce qu'il avait vu dans les rues. C'est pourquoi, après l'avoir retenu en prison quelque temps, le procureur général et l'avocat général ont ordonné son élargissement.

» Il y avait encore dans le Tolbooth un nommé James Wilson, accusé par un témoin d'avoir paru dans la rue avec un fusil : on l'a gardé quelque temps sous les verrous pour voir si d'autres témoins corroboreraient ce fait, et s'il était possible de prouver qu'il avait trempé ses mains dans cette tragédie. Mais on n'a pu obtenir aucun autre témoignage contre lui, et vu qu'il était sérieusement malade, le procureur général et l'avocat général ont signé sa mise en liberté sous caution.

» Quant à ce qui concerne King, il paraît constant, outre mesure, qu'il était chez le concierge de la porte du Nether-Bow avec Lindsay et autres individus qui n'appartenaient pas à l'émeute. Mais après que l'affaire fut finie, il alla vers le corps de garde, et, ayant rencontré Sandie le Turc sa femme, qui s'étaient échappés de prison, ils retournèrent ensemble à sa maison dans l'abbaye, et alors il est très-possible qu'il peut s'être vanté, après boire, d'avoir pris part à cette félonie, ce dont il ne peut être coupable. C'est pourquoi il lui a été demandé caution pour être mis en liberté. Mais il est étrange, assez indifféremment fâmé, et il lui sera difficile de trouver caution ; on pense donc à le mettre en liberté sans caution, en considérant qu'il est une charge pour le gouvernement, et en ce qu'il ne possède rien au monde.

» Ce qui précède concerne tous ceux qui sont en prison. Mais il y a des mandats d'amener contre beaucoup d'autres personnes, entre autres un certain William White, ouvrier, qui, paraît-il, était présent au commencement de l'affaire, et battait du tambour depuis la porte de l'Ouest jusqu'à celle du Nether-Bow ; il est accusé d'avoir pris part à l'attaque du corps de garde, et est probablement l'un des plus coupables.

» Les magistrats furent informés qu'il était caché à Farkirk, sa ville natale : ils envoyèrent des ordres au shérif du comté, et un mandat, signé de Son Excellence général Wade, adressé aux officiers commandant à Stirling et Linlithgow, pour les inviter à la capture de l'individu ; on assure qu'il a eu peine à échapper, il était caché dans une mesure au dehors : il aurait été pris, si ceux qui le cherchaient l'avaient connu personnellement. Mais il n'était pas prudent de confier à aucun de ses associés que l'ordre était donné de l'empoigner. Il y avait aussi des dépositions très-compromettantes contre Robert Taylor, apprenti de Williams, et Charles Thompsons, perruquier : il avait paru être un des chefs de l'émeute, et il avait été vu depuis le corps de garde jusqu'à la fontaine, au haut de l'impasse de Forrester, où il s'arrêta et où on l'appela capitaine ; de là il descendit le Bow en marchant devant le capitaine Porteous, armé d'une hache du Lochaber. D'après la description que fait une personne de l'apparence de celui qui hissa la corde qui pendit Porteous, il est à croire que c'était Taylor. Il est encore probable que le témoin qui a dénoncé Stirling a pris Taylor pour lui, car leur âge et leur apparence, autant que l'on peut juger d'après les dépositions, sont à peu près semblables.

» On fit tout au monde pour s'emparer de ce Taylor, des mandats d'amener furent envoyés dans son pays, mais il paraît qu'il s'est embarqué pour la Hollande, où, dit-on, il se trouve actuellement. Il y a encore de fortes présomptions contre Thomas Burns, boucher ; il paraît avoir été un des émeutiers les plus actifs. Il s'est caché pendant quelque temps chez les gens de son métier ; une ruse assez adroite fut préparée pour le prendre, on lui fit annoncer un message de la part de son père qui est en Irlande, si bien qu'il se rendit à une taverne borgne dans le Marché à la viande ; des soldats étaient tout prêts. Webster, le soldat qui était de l'affaire, les avertit d'avancer. Mais Burns s'échappa par une croisée de derrière, et se cacha dans quelqu'une des maisons qui sont amoncelées l'une sur l'autre en cet endroit ; il fut impossible de le prendre. On dit qu'il est allé trouver son père en Irlande.

» D'autres témoins accusent Robert Anderson, ouvrier de Colin Alison, ainsi que Thomas Linnen et Jacques Maxwell, ouvriers du même maître, qui semblent tous avoir pris une grande part à cette affaire. Anderson est un de ceux qui mirent la corde autour du cou de Porteous. Linnen paraît s'être rendu très-utile aux émeutiers, et Maxwell, assure-t-on, est allé à une boutique, le vendredi précédent, convier les ouvriers et apprentis à se trouver le mardi suivant à la cour du parlement pour aider à pendre Porteous. Ces trois prévenus se sont cachés des premiers ; des mandats ont été lancés contre eux, mais il a été impossible de les mettre à exécution.

» Un nommé Walde, domestique de Georges Campbell, s'est aussi caché, ainsi que beaucoup d'autres, et on assure qu'un assez grand nombre se sont expatriés aux colonies. Avis ayant été donné qu'un navire allait partir de Glascow, important plusieurs des coupables au delà des mers, des mandats furent décernés pour visiter le navire et arrêter tous ceux que l'on trouverait. Des mandats tout pareils ont été signés pour être mis en force à Leith. Mais, soit que les individus en aient eu avis, ou que les informations données à la justice n'aient pas été correctes, on n'obtint aucun résultat.

» Ceci est donc le résumé de l'enquête, d'où il appert qu'il n'y a de preuves que contre Mac Laughlan. Il y a aussi quelques preuves, mais moins certaines, contre Braidwood. Depuis que l'avocat général est arrivé à Edimbourg, il a joint ses efforts à ceux du procureur général, et fait son possible pour arriver à l'élucidation de cette affaire ; mais jusqu'à présent on n'a guère obtenu que des résultats négatifs. Les magistrats sont décidés à tenir leurs yeux et leurs oreilles ouverts, et continuer leurs recherches. Mais ils ont rencontré un fort courant, et l'on peut dire qu'ils ont fait tout ce qui était possible pour le surmonter. Ils n'ont hésité devant aucun labeur que leur imposait l'ordre d'instruire cette affaire.

———

Deux accusés seulement furent menés devant le jury : c'étaient William Mac-Lauglaw, valet de la comtesse de Wemy et Thomas Linning. Mac Laughlan fut jugé dans le mois de mars 1737 : il était accusé d'avoir pris part à l'émeute, et d'avoir porté une hache du Lochaber. Mais ce malheureux, qui était presque idiot, prouva qu'il était alors ivre de boisson, et incapable de commander, ou aider en quoi que ce soit, au milieu de ne savoir exactement ce qu'il faisait. Il prouva encore qu'il avait été forcé de prendre rang parmi les émeutiers : deux garçons boulangers l'avaient entraîné en lui donnant une hache de Lochaber. Le jury fut assez sage pour l'acquitter.

Thomas Linning fut jugé en 1738, et pareillement acquitté. Les seules révélations que l'on ait eues sur l'origine de ce complot, sont celles faites par un vieillard, qui mourut vers le commencement de ce siècle, et qui déclara sur son lit de mort à un ecclésiastique qu'il avait fait partie d'une sorte d'association de douze jeunes gens du village de Pathead, qui portaient la plus grande animosité à Porteous à cause de l'exécution de Wilson, et qu'ils avaient résolu de venger ce dernier de leurs propres mains, plutôt que de voir Porteous échapper à sa condamnation. Ils passèrent le Frith au moyen de différents bacs, et se donnèrent rendez-vous dans le faubourg de Portburgh, où leur présence causa bientôt un rassemblement. L'esprit public était si hautement excité, qu'il ne fallait qu'une étincelle pour déterminer une explosion. Ces douze jeunes gens firent jaillir l'étincelle. L'apparence de préméditation et le bon ordre qui furent remarqués résultaient du caractère de ceux qui firent l'émeute : le petit nombre des instigateurs empêcha la justice de trouver l'origine du complot.

Cependant la vérité de ces révélations elles-mêmes a été contestée par le fils et les amis du vieillard, qui ont même prétendu qu'elles n'avaient pas eu lieu.

L'histoire dira-t-elle quelque jour le mot de cette énigme ? Nous ne savons ; mais cet exemple frappant de l'intervention active de la justice du peuple n'en reste pas moins l'un des faits les plus intéressants de l'histoire d'Ecosse.

III.

LE CAIRN OU MONCEAU DE PIERRES DE MUSCHAT.

Nichol Muschat était un de ces hommes perdus de vices et de débauches que l'on ne trouve guère que dans les grandes villes : il avait conçu une haine des plus violentes contre sa femme, et s'était lié avec un autre scélérat de sa sorte, nommé Campbell de Burnbank, qui entreprit de ruiner la réputation de la pauvre femme, de manière à permettre à Muschat de demander et d'obtenir une sentence de divorce. Mais tous les moyens qu'ils purent imaginer ayant été écartés par les magistrats, ils résolurent de s'en défaire en lui administrant des poisons extraordinaires et donnés par fortes doses. Ce nouveau projet ne réussit pas mieux que le premier, et Nichol Muschat se décida enfin à l'assassiner purement et simplement. Dans la nuit du 17 octobre 1720, il lui coupa le cou dans le parc du roi, auprès du palais d'Holyrood, où il l'avait décidée à l'accompagner. Il s'avoua coupable de ce crime, et fut exécuté ; Campbell fut condamné à la déportation.

Ce fut en mémoire de ce crime, et pour en marquer à toujours la place, que l'on éleva un monceau de pierres à l'endroit même où la pauvre femme fut assassinée. Ce monceau se forma de la pierre que chaque passant se crut obligé de jeter là en signe de l'horreur et de l'exécration qu'il ressentait. Ce monument, d'origine populaire, n'a disparu que par suite de changements faits il y a quelques années dans la topographie du parc.

IV.

TRADITIONS POPULAIRES D'ÉCOSSE.

Parmi les traditions populaires d'Edimbourg, il en est une assez curieuse que l'on trouve dans le *Pandœmonium* ou le *Cloître du diable*, soit Un nouveau coup porté au sadducéisme, par Richard Bartox, imprimé en 1684.

L'histoire dont nous voulons parler est intitulée : « Anecdote remarquable sur le jeune nécromancien de Leith, en Écosse, qui m'a été racontée par mon digne ami le capitaine Georges Burton, et dont il garantit la vérité. »

« Il y a environ quinze ans, dit le capitaine, qu'étant retenu par mes affaires quelque temps à Leith, ville qui se trouve près d'Edimbourg, dans le royaume d'Ecosse, j'eus occasion de rencontrer souvent quelques-uns de mes amis dans une maison où nous allions boire ensemble un verre de vin. La maîtresse de la maison était bien considérée chez tout son voisinage, et elle me fit donner plus d'attention à ce qu'elle me raconta un jour sur un jeune garçon qui demeurait dans la ville. Elle me dit des choses si extraordinaires, que je la priai de me le montrer aussitôt qu'elle pourrait le faire. Quelque temps après, comme je passais de ce côté, elle me dit que le jeune nécromancien venait de traverser la rue, et, regardant du côté où il était allé, elle ajouta :

» — Voyez, monsieur, le voilà là-bas qui joue avec d'autres enfants.

» Quand elle me l'eut indiqué, j'allai vers lui, et je le persuadai, en lui donnant une pièce d'argent, de venir avec moi dans la maison. Là, en présence d'un assez grand nombre de personnes, je lui fis plusieurs questions sur l'astrologie, auxquelles il répondit d'une manière très-adroite, et dans toute notre conversation, il montra une finesse qui dépassait de beaucoup son âge : il ne paraissait pas avoir plus de dix ou onze ans. Il se mit à frapper la table du bout de ses doigts pour imiter le son du tambour. Alors je lui demandai s'il savait battre du tambour.

» — Oui, monsieur, répondit-il, aussi bien que qui que ce soit en Écosse, car tous les jeudis soir je bats du tambour pour toutes sortes de gens qui se réunissent sous cette colline.

» En même temps il m'indiquait un doit la hauteur qui se trouve entre Leith et Edimbourg.

» — Comment ? lui dis-je, et quelle sorte de gens avez-vous là ?

» — Oh ! dit-il, il y a beaucoup d'hommes et de femmes, et outre mon tambour, il y a de la musique de toute espèce. Ils ont aussi des mets et des vins de toute sorte. Nous sommes souvent portés en France ou en Hollande pendant la nuit, et nous revenons avant le jour ; et quand nous sommes là, nous avons tout ce que le pays produit.

» Je lui demandai comment il entrait sous la montagne.

» — Il y a, me répondit-il, de grandes portes qui s'ouvrent qu'ils voyaient très-bien, quoiqu'elles fussent invisibles aux autres, et sous la montagne il y avait des salles aussi belles que dans quelque château que ce soit d'Ecosse.

» Je le priai alors de me donner une preuve de la vérité de ce qu'il me disait. Il offrit de me dire ma bonne aventure, m'annonça que j'aurais deux femmes, qu'il les voyait toutes les deux par-dessus mes épaules, et qu'elles seraient toutes deux très-jolies.

» Une femme du voisinage entra en ce moment dans l'appartement, et le pria aussi de lui révéler son sort. Il lui dit qu'elle aurait deux enfants avant d'être mariée, ce qui la mit dans une telle fureur, qu'elle ne voulut pas entendre le reste.

» La maîtresse de la maison me dit que personne au monde ne pourrait l'empêcher d'aller à ses rendez-vous du jeudi soir. Je promis alors de lui donner une certaine somme d'argent s'il voulait venir me trouver le jeudi dans l'après-midi, et je le renvoyai. Il vint à l'heure dont nous étions convenus. J'avais décidé quelques amis à rester avec moi pour l'empêcher de nous quitter ce soir-là. Je le fis asseoir au milieu de nous, et nous commençâmes à causer sans qu'il offrît de s'en aller ; mais, vers onze heures, il disparut sans que l'on s'en aperçût. Je courus aussitôt vers la porte, et, le saisissant comme il allait sortir, je le fis revenir dans l'appartement. Nous le veillâmes avec soin ; mais tout à coup il s'élança de nouveau vers la porte, et je courus après. Je l'entendis faire un bruit assez étrange dans la rue, mais il me fut impossible de le rejoindre. »

V.

LE BOURREAU.

La présence du bourreau dans une cour de justice, en face du malheureux condamné, a quelque chose qui répugne à l'humanité des temps modernes. Mais, si nous en devons croire une vieille tradition que nous avons recueillie dans la cour du parlement d'Edimbourg, cet usage n'a cessé qu'à l'occasion de l'incident que nous allons rapporter.

« Il arriva une fois que la place d'exécuteur des hautes œuvres était vacante. Il était nécessaire de trouver quelqu'un qui voulût bien remplacer le bourreau, et cela semblait assez difficile. Enfin un certain individu nommé Hume, qui était condamné à la déportation pour avoir mis le feu à sa maison, fut persuadé de remplir l'office du bourreau dans l'enceinte du tribunal. Mais quand le moment fut venu où il devait prononcer la sentence de la cour, Hume, se tournant vers les magistrats, leur adressa des reproches amers sur l'injustice de la sentence qu'ils avaient prononcée contre lui. Ce fut en vain qu'on voulut l'interrompre et lui rappeler ce qu'il avait à faire.

» — Je sais, dit-il, ce que vous attendez de moi ; vous voulez que je remplace le bourreau, mais je ne veux pas prendre la place d'un autre. Je suis venu ici pour vous sommer, lord T..., et vous aussi, lord E..., de paraître à la barre d'un autre monde pour répondre des injustices que vous avez commises en celui-ci !

» Il n'avait accepté la proposition qu'on lui avait faite que pour avoir l'occasion de vilipender les juges, et de leur donner ce que l'on appelle vulgairement *un savon*. On l'emmena par force au milieu des rires bruyants de l'auditoire. »

Cette scène étrange fit cesser la coutume que l'on avait de temps immémorial de faire répéter la sentence par le bourreau. C'est maintenant le greffier qui remplit cette formalité.

VI.

LE DUC D'ARGYLE.

Le duc d'Argyle était l'orgueil de ses compatriotes : ils étaient fiers de ses talents politiques et militaires, et ils lui étaient reconnaissants de l'empressement et du zèle qu'il mettait à défendre les droits et la liberté de son pays natal. Il montra la plus grande ardeur patriotique à l'occasion de l'émeute de Porteous, alors que les ministres anglais présentèrent au parlement une loi violente et rancuneuse qui déclarait le prévôt ou premier magistrat de la cité d'Edimbourg incapable de remplir jamais aucun emploi public : on lui reprochait de n'avoir su ni prévoir ni empêcher l'émeute. La même loi ordonnait la démolition des portes de la cité, licenciait la garde urbaine. C'était, il faut l'avouer, un étrange moyen de mettre les successeurs du prévôt en position de maintenir la tranquillité dans la ville mieux qu'il ne l'avait fait.

Le duc d'Argyle s'opposa d'une manière déterminée à cette loi, qu'il accusa de cruauté, d'injustice et d'aveuglement. Il déclara que c'était une attaque aux privilèges des anciens bourgs royaux d'Ecosse, priviléges qui leur étaient garantis par le traité d'Union. « Dans toutes les affaires de ce temps, dit-il, la nation écossaise a traité avec la nation anglaise comme libre et indépendante, et comme ce traité n'a d'autre garantie de sa stricte et sincère exécution que la foi et l'honneur du parlement britannique, il serait injuste, il serait peu généreux de la part du parlement d'accepter aucune mesure qui aurait une tendance à violer quelques-unes de ses dispositions. »

Le comte de Hardwick, qui essaya de répondre au duc d'Argyle, voulut insinuer que Sa Grâce avait considéré cette affaire au point de vue d'un homme de parti. Le duc lui répliqua comme nous l'avons indiqué dans le texte.

Le duc d'Argyle obtint plusieurs modifications à cette loi. Les articles qui ordonnaient la démolition des portes et le licenciement de la garde urbaine furent abandonnés. On condamna la ville à une amende de cinquante mille francs au profit de la veuve de Porteous. Cependant il n'en fut jamais payé que les trois quarts : la veuve s'en contenta.

Il est à remarquer que les magistrats d'Edimbourg, dans le but d'améliorer les approches de la cité et de moderniser sa police, ont adopté les deux mesures qui causaient tant d'horreur à leurs prédécesseurs.

Il est de tradition en Ecosse que Georges II, dont le caractère irascible le faisait souvent passer d'expressions violentes et colériques à des voies de fait injustifiables, menaça le duc d'Argyle de lui infliger une correction de la nature de celle à laquelle il est fait allusion dans le texte. Le duc quitta aussitôt la présence du roi sans prendre congé et violemment irrité. Comme il se retirait, il rencontra sir Robert Walpole, qui, apprenant la cause de sa colère et de son indignation, chercha à l'apaiser en lui disant :

— Oh! c'est une habitude de Sa Majesté, et souvent il prend avec moi les mêmes libertés sans y attacher aucune importance !

Cette explication n'apaisa nullement Mac Callum More, qui répondit du ton le plus hautain :

— Ayez la bonté de vous rappeler, sir Robert, qu'il y a infiniment loin de vous à moi.

VII.

MADGE WILDFIRE.

Le caractère de cette pauvre maniaque est imité de celui d'une pauvre folle bien connue, vers 1770, sur les frontières d'Ecosse et d'Angleterre, et que l'on nommait Feckless Fanny ou Fanny la folle. On la remarqua tout d'abord dans le comté d'Ayr, pendant l'été de 1769 : elle était suivie de douze ou treize moutons, qui semblaient être doués de la plus grande dose d'intelligence que les autres animaux de cette race. Chacun de ces moutons répondait à un nom particulier et faisait tout ce qu'elle commandait. Quand elle voyageait, elle marchait en tête de son troupeau ; quand elle se couchait la nuit dans les champs, car elle n'entrait jamais sous un toit, ils se disputaient l'honneur de se mettre le plus près d'elle qu'il était possible.

Si elle voulait se lever, un vieux mouton, qu'elle appelait Charlie, venait toujours lui présenter familièrement ses cornes pour qu'elle s'en aidât.

Elle était, disait-elle, la fille d'un riche fermier du nord de l'Angleterre ; elle avait aimé le berger de son père. Cela causa sa perte : le père, irrité de la mésalliance qu'elle méditait, blessa mortellement le berger d'un coup de pistolet. La pauvre fille arriva juste à temps pour le voir mourir et lui fermer les yeux. Le berger lui donna en mourant le peu qu'il possédait, un grand chapeau à larges bords, sa houlette et quelques moutons.

Elle accepta l'héritage et se mit à parcourir les plaines et les montagnes désertes des frontières, couverte du grand chapeau et tenant sa houlette à la main.

Cette pauvre fille fit le tour du comté de Galloway en 1769. Comme elle se trouvait dans le voisinage de Moffat, en route pour Edimbourg, Charlie, son mouton favori, entra malheureusement dans un jardin où un gros chien l'abattit. Ce fut une grande cause de chagrin pour Fanny : pendant plusieurs jours elle resta assise à côté de son vieil ami, et on eut beaucoup de mal à l'en séparer pour enterrer la pauvre bête. Fanny couvrit la fosse de mousse, planta quelques petits arbustes tout autour, et revint chaque année au même endroit pour arracher les ronces qui y croissaient et cultiver les arbustes.

Les écoliers du voisinage ont encore aujourd'hui le plus grand respect pour la tombe de Charlie.

En passant par Glasgow, elle fut attaquée par une foule de petits garçons que l'étrangeté de son costume et de son troupeau avait assemblés : ils commencèrent à l'irriter en lui jetant des morceaux de briques et des pierres, qu'elle leur rejeta à son tour. Cette sorte de combat continua avec tant d'ardeur de part et d'autre, qu'elle fut tuée par cette troupe de gamins entre Glasgow et Anderston.

Un ami de l'auteur, le savant M. Train, affirmait cependant qu'elle avait pu échapper aux insultes et aux attaques des mauvais sujets de Glasgow. Le fait est qu'il n'existe aucune trace de mesures judiciaires prises à l'occasion d'un meurtre de cette nature, et que certaines traditions racontent qu'elle fut vue, quelques années plus tard, dans les montagnes de Cheviot, mais sans le petit troupeau qui la suivait d'habitude.

Il saisit la chandelle et la jeta dans la paille, qui prit feu en un instant.

FIN DES NOTES.

Paris. Typographie Plon frères, rue de Vaugirard, 36.